AF192258

Bibliografische Information der Deutschen Nationalbibliothek:

Die Deutsche Nationalbibliothek verzeichnet diese Publikation in der Deutschen Nationalbibliografie; detaillierte bibliografische Daten sind im Internet über http://dnb.dnb.de abrufbar.

Verlag: BoD · Books on Demand GmbH, In de Tarpen 42, 22848 Norderstedt, bod@bod.de

© 2024 Peter Hirsekorn

Druck: Libri Plureos GmbH, Friedensallee 273, 22763 Hamburg

ISBN: 978-3-7597-3559-1

Ein besonderer Dank geht an **Pius Acker**, der sich erneut der Mühe unterzogen hat, dieses Buch mehrfach Korrektur zu lesen. Eventuell verbleibende Fehler gehen ausschließlich zu Lasten des Autors.

DAS ANTIKE ISRAEL

AUFSTIEG UND FALL

KOMPILIERT UND ANNOTIERT VON

PETER M. HIRSEKORN

Inhaltsangabe

Avant–propos

Zu Beginn geht es zunächst einmal darum, den methodologischen Hintergrund der Darstellung zu definieren, welcher im Idealfall bis zum Ende durchgehalten werden kann. Hierbei folgt die nachfolgende Darstellung in weiten Teilen den archäologischen Teil betreffend den Publikationen Ysrael Finkelsteins[1]. Im Wesentlichen wird es darum gehen, drei Aspekte miteinander zu kombinieren, um der Komplexität der Thematik gerecht zu werden. Dazu zählen die biblische Exegese, die Archäologie und die Berücksichtigung der Quellen im altorientalischen Kontext. Jeder einzelne dieser Aspekte birgt in sich selbst Vor- und Nachteile. So ist die Bibel kein Geschichtswerk moderner Prägung. Sie enthält im Tanach[2] alte Weisheitstexte, die auf den, teils jahrhundertelang im Gebet geprüften, Gotteserfahrungen der damaligen Autoren beruhten. Diese verbanden sie mit ihren Lebenserfahrungen, um das Unbegreifbare begreiflich zu machen. Es geht also in der Bibel um Theologie und nicht um Historiographie im heutigen Sinn. Die moderne Geschichtswissenschaft oder Historik charakterisiert sich durch eine methodisch gesicherte Erforschung und Rekonstruktion von Aspekten der Menschheitsgeschichte, oder der

Geschichte auf der Basis einer kritisch analysierten und interpretierten Überlieferung (Quellen), unter einer spezifischen Fragestellung.

Grundlagen biblischer Exegese

Ausgangspunkt der biblischen Exegese ist der Umstand, dass biblische Texte nicht mehr in ihrer ursprünglichen Form existieren. Vielmehr sind die Texte Übersetzungen und Abschriften des Originaltextes, oder gar Abschriften von Übersetzungen und Abschriften. Des Weiteren stammen die biblischen Texte von verschiedenen Autoren(kollektiven) und wurden über einen langen Zeitraum verfasst und immer wieder redigiert und verändert. Die Zielsetzung der Exegese liegt daher zum einen in der Analyse der Entstehungs- und Entwicklungsgeschichte biblischer Texte, um so den Werdegang der Texte weitgehend nachvollziehen zu können und dem ursprünglichen Text möglichst nahezukommen. Zum anderen sollen die verschiedenen Übersetzungen und Abschriften dann mit dieser ältesten heute noch existierenden Version des Textes kritisch verglichen werden, um Abweichungen in den Entwicklungsstufen des Textes zu identifizieren. Zu den Methoden der historisch-kritischen Exegese gehören u.a.:

Textabgrenzung: Bei der Exegese wird meist ein kleinerer Textauszug aus einem größeren zusammengehörigen Text herausgelöst, um diesen dann zu analysieren. Mithilfe der Textabgrenzung werden Anfang und Ende dieses Teiltextes bestimmt. Der zu untersuchende Textauszug, auch Perikope genannt, kann von Textteilen vorher und nachher sowohl formal als auch inhaltlich abgegrenzt werden, etwa durch spezifische Abschlussformulierungen oder durch einen Wechsel der Situation, der handelnden Personen oder des Themas.

Literarkritik: Im Rahmen der Literarkritik wird der Text auf seine Kohärenz und Einheitlichkeit hin überprüft. So soll geklärt werden, ob der Text von einer Person in einem Arbeitsschritt verfasst wurde, oder ob der Text in mehreren Arbeitsschritten entstanden ist und von verschiedenen Personen stammt. Hinweise auf Letzteres sind beispielsweise inhaltliche Widersprüche, Wiederholungen oder Wechsel im Schreibstil. Einheitliche Textpassagen können dann zusammengeführt werden, so dass sich ein Bild über die Entstehungsgeschichte des Textes ergibt.

Motiv– und Traditionskritik: Hier geht es um die Bestimmung der Motive und Traditionen, die den Text prägen. Motive können als den Inhalt ausschmückende oder beschreibende Leitgedanken, Redewendungen oder Bilder verstanden werden, Traditionen als größerer Zusammenschluss einzelner Motive, die dann Gegenstand von Überlieferungen sind und somit Rückschlüsse über geschichtliche und theologische Zusammenhänge erlauben. Die Motive und Traditionen können daher Hinweise darauf geben, wann und in welchem soziokulturellen Kontext ein Text entstanden ist und welche Intention mit dem Text verfolgt wird. Unterschiedliche Motive und Traditionen können darauf hindeuten, dass sich der Text aus unterschiedlichen Schichten zusammensetzt, so dass davon auszugehen ist, dass der Text im Zeitverlauf überarbeitet wurde. Ein Vergleich mit anderen Texten kann zudem Parallelen aufzeigen.

Form– und Gattungskritik: Mit der Form eines Textes sind sprachliche Merkmale gemeint, wie etwa die Syntax, der Stil oder die Wortwahl. Die Gattung dient der Zusammenfassung oder Zuordnung von Texten aufgrund einer vergleichbaren Form und Semantik. Finden sich charakteristische Form- und Gattungsmerkmale in verschiedenen Texten, deutet dies auf einen vergleichbaren Hintergrund hin.

Redaktionsgeschichte: Die Redaktionsgeschichte gilt als Abschluss der Exegese und stellt eine Synthese der vorangegangenen Schritte dar. Aus deren Erkenntnissen wird auch versucht, die Entwicklung eines Textes zu rekonstruieren, von seiner Entstehung über die verschiedenen redaktionellen Bearbeitungen bis zu seiner Endfassung. In einem weiteren Schritt, im Rahmen der sogenannten Kompositionskritik, wird nach kompositionellen Verknüpfungen mit anderen Texten gesucht, um einen größeren Kontext herzustellen, aus dem dann Rückschlüsse über die Intention und Funktion der einzelnen Texte gezogen werden können.

Historisch-kritische Exegese		Human-wissensch. Methoden	Traditions-betonte Zugänge
Grundlegende Analysen Textkritik / Segmentierung / Übersetzungen		•Tiefen-psycholog. Auslegung	
Synchrone Methoden •Sprachkritik •Rhetor. Analyse •Narrative Analyse •Semantische Analyse •Stilist. Analyse •Strukturanalyse •Gattungs- und Formkritik	**Diachrone Methoden** •Literarkritik •Traditions-kritik •Redaktions-kritik •Motivkritik •Auslegungs-geschichte •Wirkungs-geschichte	• Politische Exegese • Materia-listische Exegese • Befreiungs-theolog. Exegese • Feministi-sche Exegese	• Kanon-kritik • Funda-menta-listische Aus-legung

Die Bibel ist nicht insofern Gottes Wort, als sie von Gott diktiert oder vom Himmel gesandt worden wäre – das unterscheidet die Bibel zum Beispiel vom Koran. Die Bibel ist also **nicht identisch mit der**

Offenbarung, sondern **Zeugnis von Offenbarungserfahrungen.** Da diese Zeugen schon 1.800 bis 2.500 Jahre vor uns gelebt haben, in antiken Sprachen schrieben und eine uns fremde Kultur voraussetzen, muss jede und jeder, um die Bibel überhaupt lesen und verstehen zu können, auf historisch-kritische Auslegungen zurückgreifen. Die Bibel ist auch nicht göttlich, denn etwas, was in der Schöpfung entstanden ist, kann nicht auf der gleichen Autoritätsebene stehen, wie der Schöpfer selbst. Aber sie hat eine göttliche Wirkung und ist den Christen deshalb heilig. Kritisch muss dennoch jede Auslegung sein, weil sie unterscheiden muss zwischen Wichtigem und Unwichtigem und manchmal zwischen historisch plausiblen und weniger plausiblen Informationen.

Prähistorische Skizzen

Das Gebiet des modernen Israel hat eine reiche Geschichte früher menschlicher Besiedlung, die 1,5 Millionen Jahre zurückreicht. Zu den ältesten Beweisstücken, die in Ubeidiya[3] in der Nähe des Sees Genezareth gefunden wurden, gehören Feuersteinwerkzeugartefakte, einige der frühesten, die außerhalb Afrikas gefunden wurden. Zu den weiteren bedeutenden Entdeckungen in der Gegend zählen die 1,4 Millionen Jahre alten acheuläischen

Industrieartefakte, die Bizat- Ruhama-Gruppe und Werkzeuge von Gesher Benot Ya'akov[4]. In der Region des Karmels[5] haben bemerkenswerte Stätten wie die Tabun-Höhle[6] und die Skhul-Höhle[7], Überreste von Neandertalern und frühneuzeitlichen Menschen gefunden. Diese Funde belegen eine kontinuierliche menschliche Präsenz in der Region seit über 600.000 Jahren, vom Unterpaläolithikum bis zur Gegenwart, und repräsentieren etwa eine Million Jahre menschlicher Evolution. Weitere wichtige paläolithische Stätten in Israel sind die Qesem[8]- und Manot[9]-Höhlen. Die Hominiden Skhul und Qafzeh[10], einige der ältesten außerhalb Afrikas gefundenen Fossilien anatomisch moderner Menschen, lebten vor etwa 120.000 Jahren im Norden Israels. Das Gebiet war um das 10. Jahrtausend vC auch die Heimat der Natufian-Kultur[11], die für ihren Übergang vom Jäger-Sammler-Lebensstil zu frühen landwirtschaftlichen Praktiken bekannt ist.

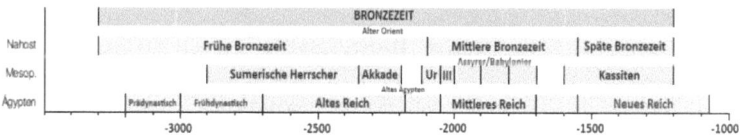

Chalkolithikum[12] in Kanaan

Die Ghassulien-Kultur[13], die den Beginn des Chalkolithikums in Kanaan markierte, wanderte um

4.500 vC in die Region ein[14]. Sie stammten aus einer unbekannten Heimat und brachten fortgeschrittene Fähigkeiten in der Metallverarbeitung mit, insbesondere in der Kupferschmiedekunst, die als die anspruchsvollste ihrer Zeit galt. Ihre Handwerkskunst wies Ähnlichkeiten mit Artefakten aus der späteren Maikop-Kultur[15] auf, was auf eine gemeinsame Metallverarbeitungtradition schließen lässt. Die Ghassulianer bauten hauptsächlich Kupfer aus der kambrischen[16] Burj-Dolomitschiefer-Einheit ab und gewannen das Mineral Malachit, hauptsächlich im Wadi Feynan. Die Verhüttung dieses Kupfers erfolgte an Orten innerhalb der Be'er Scheba[17]-Kultur. Das Chalkolithikum in dieser Region endete mit der Entstehung von En Esur[18], einer städtischen Siedlung an der südlichen Mittelmeerküste, die einen bedeutenden Wandel in der kulturellen und städtischen Entwicklung der Region markierte[19].

Frühe Bronzezeit in Kanaan

Während der frühen Bronzezeit beeinflusste die Entwicklung verschiedener Stätten wie Ebla[20], die Region erheblich. Um 2.300 vC wurde Ebla unter Sargon dem Großen und Naram-Sin von Akkad Teil des Akkadischen Reiches[21]. Frühere sumerische[22] Referenzen erwähnen die Martu („Zeltbewohner", später bekannt als die Amoriter[23]) in Regionen westlich des Euphrat, die auf die Herrschaft von Enshakushanna von Uruk[24] zurückgehen. Obwohl auf einer Tafel dem sumerischen König Lugal-Anne-Mundu Einfluss in der Region zugeschrieben wird, wird seine Glaubwürdigkeit in Frage gestellt. Die Amoriter, die an Orten wie Hazor[25] und Kadesch[26] ansässig waren, grenzten im Norden und Nordosten an Kanaan, wobei Einheiten wie Ugarit[27] möglicherweise zu dieser amoritischen Region gehörten. Der Zusammenbruch des Akkadischen Reiches im Jahr 2.154 vC fiel mit der Ankunft von Menschen zusammen, die Khirbet-Kerak-Ware verwendeten, die aus dem Zagros-Gebirge stammte. Die DNA-Analyse lässt auf bedeutende Migrationen vom chalkolithischen Zagros[28] und dem bronzezeitlichen Kaukasus in die südliche Levante zwischen 2.500 bis 1.000 vC schließen[29]. In dieser Zeit entstanden die ersten Städte wie Ein Esur[30] und Meggido[31], wobei diese „Proto-Kanaaniter" regelmäßigen Kontakt zu benachbarten Regionen pflegten. Die Zeit endete jedoch mit der Rückkehr zu Bauerndörfern und halbnomadischen Lebensstilen, obwohl spezialisiertes Handwerk und Handel bestehen blieben[32]. Ugarit[33] gilt archäologisch als typisch kanaanitischer Staat der Spätbronzezeit, obwohl seine Sprache nicht zur kanaanitischen Gruppe gehört. Der Niedergang der frühen Bronzezeit in Kanaan um 2.000 vC fiel mit bedeutenden Veränderungen im gesamten antiken Nahen Osten zusammen, darunter dem Ende des Alten Reiches in Ägypten. Diese Zeit war geprägt von einem weit verbreiteten Zusammenbruch der Urbanisierung in der südlichen Levante und dem Aufstieg und Fall des Akkad-Reiches in der Region des oberen Euphrat.

Möglicherweise wurde dieser überregionale Zusammenbruch, der auch Ägypten betraf, durch einen schnellen Klimawandel (4,2 ka BP–Ereignis) ausgelöst, der zu Trockenheit und Abkühlung führte. Der Zusammenhang zwischen dem Niedergang Kanaans und dem Untergang des Alten Reiches in Ägypten liegt im breiteren Kontext des Klimawandels und seiner Auswirkungen auf diese alten Zivilisationen. Die Umweltprobleme, mit denen Ägypten konfrontiert war und die zu Hungersnöten und gesellschaftlichem Zusammenbruch führten, waren Teil eines größeren Musters klimatischer Veränderungen, die sich auf die gesamte Region, einschließlich Kanaan, auswirkten. Der Niedergang des Alten Reiches, einer wichtigen politischen und wirtschaftlichen Macht, hatte weitreichende

Auswirkungen auf den gesamten Nahen Osten und sich auf den Handel, die politische Stabilität und den kulturellen Austausch ausgewirkt. Diese Zeit des Umbruchs bereitete die Bühne für bedeutende Veränderungen in der politischen und kulturellen Landschaft der Region, auch in Kanaan.

Mittlere Bronzezeit in Kanaan

Während der mittleren Bronzezeit erlebte die Region Kanaan, die auf verschiedene Stadtstaaten aufgeteilt war, einen neuen Aufschwung des Städtebaus, wobei Hazor eine besonders bedeutende Rolle spielte. Die materielle Kultur Kanaans zeigte in dieser Zeit starke mesopotamische Einflüsse und die Region wurde zunehmend in ein riesiges internationales Handelsnetzwerk integriert. Die als Amurru bekannte Region wurde bereits während der Herrschaft von Naram-Sin von Akkad um 2.240 vC zusammen mit Subartu/Assyrien, Sumer und Elam[34] als eines der „vier Viertel" rund um Akkad anerkannt. Amoritische Dynastien kamen in Teilen Mesopotamiens an die Macht, darunter Larsa[35], Isin[36] und Babylon, das 1.894 vC von einem amoritischen Herrscher, Sumu-abum, als unabhängiger Stadtstaat gegründet wurde. Insbesondere Hammurabi, ein amoritischer König von Babylon, gründete das Erste Babylonische Reich[37], das jedoch nach seinem Tod zerfiel. Die

Amoriter behielten die Kontrolle über Babylonien, bis sie 1.595 vC von den Hethitern verdrängt wurden.

Um 1.650 vC drangen Kanaaniter, bekannt als Hyksos[38], in das östliche Nildelta in Ägypten ein und beherrschten es. Der Begriff Amar und Amuru (Amo

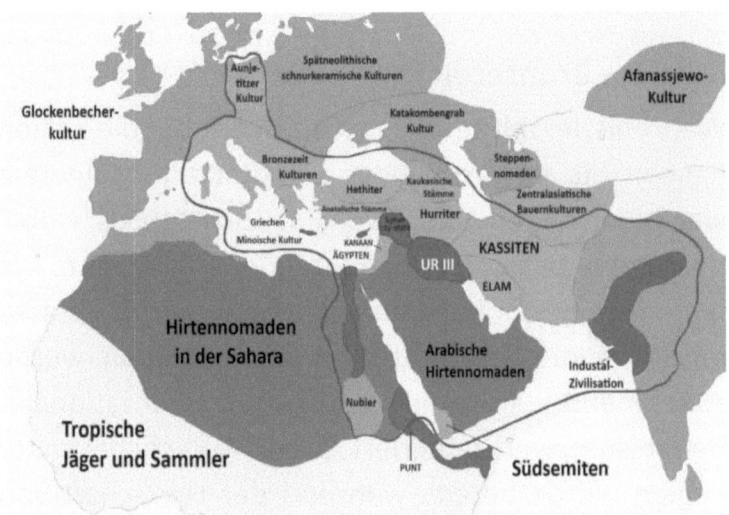

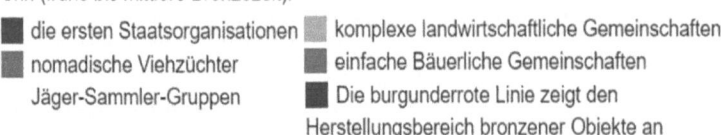

Ungefähre territoriale Ausdehnungen der Kulturen und Machtbereiche europäischer, nordafrikanischer sowie west- und zentralasiatischer Bronzezeitkulturen um 2000 v. Chr. (frühe bis mittlere Bronzezeit).

▮ die ersten Staatsorganisationen ▯ komplexe landwirtschaftliche Gemeinschaften
▮ nomadische Viehzüchter ▮ einfache Bäuerliche Gemeinschaften
Jäger-Sammler-Gruppen ▮ Die burgunderrote Linie zeigt den
Herstellungsbereich bronzener Objekte an

riter) bezog sich in ägyptischen Inschriften auf die Bergregion östlich von Phönizien, die sich bis zum Orontes erstreckte. Archäologische Beweise zeigen, dass die mittlere Bronzezeit eine Zeit des Wohlstands für Kanaan war, insbesondere unter der Führung von Hazor, das oft an Ägypten tributpflichtig war. Im Norden führten Jamchad[39] und Qatna[40] bedeutende Konföderationen an, während das biblische Hazor wahrscheinlich die Hauptstadt einer großen Koalition im südlichen Teil der Region war.

Chronologie der Bronzezeit im antiken Palästina unter besonderer Berücksichtigung der ägyptischen Chronologie

Die Chronologie der Bronzezeit in Palästina basiert im Wesentlichen auf der ägyptischen Chronologie. Dies liegt darin begründet, dass die Dynastien für das Alte Reich mit einiger Wahrscheinlichkeit und die für das Mittlere und Neue Reich mit großer Sicherheit chronologisch bestimmt werden können. Durch die zahlreichen ägyptischen Funde in Palästina können sie abgeglichen werden und somit in das chronologische Gerüst der Geschichte Ägyptens eingebunden werden. Trotzdem ist dieses Verfahren mit Schwierigkeiten und Unsicherheiten behaftet, die stets nur eine ungefähre Annäherung erlaubt. Die ermittelten Daten für die Regierungsjahre der Pharaonen ergeben sich primär aus den folgenden Quellen:

– Überlieferung des Manetho[41]

– Dem Turiner Königspapyrus[42]

– Deren Annalen des Alten Reiches
(Palermostein[43] und weitere Fragmente)

– Den Königslisten von Abydos, Karnak und
Saqqara des Neuen Reiches

Mit diesen Quellen kann eine relative Chronologie der Dynastien gewonnen werden, die mit Hilfe von astronomischen Daten und Synchronismen mit den altorientalischen Reichen zu einer absoluten Chronologie geführt werden kann.

Dadurch kann für die Zeit bis einschließlich dem 2. Jahrtausend vC eine sehr genaue Chronologie erstellt werden, die aber ab dem 3. Jahrtausend vC aufwärts immer ungenauer wird. Helene J. Kantor und John Basil Hennessy haben dafür eine systematische Sammlung aller ägyptischer Funde in Palästina und im Vorderen Orient und den Denkmälern in Ägypten erstellt, um eine zeitliche Bestimmung für die Bronzezeit zu ermöglichen. Daraus lassen sich folgende Erkenntnisse gewinnen:

Die Frühbronzezeit I entspricht der letzten Phase der Naqada-Kultur[44]. Dies lässt sich vor allem aus den zahlreichen Übereinstimmungen in der Keramik, wie Leistenhenkel und Ösenhenkel (Esdralon–Ware) erkennen. Die Funde von Arad und Tell es-Seh

Ahmed el-Areni zeigen, dass diese Phase mit dem Beginn der 1. Dynastie endet.

Die Frühbronzezeit II entspricht im Wesentlichen der frühdynastischen Zeit (ca. 2.970-2.640 vC). Die Funde der so genannten Abydos-Ware belegen dies: Kannen und Krüge von Importware in Gräbern aus der 1. Dynastie in Abydos und Saqqara, wie sie im Kontext der Keramik der Frühbronzezeit II in Palästina vorkommen.

Die Frühbronzezeit III umfasst ungefähr die Zeit der 3. bis 5. Dynastie (ca. 2.640 -2.325 vC) des Alten Reiches. Besonders der Fund ägyptischer Gefäße aus Alabaster und Terrakotta in Ai[45] zeigt die engen Kontakte zwischen beiden Regionen in dieser Zeit. Die Importware aus Ägypten mit Kammstrich ist für diese Epoche typisch und kann in ihrer Herkunft eindeutig bestimmt werden.

Auf die Frühbronzezeit III folgt eine Epoche, die als Mittelbronzezeit bezeichnet wird. In dieser Zeit findet gerade im urbanen Bereich ein Niedergang der bisherigen Kultur statt, der in eine Neugründung von Städten führt. Der Neubeginn einer urbanen Kultur in Palästina fällt in etwa mit der Gründung des Mittleren Reiches um ca. 2.000 vC zusammen, wobei beide Ereignisse in keinem offensichtlichen Zusammenhang zueinander stehen. Die Unterteilung in eine Mittelbronzezeit II A und II B ergibt sich aus dem deutlich erkennbaren kulturellen Einschnitt um 1.750 vC mit der Herrschaft der Hyksos. In dieser Zeit gibt es keine direkt nachweisbaren kulturellen Beziehungen zwischen Palästina und Ägypten, wie noch in der Frühbronzezeit, obwohl in beiden Ländern mit der so genannten Yehudiye[46]-Ware eine gemeinsam vorkommende Keramikgattung existiert. Der Beginn des Neuen Reiches mit der 18. Dynastie ab 1.552 vC markiert den Übergang zur Spätbronzezeit. In dieser Epoche kommt es zur ägyptischen Herrschaft über Palästina. Aus diesem Überblick ergibt sich nun die nachfolgende Datierung der Epochen in Palästina.

Prähistorische Perioden:	Dauer
Paläolithikum	bis 9.000 v.Chr.
Mesolithikum	9.000-8.000 v.Chr.
Neolithikum	8.000-3.600 v.Chr.
Chalkolithikum	3.600-3.150 v.Chr.
Historische Perioden:	**Dauer**
Frühe Bronzezeit	3.150-2.150 v.Chr.
Mittlere Bronzezeit	2.150-1.550 v.Chr.
Späte Bronzezeit	1.550-1.200 v.Chr.
Eisenzeit I–III	1.200-300 v.Chr.
Eisen I	1.200-900 v.Chr.
Eisen II	900-600 v.Chr.
Eisen III	600-300 v.Chr.

Kapitel 1: Die Bronzezeit – Das Land vor Israel

Bevor man sich dem komplexen Thema der Geschichte des antiken Israel zuwendet gilt es, eine der beiden grundsätzlich bestehenden Optionen für die Herangehensweise zu wählen. Betrachtet man die Entwicklung aus Sicht der biblischen Chronologie, dann ergibt sich ein eindeutiges Bild. Beginnend mit der Zeit der Patriarchen folgt der Exodus aus der ägyptischen Sklaverei mit anschließender 40 Jahre währender Wüstenwanderung. Es folgt die Eroberung und Landnahme Kanaans durch Josua, die Richterzeit, die vereinigte Monarchie, Trennung in Nord– und Südreich und der finale Untergang beider durch die Assyrer bzw. Babylonier. Die Alternative besteht in der wissenschaftlich fundierten historischen Rekonstruktion, welche auf drei Säulen ruht:

① Historisch–kritische Analyse der biblischen Texte

② Kritische Analyse der archäologischen Erkenntnisse und Befunde

③ Kritische Berücksichtigung der diversen Quellen des altorientalischen Kontextes

Basis dieses Skriptes ist die historisch-kritische Rekonstruktion unter Berücksichtigung der relevantesten biblischen und außer-biblischen Quellen.

In welchem Zeitraum liegen die ersten Anfänge des antiken Israel?

Hier bietet sich aus verschiedenen Gründen der Zeitraum der späten Bronzezeit an, der uns sozusagen das Bühnenbild für das antike Israel liefert. Dabei ist besonders die Eroberung Kanaans durch den ägyptischen Pharao der 18. Dynastie im 15. Jahrhundert vC, Thutmosis III.[47], zu beachten. Kanaan [כְּנַעַן, kena'an] ist die biblisch-hebräische Fassung eines Namens, der ursprünglich als Gebietsbezeichnung diente und aus dem dann die Gruppenbezeichnung Kanaanäer [כְּנַעֲנִי; kena'ani] abgeleitet wurde. Die Etymologie ist trotz vielfältiger Versuche ungeklärt. Der Name ist in variierender Form, in außerbiblischen Quellen schon lange vor der alttestamentlichen Überlieferung bezeugt, wobei er auch im Tanach selbst ausgesprochen vielfältig verwendet wird.

Thutmosis III. begründete eine jahrhundertelange ägyptische Oberhoheit in Kanaan, die bis in die zweite Hälfte des 12. vorchristlichen Jahrhunderts anhielt. Diese historische Phase ist durch die Armana-Briefe historisch belegt. Bei den Briefen aus dem Amarna-Archiv handelt es sich um einen umfangreichen Zufallsfund an Tontafeln in akkadischer Keilschrift des Palastarchives des Pharaos Echnaton, aus seiner Residenz Achet-Aton, dem heutigen Tell el Armana in Ägypten. Jørgen Alexander Knudtzon unterteilte die Amarna–Briefe in zwei Teile: Zuerst die internationale Korrespondenz, danach die Korrespondenz mit den ägyptischen Vasallen. Jene der internationalen Korrespondenz teilte er gegen den Uhrzeigersinn der jeweiligen Reichen zu:

Babylonien (EA 1–14), Assyrien (EA 15–16), Mittani[48] (EA 17,19–30), Arzawa[49] (EA 31–32), Alasija[50] (EA 33–40) und Hethiter-Reich (EA 41–44). Die zweite und weit größere Gruppe der Briefe teilte er von Norden nach Süden den Vasallen zu. Innerhalb der zugeordneten Gebiete sind sie chronologisch nach paläografischen Kriterien und innerer Logik geordnet. Die Briefe sind in Keilschrift und mit wenigen Ausnahmen im Altbabylonischen, einem Dialekt der akkadischen Sprache, geschrieben, lassen aber auch kanaanäischen Einfluss erkennen. Die Übersetzung der Briefe bereitete ebenso außerordentliche Schwierigkeiten wie die relative und absolute Chronologie. In der frühen Spätbronzezeit war Kanaan durch Bündnisse geprägt, die sich um Städte wie Megiddo und Kadesch konzentrierten. Die Region stand zeitweise unter dem Einfluss des ägyptischen und hethitischen Reiches. Die ägyptische Kontrolle war zwar sporadisch, aber stark genug, um lokale Aufstände und Konflikte zwischen Städten zu unterdrücken, aber nicht stark genug, um die vollständige Herrschaft zu etablieren. In den ägyptischen Gebieten südlich von Byblos lagen die Stadtstaaten nahe beieinander und konnten gut kontrolliert werden. Im Hinterland, nördlich von Byblos bis südlich von Ugarit, zwischen dem Orontes-Fluss und der levantinischen Küste erstreckte sich ein von bedeutenderen Stadtstaaten freies Gebiet, über das von der Zeit vor den Amarna-Briefen wenig bekannt ist: Amurru. Das Gebiet wurde unter Thutmosis III. nominell in die ägyptische Hoheit eingeschlossen, die geographische, topographische und politische Situation erschwerte aber vermutlich die Verwaltung dieses Gebiets. Nordkanaan und Teile Nordsyriens fielen in dieser Zeit unter assyrische Herrschaft. Thutmosis III. und Amenophis II[51]. behielten die ägyptische Autorität in Kanaan aufrecht und sorgten durch militärische Präsenz für Loyalität. Sie sahen sich jedoch Herausforderungen durch die Apiru gegenüber, einer sozialen Klasse und nicht einer ethnischen Gruppe, zu der verschiedene Elemente wie Hurriter[52], Semiten[53], Kassiten[54] und Luwier[55] gehörten. Händler und Reisende liefen seit jeher Gefahr, von gesetzlosen Gruppierungen angegriffen und ausgeraubt zu werden. Sie waren leichte Beute für Halbnomaden, die sich in den dortigen Wäldern und Bergen aufhielten und so ohne Vorwarnung über ihre Opfer herfallen und ohne groß Spuren zu hinterlassen, wieder verschwinden konnten. Offenbar vergrößerten sich die

Apiru [56], indem sich ihnen immer mehr Menschen und kleinere Gruppierungen anschlossen, entweder freiwillig oder durch Einschüchterung. Mit Einsetzen der Amarna-Korrespondenz, trat ihr Anführer Abdi-Aschirta bereits als richtiggehender *warlord* in Erscheinung. Als Herr eines nicht als Stadtstaat organisierten Gebietes gilt Abdi-Aschirta damit als Prototyp eines solchen Apiru–Führers.

Von den südlichen Vasallen aus der Region des heutigen Palästina existiert kein so umfangreiches Einzelkorpus wie jenes von Abdi-Aschirta. Deshalb lassen sich nur begrenzt politische Entwicklungen ausmachen. Hauptthema sind auch hier die Konflikte zwischen den Vasallen. So versucht beispielsweise Labaju von Schechem[57] sein Herrschaftsgebiet auszudehnen. Sein Hauptgegner dabei war Biridija von Megiddo. Die Ägypter bedienten sich offensichtlich einer »Teile-und-Herrsche-Taktik«, was zahlreiche Briefe belegen, in denen sich die Fürsten der jeweiligen Stadtstaaten gegenseitig beschuldigten. Offenbar wurde Labaju wegen seiner

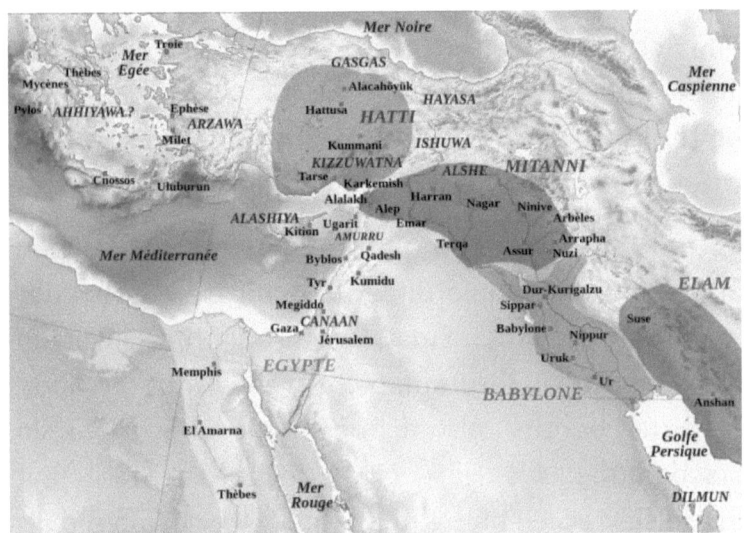

Geopolitische Lage in der Levante während der Amarna-Zeit, bevor Amurru unter hethitischen Einfluss geriet.

eigenmächtigen Raub- und Feldzüge bestraft. Dieser beteuert aber seine Unschuld und sein Unwissen von diesen Machenschaften:

„Der König hat betreffs (der Auslieferung) meines Sohnes Botschaft gesandt. Ich wusste nicht, dass mein Sohn mit den Hapiru-Männern herumzieht." (EA 254) Der Brief zeigt aber auch, dass die Vasallen durchaus mit den Apiru kooperierten, wenn es ihnen gerade gelegen erschien. Nachdem der ägyptische

König seine regulären Truppen aus unbekannten Gründen von Megiddo abgezogen hatte und dort eine Seuche ausgebrochen war, schreibt Biridija von Megiddo, dass seine Stadt von Labaju von Sichem belagert werde. Die Ägypter verlangen offensichtlich die Auslieferung Labajus, doch dieser wird erschlagen, bevor es so weit kommt. Der Pharao macht Biridija für den Tod Labajus verantwortlich. Dieser schiebt die Schuld Surata von Akko zu, der ihn in einem Hinterhalt erschlagen habe. Schuwardata von Gath beschwert sich beim König über Abdi-Hepa von Jerusalem, dass er ähnlich wie Labaju, eigenmächtig sein Territorium vergrößere: *„Labaju, der unsere Städte wegzunehmen pflegte, ist tot; und nun ist ʿAbdi-Ḫeba ein zweiter Labaju! [Und] er nimmt unsere Städte weg."* (EA 280) Abdi-Hepa wiederum beteuert seine Unschuld und beschwert sich seinerseits über die Söhne des Labaju, die zusammen mit Milkilu von Gezer und den 'Apiru-Banden eine gewaltsame Expansionspolitik betrieben. (EA 287)

Besonders wichtig ist das Verständnis einer dimorphen Situation im späten bronzezeitlichen Kanaan. In der *Schefela* [שְׁפֵלַת יְהוּדָה, *schefela jehudah*], der »Niederung Judäas«, dem Hügelland zwischen dem Bergland Judäas und der

Scharonebene, gab es zahlreiche, kleine Stadtstaaten mit entsprechender, dichter Population. Das *Har Jehuda* [הַר יְהוּדָה], „Bergland Judäas", ist Teil einer Mittelgebirgskette vom Gilboa im Norden bis zum Ramon im Süden. In Nord-Süd-Folge besteht die Kette aus dem Gilboa, durch das Tal Dothan [עמק דותן, *Emek Dotan*] getrennt vom anschließenden Bergland von Samarien [הָרֵי הַשּׁוֹמְרוֹן, *harei ha-Schomron*], gefolgt vom Judäischen Bergland, fortgesetzt von den Bergen des Negev [הָרֵי הַנֶּגֶב, *harei ha-Negev*], die in Halbmondform südwestwärts verlaufen bis zum Gipfel Ramon (1.037 m) und in Ausläufern auf der ägyptischen Sinai-Halbinsel enden.

In den *Highlands* war die Situation eine völlig andere. Dort gab es einige, wesentlich grössere Stadtstaaten wie Jerusalem, Sichem oder Hazor, welche über weite Teile Galiläas herrschten.

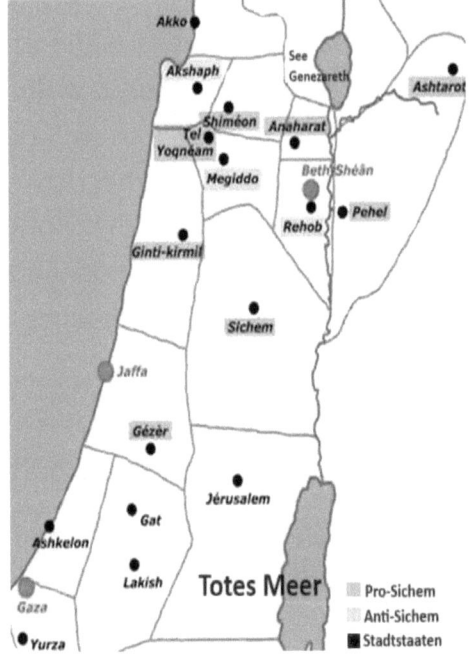

Diese Gegend war weniger besiedelt und hatte eine demzufolge auch eine andere soziale Struktur.

Der Vormarsch der Hethiter nach Syrien während der Regierungszeit von Amenophis III[58]. und weiter unter seinem Nachfolger bedeutete einen erheblichen Machtverlust Ägyptens, der mit einer zunehmenden semitischen Migration einherging. Ägyptens Einfluss in der Levante war während der 18. Dynastie stark, begann jedoch in der 19. und 20. Dynastie zu schwinden. Ramses II[59]. behielt die Kontrolle durch die Schlacht von Kadesch[60] gegen die Hethiter, doch die Hethiter übernahmen schließlich die nördliche Levante. Die Konzentration von Ramses II. auf inländische Projekte und die Vernachlässigung asiatischer Angelegenheiten führten zu einem allmählichen Rückgang der ägyptischen Kontrolle. Nach der Schlacht von Kadesch musste er in Kanaan einen energischen Feldzug führen, um den ägyptischen Einfluss aufrechtzuerhalten, und errichtete eine dauerhafte Festungsgarnison in der Region Moab[61] und Ammon. Der Rückzug Ägyptens aus der südlichen Levante, der im späten 13. Jahrhundert vC begann und etwa ein Jahrhundert andauerte, war eher auf interne politische Unruhen in Ägypten als auf die Invasion der Seevölker zurückzuführen, da es nur begrenzte Beweise für deren zerstörerische Wirkung in der Umgebung gibt. Trotz Theorien, die auf einen Zusammenbruch des Handels nach 1.200 vC hindeuten, gibt es Hinweise darauf, dass die Handelsbeziehungen in der südlichen Levante nach dem Ende der Spätbronzezeit fortbestehen.

Bibel und Archäologie – Der weite Blick aus der Mitte

Aus den Interaktionen dieser Stadtstaaten sowohl in der Schefela als auch in den Highlands lassen sich Modelle erkennen, die auch für die Entwicklung des frühen Israels herangezogen werden können. Die historisch-kritische Analyse sowohl der biblischen als auch außerbiblischen Quellen einerseits, sowie der archäologischen Daten und Fakten andererseits, das zu Beginn der beiden hebräischen Reiche das Südreich Juda ebenfalls nicht grösser als andere Stadtstaaten war. In dieser Hinsicht unterschied es sich kaum vom Stadtstaat Abdi-Hepas im 14. Jh. vC. Aber dann kam der historische Moment, wo sowohl Juda als auch Israel zu Territorialreichen wurden. Diese parallele Entwicklung wurde dadurch ermöglicht, dass beide Zentren erfolgreich in das Gebiet der Schefela expandierten. Erst danach können sie als territoriales Nord- bzw. Südreich bezeichnet werden. Aber ihr Beginn liegt unstrittig in den beiden Zentren Jerusalem und Schechem, wie die Armana-Briefe hinreichend belegen. Auch die Expansionsbestrebungen des bereits weiter oben erwähnten Herrschers Labaju in Schechem unterscheiden sich kaum von denen der späteren Herrscher im Nordreich Israel. Diese gingen im späten 10. Jh. vC ebenfalls von Schechem und über die Jesreelebene hinaus. Aber auch einzelne Ereignisse besitzen eine komparative Qualität. Beispielsweise der Disput über Keilah[62], welcher stark an die biblische Erzählung im Buch Samuel erinnert, in der König David Keilah rettet.

Es spricht eine Menge dafür und wenig dagegen, dass die Interessen der Herrscher in den Stadtstaaten der späten Bronzezeit denen der späteren Territorialreiche der Israeliten entsprachen. Noch während der ägyptischen Dominanz im 12. Jh. begann der Niedergang der Stadtstaaten, der später sowohl zu einem Zusammenbruch der territorialen Integrität als auch der kanaanitischen Kultur führte und in die frühe Eisenzeit überging. Es bleibt aber festzuhalten, dass sich in der Bibel kein Hinweis auf die ägyptische Herrschaft über Kanaan findet. Es gibt keine »Erinnerungen« in der Bibel an das 14. Jh. Und da wir aufgrund der archäologischen Befunde wissen, dass sich die ägyptische Vorherrschaft bis ins 13. und 12. Jh. vC fortsetzte, so muss eine

»Erinnerungslücke« oder ein »Erinnerungsdefizit« von drei Jahrhunderten festgestellt werden. Dies ist insbesondere dann von Relevanz, wenn es um die Chronologie der Frühgeschichte Israels geht.

Zusammenfassend basiert die historische Methodologie auf drei Säulen, bzw. Ebenen, deren Erkenntnisse unter Beachtung der historisch-kritischen Analyse miteinander in Verbindung gebracht werden. Diese drei Ebenen sind die *longue durée*, die *moyenne durée* und die *courte durée*.

Die *Longue durée*

Longue durée („lange Dauer") bezeichnet einen geschichts-wissenschaftlichen Fachbegriff, der die Geschichtswissenschaft auf eine neue, strukturalistische Grundlage stellt. Dieser Begriff ist von Fernand Braudel aus der Annales-Schule[63] geprägt worden, in seiner dreibändigen *Thèse d'Etat*[64] aus dem Jahr 1949[65]. Darin charakterisiert er den Raum in Bezug auf die Zeitverläufe in einem innovativen Modell. Braudel unterscheidet drei Zeitebenen in der Geschichte und hat deshalb je einen Band einer Zeitebene zugeordnet:

- Die lange Dauer (*longue durée*) charakterisiert die zeitlich langsamste Entwicklungsform historischer Prozesse. Der entsprechende erste Band befasst sich dementsprechend mit sozialen, herrschaftlichen und wirtschaftlichen Strukturveränderungen, sowie mit den Einwirkungen geographischer Gegebenheiten auf diese Veränderungsprozesse. Dadurch beabsichtigte Braudel über den engeren Bezugsrahmen seines Untersuchungsgegenstands hinaus, zugleich Geschichte nicht mehr als eine Aneinanderreihung einzelner Daten, sondern als zusammenhängendes Ganzes zu verstehen. Die Ebene *longue durée* wird, im Gegensatz zu früheren geschichtswissenschaftlichen Untersuchungen, als die entscheidende angesehen, da sie sowohl die Bedingungen für die anderen Ebenen vorgebe, als auch den Schlüssel zu ihrem Verständnis biete.

• Die mittlere Dauer, *moyenne durée*, nimmt im Gegensatz zu Strukturen, Konjunkturen in den Blick, befasst sich also primär mit wirtschaftlichen Prozessen. Entwicklungen auf der Zeitebene vollziehen sich dabei in der Regel in einem kürzeren Wechsel als die sie bedingenden räumlichen Voraussetzungen.

• Das *événement* („Ereignis") beschreibt meist politische Umbruchphasen, die lediglich von eingeschränkter zeitlicher Dauer und örtlicher Strahlkraft geprägt sind. Diese Ebene wird auch *courte durée*, „kurze Dauer", genannt. Hierunter fallen vor allem nicht antizipierte Ereignisse eines Tages wie Gesetzesnovellierungen oder Herrscherwechsel, die zumeist nur Stunden oder Tage, höchstens jedoch Wochen zur Entwicklung benötigen. Diese *histoire événementielle* war vor Braudel als Ereignisgeschichte geführt worden. Er selbst und nach ihm weitere Vertreter der Annales-Schule, problematisieren jedoch die »Ereignisgeschichte«, obwohl von allen die leidenschaftlichste und menschlich reichste, da sie sich an der Oberfläche der Geschehnisse bewege.

Die *histoire régressive*

Das Wort „Regressivität", auf das sich der Begriff „regressive Methode" bezieht, bezeichnet in der Geschichtsforschung eine Methode die darin besteht, ein Untersuchungsobjekt anzugehen, indem man ein komparatistisches Prinzip auf mehrere Zustände eines Untersuchungsobjekts zu verschiedenen Epochen anwendet, wobei man von der jüngsten Zeit zur ältesten fortschreitet. Dieses Verfahren basiert auf dem Postulat, dass ein späterer Zustand Spuren von interpretierbaren vergangenen Dynamiken bewahrt. In der Praxis wertet ein Mediävist, der die regressive Methode anwendet, beispielsweise eine moderne oder gegenwärtige

Überlieferung aus, um mittelalterliche Verhältnisse zu beleuchten. Diese Technik - die zunächst erstaunt, verlangt sie doch die gewollt anachronistische Verwendung von Quellen unterschiedlicher Epochen - setzt einen Zusammenhang zwischen den verschiedenen Konstruktionsstufen des Untersuchungsobjekts voraus; dieser Zusammenhang erlaubt es, jüngere und ältere Zustände dieser Konstruktion zu vergleichen und spätere Quellen zu benutzen, um einen länger zurückliegenden Zustand zu untersuchen. Mediävisten und Althistoriker greifen auf diese Methode zurück, um den Mangel und die relativ schwere Erschließbarkeit ihrer Quellen zu kompensieren, indem sie aus einer jüngeren und reichhaltigen Überlieferung Informationen herauszuziehen suchen, welche die von ihnen untersuchten Zusammenhänge beleuchten. Es handelt sich demnach darum, um es mit den Worten Marc Blochs auszudrücken, „die Geschichte rückwärts zu lesen" oder darum, „vom Bekannteren zum weniger Bekannten vorzustoßen"[66].

Die *déconstruction positive*

Diese Herangehensweise wurde vom französischen Assyriologen Jean-Marie Durand entwickelt. Verkürzt dargestellt geht es bei diesem methodologischen

Ansatz darum, bei der historischen Dekonstruktion in jedem Fall die bereits durch andere Herangehensweisen gesicherten Erkenntnisse nicht zu negieren.

Kapitel 2: Die Krisenjahre – Der Kollaps des Bronzezeitalters

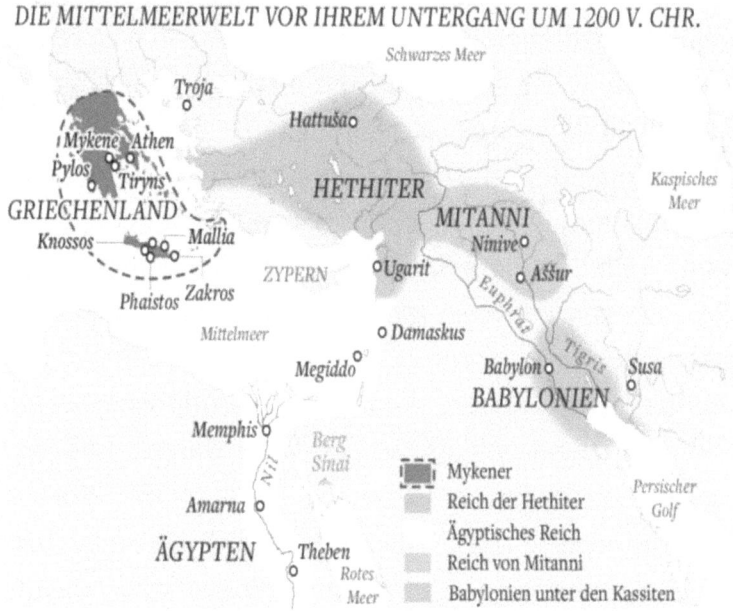

DIE MITTELMEERWELT VOR IHREM UNTERGANG UM 1200 V. CHR.

Der Zusammenbruch der Bronzezeit, genauer die Auflösung oder mindestens die ausgeprägten Veränderungen ihrer sozio-ökonomischen Strukturen und gesellschaftlichen Integrität, war eine Übergangzeit der Kulturen im Nahen Osten, in Anatolien, in der Ägäis, in Nordafrika, im Kaukasus, auf dem Balkan und im östlichen Mittelmeerraum, die sich von der Spätbronzezeit bis zur frühen Eisenzeit erstreckte. Es war ein Übergang, der die kollektive Resilienz der einzelnen Kulturen stark herausforderte und Historiker vermuten, dass er gewalttätig, unvorhergesehen und kulturell zerstörerisch war und für einige Zivilisationen einen gesellschaftlichen Zusammenbruch mit sich brachte. Vor etwa 3.200 Jahren erhielt der König von Zypern einen Brief eines Kollegen aus Syrien. Darin berichtete der Herrscher der reichen Hafenstadt Ugarit von dramatischen Umwälzungen: *„Mein Vater, jetzt sind die Schiffe des Feindes eingetroffen. Sie stecken seither meine Städte in Brand und verwüsten das Land ... Falls weitere Schiffe des Feindes auftauchen, sende mir irgendwie einen Bericht, damit ich es weiß."* Kurz darauf ließ der ägyptische Pharao Ramses III[67]. an seinem Totentempel die Nachricht anbringen: *„Die Fremdländischen verschworen sich auf ihren Inseln. Im Kampfgewühl wurden die Länder auf einen Schlag vernichtet. Kein Land hielt ihren Armeen stand. Hatti, Qadi, Qarqemis, Arzawa, Alasija waren entwurzelt".* Nur Ägypten blieb übrig. in zwei großen Schlachten, eine erfolgte zu Lande in Djahy *im heuti*gen Südlibanon und bei der anderen handelte es sich um eine Seeschlacht im Nildelta, konnte Ramses III. die Feinde zurückwerfen. Man schrieb das Jahr 1.177 vC. Sicher wissen wir nach wie vor nur, dass innerhalb weniger Jahre oder Jahrzehnte das Großreich der Hethiter in Kleinasien, die Paläste und Burgen des mykenischen Griechenland, Kretas und Zyperns sowie die Städte an den Küsten Anatoliens, Syriens und Palästinas in Orgien von Gewalt untergingen und dass Ägypten am Ende nur noch ein Schatten seiner einstigen Größe gewesen ist.

Die Palastwirtschaftssysteme der Ägäis und Zentralanatoliens, die die Spätbronzezeit kennzeichneten, lösten sich nach Zerstörung oder Aufgabe der wichtigsten Zentren auf. Für weite Teile Kleinasiens sowie nach traditioneller Definition auch für Griechenland, kennzeichnet dies den Beginn der sogenannten Dunklen Jahrhunderte. Auswirkungen dieser Prozesse im östlichen Mittelmeerraum blieben nicht ohne Folgen für die internationalen Handelsnetze. Drews[68] beschreibt den Zusammenbruch als die schlimmste Katastrophe in der alten Geschichte, die noch katastrophaler gewesen sei, als der Zusammenbruch des Weströmischen Reiches. Kulturelle Erinnerungen an die Katastrophe erzählten von einem verlorenen »Goldenen Zeitalter«. Hesiod[69] sprach zum Beispiel von den Zeitaltern von Gold, Silber und Bronze, die von dem modernen, grausamen Zeitalter des Eisens getrennt wurden.

Eine Reihe monokausaler Erklärungen für den Zusammenbruch wurde vorgeschlagen, ohne dass ein Konsens erzielt werden konnte. Wahrscheinlich spielten multikausale Faktoren eine Rolle, darunter Klimaveränderungen, Invasionen von Gruppen wie den sogenannten »Seevölkern«, innenpolitische Krisen und Machtkämpfe bei Großmächten, Metallknappheit, Weiterentwicklungen bzgl. militärischer Waffen und Taktiken und soziale und wirtschaftliche Krisen, die womöglich zu Aufständen führten. Man muss wohl davon ausgehen, dass ein ganzes Bündel von Ursachen einen regelrechten »Systemkollaps« hervorgerufen hat. In dessen Verlauf könnte es dann einen »Dominoeffekt« gegeben haben, bei dem der Zerfall eines Reiches den Untergang des nächsten nach sich zog. Unterzieht man alle betroffenen Kulturen einer systematischen Revision[70], so stößt man auf signifikante Unterschiede. So wurden Ugarit und seine Nachbarn wohl um 1.185 vC herum zerstört, aber ob die eingangs zitierte Briefstelle überhaupt diese Angriffe beschreibt, gilt heute als eher unwahrscheinlich.

Zentren wie Megiddo und Lachisch in Palästina sind dagegen wohl erst um 1.130 vC zerstört worden. Zu diesem Zeitpunkt lagen die großen Palastanlagen Griechenlands - Mykene, Tiryns, Pylos oder Gla - längst in Ruinen. Aber ihre einstigen Bewohner suchten in oder nahe bei ihnen ihr spärliches

Auskommen. Bürokratie und Schrift hatten sie längst vergessen, aber die Formensprache ihrer Alltagskultur weist sie doch eindeutig als Nachfahren und nicht als Einwanderer aus. Hattusa, die Hauptstadt des hethitischen Imperiums, war 1.177 vC schon eine unbewohnte Stadt, geordnet verlassen von ihren Einwohnern, die zentrale Bauten zuvor selbst zerstört hatten. Ob es wirklich eine Invasion war, der das Reich zum Opfer fiel, oder eine Mischung aus Bürgerkriegen und Angriffen von außen, können uns die Trümmer nicht mehr verraten.

Gesichert ist aber, dass in der ersten Hälfte des 12. Jh.s vC das vormals stabile internationale System der späten Bronzezeit mit einem Mal zusammenbrach, nachdem es mehrere Jahrhunderte bestanden hatte. Das gesamte komplexe globalisierte System kollabierte nicht zuletzt deshalb, weil der Handel mit Bronze und anderen wichtigen Werkstoffen der Epoche verlässliche Handelswege nach Innerasien voraussetzte. Dort wurde das seltene Zinn angebaut. Ein weiterer Knotenpunkt war die Insel Zypern, das damalige Zentrum des Kupferhandels. Die Störungen der antiken Lieferketten setzten eine Kettenreaktion in Gang, der die komplizierten Verteilungs- und Verarbeitungssysteme der mykenischen Palast-wirtschaftssysteme ins Ungleichgewicht brachten.

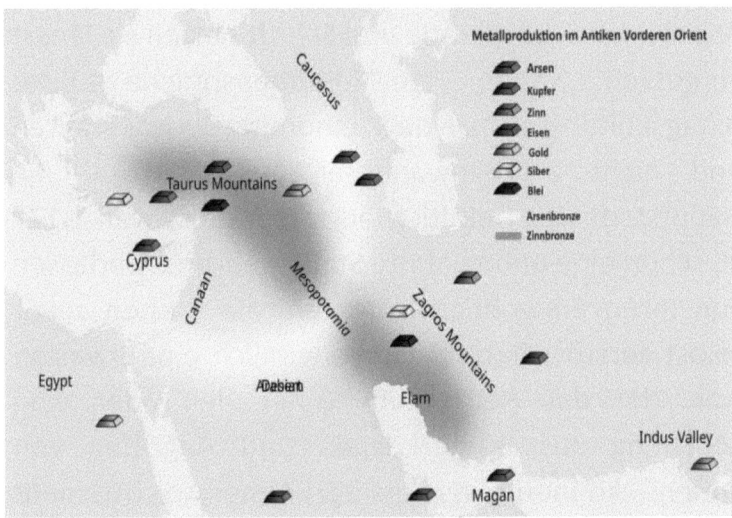

Die Kriege, die die Staaten gegeneinander führten - so war das Mittani-Reich in Syrien und Mesopotamien bereits im 13. Jh. vC von der Landkarte getilgt worden - verschlangen große Ressourcen, die durch eine Naturkatastrophe bereits erodiert werden konnten. Tatsächlich berichten die Quellen vom Mangel an Nahrungsmitteln in Anatolien und Syrien. Die Eliten zerbrachen, Bürokratien und Versorgungssysteme verfielen, Teile der Bevölkerung wanderten auf der Suche nach besseren Lebensbedingungen ab oder suchten ihr Heil in Aufständen. Nachbarn, die bis dahin von den etablierten Mächten in Schranken gewiesen worden waren, sahen ihre Chancen und gingen auf Eroberungszug. Und durch die Auflösung der

Fernhandelswege wirkte die Krise bis in ferne Regionen hinein, was wiederum Migrationen provoziert haben könnte.

Anhand von Pollen aus Seen und Lagunen nahe der in Syrien liegenden Grabungsstätte Tell Tweini konnte ein Forscherteam nachweisen, dass das Klima trockener wurde. Und zwar vom frühen 12.- 9. Jh. vC. Tell Tweini lag damals an der Südgrenze des ugaritischen Königreiches. Zu einem noch drastischeren Ergebnis kam dieselbe Forschergruppe bei einer Pollenanalyse auf Zypern, in Halan Sultan Tekke. Von 1.200-850 vC gingen der Niederschlag und das Grundwasser so stark zurück, dass beides eine nachhaltige Landwirtschaft wohl unmöglich machte. Eine andere Studie für die Ägäis ergab, dass es damals zu einer Abkühlung der Meeresoberfläche im östlichen Mittelmeer kam. Was wiederum weniger Niederschläge mit sich brachte und vermutlich zwischen 1.250-1.197 vC zu einer Dürre in der Region führte. Langgut, Finkelstein und Litt fanden am See Genezareth und dem Toten Meer Anzeichen dafür, dass es auch dort eine Dürre gab. Die Untersuchungen der dort in den Sedimenten abgelagerten Pollen wurden radiokarbonbasiert auf 1.250-1.100 vC datiert und wiesen für diesen

Zeitraum eine signifikant geringere Vegetation in der Region nach.

Berücksichtigt man dann noch, das 70%-80% des Landes der heutigen Staaten Israel, Jordanien und Syrien aus Wüste und Steppe bestanden, so müssen die klimatischen Veränderungen einen nicht unerheblichen Anteil am Kollaps gehabt haben. So verlor zwar Ägypten seinen antiken Superpowerstatus, entging aber aufgrund der gewaltigen Wassermassen des Nils dem Schicksal der anderen orientalischen Großreiche. Längere Dürreperioden führten meist zu Hungersnöten. Im kanaanitischen Tell Hazor wurden der Palast und die Tempel zerstört. Den Statuen der Götter wurden Nasen und Arme abgehackt. Die Speicher und Häuser der normalen Bevölkerung blieben jedoch unangetastet. Vermutlich handelte es sich hierbei um eine lokale Rebellion, bei der die 99% der Unterschicht die 1% der Mächtigen gestürzt haben. Dafür spricht, dass nur die Paläste und die Tempel zerstört wurden und der Rest der Stadt erhalten blieb. Das geschah nicht nur in Kanaan, das geschah auch in mykenischen Palastzentren. In vielen Zivilisationen kam es dort seinerzeit zu Rebellionen. Allerdings erholten sich diese Orte oft auch wieder. Neben längeren Dürreperioden können auch längere

Kälteperioden für größere und weiterreichende Migrationsbewegungen verantwortlich gemacht werden. Nach wie vor geht ein Teil der Forscher davon aus, dass die sogenannten »Seevölker« im

	AP	NAP	Vegetationsrekonstruktion in der südlichen Levante			
	OLIVEN & MEDITERRANE BÄUME	KRÄUTERGEWÄCHSE & KLEINE STRÄUCHER	Paleoklimatische Rekonstruktion	Nachgewiesene Olivenkulturen	Siedlungs-dichte	Historischer Zeitraum
500 v.Chr.			leicht trocken	niedrig	extrem hoch	EISEN II
1.000 v.Chr.			feucht	hoch	hoch	EISEN I
			feucht	niedrig	niedrig	SPÄTE BRONZEZEIT
1.500 v.Chr.			feucht	niedrig	hoch	MITTLERE BRONZEZEIT II
2.000 v.Chr.			feucht leicht trocken	medium		MITTLERE BRONZEZEIT
			feucht	medium	niedrig	INTERMEDIATE BRONZEZEIT
2.500 v.Chr.						

12. Jh. vC eine Schneise der Verwüstung über das südöstliche Mittelmeer legten – vom griechischen Mykene über Troja und Milet am Rande Vorderasiens, über Ugarit im heutigen Syrien bis in das Ägypten von Ramses III. Die These, dass die »Seevölker« nicht nur beutegierige Aggressoren, sondern selbst Fluchtlinge vor Naturkatastrophen waren, klingt ebenfalls plausibel. Dennoch bleibt weiterhin unklar, wer genau sie waren, woher sie im Einzelnen kamen und was sie wollten. Pharao Ramses III. ließ sich und seine Siege über einen Feind

„aus dem Norden", der zuvor „alle Länder" niedergeworfen hatte, die sogenannten »Seevölker«, an seinem Totentempel in Medinet Habu feiern:

„Die Völker der Meere schlossen sich auf ihren Inseln zu einer Verschwörung zusammen. Sie hatten den Plan, die Hand auf alle Länder der Erde zu legen. Kein Land hielt ihren Angriffen stand. Von Hatti an wurden zu gleicher Zeit vernichtet: Qadi, Karkemisch, Arzawa und Alaschija. Ihr Lager schlugen sie an einem Ort in Amurru auf. Sie zerstörten die Länder so, als ob sie nie existiert hätten. Sie kamen, bereiteten ein Feuer vor ihnen und sagten: ,Vorwärts nach Ägypten'. Verbündet waren mit ihnen die Peleset, Tjeker, Schekelesch, Danu und Waschasch. Ihre Herzen waren voller Vertrauen: ,Unsere Pläne gelingen' sagten sie zuversichtlich ... Die nördlichen Länder zitterten ... Ich schützte Ägypten ... Diejenigen die zu Lande kamen, wurden niedergeworfen und getötet ... Diejenigen, die in die Nilmündungen eindrangen, waren wie Vögel gefangen im Netz; so wurden sie vernichtet ... Ihre Häuptlinge wurden weggebracht und getötet."

Aber so glorreich war der Sieg im Jahr 1.177 vC wohl auch wieder nicht. Denn einige Angreifer gingen anschließend daran, sich im Vorfeld des Nillandes, in der südlichen Levante, auf Dauer niederzulassen.

Dort errichteten sie eine beeindruckende Herrschaft, die ihnen zahlreiche Nennungen im Alten Testament bescherten. Die bekannteste ist die Geschichte von David und dem starken Goliath, einem Helden der Philister. Dass diese mit den in der Feind-Liste von Ramses III. genannten *Peleset* identisch sind, gilt seit dem 19. Jh. als wissenschaftlicher Konsens. Die sogenannten »Seevölker« sind noch immer eines der großen Rätsel der Altertumswissenschaften. Wer waren die Peleset, Tjeker, Schekelesch, Danuna und Weschwesch der ägyptischen Quellen, woher kamen sie und was taten sie auf ihrem Weg bis an den Nil? Zerstörten sie wirklich die mykenischen Paläste in Griechenland, das Großreich der Hethiter in Kleinasien und die Fürstentümer Syriens, oder handelte es sich um eine Ansammlung von Unterprivilegierten am Rande der bronzezeitlichen Zivilisationen, die schlicht Hunger, Klimaveränderungen oder Naturkatastrophen zu entkommen versuchten?

Man kann sich die »Seevölker« als Seeräuber, ähnlich den Wikingern vorstellen oder als Migranten, wie sie in der Spätantike über das Römische Reich herfielen. Antworten auf die Frage, welche Rolle die Seevölker in diesem Krisenszenario spielten, können sich auch dem Zeitgeist nicht entziehen. Galt lange die

Vorstellung von ganzen Völkerschaften, die plündernd und mordend durch die Levante zogen, werden sie in jüngerer Zeit gern als Hilfesuchende beschrieben, die als Untertanen oder Nachbarn der alten Mächte selbst in den Strudel des Zusammenbruchs geraten sind. In ihrer Not versuchten diese Hungerleider, sich ihren Anteil aus den Trümmern ihrer wankenden Herren zu holen.

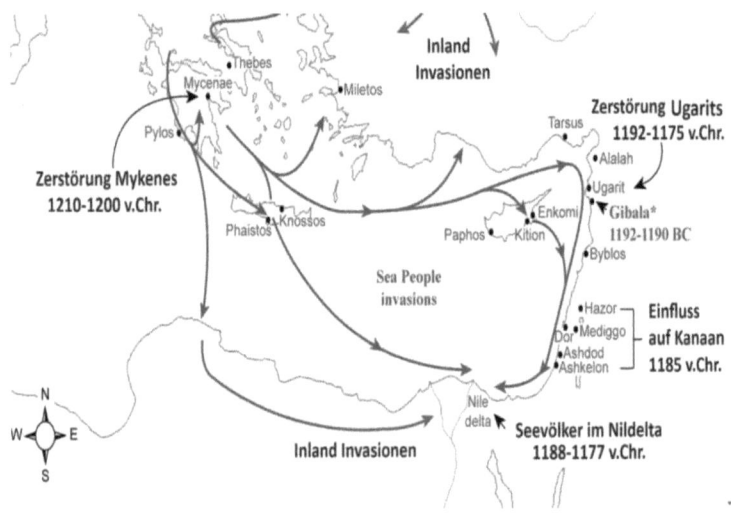

Dieser, vom aktuellen Zeitgeist, befeuerten These muss man sich nicht zwangsläufig anschließen. Neuere Untersuchungen israelischer Wissenschaftler von Skeletten aus Gräbern im Gebiet der Philister haben ergeben, dass die DNA dieser Toten eine Herkunft aus der Ägäis und dem südlichen Balkan wahrscheinlich macht. Das würde auch jene genetischen Befunde erklären, nach denen die Philister Schweine hielten, die offenbar von europäischen (griechischen) Hausschweinen abstammten. Also spielten Wanderer aus dem südlichen Europa im Systemkollaps der Bronzezeit eine maßgebliche Rolle. Dass sie in der Lage waren, mit Schiffen das Mittelmeer zu befahren, ist aufgrund der nautischen Kenntnisse mykenischer Griechen, Kreter, Dalmatiner oder auf Sardinien, kaum strittig.

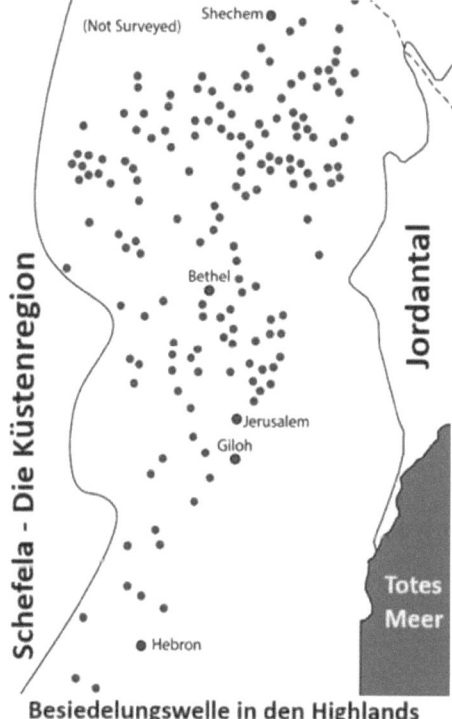

Besiedelungswelle in den Highlands vom 12.-11. Jahrhundert v.Chr.

Zu ihnen könnten dann noch weitere Gruppen aus den zerstörten Herrschaften der Levante gestoßen sein. Dergestalt könnten sie wie die Wikinger des Frühmittelalters Raubzüge unternommen haben, die eher Kommandounternehmen denn groß angelegten Invasionen geglichen haben dürften. Letztlich spricht vieles dafür, dass ihr primäres Ziel die Suche nach neuen Siedlungsstätten war. Gegen Ende der Bronzezeit fanden die »Seevölker« nach und nach in der südlichen Levante eine neue Heimat. Dort wurden sie zu Nachbarn der Judäer, die sie in ihrer Bibel als brutale Fremde beschrieben haben, weil sie nicht JHWH[71], sondern viele Götter anbeteten. Die archäologische Hinterlassenschaft belegt jedoch, dass sich die Philister bereits nach wenigen Generationen assimilierten und in ihrer Nachbarschaft aufgingen.

Die großen Veränderungen in der Levante im 12. Jh. waren einerseits das Ende der ägyptischen Suprematie in Kanaan und der Beginn des antiken Israels, das unstrittig mit einer zunehmenden Besiedelung des Judäischen Berglandes zusammenhängt. Gleichzeitig versuchte Ägypten einen Rest an Einfluss durch bestimmte Maßnahmen, zumindest im Süden Kanaans aufrecht zu erhalten. Einerseits durch die Förderung und Erhöhung der Getreideproduktion, indem mehr Vieh für das Pflügen der Felder geliefert wurden. Auch weisen die archäologischen Grabungen eine deutliche Steigerung von geschmiedeten Handsicheln in diesem Zeitraum auf. Des Weiteren wurden Zebus in die Region gebracht, eine Rinderart, die sich besser an die Trockenheit anpassen konnte. Immerhin reichten die Maßnahmen aus, den Kollaps im Süden hinauszuzögern. Während der Niedergang im Norden auf die Zeit um 1.180 vC datiert werden kann, ereilte den Süden erst gegen Ende des 12. Jh.s vC das gleiche Schicksal.

Die Spuren auf der Suche nach den »ersten Israeliten« führen direkt zu einer Besiedelungswelle der Highlands, die im späten 13. Jh. vC begann, sich über das gesamte 12. Jh. vC fortsetzte und ihren Höchststand im 11. Jh. vC erreichte. Die Gründe hierfür dürften ebenfalls primär mit den klimatischen Veränderungen zusammenhängen. Das lokale ökonomische System in Kanaan basierte sowohl auf den sesshaften Einwohnern als auch auf den Hirtennomaden. Diese Hirtennomaden können die sesshaften Stadtbewohner nur so lange mit ihren Produkten beliefern und dadurch für ihren Lebensunterhalt sorgen, so lange die sesshaften Bauern die benötigten Überschüsse bei der Getreideproduktion erzielten, mit denen sie ihrerseits die Hirtennomaden versorgen konnten. Mit zunehmender Krise sanken auch die Ernteerträge und immer mehr Hirtennomaden waren gezwungen, sich niederzulassen, um selbst Getreide anzubauen. Da die Pollenanalyse aus dem See Genezareth überdies klare Hinweise auf eine Erhöhung der Niederschlagsmenge im besagten Zeitraum gibt, bot eine dauerhafte Sesshaftwerdung den Hirtennomaden eine deutliche höhere Überlebenschance.

Kapitel 3: Der Beginn des Antiken Israels in den Highlands

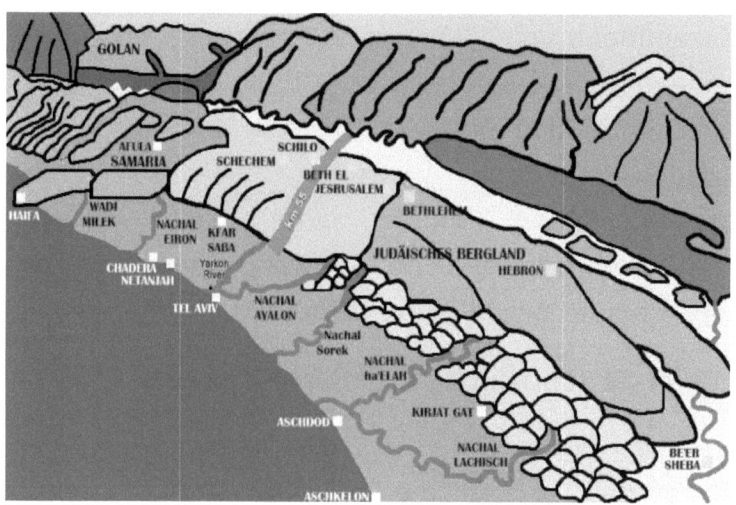

Topographische Skizze des Antiken Israel

Im Zuge des Kollaps der antiken Imperien im der späten Bronzezeit kam es zu zwei wichtigen Veränderungen in der Levante im Allgemeinen und in Israel im Besonderen. Es ist der Beginn der Herausbildung von Territorialmächten, darunter auch die beiden späteren jüdischen Königtümer Samaria und Juda. Die wichtigste Entwicklung, die es bei der Beobachtung der Entwicklung dieser Territorialreiche zu beachten gilt, sind die Migrations- und Besiedelungswellen in den Highlands westlich und östlich des Jordan. Dort finden wir die Menschen, aus denen später Israel,

Juda, Ammon, Aram oder Moab entstand. Sie sind die Proto-Israeliten, Proto-Moabiter, Proto-Ammoniter etc. Dies ist wichtig, weil sie nach dem Zusammenbruch Kanaans, Ägyptens und des kanaanitischen Stadtstaatensystems zunehmend im gleichen Gebiet heimisch wurden, wie die Proto-Israeliten. Des Weiteren beweisen die archäologischen Funde eine kontinuierliche Besiedelung dieses Lebensraumes, wenngleich mit wechselnder Bevölkerungsdichte.

Die erste schriftliche Erwähnung Israels

Der Text der Merenptah-Stele oder Siegesstele des Merenptah, die auch unter der Bezeichnung Israel-Stele bekannt ist, liegt in zwei Ausführungen vor: einerseits als ausführliche Inschrift in Karnak und andererseits in kürzerer Fassung auf einer ursprünglich freistehenden Stele in Theben-West. Der britische Archäologe Sir William Matthew Flinders Petrie fand die schwarze Granitstele 1896 in den Ruinen des Totentempels von Pharao Merenptah (regierte von 1.213-1.204 vC). Der Text ist datiert auf den 8. April 1.208 vC. In seinem fünften Regierungsjahr musste sich Merenptah gegen einen Angriff libyscher Volksstämme, die Lebu (Lybien) und Meschwesch, sowie ver-schiedene »Seevölker« behaupten. Auf der Israel-Stele ging es dem Pharao hauptsächlich auf die Her-

Text der Merenptah-Stele

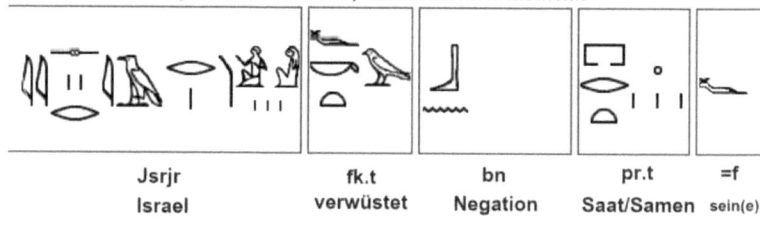

„Israel ist verwüstet, seine Saat ist nicht mehr."

Jsrjr	fk.t	bn	pr.t	=f
Israel	verwüstet	Negation	Saat/Samen	sein(e)

vorhebung seiner Rolle als Beauftragter der Götter an. Die Stele hat somit auch den Charakter einer Dankesrede an die Götter für den Merenptah beschiedenen Sieg in einem »heiligen Krieg«. Im Gegensatz zu den anderen erwähnten geographischen Namen wird das Wort „Israel" hier nicht mit dem Determinativ[72] für einen Ort oder ein Land, sondern mit dem für eine Personen- oder Menschengruppe geschrieben. Israel wurde somit Ende des 13. Jh.s vC noch nicht als Staat verstanden, sondern als Bezeichnung für eine Völkergruppe. Die Erwähnung eines Stammes Israel ist der älteste und einzige nichtbiblische Beleg für die Existenz des Namens Israel in ramessidischer Zeit[73]. Es sollte bis zum 9.Jh. vC dauern, bis erstmals ein Staat mit Namen Haus Omri in assyrischen Inschriften und der Mescha-Stela als Gleichsetzung mit dem Namen Israel belegt ist. Die Frage nach historischen Gemeinsamkeiten mit dem in der Merenptah-Stele beschriebenen Nomaden-Volk Israel und dem späteren Staat, sind bis heute in der Forschung strittig. Die übrigen Orte jedoch, die erwähnt werden, sind teilweise einigen Städten im historischen Israel zuzuordnen, so zumindest Gezer[74] und die Philister-Stadt Aschkelon.

„... Die Häuptlinge werfen sich nieder und rufen ... Libyen ist erobert. Hatti ist befriedet. Kanaan ist mit

allem Übel erbeutet. Aschkalon ist herbeigeführt. Gezer ist gepackt. Jenoam ist zunichtegemacht.

Israel ist verwüstet, seine Saat ist nicht mehr."

Es gab also eine Gruppe in Kanaan des ausgehenden 13. Jh.s vC, die Israeliten genannt wurde. Wie groß diese Gruppe(n) zu diesem Zeitpunkt war(en), kann die Forschung bis dato nicht belastbar belegen. Man darf aber vermuten, dass es sich um Gruppen im Zentrum der Highlands westlich des Jordans gehandelt haben dürfte. Die nächste Verschriftlichung der frühen Israeliten findet sich dann erst Mitte des 9. Jh.s auf der Mescha-Stele (auch Moabiterstein genannt), einem Gedenkstein in moabitischer Sprache, wieder. Dieser Basaltstein ist das älteste erhaltene Denkmal in einer dem Hebräischen nahe verwandten Sprache und Schrift. In der Inschrift rühmt sich der moabitische König Mescha [מישע] - neben der Ausführung verschiedener, von seinem Reichsgott Kemosch in Auftrag gegebener Bauvorhaben - der Befreiung seines Volkes aus der Abhängigkeit und Tributpflicht vom Nordreich Israel unter König Ahab der Dynastie Omri. Auch in der Bibel findet sich ein entsprechender Hinweis: Nach 2.Kön 3 war Mescha zunächst dem Reich Israel und dessen König Ahab tributpflichtig, erhob sich aber nach dessen Tod. Ein

Rachefeldzug des israelitischen Königs Joram scheiterte trotz judäischer und edomitischer Unterstützung. Auf der Mescha-Stele ist zu lesen:

„Mein Vater herrschte über Moab dreißig Jahre, und ich herrschte nach meinem Vater. Und ich machte diese Höhe für Kamosch in Qarcho, als […] [… Rettu]ng, denn er rettete mich vor allen Angreifern und ließ mich triumphieren über alle meine Gegner. **Omri war König über Israel** *und bedrängte Moab viele Tage, denn Kamosch zürnte seinem Land. Und es folgte ihm sein Sohn. Und auch er sprach: ‚Ich will Moab bedrängen'. In meinen Tagen sprach er (so).* […] **Aber ich triumphierte über ihn und über sein Haus. Und Israel ist sicher für immer zu Grunde gegangen.** *[..] Und die Leute von Gad wohnten im Lande Atarot von jeher. Und der König von Israel baute Aṭarot für sich. Und ich kämpfte mit der Stadt und nahm sie ein. Und ich tötete alles Volk […] Und Kamosch sprach zu mir: Geh, nimm Nabo von Israel weg. Und ich ging bei Nacht los und kämpfte mit ihm vom Anbruch der Morgenröte bis mittags. Und ich nahm es ein und tötete alles [in ihm]: siebentausend Mä[n]ner und Knaben und Frauen und Mäd[ch]en und Sklavinnen … Und ich nahm von dort [… die Gerä]te? JHWHs und schleppte sie vor Kamosch. Und der König von Israel baute Jahṣ und lagerte darin als*

er mit mir kämpfte. Da vertrieb ihn Kamosch vor mir. Und ich nahm aus Moab zweihundert Mann [...] brachte sie nach Jahṣ und nahm es ein. "

Auch bei der sogenannten »Landnahme der Israeliten« spielen drei Faktoren in der Spätbronzezeit eine tragende Rolle. So bestand die Region der südlichen Levante in der Spätbronzezeit aus einer Reihe von kleinen Stadtstaaten, auch »Kanaanäisches Stadtstaatensystem« genannt. Dieses System aus Stadtstaaten war vor allem in der Küstenebene und im angrenzenden Hügelland entwickelt. Hingegen war das ephraimitische und Judäische Bergland in dieser Epoche nur dünn besiedelt. Dieses änderte sich ab dem 11. Jh. vC, dem Übergang aus der Spätbronzezeit in die Eisenzeit I, die durch den Niedergang des »Kanaanäischen Stadtstaatensystems« geprägt war. So findet sich ab dem 11. Jh. vC eine starke Zunahme von kleinen und kleinsten dorfähnlichen Siedlungen, die sich vornehmlich im galiläischen und ephraimitischen Bergland finden, später dann auch im südlicher gelegenen Judäischen Bergland[75]. Reden wir gegen Ende der Bronzezeit über 30 bis 35 Siedlungen westlich des Jordans in den Highlands, so verzehnfacht sich diese Zahl in den nächsten 100 Jahren. Parallel zu dieser Siedlungswelle steigt natürlich auch die Bevölkerungszahl vergleichsweise rapide an. Es dürften allerdings insgesamt kaum mehr als 30.000 bis 40.000 Menschen in den Highlands westlich des Jordans gelebt haben. Hinzu kommt eine signifikante Dichotomie zwischen dem nördlichen und südlichen Teil. Zwischen Jerusalem und Hebron liegen die Schätzungen der Archäologen bei rund 2.000 Einwohnern, der Norden dagegen ist deutlich stärker bevölkert. Interessanterweise gilt das gleiche für die Gebiete östlich des Jordans. Starke Populationen nördlich des Jabbok-Flusses[76] in Amman, während der Süden in Moab und Edom[77] deutlich geringer besiedelt ist. Diese Entwicklung setzt sich bis in die Eisen II-Periode fort.

Auch die frühere These, die Proto-Israeliten unterschieden sich von den Philistern dadurch, dass letztere in größeren Mengen Schweinefleisch konsumiert hätten, ist nicht mehr haltbar. So wurden in Megiddo nur wenige und außerhalb der urbane Zentren der Philister wie Aschkelon, Aschdod oder (Tel Mikne) Ekron[78] überhaupt keine Hinweise auf Schweinefleischverzehr gefunden.

Die sequentielle Darstellung der Bibel ist aus historischer Sicht wenig hilfreich, weil sie die zyklischen Krisen der Auf und Abs, beispielsweise bei den verschieden Phasen der Besiedelung nicht berücksichtigt. Des Weiteren ist erkennbar, das in den biblischen Texten weder kollektive Erinnerungen an die Bronzezeit, noch an das Ende der ägyptischen Suprematie oder nur die ägyptische Präsenz in Kanaan enthalten sind. Auch für die Zeit Eisen I fehlen entsprechende Texte, immerhin die historische Phase der sogenannten »Seevölker«. Die Texte der Bibel enthalten zwar durchaus partielle Erinnerungen und Traditionen, aber sie scheinen bewusst in eine ideologisch motivierte Chronologie der späteren Autoren(gemeinschaften) angeordnet worden zu sein. Es spricht vieles dafür, das das Buch Joshua mit der Schilderung der Landnahme Kanaans, nicht vor dem späten 7. Jh. vC entstanden ist und die Sicht Jerusalems bzw. Judas zur Zeit König Josiahs nach dem Fall des Nordreiches Israel promovieren sollte. Das aus dem Norden stammende Buch Richter hatte die Funktion, die Lücke zwischen der Landnahme Kanaans und dem Beginn der Monarchie zu füllen. Zusammengefasst kann also mit einiger Berechtigung festgestellt werden, dass die Bibel die historische Situation in Kanaan zwischen dem 13.-11. Jh. vC nicht wiedergibt. Um die Herausbildung des antiken Israels zu verstehen, müssen sowohl die verschieden Phasen der Besiedelung in den nördlichen Highlands, die bronzezeitlichen Produktionsmethoden und der Wandel der klimatischen Verhältnisse berücksichtigt werden. Erst dann werden die zyklischen Prozesse sichtbar, die ihren Ausgang in der frühen Bronzezeit des 4. vorchristlichen Jahrtausends nahmen und in die

Typisches antikes Dorf in den Highlands

Entwicklung der Territorialreiche Israel und Juda mündeten. Des Weiteren gilt es die unterschiedlichen Phasen des Hirtennomadentums und der Sesshaftigkeit sowie die daraus resultierenden (geo)politischen und ökonomischen Folgeerscheinungen zu berücksichtigen. Aus all dem ergibt sich, dass man die Proto-Israeliten als Kanaaniten begreifen muss, es sich also um eine sich lokal entwickelt habende Ethnie handelte. Aus dieser ethnischen Basis entwickelten sich auch die Vorläufer dessen, was später Moab, Ammon[79] und Aram-Damaskus[80] werden sollte. Daraus entwickelten sie die kommenden Territorialreiche, deren materielle Kultur sich dann in der Folge auch von einander unterschied und für die Forschung fassbarer machte.

Typisches Haus in Kanaan (Highlands) im 12. Jahrhundert v.Chr.

Kapitel 4: Das erste Israel

Nachdem die Entwicklung der Besiedelung im nördlichen Kanaan geklärt ist, geht es nun darum herauszufinden, ob zwischen der Erwähnung Israels auf der Merenptah-Stele aus dem späten 13. Jh. vC und der Erwähnung Omris auf dem Moabiterstein, welche 250 Jahre später um 940/30 vC die Existenz eines Territorialkönigtums Israel verifiziert, etwas

identifiziert werden kann; dies wäre dann das erste Israel. Laut der biblischen Tradition lag das erste Zentrum der Israeliten nach der Landnahme Kanaans in Schilo[81], welches 10 bis 15 Kilometer südlich von Schechem lag.

Siedlungsräume der frühen Israeliten, Kanaaniter und Philister

Im Buch Joschua wird beschrieben, dass sich in Schilo ein Lager der Israeliten befand und Joschua, der Sohn Nuns [יְהוֹשֻׁעַ], dort das Zeltheiligtum Mischkan[82] aufschlagen ließ. So wurde Schilo zum ersten Zentralheiligtum der israelitischen Stämme (Jos 18,1–10). Damit endet die Zeit der Wüstenwanderung, in der das Heiligtum mitgeführt wurde, und es beginnt die Zeit der sesshaften Lebensweise, in der das Heiligtum seinen festen Ort hat. Als Zentralort war Schilo nicht dem Territorium eines Stammes zugeordnet, sondern gehörte ganz Israel (Jos 18,1;22,12). Hier versammelten sich die Angehörigen von sieben Stämmen der Israeliten (Benjamin, Simeon, Sebulon, Issachar, Ascher, Naftali, Dan), um von Joschua nach der Landnahme die jeweiligen Stammesgebiete zu erhalten. Auch wurde in Schilo beschlossen, dass die Leviten keine Ländereien besitzen sollten, da sie als Stamm der Priester unter den übrigen Stämmen leben sollten und auf Grund ihrer Bestimmung als Diener JHWHs kein Land brauchten. Das Buch der Richter nimmt die Darstellung des Heiligtums von Schilo im Buch Joschua auf und ergänzt Züge, die in den Erzählungen in den Samuelbüchern vorausgesetzt sind. Demnach steht in Silo ein „Haus Gottes" (Ri 18,31) und regelmäßig finden dort Opferfeste statt (Ri 21,19).

Die belastbareren Daten und Hinweise liefert die archäologische Forschung. Die Geschichte Schilos ist vergleichbar mit der Historie der Besiedelung der

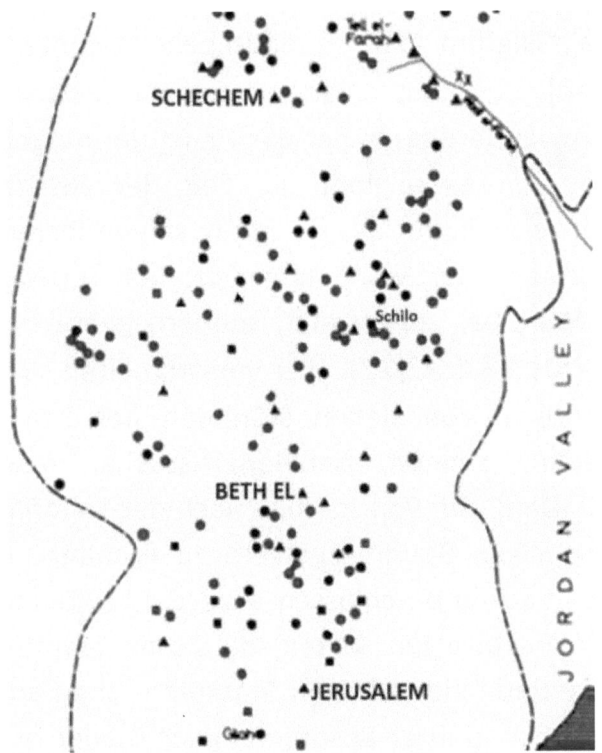

Besiedelung der nördlichen Highlands während Eisen I mit
dem frühen Zentrum Schechem/Schilo

Highlands. Sowohl Schilo als auch die Highlands
waren in der mittleren Bronzezeit gross, beide
erlebten einen signifikanten Rückgang in der späten
Bronzezeit und eine erneute Besiedelungswelle
während Eisen I. In der mittleren Bronzezeit war
Schilo eine etwas merkwürdige Anlage auf einem
künstlich angelegten Hügel mit gewaltigen
Stützmauern und einer Plattform auf der Spitze. Es

gibt keinen Beweis für eine Besiedelung, also um was handelte es sich dort? Ein Fort, ein Palast oder ein Tempel? Auffällig ist auch die Nähe zu Schechem. Während des Niedergangs von Schilo in der späten Bronzezeit sind aber immer noch kultische Aktivitäten dort nachweisbar. In der Phase von Eisen I gibt es wiederum keine Hinweise auf eine dauerhafte Besiedelung, aber öffentliche Gebäude: grosse Vorratshäuser. Der Schlüssel zum Verständnis von Schilo liegt darin, es gemeinsam mit Schechem zu denken.

Von El zu JHWH

Die Frage ist, wie sich die auf Schechem/Schilo basierende territoriale Einheit oder Königtum, aus der Israel entstand, gestaltete. Der Name Israel weist auf El, die antike Gottheit des Landes hin. Zum ersten Mal tauchte die Bezeichnung El um 1.400 vC in den Keilschrifttexten von Ugarit auf. Je nach Zusammenhang bedeutet das Wort den Eigennamen des Gottes oder den Gattungsbegriff. El besaß zeitweise für einen Teil der ugaritischen Bevölkerung die Stellung des obersten Gottes. Mit dem Eindringen der sogenannten »Seevölker« um 1.200 vC begann eine plötzliche Wandlung der Rolle Els in Ugarit. Nachdem die Stadt zerstört wurde, verlor El innerhalb der nächsten zweihundert Jahre in dieser

Region immer mehr an Bedeutung. Ein neuer Gott, *Ba'alschamen* (phönikisch) bzw. *Be'elschamen* (aramäisch) löste ab ca. 1.000 vC El endgültig ab. Mit dem Vordringen der Seevölker kamen neue Namen auf. Die Bibel nennt die Philister als Bewohner der Küstenregion und frühe Feinde der Israeliten in vorstaatlicher Zeit. Sie werden als verwandt mit den Phöniziern erachtet, die hauptsächlich im Küstenbereich in der Region des zerstörten Ugarits bis Sidon[83] siedelten. El verlor auch in diesen Regionen zunehmend an Bedeutung. Ebenso wie in der Region des zerstörten Ugarit erhielt der neue Gott *Ba'alschamen/Be'elschamen* nun den Vorzug vor El.

Im 1. Buch Mose wird El mit den Namen der halbnomadischen Sippenhäupter kombiniert, denen er zuerst erschienen ist. Dadurch wird El wie ein Name gebraucht: „Gott meines (deines) Vaters"; „Gott unserer (eurer) Väter"; „Gott Abrahams" (*El Avraham*); Gott Isaaks" (*El Jitzchaq*) und „Gott Jakobs" (*El Ja'aqov*). Die Kombination Els mit Personennamen gilt oft als frühe Stufe eines altorientalischen Monotheismus, bei dem Gott noch namenlos war. Im Zuge einer vermuteten zweiten aramäischen Wanderungswelle um 1.500 vC kamen Gruppen von Halbnomaden aus Mesopotamien und

Syrien oder von der Sinai-Halbinsel beim saisonalen Weidewechsel auch in das fruchtbare Kulturland Kanaan, wo sie einander begegneten und ihre Geschichten austauschten. Dabei wurden ihre Gottheiten wahrscheinlich schon miteinander identifiziert, so dass Reihungen wie „Gott Abrahams, Isaaks und Jakobs" (Ex 3,6) entstehen und als „Gott unserer (eurer) Väter" zusammengefasst werden konnten (Ex 3,16). Aufgrund solcher Beobachtungen entstand im frühen 20. Jahrhundert die einflussreiche These vom »Gott der Väter[84]« als Vorstufe der JHWH-Religion auf. Für ihn sei nicht die feste Bindung an einen Ort, sondern die ständige Beziehung zu einer Menschengruppe das entscheidende Merkmal. Wie im späteren gesamtisraelitischen JHWH-Glauben betonte die Väterreligion das Verhältnis zwischen Gott und Mensch, Gott und sozialer Gruppe. Die Vätergötter bedurften keiner Wallfahrt zu einem festen Heiligtum und keiner Vermittlung durch Priester, deren Aufgaben der Familienvater übernahm. Sie waren ihren Menschen stets gegenwärtig und wurden wohl ohne Abbild verehrt. Erst im Kulturland wurden ihnen Opfer dargebracht. Im 2. Buch Mose beginnt die eigentliche biblische Geschichte Israels als eigenes Volk: deshalb treten Reihungen von Väternamen von nun an zurück. Stattdessen dominieren nun Bezeichnungen wie „Gott der Hebräer" oder „Gott Israels". In der Berufungsgeschichte des Mose (Ex 3) stellt sich der als Gott der Väter bekannte El dann erstmals mit seinem Eigennamen JHWH vor.

Betrachtet man die frühen Kultorte Els in Kanaan, so stellt man fest, dass die bedeutendsten in der Nähe Schilos lagen. Beispielsweise das südlich gelegene Beth El[85] („Haus Gottes"), die biblischen Hinweise auf die Verehrung *Baalberiths* bzw. *Elberiths* in Schechem oder auch Penuel. In der Bibel spielt Penuel im Zusammenhang mit den Erzählungen über Jakob, Gideon und Jerobeam I. eine Rolle. In der Erzählung von Jakobs Kampf am Jabbok sagt dieser: „*Ich habe Gott von Angesicht zu Angesicht* (פָּנִים אֶל־ פָּנִים *panim el-panim*) *gesehen.*"

Hierbei handelt es sich um die direkteste Begegnung JHWHs mit dem Menschen in alttestamentlicher Darstellung. Die Umbenennung Jakobs in Israel weist darauf hin, dass der Text die Relevanz des Heiligtums von Penuel für ganz Israel herausstellen möchte. Ein weiteres Indiz für die Entstehung des ersten Israels findet sich sowohl in den Geschlechtertafeln des Stammes Manasseh als auch auf dem Samaria-

Ostrakon[86], (auf etwa 800 vC datiert), welche beide  einen Clan namens Asriel erwähnen. Zusammenfassend lässt sich für die früheste eines sich territorial etablierenden Israels muss sich der Blick auf Schechem, wo auch die dichteste Population der Region nachgewiesen ist und auf Schilo richten, welches als bedeutender Kultort in direkter Verbindung zu Schechem zu verstehen ist. Des Weiteren sind sowohl die lokalisierten frühen

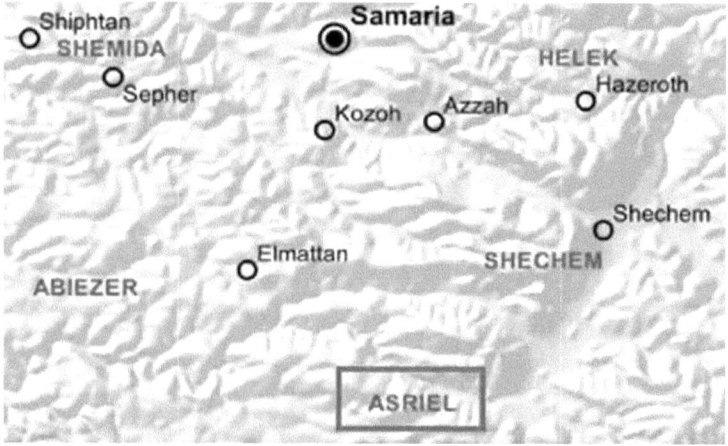

Kultorte Els und deren Nähe zu Schilo, die Bedeutung des Namens Israel sowie der später einsetzende Wandel in der religiösen Orientierung, d.h., den

Übergang von El zu JHWH, zu berücksichtigen. Fasst man all diese Aspekte zusammen, so spricht einiges dafür, dass es sich bei dieser territorialen Einheit im 11. Jh. vC um das früheste Israel handelt. Im Zuge des Kollapses in der späten Bronzezeit muss sich demzufolge auch der Namenswechsel von Schechem zu Israel entwickelt haben.

Kapitel 5: Die Eroberung Kanaans

Dem biblischen Narrativ der Landnahme Kanaans durch die Israeliten liegt ein klares Konzept zugrunde. Nach einer Beschreibung des Landes und seiner Grenzen stellt die Erzählung fest, dass innerhalb dieser Grenzen ein Teil erobert wurde und ein weiterer Teil noch zu erobern sei. Die immer noch vorhandenen kanaanitischen Städte und die Reste kanaanitischen Lebens stellen für die biblische Sicht ein theologisches Problem dar. Die Autoren gingen davon aus, dass die verbleibenden Kanaaniter die Israeliten am Ende der Tage zur Sünde verführen würden. Das ist grob skizziert das geographische und theologische Bild Kanaans in der alttestamentarischen Tradition.

Auch die chronologische Verortung ist aus biblischer Sicht klar: Exodus aus Ägypten, Wüstenwanderung, Ankunft in Kanaan und dessen Eroberung und nachdem sich das neue Israel etabliert hatte, folgte die *Great United Monarchy* unter David und Salomo. Danach befinden wir uns im 13. Jh. vC, was sich auch mit außerbiblischen Quellen deckt. So weist die ägyptische Merenptah-Stele aus dem späten 13. Jh. vC eine Israel genannte Gruppe als in Kanaan beheimatet aus. Das alles zusammengenommen ergibt ein vermeintlich hinreichend verifiziertes Bild der biblischen Darstellung. Das Buch Joschua berichtet die Eroberung und die Zerstörung des überkommenen kanaanitischen Stadtstaaten-systems durch die bereits im Land befindlichen Israeliten. Hinzu kommen die Ergebnisse der archäologischen Forschung, welche gegen Ende der Bronzezeit die Zerstörung zahlreiche Städte bestätigen sowie das Zeugnis der Merenptah-Stele. Dies führte beispielsweise den Bibelarchäologen und Altphilologen W.F. Albright in seinen Forschungsergebnissen zu der Überzeugung, den Aussagen der Bibel sei ein deutlich historischer Hintergrund zu entnehmen[87].

Er stand damit in Opposition zu vielen Bibelwissenschaftlern des späten 19. und des frühen 20. Jahrhunderts. Allerdings weist diese o.a. Sicht trotz der vermeintlich klaren Beweislage eine ganze Reihe von Problemen auf, die sich sowohl aus biblischer als auch archäologischer Sicht stellen.

1. Es ist in der modernen Bibelwissenschaft unumstritten, dass die Bibel keine Erinnerungen an die ägyptische Herrschaft über die kanaanitischen Stadtstaaten in der Bronzezeit aufweist.

2. Die Bibel weist keine Kenntnis von der Krise am Ende der Bronzezeit auf, noch enthält sie

irgendwelche Hinweise auf die klimatischen Veränderungen, die ein wesentlicher Faktor für den Kollaps Ende des 13. Jh. vC waren.

3. Das Buch Joschua kann nicht vor dem 7. Jh. vC entstanden sein.

4. Des Weiteren gibt es keine belastbaren Hinweise darauf, dass im Nord- oder im Südreich literarische Texte vor 800 vC entstanden sind.

5. Das eine orale Tradition diese Ereignisse über Jahrhunderte hinweg in der vorliegenden detaillierten Form sichergestellt haben soll, ist nur sehr schwer vorstellbar.

6. Im Buch Joschua gibt es keinen Bericht über die Eroberung Transjordaniens[88] durch die Israeliten, obwohl das Nordreich Israel über Transjordanien herrschte.

Aus archäologischer Sicht stellen sich noch größere Probleme dar.

1. Viele der im Buch Joschua genannten Städte und Siedlungen haben in der Bronzezeit nicht existiert oder es handelte sich um Lokationen, die nachweislich nicht besiedelt waren. Ai wäre da nur ein Beispiel unter vielen. Ai [עַי] ist der Name eines bis Mitte des 3. Jt. vC in der

Nähe von Beth El gelegenen Stadtstaates. Die Ausgrabungen des Siedlungshügels (Tell) haben eine erste Besiedlung ab etwa 2.400 vC nachgewiesen. Der erst um ca. 1.200 vC wiederaufgebaute Ort hatte Dorfcharakter und wurde nach etwa 150 Jahren von den Bewohnern verlassen. Ein Zerstörungshorizont ist für diese Epoche nicht erkennbar. Der Name *Ai* ist das hebräische Wort für „Trümmerhaufen", entsprechend dem arabischen Tell. Ergo muss die namensgebende Bevölkerung an dieser Stätte bereits Ruinen vorgefunden haben. Daher geht die historisch-kritische Exegese davon aus, dass es sich bei der biblischen Erzählung um eine ätiologische Legende[89] handelt, die erklären soll, wie der Trümmerhaufen entstanden ist.

2. Das zweite Problem liegt in der Chronologie. Radiokarbonbasierte Datierungen weisen eindeutig darauf hin, dass der Niedergang in der späten Bronzezeit ein Prozess war, der sich über einen Zeitraum von 100 bis 150 Jahren erstreckt hat. Das ist der Zeitraum von der Zerstörung Hazors um die Mitte des 13. Jh.s vC bis zum Untergang Megiddos um 1.100 vC herum.

3. Es hat also schon aufgrund des langen Zeitfensters keinen einzelnen zusammenhängenden Eroberungsfeldzug durch Joschua gegeben. Deshalb spricht sehr viel dafür und kaum etwas dagegen, dass es sich bei der Erzählung von der Eroberung Kanaans im Buch Joschua um keinen historischen Bericht handelt.

4. Das bedeutet aber auch nicht, dass irgendein Schriftgelehrter in Jerusalem zu einem späteren Zeitpunkt ausschließlich seiner Phantasie freien Lauf gelassen hätte. Es handelt sich bei der biblischen Darstellung der Landnahme Kanaans wohl eher um ein Kompendium von Erinnerungen, Legenden, Erzählungen und ätiologische Narrative. Diese Erinnerungen müssen nicht zwangsläufig aus dem 13. Jh. vC stammen. In der Bibel stößt man häufiger auf das, was man »akkumulierte Erinnerungen« nennen könnte.

Das Joschuabuch kann mithin nicht als historische Quelle der sog. Landnahme des Volkes Israel angesehen werden. Aller Wahrscheinlichkeit nach hat es eine solche kriegerische - als Feldzug des Zwölf-Stämme-Volkes Israel samt der Vernichtung aller Bewohner des Landes nie gegeben. Der in jener Epoche historisch und archäologisch feststellbare

Niedergang der kanaanäischen Stadtstaaten samt der Zerstörung einiger Städte ist nicht als das Werk Israels anzusehen. Die Größe »Israels«, welches sich im 12. Jh. vC sukzessive als eine »Mischgesellschaft« formierte, wobei deren Mitglieder vornehmlich nicht von außerhalb kamen, sondern bereits zuvor als Halbnomaden oder als »Kanaanäer« im Lande lebten, ist vielmehr in dieser Zeit als Konsequenz aus dem Zusammen-bruch des kanaanäischen Stadtstaatensystems in Verbindung mit dem Rückgang des ägyptischen Einflusses in Kanaan entstanden. Der von der Archäologie für die Eisenzeit I (1.200-1.000 vC) nachgewiesene Prozess der allmählichen Besiedlung des judäischen und ephraimitischen Berglandes, der galiläischen und ostjordanischen Regionen, wird im Buch Josua hingegen nicht reflektiert.

Welche Idee steckte hinter der Komposition im Buch Joschua?

Sucht man nach den Motiven für die verschriftliche Darstellung in der kanonisierten Form, ist der Zeitpunkt des Entstehens von zentraler Bedeutung. Das Buch Joschua entstand nach historisch-kritischer Exegese im späten 7. Jh. vC. Im Zentrum des Buches stehen die bibelkundlich kaum zu erfassenden Kapitel 13 bis 22, in denen das Land an die Stämme

Israels verteilt wird. Damit gelten die Verheißungen als erfüllt (Jos 21,43-45). Wichtig ist die geographische Orientierung über die Gebiete der einzelnen Stämme: Im Ostjordanland siedeln Ruben, Gad und Halb-Manasse, im Süden Simeon, Juda und Benjamin, in der Mitte des Landes Josef, das sind Efraim und Halb-Manasse. Dan (wandert vom Süden nach Norden), Sebulon, Issachar, Ascher und Naftali werden im Norden lokalisiert. Den entscheidenden Hinweis liefert das Buch Joschua selbst, indem es in Kapitel 15 geographische Angaben macht, die exakt einer Verwaltungseinheit im Königreich Juda zur Zeit König Josias[90] im späten 7. Jahrhundert entsprechen. *„Das war das Erbteil des Stammes der Söhne Juda nach ihren Sippen. Und die Städte am Rand des Stammes der Söhne Juda, zur Grenze von Edom im Süden hin, waren: Kabzeel[91], Eder[92], Jagur[93], Kina[94], Dimona[95], Adada[96], Kedesch, Hazor ..."* (Jos 15,20-23)

Welche Ereignisse fanden ausgangs des 7. Jh. vC statt, welche Hinweise auf die Motivation der Komposition im Buch Joschua geben? Die geopolitische Lage stellte sich so dar, dass das Nordreich Israel seit der Eroberung durch die Assyrer rund 100 Jahren zuvor nicht mehr existierte. Daraus mögen sich im verbleibenden Südreich pan-

israelitische Gefühle und Ideen entwickelt haben,
welche Juda nun in der Nachfolge Israels sahen.

Tel Megiddo

Daraus folgt, dass ein davidischer Herrscher nun über
ganz Israel herrschen musste, von Dan im Norden bis
Be'er Sheba im Süden. Das waren aber nichts weiter
als phantasiereiche Wunschvorstellungen angesichts
der Tatsache, dass das assyrische Grossreich nach
wie vor im vormaligen Nordreich herrschte und
selbst das Südreich Juda dessen Vasall war. Aus
Gründen, die nicht in Ereignissen in der Levante
begründet waren, zog sich um 630 vC Assyrien aus
dieser Region zurück. Das wiederum befeuerte die
pan-israelitische Ideologie König Josias mit dem Ziel,
das ehemalige Nordreich wieder unter israelitische
Kontrolle zu bringen. Daraus folgt dann, dass die im
Buch Joschua beschriebenen Eroberungen keine

historischen Ereignisse beschreiben, sondern künftige Ereignisse und Ziele im Rahmen einer pan-israelitischen Bewegung vorwegnimmt. Interessanterweise ist Joschua kein Judäer, sondern stammt aus dem Stamm Efraim, also aus dem Norden. Des Weiteren findet das ganze nördliche Kerngebiet, also die Länder der Stämme Efraim und Manasse sowie die Jesreel-Ebene im Buch Joschua keine Erwähnung. Erklärungen hierfür lassen sich möglichweise in anderen Eroberungsbeschreibungen im 4. Buch Mose finden. In Kapitel 21 werden zwei Eroberungen in Transjordanien sowie eine Schlacht im Tal von Be'er Sheba mit dem König von Arad. Betrachtet man diese Eroberungsfeldzüge geographisch, dann ergibt sich daraus die maximale Ausdehnung Israels im Norden (Transjordanien) als auch im Süden (Be'er Sheba) im Verlauf des 9.-8. Jh. vC. Wenn man diese Eroberungen mit dem Buch Joschua in Verbindung bringt, dann ergibt sich erkennbar die Ideologie einer »nördlichen Eroberungstradition«, was wiederum auch den efraimitischen Joschua in der judäischen Tradition erklärt. Man kann also davon ausgehen, das Josiah und seine Schreiber keine Fiktion zu Papier gebracht haben, sondern sie beschrieben das bereits Geschehene im Norden und das zu Erwartende für ganz Israel. Sie haben die existierende nördliche

Eroberungstradition in den Dienst ihrer judäischen pan-israelitischen Ideologie gestellt, waren sich aber auch darüber in Klaren, dass die beschriebenen Eroberungen nicht das ganze Land betrafen. Also wechselten sie das Genre. Nach der Beschreibung größerer territorialer Eroberungen fügten sie nun weitere Eroberungen von einzelnen Städten hinzu. Und diese lagen allesamt in den Stammesgebieten von Efraim und Manasse, mithin im Kernland des ehemaligen Nordreiches.

Tel Hesban

Hinzu kamen weitere Hinzufügungen in Jos 12, die über das Nordreich hinausgingen: *„Dies sind die Könige des Landes, die die Söhne Israel schlugen und deren Land sie in Besitz nahmen jenseits des Jordan, gegen Sonnenaufgang, vom*

Fluss Arnon bis zum Berg Hermon, und die ganze Steppe nach Osten zu: Sihon, der König der Amoriter, der in Heschbon wohnte, er herrschte über das Gebiet von Aroër (Moab) an, das am Ufer des Flusses Arnon liegt, und zwar von der Mitte des Flusstales an, und über das halbe Gilead[97] bis an den Fluss Jabbok, die Grenze der Söhne Ammon, und über die Steppe bis an den See Kinneret[98] im Osten, und bis ans Meer der Steppe, das Salzmeer, im Osten, nach Bet-Jeschimot[99] hin und im Süden an den Fuß der Abhänge des Pisga[100]. Und das Gebiet des Königs Og[101] von Baschan[102], von dem Rest der Refaïter[103], der in Aschtarot[104] und in Edrei[105] wohnte. Und er herrschte über das Hermongebirge, über Salcha[106] und über ganz Baschan bis an die Grenze der Geschuriter[107] und der Maachatiter[108] und über halb Gilead bis an die Grenze Sihons, des Königs von Heschbon[109]. Mose, der Knecht des HERRN, und die Söhne Israel schlugen sie. Und Mose, der Knecht des HERRN, gab es als Besitz den Rubenitern, den Gaditern und dem halben Stamm Manasse. Dies sind die Könige des Landes, die Josua und die Söhne Israel schlugen diesseits des Jordan, im Westen, von Baal-Gad[110] an in der Talebene des Libanon bis an das kahle Gebirge, das nach Seïr[111] hin ansteigt. Und Josua gab es den Stämmen Israels zum Besitz nach ihren Abteilungen, im Gebirge, in der Niederung, in der Steppe, an den Abhängen, in der Wüste und im Süden – die Hetiter, die Amoriter, die Kanaaniter, die Perisiter[112], die Hewiter[113] und die Jebusiter[114]: der König von Jericho[115]: einer; der König von Ai, das neben Bethel liegt: einer; der König von Jerusalem: einer; der König von Hebron[116]: einer; der König von Jarmut[117]: einer; der König von Lachisch[118]: einer; der König von Eglon[119]: einer; der König von Gezer: einer; der König von Debir[120]: einer; der König von Geder[121]: einer; der König von Horma[122]: einer; der König von Arad[123]: einer; der König von Libna[124]: einer; der König von Adullam[125]: einer; der König von Makkeda[126]: einer; der König von Beth El: einer; der König von Tappuach[127]: einer; der König von Hefer[128]: einer; der König von Afek[129]: einer; der König von Scharon[130]: einer; der König von Madon[131]: einer; der König von Hazor: einer; der König von Schimron-Meron[132]: einer; der König von Achschaf[133]:einer; der König von Taanach[134]: einer; der König von Megiddo: einer; der König von Kedesch[135]: einer; der König von Jokneam[136] am Karmel: einer; der König von Dor[137] im Hügelland von Dor: einer; der König von Gojim[138] zu Gilgal[139]: einer; der König von Tirza[140]: einer. Alle Könige zusammen waren".

Zusammenfassend lässt sich festhalten, dass es verschiedene Eroberungstraditionen gegeben hat, die im Buch Joschua und im 4. Buch Mose tradiert wurden. Joschua war ein Mitglied des Stammes Efraim aus dem (ehemaligen) Nordreich. Es gibt gute Gründe anzunehmen, dass die frühesten Eroberungstraditionen aus dem Norden stammten und die maximale Expansion des Nordreiches im 9.-8. Jh. vC beschreiben. Die Expansion erfolgte aus dem Kernland in den Highlands heraus und breitete sich von dort aus nach Norden, Nordosten und Südosten aus. Diese nördlichen Traditionen wurden, möglicherweise von migrierten Israeliten nach der Eroberung Israels 722 vC durch die Assyrer, nach Juda gebracht. Dort wurden sie dann von den Schreibern König Josias im späten 7. Jh. vC im Rahmen ihrer panisraelitischen Ideologie dazu benutzt, die Rückeroberung Kanaans durch Juda und einem davidischen König zu postulieren.

Exkurs I: Die 12 Stämme Israels

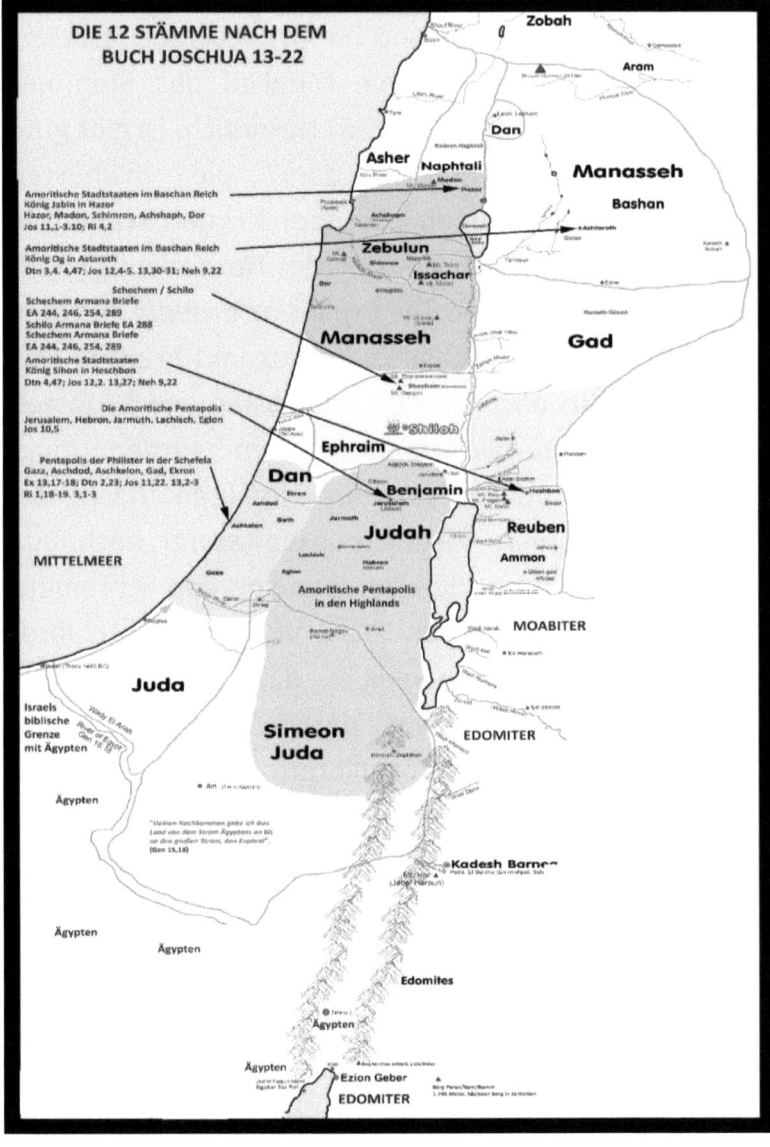

DIE 12 STÄMME NACH DEM
BUCH JOSCHUA 13-22

„Zwölf" war die von Gott gewählte Zahl für das Volk Israel. Gott hatte sein Volk immer in der Gesamtheit der zwölf Stämme vor sich. Diese Tatsache wird in den zwölf Steinen im Brustschild des Hohenpriesters und den zwölf Namen auf den beiden Onyx Steinen in den Schulterstücken des Hohenpriesters sichtbar. Auch der Schaubrottisch mit den zwölf Broten erinnert daran. Dieser Blickwinkel Gottes blieb auch nach der Teilung des Volkes in 10 und 2 Stämme wahr. Obwohl die zehn Stämme zerstreut wurden und deshalb auch als »verlorene Stämme« [עשרת השבטים, *aseret ha-schvatim*] bezeichnet werden, spricht Paulus von den *„zwölf Stämmen"*, die in seinen Tagen unablässig Gott dienten (Apg 16,7). Jakobus schreibt in seinem Brief an die zwölf Stämme (Jak 1,1). Im neuen Jerusalem werden die Namen der zwölf Stämme auf die zwölf Tore geschrieben sein (Off 21,12). Sie bleiben aus Gottes Sicht immer **zwölf**, so wie die Versammlung für ihn immer **eine** Versammlung ist

Die Entstehung dieses Volkes wird gemäß den biblischen Texten in der vorstaatlichen Zeit der Geschichte Israels etwa 1.200-1.000 vC angesetzt. Die Reihenfolge der Namen der Stämme erscheint in 20 verschiedenen Variationen. Wichtig für das

Verständnis der Thematik ist, dass nach bisherigen archäologischen Erkenntnissen für diese Stammesgeschichte – außer den schriftlichen Überlieferungen – keine historische Grundlage vorhanden ist.

Die überlieferten Stämme Israels verloren ihre Bedeutung ab der Errichtung der Monarchie in Israel, und dann insbesondere aufgrund der Deportationen durch die Assyrer nach der Eroberung des Nordreiches um das Jahr 722 vC. Seither gelten die zehn deportierten Stämme als »Verlorene Stämme«, selbst wenn davon auszugehen ist, dass einzelne Israeliten zu unbekannten Zeitpunkten wieder in ihre angestammten Länder zurückkehrten. Mit dem Babylonischen Exil (587-536 vC) waren auch die verbleibenden zwei Stämme Juda und Benjamin zwangsumgesiedelt worden; auch sie kehrten schließlich wieder zurück. Diese Bevölkerungs-bewegungen sowie auch Konversion von anderen Volksgruppen zum Judentum ließen genau bestimmbare Stammeszugehörigkeiten bereits in vorchristlicher Zeit endgültig untergehen. Spätere Erwähnungen der „Zwölf Stämme" sind hauptsächlich als Metapher zu verstehen.

Mit Beginn der neuzeitlichen Alija[141] wurden verschiedentlich die überlieferten Stammestheorien herangezogen, um die Herkunft von Juden aus der Diaspora zu bestimmen und Einwanderer nach Israel als Angehörige der alten Stämme anzuerkennen. Aufgrund der großen Heterogenität sowohl der Lebensführung als auch der jeweils überlieferten Tradition spielte es bei der Integration in Israel eine große Rolle, ob eingewanderte Juden beispielsweise aschkenasischer, sephardischer, romaniotischer, karaitischer, äthiopischer, irakischer, kurdischer, jemenitischer, georgischer, bergjüdischer, persischer, malabarischer, bucharischer, marathischer, oder noch anderer Herkunft waren. Teilweise wurden sogar genetische Untersuchungen über Verwandtschaftsverhältnisse zwischen diesen Gruppen angestrengt.

Die zwölf Stämme Israels erscheinen **biblisch** als Nachkommen der zwölf Söhne Jakob-Israels (Dtn 33,6-25 und Ri 5,14-18). Sie hatten anfangs keine gemein-samen politischen Führer und Institutionen. Gleichwohl verband ihr Glaube an den in der Geschichte wirkenden Gott ihrer Väter sie zu einer Gemeinschaft.

Ruben [רְאוּבֵן]

Der Erstgeborene von Jakob und Lea rettete das Leben Josefs, als seine Brüder darüber nachdachten, ihn zu töten. Als sie nach Ägypten gingen, um Korn zu kaufen, bot er an, für die Sicherheit Benjamins Verantwortung zu tragen. Jakob sagte über Ruben, als er sein Söhne segnete: *„Ruben, mein Erstgeborener bist du, meine Kraft und der Erstling meiner Stärke! Vorzug an Hoheit und Vorzug an Macht! Überwallend wie die Wasser, sollst du keinen Vorzug haben, denn du hast das Lager deines Vaters bestiegen; da hast du es entweiht"* (Gen 39,3.4). Dies spricht vom Versagen des Erstgeborenen, und hat

Marc Chagall: Der Stamm Ruben

den Verlust seines Erstgeburtsrechts zur Folge. Als Mose die Stämme segnete, sagte er *„Ruben lebe und sterbe nicht, dass seine Männer weniger werden"* (Dtn 33,6). Bei dieser Segnung stand mehr die Beziehung der einzelnen Stämme zu Gott im Vordergrund.

Auf ihren Wunsch, erhielten die Rubeniter ihr Erbteil östlich des Jordans, weil es *„ein Land für Vieh"* war (Num 32,4). Vom Arnon aus erstreckte es sich etwa 40 km nordwärts, wo sich dann das Besitztum Gads anschloss.

Die Rubeniter scheinen keine bedeutende Rolle in den Kämpfen unter den Richtern eingenommen zu haben. Sie fassten zwar „*große Beschlüsse des Herzens*", aber Ri 5,15f. stellt missbilligend fest, dass Rubens Stamm in der Deboraschlacht[142] fehlte. Offenbar war bei der schriftlichen Abfassung des Pentateuch[143] nur noch wenig über den Stamm Ruben bekannt. Mit ihm oder bald danach wurde wohl auch Gad verdrängt. Ihr Verschwinden aus der biblischen Überlieferung wird etwa als Aufgehen in anderen, schneller wachsenden Stämmen oder aus kriegerischen Niederlagen erklärt. Eventuell fiel der Stamm der Ausbreitung der nordöstlich von ihm angesiedelten Ammoniter zum Opfer. Die Rubeniter und die anderen Stämme östlich des Jordan, verehrten die Götter der Heiden. Der Herr übte darauf-hin durch Hasael[144], den König von Syrien, Gericht über sie aus (2.Kön 10,32.33). Danach wurden sie durch Pul[145] und Tilgat-Pilneser nach Halach, Habor, Hara und an den Strom Gosan[146] gefangen weggeführt (1.Chr. 5,26). Die Gegend östlich des Jordan galt als sehr gefährlicher Platz.

Simeon [שִׁמְעוֹן]

Der zweite Sohn von Jakob und Lea und Ursprung des Stammes. Außer dem Angriff, den er mit Levi auf Schechem machte, und seiner Gefangennahme durch Josef als Geisel ist weiter nichts Persönliches über Simeon niedergeschrieben. Er kam mit Jakob nach Ägypten und nahm seine sechs Söhne mit sich. Beim Verlassen Ägyptens zählte der Stamm 59.300, aber als sie nach den vierzig Jahren Wanderschaft in das Land kamen waren es nur noch 22.200. Als Jakob seine Söhne segnete, sagte er: *„Simeon und Levi sind Brüder, Werkzeuge der Gewalttat ihre Waffen. ...*

Marc Chagall: Der Stamm Simeon

Denn in ihrem Zorn haben sie den Mann erschlagen und in ihrem Mutwillen den Stier gelähmt. Verflucht sei ihr Zorn, denn er war gewalttätig, und ihr Grimm den er war grausam! Ich werde sie verteilen in Jakob und sie zerstreuen in Israel" (Gen 49,5-7). Diese Zerstreuung scheint schon in Kraft getreten zu sein, als Mose die Stämme segnete: Simeon wird da nicht erwähnt. Das Erbteil Simeons lag im äußersten Süden, sie hatten die Philister m Westen und die Wüste Paran[147] im Osten. Bei der

Teilung des Königreiches gehörten sie namentlich zu den zehn Stämmen, waren aber von den anderen neun komplett isoliert, so dass sie, entsprechend der Prophezeiung Jakobs, in Israel verteilt waren. Sie waren in gewissem Sinne im Land verloren gegangen.

Levi [לֵוִי]

Levi war der dritte Sohn Leas und Jakobs (Gen 29,34) und seine Nachkommen wurden allein zum Tempeldienst für alle Israeliten erwählt (Dtn 18,1-8). Als einziger der Stämme Israels erhielten sie keinen Landbesitz, stattdessen standen ihnen die Tempelabgaben zu. In Num 1,49–50 heißt es: *„Nur den Stamm Levi sollst du nicht mustern und ihre Summe nicht aufnehmen unter den Söhnen Israels, sondern setze du die Leviten ein über die Wohnung des Zeugnisses[148] und über all ihr Gerät und über alles, was zu ihr gehört! Sie sollen die Wohnung und all ihr Gerät tragen, und sie sollen sie bedienen und sich rings um die Wohnung herum lagern."* Die Leviten wurden, da sie zusammen mit dem Stamm Simeon alle Männer der Stadt Sichem getötet hatten (Gen 34), von Jakob vor dessen Tod nicht gesegnet, sondern ihnen wurde ihre Zerstreuung angekündigt: *„Die Brüder Simeon und Levi; ihre Schwerter sind mörderische Waffen. Meine Seele komme nicht in* *ihren Rat, und mein Herz sei nicht in ihrer Versammlung; denn in ihrem Zorn haben sie Männer gemordet, und in ihrem Mutwillen haben sie Stiere gelähmt. Verflucht sei ihr Zorn, dass er so heftig ist, und ihr Grimm, dass er so grausam ist. Ich will sie versprengen in Jakob und zerstreuen*

Marc Chagall: Der Stamm Levi

in Israel." Die Leviten stehen traditionell hinter den Kohanim[149], assistieren ihnen und übernehmen Tempeldienste oder Organisationsaufgaben. Grundsätzlich gilt: Fällt der Kohen als Rabbiner aus, springt ein Levit ein. Da infolge von Diaspora, Kulturveränderungen, aber auch Vertreibungen dann Konversionen in andere Religionen stattgefunden haben, existieren Abwandlungen des Namens.

Benjamin [בִּנְיָמִין]

Der jüngste Sohn Jakobs und Rahels. Sie starb bei seiner Geburt und nannte ihn Benoni, das bedeutet

„Sohn meiner Not" oder „Sohn meines Schmerzes", aber sein Vater nannte ihn Benjamin, „Sohn der Rechten" (Gen 35,18.24). Von Benjamin persönlich wird sehr wenig berichtet. Er war der Vater von zehn Söhnen (Gen 46,21). Benjamin war abgesehen von Manasse in der Musterung in Num 1,27 und 2,22.23 der kleinste der Stämme, aber in der Musterung vor dem Einzug ins Land übertraf Benjamin vier der anderen Stämme an Zahl (Num 26,41). In Gen 49,27 prophezeit Jakob von dem Stamm Benjamin, dass er

ein Wolf ist, *„der zerreißt; am Morgen verzehrt er Raub, und am Abend verteilt er Beute"* In Dtn 33,12, als Mose von den Stämmen prophezeit, sagt er über Benjamin: *„Der Liebling des HERRN! In Sicherheit wird er bei ihm wohnen; er beschirmt ihn den*

Marc Chagall: Der Stamm Benjamin

ganzen Tag, und zwischen seinen Schultern wohnt er." Mit Ephraim und Manasse folgte er der Bundeslade.

Der Stamm trieb die Jebusiter[150] nicht aus, sondern erlaubte ihnen in Jerusalem zu wohnen (Ri 1,21). Das könnte zu ihrem Götzendienst geführt haben, sodass sie, als sie mit Juda und Efraim von Ammon angegriffen wurden, bekannten, dass sie Gott verlassen und den Ba'al[151] gedient hatten (Ri 10,9.10). Möglicherweise war die fast voll-ständige Zerstörung des Stammes das Ergebnis des Götzenkultes. Danach erlangten sie aber ihre Stärke zu einem gewissen Grad wieder. Bei der Teilung des Königreiches blieben sie bei Juda, aber ein großer Teil ihres Landes wurde von Israel erobert. Das von diesem Stamm besetzte Gebiet lag umgeben von Efraim im Norden und Juda im Süden, Dan im Westen und dem Jordan im Osten. Es maß ungefähr 45 km von Osten nach Westen und 22 Kilometer an seinen breitesten Stellen von Norden nach Süden. Das Gebiet ist gebirgig mit Felsen und Schluchten und besitzt eine Hochebene. Es enthielt die wichtigen Städte Jerusalem (an seiner südlichen Grenze), Beth El, Gibeon[152], Rama[153], u.a.

Dan [דָּן]

Dan war der fünftälteste Sohn des Stammvaters Jakob und Bilhas, der Dienerin Rahels. Als Jakob seine Söhne segnet, wird Dan dabei wie folgt charakterisiert: *„Dan schafft Recht seinem Volk wie* *nur einer von Israels Stämmen. Zur Schlange am Weg wird Dan, zur zischelnden Natter am Pfad. Sie beißt das Pferd in die Fesseln, sein Reiter stürzt rücklings herab."* (Gen 49,16) Als Mose die Zwölf Stämme Israels segnet, spricht er zu Dan wie folgt: *„Dan ist ein junger Löwe, der aus dem Baschan hervorspringt."* Dan wird somit als Richter und Krieger gekennzeichnet. Während der Wüstenwanderung lagerte der Stamm Dan gemeinsam mit Asser und

Naftali im Norden der Stiftshütte und hatte beim Aufbruch die Führung dieser Abteilung, die das Schlusslicht bildete. Nach der Landnahme erhielt Dan als letzter der 12 Stämme sein Gebiet, das er nie ganz erobern konn-

Marc Chagall: Der Stamm Dan

te. Es lag im Westen Israels zwischen Ephraim im Norden, Benjamin im Osten und Juda im Süden. Aufgrund der Bedrängung durch die Philister und Amoriter siedelte der Stamm in den äußersten Norden Israels um, wo er die Stadt Lajisch[154] eroberte und in Dan umbenannte. Die Stadt Dan ist vermutlich identisch mit der Fundstätte Tel Dan (Tell al-Kadi). Die in biblischen Texten vorkommende Wendung *„von Dan bis Be' er Sheba"* (Ri 20,1) bedeutet aufgrund der nördlichen Lage Dans und der südlichen Lage Be'er Shebas „ganz Israel".

Sebulon [זְבוּלוּן]

Sebulon war der zehnte Sohn Jakobs und der jüngste Sohn von Leas, der ersten Gattin Jakobs. Er kam mit seinen drei Söhnen nach Ägypten, aber von ihm selbst wird nichts Näheres berichtet. Beim Auszug zählte der Stamm 57.400, und beim Einzug in das Land 60.500. Als Jakob voraussagte, was seinen Söhnen in den letzten Tagen wiederfahren würde, sprach er: *„Sebulon, am Gestade der Meere wird er wohnen, und am Gestade der Schiffe wird er sein, und seine Seite gegen Sidon hin"* (Gen 49,13). Sebulon stellt auf

Marc Chagall: Der Stamm Sebulon

diese Weise Israel dar, welches mit den Nationen

Handelsbeziehungen pflegte, um Gewinn zu machen. Moses segnete den Stamm so: *„Freue dich, Sebulon, deines Auszugs"*. Dann sagte er, wobei er Issaschar miteinschloss, *„Sie werden Völker zum Berg laden; dort werden sie Opfer der Gerechtigkeit opfern; denn sie werden saugen die Fülle der Meere und die verborgenen Schätze des Sandes."* (Dtn 33,18.19).

Wie einige andere vertrieb auch dieser Stamm nicht alle alten Bewohner von ihrem Besitz, sondern er machte sie fronpflichtig (Ri 1,30). Elon, der Richter, kam aus diesem Stamm (Ri 4,6). Von denen, die sich nach dem Tod Sauls um David sammelten, waren 50.000 aus diesem Stamm. Ihr Erbteil befand sich im nördlichen Teil des Landes. Obwohl es sich weder bis zum Mittelmeer noch bis zum See von Galiläa erstreckte, scheinen sie sich in beide Richtungen ausgedehnt zu haben. Jakob sprach davon, dass sie Sidon erreichen würden.

Ascher [אָשֵׁר]

Ascher ist der achte Sohn Jakobs und der zweite von Silpa, der Magd seiner Frau Lea. Das Erbteil seines Stammes befand sich im äußersten Norden und erstreckte sich nördlich vom Berg Karmel. Im Osten grenzte das Gebiet an Naftali und im Süden an Sebulon. Zweifelsohne sollte das Mittelmeer die westliche Grenze darstellen, aber wir lesen, dass die

Ascheriter die Einwohner von Akko[155], Sidon, Achlab[156], Aksib[157], Helba[158], Aphik[159] und Rechob[160] nicht vertrieben, sondern inmitten dieser Kanaaniter wohnten (Ri 1,31.32). So ließen die Ascheriter einen Landstreifen am Meer unerobert.

Als Jakob seine Söhne zu sich rief, um ihnen zu sagen, was ihnen in den zukünftigen Tagen begegnen würde, sprach er zu Aser: *„Von Aser kommt Fettes, sein Brot; und er, königliche Leckerbissen wird er geben"* (Gen 49,20). Als Mose gebot, dass einige der Stämme auf dem Berg

Marc Chagall: Der Stamm Ascher

Gerisim[161] stehen und das Volk segnen sollten und die anderen auf dem Berg Ebal[162] stehen sollten, um zu fluchen, gehörte Ascher zu den letzteren (Dtn 27,13). Als Mose die Stämme vor seinem Tod segnete, sprach er zu Ascher: *„Gesegnet an Söhnen sei Aser; er sei wohlgefällig seinen Brüdern, und er tauche in Öl seinen Fuß! Eisen und Erz seien deine Riegel, und wie* *deine Tage, so deine Kraft!"* (Dtn 33,24.25). Als das Volk am Sinai gezählt wurde, waren es vom Stamm Ascher 41.500 Männer (Num 1,41). Später, als sich Israel dem verheißenen Land näherte, wurden 53.400 wehrfähige Männer gezählt (Num 26,47). Als jedoch die Führer der Stämme zur Zeit Davids erwähnt werden, wird Ascher ausgelassen.

Naftali [נַפְתָּלִי]

Naftali war der sechste Sohn Jakobs und der zweite

Marc Chagall: Der Stamm Naftali

mit Bilha, der Leibmagd Rahels. Das Siedlungsgebiet vom Stamm Naftali lag im Nordreich auf dem Ostteil des Berglandes der späteren römischen Provinz Galiläa. Bei den zwei Zählungen der Stämme zählte Naphtali 53.400 bzw. 45.400 Mann.

Als Jakob den Stämmen prophetisch ankündigte, was ihnen in den letzten Tagen zustoßen sollte, sagte er: *„Naftali ist eine losgelassene Hirschkuh; er, der* *schöne Worte gibt"* (Gen 49,21). Es ist der Überrest Israels als Träger des Zeugnisses gemeint. Mose sagte: *„Naftali, gesättigt mit Huld und erfüllt mit dem Segen des HERRN! Westen und Süden nimm in Besitz!"* (Dtn 33,23). Dies ist der volle Segen für den Überrest als das Volk des HERRN. Am Sieg Deboras und Baraks über den kanaanitischen Feldhauptmann Sisera hatte der Stamm Naftali einen bedeutenden Anteil (Ri 4,6.10). Auch bei Gideons Sieg über die Midianiter war Naftali beteiligt (Ri 6,35; 7,23). Das Siedlungsgebiet des Stammes war im 9. Jh. vC ständig von Eroberungsfeldzügen der Aramäer (Syrer) bedroht (1.Kön 15,20). Kinnereth[163] war ein Hauptort im Siedlungsgebiet des Stammes Naftali.

Juda [יְהוּדָה]

Der vierte Sohn von Jakob und Lea. Als Jakob seine Söhne segnete, zeigten seine Vorhersagen, dass die königliche Linie bei Juda zu finden sein würde. Das Zepter sollte nicht von Juda weichen, noch der Herrscherstab von seinen Füßen weg, bis Schilo kommen würde (Gen 49,8-12). David und die ihm nachfolgenden Könige stammten von Juda ab. Der Ausdruck *„Löwe aus dem Stamm Juda"* (Off 5,5) bezieht sich auf Christus, der als Nachkomme Judas geboren wurde.

Der Stamm hatte eine wichtige Position inne. Auf der Wüstenwanderung der Israeliten übernahm Juda die Führung, und bei der ersten und zweiten Zählung betrug ihre Anzahl 74.600 bzw. 76.500. Das ihnen zugewiesene Gebiet im Land Kanaan war groß. Das Siedlungsgebiet Judas lag im Süden des historischen Palästina westlich des Toten Meeres südlich eines Querriegels kanaanäischer Stadtstaaten, die es vom Rest Israels trennten und damit seine Sonderentwicklung begünstigten. Es umfasste neben Jericho auch die spätere Hauptstadt Jerusalem und Bethlehem, die Heimatstadt König Davids.

Marc Chagall: Der Stamm Juda

Sein kultischer Mittelpunkt war jedoch zunächst Hebron, in dessen Nachbarschaft Abraham seine Grabstätte fand: den Hain Mamre. In Jos 15,1–12 werden die Grenzen des Stammesgebiets beschrieben: Sie beziehen Regionen wie das Philisterland in der westlichen Küstenebene und Gebiete weiter südlich lebender Nachbarstämme mit ein. Mit diesen Kalebitern[164], Otnielitern[165], Kenitern[166], Jerachmeelitern[167] und Simeonitern schloss der Stamm Juda sich später zu einem großjudäischen Stämmebund zusammen (1.Sam 27,10).

Die Abrahamerzählungen sind wahrscheinlich vom Stamm Juda tradiert worden. Gemäß Erzählung war es Juda, der die gewinnbringende Idee hatte, seinen zweitjüngsten Bruder Josef nach Ägypten zu verkaufen, nachdem der älteste Bruder Rüben gegen eine Tötung des von den elf Brüdern verhassten Lieblingssohns des Vaters war (Gen 37, 26f.). Juda ist es außerdem, der für den jüngsten Bruder Benjamin eintritt, als dieser des Diebstahls bezichtigt wird.

Issachar [יִשָּׂשכָר]

Issachar war der neunte Sohn Jakobs mit Lea. Als Jakob seine Söhne segnete sagte er: *„Issaschar ist ein knochiger Esel, der sich lagert zwischen den Hürden. [...] und er beugt seine Schulter zum Lasttragen und wird zum fronpflichtigen Knecht"* (Gen 49,14.15). Dies scheint darauf hinzuweisen, dass dieser Stamm sich, zusammen mit Sebulon, mit der Welt vermischen und um des Verdienstes willen ihr Sklave werden würde. Als Mose die Stämme segnete, werden Issaschar und Sebulon auch zusammen genannt. Er sagte: *„Sie werden Völker zum Berg laden; dort werden sie Opfer der Gerechtigkeit opfern; denn sie werden saugen die Fülle der Meere und die verborgenen Schätze des Sandes"* (Dtn 33,19). Dies scheint ebenfalls auf wirtschaftliche Unternehmungen hinzuweisen. Einige von Issaschar begaben sich zu David und von ihnen wurde gesagt, dass sie Männer waren, *„die Einsicht hatten in die Zeiten, um zu wissen, was Israel tun musste"*

Marc Chagall: Der Stamm Issachar

(1.Chr 12,32). Bei der ersten Volkszählung gab es in Issaschar 54.400 kriegsfähige Männer, und bei der zweiten 64.300. Sie werden als kriegstüchtige Männer beschrieben und konnten 36.000 Mann als Kriegs-Heerscharen zur Verfügung stellen (1.Chr. 7,4.5.). Der Stamm besaß einige der ertragsfähigsten Teile des Landes, einschließlich der ausgedehnten Ebene Jesreel. Der Jordan bildete die etwa 80 km lange Ostgrenze des Erbteils.

Gad [גָּד]

Der siebte Sohn von Jakob und der erste von Silpa, der Magd Leas. Es wird sehr wenig über Gad berichtet, außer dass er sieben Söhne hatte. Als Jakob seine Söhne segnete, sagte er über Gad:

„Scharen werden ihn drängen, und er, er wird ihnen nachdrängen auf der Ferse" (Gen 49,19). Mose sagte über ihn: *„Gesegnet sei, der Gad Raum schafft! Wie eine Löwin lagert er und zerreißt Arm und Scheitel. Und er hat sich das*

Marc Chagall: Der Stamm Gad

Erste des Landes ersehen, denn dort war der Anteil des Gesetzgebers aufbewahrt; und er ist an der Spitze des Volkes gezogen, hat ausgeführt die Gerechtigkeit des HERRN und seine Gerichte mit Israel" (Dtn 33,20.21). Beim Auszug aus Ägypten waren es 45.650 kriegsfähige Männer, aber als sie den Jordan überquerten, waren es 5.000 weniger.

Da der Stamm sich östlich des Jordan befand, waren sie feindlichen Angriffen aus dem Osten unmittelbar ausgesetzt. Gad war ein kriegerischer Stamm, passend für diese exponierte Lage. Von den Gaditern, die sich David anschlossen, wird gesagt: *„tapfere Helden, Männer des Heeres zum Kampf, mit Schild und Lanze gerüstet, deren Angesichter wie Löwen-Angesichter waren, und die den Gazellen auf den Bergen gleich waren an Schnelligkeit"* (1.Chr 12,8-15). Gad besaß ein großes Gebiet, etwa von der Nordseite des Toten Meeres bis fast zum Südzipfel des Sees von Galiläa. Es handelte sich um eine sehr fruchtbare Ebene, die für ihre Herden geeignet war, einschließlich des Gebirges Gilead. Die Stämme östlich des Jordan waren die ersten, die vom König von Assyrien um 740 vC verschleppt wurden. Danach nahmen die Ammoniter das Gebiet von Gad in Besitz (1.Chr 5,25.26).

Josef [יוֹסֵף]

Elfter Sohn Jakobs und der erste Sohn Rahels. Die Josefserzählung (Gen 37ff.) stellt den Übergang von den Vätergeschichten der Genesis zur Geschichte Israels im Buch Exodus her.

Manasseh [מְנַשֶּׁה]

Manasse war der Sohn Josefs, seine Mutter war die Ägypterin Asenath, die Tochter des Sonnenpriesters Potiferas von On. Sein Bruder war Efraim. Während der Wanderungen n der Wüste war der Stamm Manasse mit den Stämmen Efraim und Benjamin verbunden (Num 1,10). Diese Stämme lagerten auf der Westseite des Tabernakels. Entsprechend der Zählung am Berg Sinai hatte der Stamm Manasse 32.200 Mitglieder (Num 1,35). Vierzig Jahre danach hatte sich die Zahl bis 52.700 (Num 26,34-37) erhöht und er war damit einer der bedeutendsten Stämme. Die Hälfte dieses Stammes, gekennzeich-net als die Familie von Machir, zusammen mit Ruben und Gad, bekamen von Mose ihr Gebiet bereits östlich des Jordan zugewiesen (Jos 13,7); aber es war Joschua belassen, die Grenzen für jeden Stamm zu definieren.

Die Gegend östlich des Jordan war wertvoller und von größerem Umfang als alles, was den neuneinhalb Stämmen im Land Israel zugeteilt wurde. Es wird manchmal »das Land von Gilead« genannt und wurde auch besprochen als die »andere Seite des Jordan«. Der Teil, der dem halben Stamm von Manasse gegeben wurde, war der größte östlich des Jordan. Er umfasste das ganze Baschan. Er wurde im Süden begrenzt von Mahanaim und erstreckt sich nördlich zu den Ausläufern des Libanon. Argob, mit seinen sechzig Städten, dem *„Ozean der Basaltfelsen* *und der Flusssteine in wildestem Durcheinander geworfen"*, lag in der Mitte dieser Gegend. Unter anderem das sehr alte Deboralied legt nahe, dass sich das Stammesbündnis der Israeliten über die Zeit änderte. Demnach wird Machir[168] als Stamm eigenen Rechts behandelt, und erst später mit Manasse vermischt. Einige Wissenschaftler nehmen an, dass Manasse ein Stamm nur westlich des Jordan war und

sich später durch Vermischung mit dem Halbstamm Machir im Osten jenseits des Jordan ausbreitete. Nachdem sie das vollständige »Land von Gilead« erobert hatten, ließen die zwei halben Stämme Manasse ihre Frauen und Familien in befestigten Städten, begleiteten die anderen Stämme über den Jordan und nahmen mit ihnen an den Eroberungskriegen teil. Nach der Zuteilung des Landes entließ Josua die zwei halben Stämme und dankte ihnen für ihren heroischen Dienst (Jos 22,6). Sie kehrten zurück über den Jordan zu ihrer eigenen Erbschaft.

Westlich des Jordan war die andere Hälfte des Stammes von Manasse mit Ephraim verbunden; sie hatten den Teil in der Mitte von Israel, einen Bereich von ungefähr 3400 km², den wertvollsten Teil des ganzen Landes, mit reichlich Wasserquellen. Manasses Teil lag unmittelbar nördlich von Efraim (Jos 16,4). Das westliche Manasse verteidigte die Pässe von Esdraelon, das östliche die Pässe von Haurant.

Efraim [אֶפְרַיִם]

Der zweite Sohn von Josef und Asnat. Seine Nachkommenschaft bildete den Stamm Efraim, und das Gebiet in Palästina, das ihm als Erbteil zufiel, trug ebenfalls diesen Namen. Als Israel die zwei Söhne Josefs segnete, setzte er Efraim vor seinen älteren Bruder, und sagte, dass er größer sein würde und sein Same „eine Fülle von Nationen" werden würde (Gen 48,17-19). Über Ephraim selbst wird wenig berichtet, und von seinen Nachkommen ist Joschua. Der Stamm zählte im zweiten Jahr nach dem Auszug 40.500 kriegsfähige Männer, aber er verminderte sich während der vierzig Jahre der Wüstenwanderung auf 32.500 (Num 1,33; 26,37). Das Gebiet dieses Stammes lag im Herzen Israels. Im Norden grenzte es an Manasse, im Süden an

Benjamin und im Westen an Dan. Es gab dort schöne Täler und stattliche Berge mit vielen Quellen und Flüssen. Die wichtigsten Städte waren Schilo und Schechem.

Ephraim nahm den Platz des Erstgeborenen ein (Jer 31,9), da das Erstgeburtsrecht Ruben genommen und auf Joseph übertragen worden war (1.Chr 5,1.2). Auch der Ort der Bundeslade lag im Stamm Efraim, daher finden wir in der Zeit der Richter, dass dieser Stamm seinen Einfluss geltend machte. Die Efraimiter waren ärgerlich über Gideon, weil er sie nicht eher in den Krieg gerufen hatte, aber eine milde Antwort beruhigte ihren Zorn (Ri 7,24; 8,1-3). Ein weiteres Mal beklagten sie sich bei Jephta[169], dass er ohne sie gegen die Ammoniter gekämpft hatte, obwohl Jephta ihnen erklärte, dass er sie gerufen hatte, sie aber nicht geantwortet hatten. Sie sagten auch hochmütig über die Gileaditer, dass sie Flüchtlinge Efraims wären. Damit meinten sie, dass die Gileaditer kein Stamm wären, sondern zu Efraim gehörten, von wo sie entflohen waren. Der Konflikt verschärfte sich dahingehend, dass die Gileaditer die Furten des Jordan besetzten. Dann wurde allen, die den Fluss überqueren wollten, auferlegt das Wort Schibboleth [„Getreideähre"] auszusprechen (welches die Efraimiter nur als „Sibboleth" aussprechen konnten). Dabei wurden 42.000 Mann von Efraim erschlagen (Ri 12,1-6). So wurde dieser stolze und neidische Stamm dafür bestraft, dass er seine Brüder belästigte, obwohl sie selbst nicht die heidnischen Einwohner aus dem Land vertrieben hatten, wie sie es hätten tun sollen (Ri 1,29). Später gab der Herr Schilo auf und erwählte nicht den Stamm Efraim sondern Juda als Ort des Königtums und des Heiligtums.

Jesaja prophezeite, dass in 65 Jahren Ephraim zerschmettert werden und kein Volk mehr sein sollte (Jes 7,8). Diese Weissagung geschah 742 vC. Im Jahr 721 vC wurde Samaria eingenommen und Israel in die Gefangenschaft geführt. Somit bezieht sich die Prophezeiung auf Esar-Haddon[170], welcher 678 vC eine Kolonie von fremden Völkern in Samaria ansiedelte, was die Erfüllung der 65 Jahre bedeutet. Dies stimmt ebenso mit der Prophezeiung überein, welche besagt, dass Samaria

Der Stamm Efraim

„Haupt Efraims" ist (Jes 7,9). In der Prophezeiung, die sich auf die zukünftigen Segnungen der zwölf Stämme bezieht, wird Efraim als Repräsentant der zehn Stämme gesehen.

Kapitel 6: Die frühen Philister

Rekonstruktion eines Philisterhauses aus dem 12. Jahrhundert v.Chr.

Die Bibel hat uns diese zeitlosen Bilder von den Philistern geliefert: das Duell zwischen David und dem Riesen Goliath, Samsons heroischen Kraftakt in Gaza oder die Geschichte des Raubes der Bundeslade durch die Philister. Die Philister [פלשתים, *pelistim*], [Φυλιστιείμ *Philistieím*], in der Septuaginta in einzelnen Büchern mit [ἀλλόφυλος *Allophyloi*, „Andersstämmige"] gehörten in biblischer Zeit zu den wichtigsten Widersachern Israels. Nicht zuletzt deshalb werden die Nachbarn der beiden hebräischen Königreiche in der Bibel durchgehend als die *bad guys* dargestellt. Und auch heute noch gilt eine Bezeichnung als Philister als wenig schmeichelhaft, weil sie mangelnde Kultur oder auch

Ignoranz konnotiert. Im Gegensatz dazu steht, dass die Philister durchaus eine reiche und bedeutende Kultur entwickelten. Ihre überaus interessante materielle Kultur kann archäologisch über etwa 500 Jahre verfolgt werden und bildet einen wichtigen Link zur Geschichte der Region während der Eisenzeit. Das Textgut, welches uns über die Philister zur Verfügung steht, ist höchst unterschiedlich in seinen Aussagen. Einerseits die Texte über die frühe Geschichte der Philister vom 12.-11. Jh. vC. Und dann das biblische Schriftgut, welches, wie bereits weiter oben ausgeführt, auf das 8.-7. Jh. vC datiert werden kann. Von daher ist es sinnvoll, sich einzeln mit beiden Quellen auseinanderzusetzen. Dieses Kapitel wird sich daher mit der materiellen Kultur und der philistinischen Besiedelung beschäftigen, d.h. mit der Frühgeschichte zu Beginn der Eisenzeit. Im nächsten Kapitel folgt dann die Bewertung der biblischen Überlieferungen.

Dabei gilt es zu beachten, dass wir immer von der gleichen Ethnie sprechen. Das bedeutet, es gibt eine archäologisch-historische Kontinuität in der Küstenregion Kanaans zwischen den Philistern aus der Eisenzeit I und den späteren Eisenzeit-Philistern, denen wir in den biblischen Texten begegnen. Die dort erwähnten Städte und Dörfer der Philister und deren materielle Kultur geben Einblicke in die Frühzeit des „philistinischen Phänomens".

Die frühesten Textquellen

Die Philister werden in einigen außerbiblischen Texten erwähnt. Für die Zeit ihrer Ansiedlung im 12. Jh. sind die ägyptischen Texte die wichtigsten Quellen, während für die Zeit ab dem 8. Jh. vC die assyrischen und danach die babylonischen am wichtigsten sind. Obwohl ein paar bis dato nicht entzifferte Inschriften aus der Eisenzeit I mit den Philistern in Verbindung gebracht werden und vermutet wird, dass sie ursprünglich eine nicht-semitische Sprache sprachen, stammen die wenigen lesbaren Philisterinschriften hauptsächlich aus der Eisenzeit II und sind in einem Lokaldialekt des Kanaanäischen geschrieben.

Zur Zeit des Verfalls der bronzezeitlichen Kulturen (1.200-1.150 vC) gab es im östlichen Mittelmeerraum Völkergruppen, die per Schiff unterwegs waren und Gaston Maspero, einem Ägyptologen des 19. Jh. folgend, als »Seevölker« bezeichnet wurden. Zu ihnen gehörten auch die *plst / prst*, die mit den Philistern identifiziert werden. Am interessantesten sind die Inschriften und Reliefs im Totentempel des Pharaos Ramses III. in Medînet Hâbu, ein Teil der alten Nekropole von Theben-West am Rand des Fruchtlandes des Nils, etwa vier Kilometer westlich von Luxor. Auf dem Areal von Medînet Hâbu befindet sich ein großer Totentempel Ramses III., der zugleich dem Gott Amun geweiht war und eines der stilistisch vollkommensten Bauwerke Ägyptens darstellt. Die Zeitangaben in den »Seevölker«-Texten von Medînet Hâbu scheinen teleskopartig komprimiert zu sein, wie dies bereits von Inschriften früherer Pharaonen bekannt ist. Ramses III. übernahm die Regierungsgeschäfte vermutlich am 7. März 1.182 vC. Das achte Jahr seiner Amtszeit, als er und seine Heere angeblich die »Seevölker« abwehrten, wäre also 1.174 vC. Die archäologisch und historisch belegten Umwälzungen fanden allerdings fast zwanzig Jahre früher statt. Nutzlos sind die Berichte dennoch nicht. Sie enthalten verschiedene originelle Bemerkungen, die die Schreiber wohl kaum erfunden haben.

„Die nördlichen Länder zitterten an ihren Gliedern. Die Peleset und Tekker, schnitten ab ihr Land und kamen, indem ihre Kraft gebrochen war. Sie waren thr-Krieger zu Lande und andere auf dem Meer. Diejenigen, die zu Lande kamen, wurden niedergeworfen und getötet ... Amun-Re war hinter ihnen her, um sie zu vernichten. Diejenigen, die in die Nilmündungen eindrangen, waren wie Vögel

gefangen im Netz; so wurden sie vernichtet ... Ihre Herzen waren entfernt, geraubt; nicht waren sie im Körper. Ihre Häuptlinge wurden weggebracht und getötet. Sie selbst aber lagen auf dem Boden mit gestutzten Flügeln. [...] Ich [Ramses III] schütze es [Ägypten], indem ich [für es] die Neunbogen abwehre. Die Fremdländer vollzogen alle zusammen die Trennung von ihren Inseln. Es zogen fort und verstreut sind im Kampfgewühl die Länder auf einen Schlag. Nicht hielt irgendein Land vor ihren Armen stand; [und die Länder] von Hatti, Qadi, Karkemisch, Arzawa, und Alasia an waren [nun] entwurzelt auf [einen Schlag].Es wurde ein Lager aufgeschlagen an einem Ort im Inneren von Amurru. Sie vernichteten seine Leute und sein Land, als sei es nie gewesen. Sie kamen nun, indem die Flamme vor ihnen bereitet war, vorwärts gegen Ägypten, ihre Zwingburg [?]. Die **plst** *[***Philister***], tkr [Tjeker], skls [Schekelesch], dnjn [Danuär] und wss [Weschescher], verbündete Länder, legten ihre Hände auf alle Länder bis ans Ende der Welt; ihre Herzen waren zuversichtlich und vertrauensvoll: Unsere Pläne gelingen.“*

Eine weitere wichtige Quelle ist der *Papyrus Harris I.* Er ist 40,5 Meter lang, 42,5 Zenrimeter breit, wurde 1855 in der Nähe des Totentempels Ramses III. gefunden. Darin werden in Bezug auf die »Seevölker«

die Aussagen in der o.a. Inskription des Totentempels bestätigt:

„Die Fremdländer – sie machten ein Bündnis auf ihren Inseln; es zogen fort und sind verstreut im Kampfgewühl der Länder [die Invasoren] *auf einen Schlag; nicht hielt irgendein Land vor ihren Armen stand;* [und die Länder von] *Hatti, Qadi, Karkemisch, Arzawa und Alasa* [Zypern] *waren* [nun] *entwurzelt auf* [einen Schlag]. [Es wurde] *ein Lager* [aufgeschlagen] *an einem Ort innerhalb von Amuuru; sie vernichteten seine Leute und sein Land, als ob sie nie existiert hätten; sie kamen heran, obwohl die Flamme vor ihnen bereitet war, vorwärts nach Ägypten* [...] *sie legten ihre Hände auf die Länder bis zum Umkreis der Erde* [...] *Ich ließ die Flussmündung herrichten wie eine starke Mauer mit Kriegsschiffen, Galeeren und Booten. Sie waren vollständig besetzt*

mit tapferen Kämpfern, die ihre Waffen bei sich trugen, und mit Infanterie, der allerbesten Ägyptens, und sie waren wie brüllende Löwen auf den Bergen; die Streitwagentruppe mit tüchtigen Offizieren, deren Hände die richtigen waren. Ihre Pferde bebten in allen ihren Gliedern, bereit, die fremden Länder unter ihren Hufen zu zerstampfen."

In der Zeit nach Ramses III. werden die Philister bzw. das Philisterland noch zweimal erwähnt, zuerst im Onomastikon des Amenope[171] (bzw. Amun-em-Opet) um 1.100 vC und in der Inschrift des Pediese, der während der 22. oder 26. Dynastie entweder ein Ägypter im Philisterland oder ein Philister in Ägypten gewesen ist. Die erste Erwähnung des Philisterlands findet sich in einer Inschrift des Assyrerkönigs Adadnirari III. (810-783 vC), in der er berichtet, wie er im Jahre 796 vC das Mittelmeer erreichte und von vielen Völkern, darunter auch von den Philistern, Tribut erhalten hat (TUAT[172] I, 367-368). Erobert haben die Assyrer das Philisterland jedoch erst unter dem großen Eroberer und vermeintlichen Gründer des neuassyrischen Reichs Tiglatpileser III. (744-727 vC). Nachdem er in seiner frühen Regierungszeit in der nördlichen Levante tätig war und auch Tribut von den Staaten in der südlichen Levante erhalten hatte, ist Tiglatpileser III. im Jahre 734 vC an der Küste entlang bis nach Gaza vorgedrungen und hat die Stadt erobert (TGI[173], 51-53). Damit hatte er ein zweifaches Ziel erreicht: Erstens hatte er einen Brückenkopf an der Grenze zu Ägypten etabliert, und zweitens übte er nun die Kontrolle über eine wichtige Handelsstadt aus, in die der wertvolle Gewürzhandel aus Arabien mündete, und brachte damit größeren Reichtum in das assyrische Reich. Chanunu, der König von Gaza, flüchtete nach Ägypten, doch ließ ihn Tiglatpileser als assyrischen Vasallen auf seinen Thron zurückkehren. Für die Zeit Tiglatpilesers ist nur ein Aufstand mit philistäischer Beteiligung belegt: Mitinti, der König von Aschkelon, trat einer antiassyrischen Koalition mit den Königen von Damaskus und Israel bei. In den beiden folgenden Jahren widmete sich Tiglatpileser diesen Feinden, schlug Damaskus vernichtend und verstümmelte das Gebiet Israels. Aschkelon konnte sich retten, indem die Aschkeloniter ihren König absetzten und durch den assyrerfreundlichen Rukibtu ersetzten. Aus den vorgenannten Quellen ergibt sich eindeutig, dass die Philister nicht mit den Seevölkern identisch, sondern stattdessen Teil eines größeren Phänomens im Rahmen des globalen spätbronzezeitlichen Kollapses waren.

Woher kamen die Philister?

Schon am Anfang des 20. Jahrhunderts wurde von Forschern eine besondere Art zweifarbiger (bichromer) Keramik mit den Philistern in Beziehung gebracht. Mittlerweile ist diese Keramik zum Merkmal der Philister schlechthin geworden, zumindest während der Eisenzeit IB (ca. 1.150-1.000 vC). Man kann allerdings insgesamt drei charakteristische Stufen der Entwicklung der *Philisterkeramik* unterscheiden, von denen die zweifarbige Keramik die mittlere bildet: die einfarbige bzw. monochrome Keramik, die zweifarbige bzw. bichrome Keramik und die späte Philisterkeramik. Die archäologischen Befunde und Vergleiche weisen eindeutig in den Bereich des maritimen Westens. Hierzu zählen neben der Südküste der heutigen Türkei, die Ägäis und Kreta, aber auch Zypern und Sardinien sind allesamt Ausgangspunkte der umfangreichen Migrationen während der Spätbronzezeit.

Ein Forschungsbericht des Max-Planck-Institutes für Geoanthropologie aus dem Jahr 2019[174] berichtet über die Ergebnisse einer Untersuchung des Erbgutes von Menschen, die vor ca. 3.600 bis 2.800 Jahren, das heißt am Übergang von der Bronze- zur Eisenzeit, in der Philister-Stadt Aschkelon lebten. *Im 12. Jahr-*

hundert vor vC erlebten die Städte Aschkelon[175], Aschdod[176], Ekron, Gath[177] und Gaza[178] an, beziehungsweise nahe der Küste des heutigen Israel einen substanziellen kulturellen Wandel. In der Folge unterschieden sie sich in ihren architektonischen Traditionen und ihrer materiellen Kultur von benachbarten Siedlungen. Der Vergleich der zehn

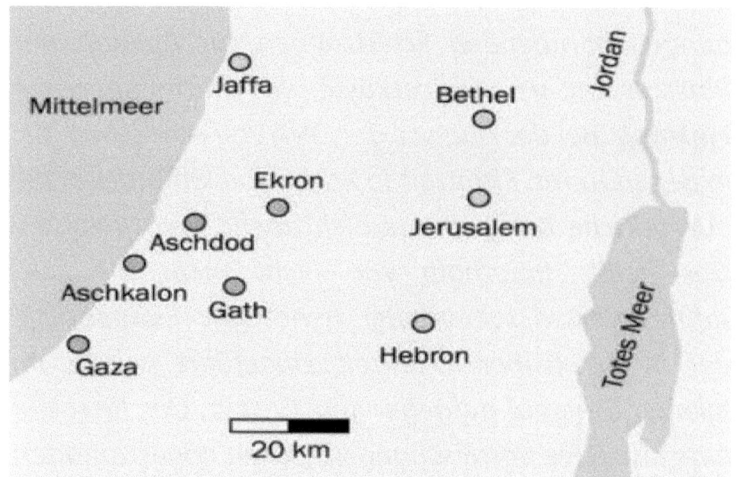

Die fünf Städte der Pentapolis der Philister (rot)

durch uns neu rekonstruierten Genome mit bereits davor publizierten Datensätzen früherer und heutiger Bevölkerungsgruppen zeigte, dass der größte Teil des Erbguts über den gesamten Zeitraum hinweg aus dem lokalen levantinischen Genpool stammte. Jedoch wiesen Menschen, die in der frühen Eisenzeit in Aschkelon lebten, eine europäische Abstammungskomponente auf, die in den *bronzezeitlichen Bewohnern der Region noch nicht vorhanden war. Dieser genetische Unterschied ist auf einen Genfluss zurückzuführen, der am Ende der Bronzezeit oder zu Beginn der Eisenzeit von Westen aus über das Mittelmeer nach Aschkelon gelangte. Dies lässt einen südeuropäischen Genpool als plausibelste Quelle erscheinen und stünde mit den auf archäologischen und schriftlichen Aufzeichnungen beruhenden Schätzungen zur Ankunft der Philister an der Südostküste des Mittelmeers im Einklang. Bei der Analyse der DNA von Menschen, die in der späteren Eisenzeit in Aschkelon lebten, war die europäische Komponente nicht mehr nachzuweisen. Das heißt: Innerhalb von nicht mehr als zwei Jahrhunderten scheint der genetische Fußabdruck, der in der frühen Eisenzeit eingeführt wurde, im lokalen Genpool aufgegangen zu sein. Das lässt auf eine intensive Vermischung zwischen angestammten und neu eingewanderten Bevölkerungsgruppen schließen. Den alten Texten zufolge blieben die Menschen von Aschkelon im 1. Jahrtausend vor unserer Zeitrechnung für ihre Nachbarn »Philister«. Eine Unterscheidung aufgrund ihrer Ausstattung war jedoch zu dieser Zeit nicht mehr gegeben.*

Ein weiterer, noch fundierterer Beweis, findet sich in den erhaltenen Tierknochen. Archäologen hatten schon zu einem früheren Zeitpunkt aufgrund der archäozoologischen Funde bewiesen, dass die Philister in der Küstenregion in erheblicher Menge Schweine züchteten und deren Fleisch auch konsumierten. Der DNA-Vergleich in den erhalten Schweineknochen ergab, dass es sich bei den Schweinen der Philister um eine aus dem griechischen Raum stammende Spezies handelte. Die Datierung ergab früheste Funde aus der Zeit um 1.000 vC, was in die gesamte Chronologie passt. Und da Schweine bekanntermaßen nicht fliegen können, wohl kaum von Griechenland nach Israel geschwommen sein dürften und einen Gewaltmarsch über Land auch nicht überstanden hätten, sind sie als Bestandteil der philistäischen Kultur zu betrachten und mit den Philistern per Schiff in die Levante gekommen. Dies ergibt zusammen sowohl humane als auch animalische DNA-basierte Beweise für eine Migration aus dem westlichen, maritimen Raum.

Weitere Hinweise ergeben sich aus den Ähnlichkeiten der mit der materiellen Kultur Zyperns. Zusammenfassend lässt sich feststellen, dass der Ursprung der Philister nicht an einem Ort oder in einer spezifischen Region verortet werden kann. Es spricht allerdings vieles dafür, dass sie aus dem Raum

Griechenland-Ägäis-Mittelmeerinseln-Südwesten der heutigen Türkei kamen.

Wie umfangreich war die philistäische Migration in die Levante?

In keinem Fall handelte es sich um eine Szenerie, die etwa mit dem D-Day, also der Landung der Alliierten in der Normandie am 6.4.1944 vergleichbar wäre. Aufgrund der guten Datenlage der Bevölkerungszahlen und Besiedelungsdichte in Philistia sowohl während der späten Bronzezeit als auch zu Beginn der Eisenzeit I kann festgestellt werden, dass sich die Zahlen nicht wesentlich unterscheiden. Bei einigen tausend Migranten über einen Zeitraum von vermutlich rund 100 Jahren, die sich vornehmlich in den urbanen Zentren niederliessen, kann von einer gross angelegten Invasion nicht die Rede sein. Des Weiteren bleibt festzuhalten, dass ausserhalb der urbanen Zentren der philistäische Einfluss eher gering war und dort das Leben seinen »gewohnt kanaanitischen« Verlauf nahm. Die Transformationen sowohl an der Küste als auch in den Highlands scheinen eine überwiegend friedliche Revolution im Lebensstil gewesen zu sein. Archäologisch gesehen bestand die israelitische Gesell-schaft der frühen Eisenzeit aus kleinen, dörflichen Zentren mit bescheidenen Ressourcen und Bevölkerungszahlen. In Dörfern, die oft auf Hügeln errichtet wurden, befanden sich um gemeinsame Höfe gruppierte Häuser aus Lehmziegeln mit Steinfundamenten und manchmal auch zweiten Stockwerken aus Holz. Die Israeliten waren in erster Linie Bauern und Hirten, betrieben Terrassenbau und pflegten Obstgärten. Während es wirtschaftlich weitgehend autark war, gab es auch einen regionalen wirtschaftlichen Austausch. Die Gesellschaft war in regionalen Gemeinwesen organisiert, die für Sicherheit sorgten und möglicherweise größeren Städten unterstanden. Selbst an kleineren Standorten wurde das Schreiben zur Aufzeichnung verwendet.

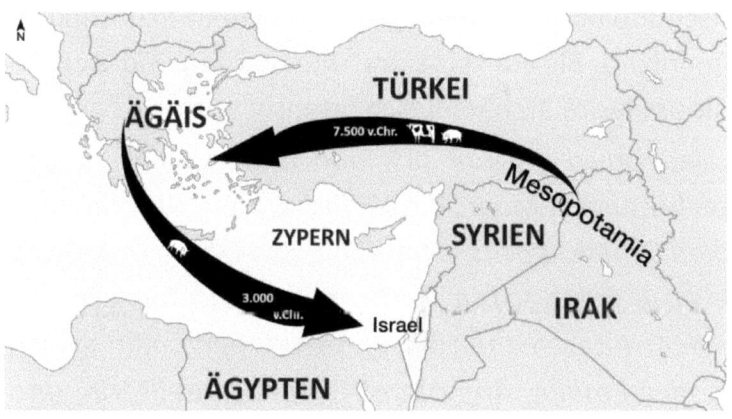

Kapitel 7: Die Philister in der Bibel

Die frühe Historie der Philister, vom 12.-10 Jh. vC findet in den biblischen Texten keine Berücksichtigung. Die biblische Darstellung der Philister kann frühestens im 8. Jh. vC verortet werden, vieles stammt erst aus dem 7. Jh. vc. Das bedeutet zunächst einmal ein *time gap* von rund 500 Jahren. Des Weiteren berichtet die Bibel nichts von der ägyptischen Dominanz in Kanaan der späten Bronzezeit. Die Bibel kennt also die Frühgeschichte der Philister nicht. Um die frühesten Erinnerungen der Bibel an die Philister zu erkennen, lohnt sich auf ein genauerer Blick auf die biblische Tradition der philistäischen Pentapolis, bestehend aus Gaza, Aschdod und Aschkelon an der Küste, Gath und Ekron im Inland. Bis auf Gaza sind alle wurden und werden diese Städte archäologisch intensiv untersucht.

„Und David machte sich auf und zog hin mit den sechshundert Mann, die bei ihm waren, zu Achisch[179], dem Sohn Ma'ochs, dem König von Gath. Und David blieb bei Achisch in Gath mit seinen Männern, ein jeder mit seinem Hause; David auch mit seinen beiden Frauen, Ahino'am[180], der Jesreeliterin, und Abigajil[181], Nabals[182] Frau, der Karmeliterin. Und als Saul angesagt wurde, dass David nach Gath geflohen wäre, suchte er ihn nicht mehr. Und

David sprach zu Achisch: Habe ich Gnade vor deinen Augen gefunden, so mag man mir einen Wohnort geben in einer der Städte auf dem Lande, dass ich darin wohne; warum soll dein Knecht in der Königsstadt bei dir wohnen? Da gab ihm Achisch an diesem Tage Ziklag[183].

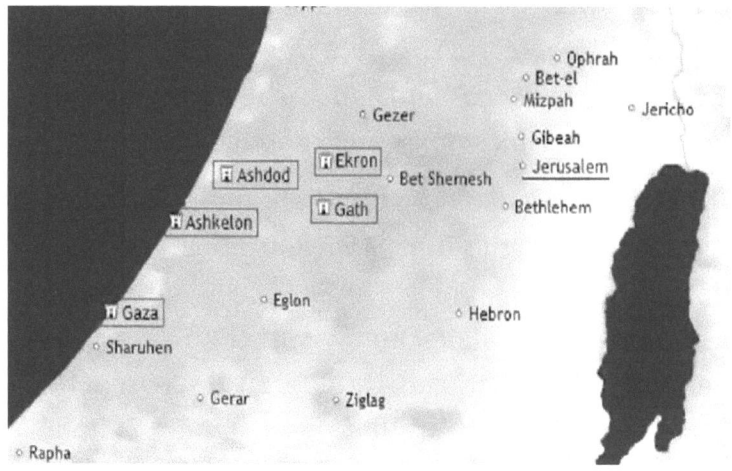

Daher gehört Ziklag den Königen von Juda bis auf diesen Tag. Die Zeit aber, die David im Philisterland wohnte, war ein Jahr und vier Monate. David zog hinauf mit seinen Männern und fiel ins Land der Geschuriter[184] und Geseriter und Amalekiter[185] ein; denn diese waren von alters her die Bewohner des Landes bis hin nach Schur und Ägyptenland. Und sooft David in das Land einfiel, ließ er weder Mann noch Frau leben und nahm mit Schafe, Rinder, Esel, Kamele und Kleider und kehrte wieder zurück. Kam er

dann zu Achisch und Achisch sprach: Wo seid ihr heute eingefallen?, so sprach David: In das Südland Judas, oder: In das Südland der Jerachmeeliter, oder: In das Südland der Keniter. David aber ließ weder Mann noch Frau lebend nach Gath kommen; denn er dachte: Sie könnten uns verraten: So hat David getan! Und das war seine Art, solange er im Philisterland wohnte. Und Achisch glaubte David; denn er dachte: Er hat sich stinkend gemacht bei seinem Volk Israel; darum wird er für immer mein Knecht sein."

Die biblische Darstellung der Pentapolis lässt darauf schließen, dass die fünf Städte in etwa gleich stark und daher gleichrangig waren. Die Ergebnisse der archäologischen Forschung sprechen aber eine deutlich andere Sprache. Laut deren wissenschaftlich fundierten Erkenntnisse hat es zu keinem Zeitpunkt der Geschichte eine Situation gegeben, in der fünf oder auch nur vier der Städte auf Augenhöhe gewesen wären. So war beispielsweise in der Eisenzeit I Ekron eine sehr wichtige Stadt. Nach dem Niedergang Ekrons im 9. Jh. vC wurde Gath zur bedeutendsten und größten Stadt Philistias in der Schefela. Am Ende des 9. Jh. vC wurde wiederum Gath zerstört und erlangte nie wieder seine vormalige Bedeutung. An seine Stelle trat nun Aschdod, welches im frühen 8. Jh. vC die südliche Küste dominierte. Nachdem Aschdod seinerseits von den Assyrern übernommen wurde, war es wiederum Ekron, welches erneut zur wichtigsten Stadt der Pentapolis aufstieg. Aufgrund dieser Wechsel kam es nie zu einer Gleichheit der philistäischen Siedlungen in der Eisenzeit I. Hinzu kommt, dass Propheten wie Jeremia und Amos lediglich von vier Städten sprechen, da sie wussten, das Gath ab dem 8. Jh. vC keine Bedeutung mehr besaß. Die assyrischen Quellen aus der Zeit Assur-etil-ilani-apli[186] und Assur-bani-apli[187] sprechen ebenfalls nur von vier Städten ohne Gath zu nennen. Gath wurde Ende des 9. Jh. vC zerstört. Die Erwähnung Gaths im 1.Sam in der Frühzeit Davids muss also auf biblische Erinnerungen referenzieren, die vor der Zerstörung Gaths liegen. Es spricht also einiges dafür, den Zeitraum der frühesten Erinnerungen der Bibel an die Philister auf das 9. Jh. vC zu datieren. Sie liegen also zeitlich auf einer Ebene mit der Omriden-Dynastie im Nordreich Israel.

Die Frage bleibt, worauf die ursprüngliche Annahme der Gleichheit in der Pentapolis basierte. Hierbei gibt es eine ebenso augenscheinliche wie interessante Verbindung zwischen der deuteronomistischen[188] Historie der Philister und dem »hellenistischen Ambiente«, vornehmlich in den beiden Büchern Samuel. Die historisch-kritische Bibelwissenschaft datiert den Entstehungszeitraum des deuteronomistischen Geschichtswerkes (Buch Joschua/Richter/1./2. Samuel und 1./2. Könige) auf das späte 7. Jh. vC, also auf die Zeit des Regnums König Josias. Zu dieser Zeit gibt es diverse Hinweise auf die Präsenz griechischer Soldaten in Israel, die als Söldner in Diensten der ägyptischen Armee der 26. Dynastie[189] standen. Das erneute Auftauchen der Ägypter in der Region hing mit dem Rückzug der Assyrer um 630 vC zusammen. Die Pharaonen der 26 Dynastien beabsichtigten, das entstehende Machtvakuum zu nutzen, um die ihre vormalige Dominanz in der Levante wieder herzustellen. Zu diesem Zweck sicherten sie sich die Dienste griechischer Elitesöldner, die wiederum die Idee eines Städtebundes, die an der Küste Kleinasiens und in Griechenland bekannt war, nach Israel gebracht haben könnten. Möglicherweise haben die deuteronomistischen Redaktoren des 7. Jh. vC dies von den Griechen übernommen. Demzufolge reflektierte dann das biblische Bild der Philister den Zustand des Landes während der »ägyptischen Renaissance« und der griechischen Präsenz. Da die Philister ursprünglich aus dem westlichen Mittelmeerraum kamen, schloss sich für die biblischen Autoren damit der Kreis. Zu den weiteren Indizien, welche auf die Verbindung zwischen den Philistern und den Ägypten sowie der griechischen Welt hinweist, zählt das Wort *seren* bzw. *seranim*. Mit *seren* [ṭrn] werden in der Bibel die Herrscher der Philisterstädte bezeichnet (Jos 13,3). Dies ist kein semitischer Terminus, sondern stammt vermutlich vom griechischen Wort *tyrannos* [τύραννος], „Tyrann, autokratischer Herrscher".

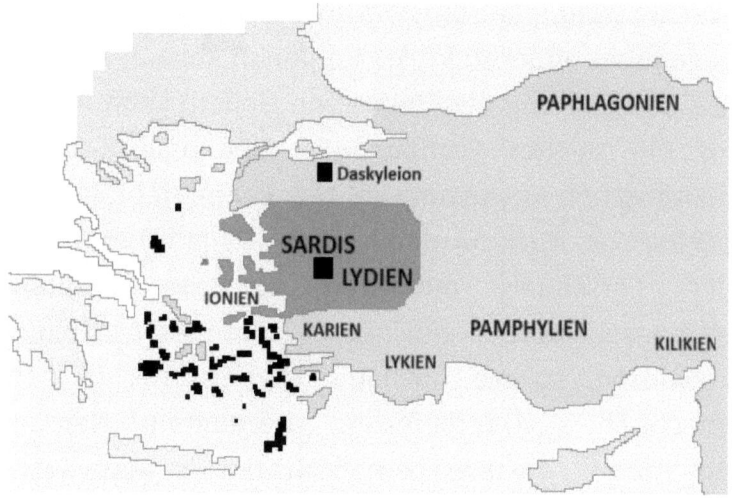

Die Tyrannenherrschaft ist im östlichen Mittelmeerraum während des 7. und 6. Jh. vC ein bekanntes Gesellschaftsmodell. Der erste historisch bekannte Tyrann herrschte im späten 7. Jh. vC in Lydia. Aus der militärischen Sphäre stammt der Begriff *kupabi* [kwh'] (1.Sam 17,38) bzw. [qwh'] 1.Sam 17,5), mit dem der Helm des Goliath bezeichnet wird. Die unterschiedliche Wiedergabe des Wortes mit lässt die Übernahme eines Fremdwortes in das

Hebräische vermuten. Eine Herleitung dieses hebräischen Wortes aus hethitischen Texten ist durchaus möglich, wobei dieser »militärtechnische« Begriff in Verbindung mit militärischen Vorzügen der Philister zu verstehen ist, die aufgrund ihrer Fähigkeit in der Eisenbearbeitung am Wechsel vom 2.-1. vorchristlichen Jahrtausend auch überlegene Waffen gegenüber anderen Volksgruppen in Kanaan hatten. Die Bezeichnung des Helms von Goliath kann daher als ein solcher Fachausdruck der philistäischen militärischen Ausrüstung gel-ten, der im Hebräischen bezeugt ist. Auch für den Namen „Goliath" wurde in der Forschung mehrfach auf im zweiten Namenselement vergleichbare Namen aus Anatolien verwiesen, so die für lydische Herrscher in der griechischen Überlieferung bezeugten Namen Adyattes[190], Alyattes bzw. Sadyattes[191], aber auch der hethitische Herrschername Madduwatta[192] ist im Vergleich genannt worden. Wertet man diese sprachlichen Beispiele, so ist festzuhalten, dass es sich um Beispiele aus dem Bereich der (militärisch-politischen) Eliten handelt. In diesem Bereich der »Oberschicht« ist es daher nicht ausgeschlossen, dass die Philister - im Kontext der »Seevölkerwanderung« bei Kontakten zu Anatolien und Griechenland diese Begriffe rezipiert haben, so dass sie noch in der biblischen Überlieferung fassbar werden.

Die Söldner in Diensten der ägyptischen Armee wurden bereits von Herodot erwähnt, demzufolge sie aus Ionien und Lydien stammten. Eine weitere assyrische Textquelle stammt von König Assur-bani-apli, welche die Präsenz lydischer Söldner erwähnt. Bei Grabungen in der antiken Festung von Tel Qudadi [תל כודאדי] oder Tell esh-Shuna [תל א-שונה] an der Mündung des Yarkon in Tel Aviv wurden neben griechischen Keramiken auch Rüstungsschuppen der Söldner gefunden. Einige Indizien deuten sogar auf eine Präsenz griechischer Söldner in Juda selbst hin. In Tel Arad [תל ערד] im südlichen Judäischen Bergland nahe dem heutigen Arad im Negev, fand man am Fuß des Hügels Überreste einer frühbronzezeitlichen Stadt sowie auf dem Hügel eine eisenzeitliche, judäische Festung, aus der einige bedeutsame althebräische Inschriften stammen. In der Festung fand Yohanan Aharoni in den 1960er Jahren, die heute *Arad Ostraca* oder *Eliashib Archiv* genannten, mehr als 200 Inskribierten und auf ca. 600 vC datierten Keramikscherben. Auf einigen ist von den Kittim [כִּתִּיִם] die Rede. Die biblische Bezeichnung Kittim, als Personen auch Kittäer, wird meist als das Königreich Kition auf der Zypern gedeutet. Es spricht also einiges dafür, das griechische Söldner nicht nur in Diensten Ägyptens standen, sondern auch im Mittelmeerinsel späten 7. Jahrhundert während der Herrschaft Josias in Juda bezahlt wurden, um die südliche Grenze zu schützen[193].

Die im 2.Sam erwähnten Kereter und Peleter[194]

(Krethi und Plethi) sollen nach biblischer Darstellung einen aus Ausländern bestehenden Teil der Streitmacht König Davids gewesen sein und unter ihrem Anführer Benaja die Leibwache König Davids gebildet haben. Allerdings dürfte es sich auch bei dieser Darstellung um eine Retrospektive handeln, denn das Juda des 10. Jh. vC war politisch vergleichsweise bedeutungslos, demographisch limitiert und ökonomisch kaum in der Lage, kostspielige ausländische

Elitesöldner zu verpflichten. Auch bei der biblischen Aussage, die frühen Philister stammten aus Kaphtor[195], also Kreta, handelt es sich wohl um eine Retrospektive. Die frühen Philister, also jene des 12. und 11. Jh. vC sind dort eher nicht zu verorten, sondern mit dem griechischen Festland, der Südküste Anatoliens oder auch Zypern in Verbindung zu bringen. Andererseits ist es durchaus möglich, dass sich auch kretische Söldner unter den Griechen befanden, die im späten 7. Jh. vC in der Levante, möglicherweise sogar in Juda selbst, stationiert waren. Das würde auch die Hinweise in der klassischen griechischen Literatur auf die philistäischen Städte Aschdod und Gaza erklären.

Besonders interessant ist auch die Erzählung des Duells zwischen David und Goliath. Neben der klassischen allgemein bekannten Geschichte gibt es im Buch Samuel noch den Verweis auf eine möglicherweise frühere Tradition, in der einer der Krieger Davids dessen Rolle einnimmt. Entscheidend für die Bewertung sind aber zwei andere Aspekte der biblischen Darstellung. Einerseits die Beschreibung der Bekleidung Goliaths und dann die grundsätzliche Idee des Duells. Die von Heinrich Schliemann ausgegrabene „mykenische Kriegervase", die auf das 12. Jh. vC datiert wird, ist für die Beantwortung des ersten Aspektes wenig hilfreich, weil die darauf abgebildete Ledermontur der biblischen Darstellung eines eine Rüstung tragenden Goliaths widerspricht. Vielmehr erinnert die biblische Beschreibung an die schwer bewaffneten und gerüsteten griechischen Hopliten, so wie sie auf diversen Darstellen aus dem 7.-5. Jh. vC zu sehen sind. Der zweite Aspekt ist der des Duells zwischen David und Goliath, welches sich stark an die literarischen Vorbilder der klassischen griechischen

Tragödien orientiert: Achilles gegen Hektor oder den in der Ilias beschriebenen Zweikampf zwischen Menelaos und Paris. Selbst der Ablauf ist nahezu deckungsgleich: zwei feindliche Heere stehen sich gegenüber, zwei Kämpfer

Mykenische Kriegervase

Kämpfer treten heraus, sie werden detailliert beschrieben, beide halten eine Rede, dann kämpfen sie gegeneinander und der Sieger entscheidet den Ausgang der Schlacht. Dennoch sind auch Spuren früherer Erinnerungen in der Erzählung zu finden. Die Eröffnungsszene mit Sochoh[196], Azekah[197] und dem Tal von Elah[198] referenziert möglicherweise retrospektiv auf das frühe davidische Regnum.

Bleibt die Frage nach den eigentlichen Absichten der antiken Autoren bei der Niederschrift dieser Erzählung. Grundsätzlich kann man davon ausgehen, dass die deuteronomistischen Autoren des Tanach ihre Theologie und auch zeitgemäße Ideologie so sorgfältig geplant und komponiert haben, dass nicht einmal ein einziger Satz als Zufallsprodukt gelten kann. Wendet man sich den Motiven zu, begibt man sich zwangsläufig in den Bereich spekulativer Annahmen. Dennoch ist die Annahme, dass die Niederschrift vor dem Hintergrund zweier miteinander konkurrierende Ideologien im 7. Jh. vC zu ver-stehen ist. Auf der einen Seite Juda mit den Schreibern König Josias, der in den biblischen Texten als »neuer David« gepriesen wird und in dem sich der Traum von der Reanimation der legendären *Great United Monarchy* manifestiert. Auf der anderen Seite der ägyptische Anspruch unter den Pharaonen

Psammetich III.[199] und vor allem Necho, im Rahmen ihrer Vorstellung von einem neuen ägyptischen Empire die Levante erneut unter ihre Kontrolle zu bringen. Diese beiden Ideologien waren miteinander nicht vereinbar und mussten zwangsläufig kollidieren. Folgt man dieser Annahme, dann repräsentierte der mächtige Goliath als griechischer Söldner die Ambitionen Ägyptens und der kleine David die Intentionen Judas. In der Bibel siegt David und dies könnte als Symbol verstanden werden, dass die Israeliten schon einmal eine ägyptische Suprematie überstanden hatten und auch diese erneute Bedrohung ihrer eigenen Ansprüche überwinden würden.

Ein weiterer Aspekt früherer biblischer Erinnerungen wird durch den Raub der Bundeslade durch die Philister deutlich. Verfolgt man die einzelnen Ereignisse und Stationen dieser Episode vom Verlust der Lade in der Schlacht von Eben-Ezer[200] (1.Sam 4,1-11), die sich anschließenden Katastrophen einschließlich der von JHWH gesendeten Beulenpest in Aschdod, Ekron und Gath (1.Sam 5,6), die Verbringung nach Beth Schemesch[201] (1.Sam 6,11-21) und schließlich nach Kiriat Ye'arim[202] (1.Sam 7,1-2), so ist die biblische chronologische Verortung ins 10. Jh. vC nicht schlüssig. Die Ergebnisse der 2017 begonnenen Grabung in Kiriat Ye'arim

(Römer/Finkelstein) und die dort gemachten Entdeckungen zeigen, dass die Stätte zwei Jahrhunderte nach der Herrschaft König Davids unter Jerobeam II., dem dreizehnten König Israels, errichtet wurde, was dem biblischen Text im 1.Sam widerspricht. Dafür spricht die Errichtung eines Tempels an einem vorher völlig bedeutungslosen Ort in der ersten Hälfte des 8. Jh. vC sowie die Erwähnung von Aschdod, welches nur im 8. Jh. vC die wichtigste Stadt Philistias war. Die Schlussfolgerungen: Römer und Finkelstein deuten auch darauf hin, dass die Geschichte der Bundeslade im Nordreich Israel geschrieben und mit den Flüchtlingen, nach der Zerstörung des Nordreiches 722 vC nach Juda gelangte. Die Erzählung wurde dann von den deuteronomistischen Redaktoren König Josias in Jerusalem auf die Zeit König Davids gespiegelt und so in den chronologischen Korpus der Bibel eingefügt. Es hat den Anschein, dass der Zweck dieser Erzählung mit der Betonung darauf, dass König David die Bundeslade nach Jerusalem gebracht habe, darin bestand, die territorialen Ambitionen Judas zu rechtfertigen, aber auch dazu beizutragen, die Judäer und die (nord)israelitischen Flüchtlinge zu einem Volk zu vereinen, indem erwähnt wird, dass die Lade zuvor in Kiriat Ye'arim beheimatet war.

Bleibt noch die Frage zu klären, worin die Verbindung

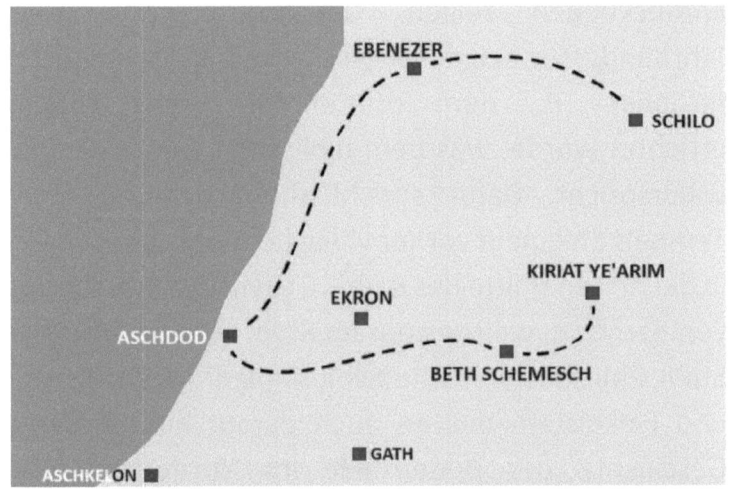

Goliaths, offensichtlich als griechischer Söldner beschrieben, zu den Philistern besteht. Zunächst einmal nahmen die deuteronomistischem Autoren durchaus war, das die philistäischen Städte offen mit den Ägyptern paktierten, deren Soldaten in Philistia stationiert waren. Des Weiteren dienten die griechischen Söldner der 26. Dynastie als Elitetruppen und galten als Symbol der Macht und des erneuten Suprematieanspruchs Ägyptens. Des Weiteren gilt zu beachten, dass zumindest ein Teil der Philister ursprünglich aus dem griechischen Kulturkreis in die Levante gelangt war und das sie sich, ungeachtet ihrer weitgehenden Assimilation in Sprache und materieller Kultur, einen Teil ihrer »griechischen Identität« über die Jahrhunderte bewahrt haben. Dies wird u.a. in den Namensgebungen deutlich, die sich nicht selten aus dem Griechischen ableiten lassen. Beispielsweise Goliath von Alyattes (Ἀλυάττης) oder auch der Name zweier philistäischer Herrscher Gaths, Achisch, welcher vom griechischen Ikausu (Ἀχαιός Achaios, „Grieche") stammt.

Exkurs II: Das Wesen des Königtums in Israel aus Sicht der Bibel[203]

Das hebräische Wort für König [מֶלֶךְ, *melech*] leitet sich aus der nordwest-semitischen Wortwurzel *mlk* ab und bezeichnet allgemein einen Einzelnen, der über eine näher zu bestimmende Gruppe herrscht, deren Angehörige ihm - ungeachtet ihrer sozialen Unterschiede als eine homogene Größe - sind. Unter Königtum [מַלְכוּת, *malkut*] bzw. [מַמְלָכָה, *mamalacha*] wird daher jede monarchische Herrschaftsform vom spätbronzezeitlichen Stadtstaat bis zu den vorderorientalischen Großreichen subsumiert. Der Begriff impliziert weder eine bestimmte territoriale Ausdehnung, noch einen klar umrissen Grad institutioneller Differenzierung. Dies sollte bei einer Analyse des Königtums in Israel stets mitbedacht werden. Der Titel „König" wird im Alten Testament nahezu ausschließlich männlichen Herrschern beigegeben – eine Ausnahme bildet die Königin von Saba (1.Kön 10), dagegen wird Atalja[204], deren Herrschaft über Juda vom Erzähler als illegitim beurteilt wird, die Königstitulatur verwehrt (2.Kön 11). Als „Königin" gilt entweder die Hauptfrau des Amtsträgers oder dessen Mutter.

Aufgaben des Königs

In der Erzählung von der Einführung des Königtums in Israel (1.Sam 8-12) nennt das Volk zwei Tätigkeitsfelder, mit denen die Handlungsrolle des Königs umschrieben wird: Kriegführung und Rechtsprechung, die Abwehr der Feinde nach außen und die Stabilität der Ordnung nach innen (1.Sam 8,19f.). Dies entspricht in der historiographischen Konzeption der beiden Samuelbücher den Aufgaben der „Richter" (1.Sam 7,2-17) und markiert literarisch den Übergang zur Epoche der Staatlichkeit. Gleichzeitig klingen in dieser Konzeption Grundzüge der altorientalischen Königsideologie an. Sie kann als Ausgangspunkt für eine Darstellung der wichtigsten Befugnisse und Aufgaben des Königtums in Israel herangezogen werden, die noch um die Bereiche der Hofhaltung und des Staatskultes ergänzt werden müssen.

Wenn im Anschluss ein Überblick über die gesellschaftlichen Sphären gegeben wird, in denen die Institution des Königtums tief greifende Umstrukturierungen hervorgebracht hat, ist zu beachten, dass die Darstellung zur besseren Übersicht bisweilen Entwicklungen zusammenzieht, die regional und zeitlich zu differenzieren wären, ohne dass dies in jedem Fall kenntlich gemacht wäre.

Die königliche Verwaltung

Bevor die einzelnen Handlungsfelder des Königtums beschrieben werden, soll vorab kurz die Struktur und grobe Entwicklung der königlichen Verwaltung skizziert werden. Die politische Macht ist zwar in der Person des Königs konzentriert, dieser delegiert seine Befehlsgewalt jedoch in der Regel an die königlichen Beamten in der Verwaltung, die in allen Belangen als Repräsentanten der staatlichen Macht auftreten. Aus der Frühzeit des Königtums in Israel ist lediglich eine geringe Anzahl administrativer Ämter belegt, die später im Gefolge des Ausbaus staatlicher Strukturen erheblich erweitert werden. Dies können die Erzählungen über die Anfänge des Königtums in Israel beispielhaft illustrieren. Unter Saul, dem ersten König in Israel, ist lediglich das Amt des obersten Heerführers bekannt, das dieser seinem Verwandten Abner überträgt (1.Sam 14,50). Erst unter David und Salomo treten weitere zivile und militärische Funktionsträger in Erscheinung, die mit der Konsolidierung der monarchischen Herrschaftsform in Israel und Juda einhergehen. Dies erhellt besonders ein Vergleich der drei Beamtenlisten in 2.Sam 8,16-18, 2.Sam 20,23-26 und 1.Kön 4,2-6, der eine deutliche Zunahme ziviler Ämter belegt, die teils bis in die Spätzeit des Königtums Bestand

2.Samuel 8,16-18	Joab, der Sohn Zerujas, über das Heer, und Jehoschafat, der Sohn Achiluds, Kanzler und Zadok, der Sohn Achitubs, und Achimelech, Sohn Ebjatars, der Priester und Seraja Schreiber, und Benajahu, der Sohn Jehojadas, (über) die Kreti und Pleti, und die Söhne Davids waren Priester.
2.Samuel 20,23-26	Joab über das ganze Heer Israels, Benaja, der Sohn Jehojadas, über die Kreti und über die Pleti, und Adoram über den Frondienst, und Jehoschafat, der Sohn Achiluds, der Kanzler, und Schewa Schreiber, und Zadok und Ebjatar Priester, und auch Ira, der Jairiter, war ein Priester für David.
1.Könige 4,2b-6	Asarjahu, der Sohn Zadoks, der Priester, Elichoref und Achija, die Söhne Schischas, Schreiber, Jehoschafat, der Sohn Achiluds, der Kanzler, und Benajahu, der Sohn Jehojadas, über dem Heer,und Zadok und Ebjatar, Priester, und Asarjahu, der Sohn Natans, über den Vorstehern, und Sabud, der Sohn Natans, ein Priester, der Vertraute des Königs, und Achischar über das Haus, und Adoniram, der Sohn Abdas, über den Frondienst.

hatten. Selbst wenn die Datierung der Texte in die frühe Königszeit nicht in jedem Fall als gesichert gelten kann, dürfte in ihnen die Entwicklung der königlichen Verwaltung, die sich über einen längeren Zeitraum hinzog, in ihren Grundzügen zutreffend

erfasst sein. Im voll entwickelten Staat schließlich
besteht der königliche Verwaltungsapparat aus
mehreren, hierarchisch gestuften Ebenen (Kessler,
2006). Neben der königlichen Familie und einer
kleinen Gruppe von Beamten, die in der
unmittelbaren Umgebung des Königs amtierten und
zum Hofstaat gerechnet werden können, ist eine
höhere und eine mittlere bzw. untere
Verwaltungsebene durch die Ostraka aus Arad und
Lachisch belegt.

Das Militärwesen

In der vorstaatlichen Epoche wurden militärische
Konflikte zumeist mit Hilfe lokaler Milizen und
regionaler Bündnisse ausgetragen. Dazu wurden die
waffenfähigen Männer einer Ortschaft oder eines
Stammes von einem charismatisch begabten
Anführer zur Heeresfolge aufgefordert, dessen
Führungsrolle nach dem Ende der kriegerischen
Auseinandersetzung wieder erlosch. Die Institution
des Heerbannes bildet noch das militärische
Rückgrat des frühen Königtums (1.Sam 11,1-15) und
existiert bis zum Ende der Königszeit fort (2.Kön
25,19), selbst wenn sie an Bedeutung verliert.

Mit Beginn des Königtums tritt die Einrichtung eines
Berufsheeres neben den traditionellen Heerbann.
Bereits Saul rekrutiert eine Gruppe von Söldnern, auf

die er seine Herrschaft stützt, und David bildet nach seiner Machtübernahme aus den Angehörigen seiner früheren Miliz ein »stehendes Heer« von Berufssoldaten (die sog. Kreti und Pleti), deren Befehlshaber ein wichtiges militärisches Amt am Hof bekleidete (2.Sam 8,18; 2.Sam 20,23). Diese »Elitetruppen« sicherten die königliche Macht in Krisenzeiten (2.Sam 15-19). Später werden das Amt des Heerführers [עַל־הַצָּבָא, *al hassaba*] und des Befehlshabers der königlichen Schutztruppe vereint, was die Neugestaltung des Militärwesens unterstreicht (1.Kön 4,4). Der König bleibt zwar Oberbefehlshaber der Truppen, delegiert das Kommando jedoch an den „General" [שַׂר הַצָּבָא, *sar hassaba*]. Die weitere Organisation des Heeres kennt Abteilungen von Tausend-, Hundert- oder Fünfzigschaften, die von Offizieren oder Hauptleuten angeführt werden (1.Sam 8,12; 2.Sam 18,1). Das Militärwesen wird gegenüber der vorstaatlichen Sozialstruktur Israels tief greifend reorganisiert, so dass das Gewaltmonopol allein beim König liegt, der über ein Berufsheer befehligt und darüber hinaus in Krisenzeiten den Heerbann der wehrfähigen Bevölkerung einberufen kann.

Die königliche Bautätigkeit

Mit dem Ausbau des Staates geht zugleich eine stete Zunahme der königlichen Bautätigkeit einher, die sich neben der Errichtung von Wehranlagen und Grenzfestungen vor allem in Repräsentations- und Verwaltungsbauten niederschlägt, wie sie archäologisch seit dem 9. Jh. vC. (Israel) bzw. seit dem 8. Jh. vC (Juda) nachweisbar sind. Im königlichen Bauprogramm spiegelt sich aber nicht nur die Notwendigkeit militärischer und administrativer Aufgaben wieder, sondern in ihm drückt sich ein Selbstverständnis aus, dem zufolge der König als Repräsentant der universalen Königsherrschaft Gottes die kosmische und soziale Ordnung der Welt garantiert und in seiner Bautätigkeit das schöpferische Wirken der Gottheit wiederholt bzw. weiterführt.

Die Kehrseite der staatlichen Baupolitik zeigt sich in der Verpflichtung der Bevölkerung zu Arbeitsdiensten für den Königshof (1.Sam 8,16), zu deren Überwachung ein sog. Fronminister eingesetzt war [עַל־הַמַּס, *al hammas*] (1.Kön 4). Welche bedrohlichen Folgen die stetig steigenden Anforderungen der königlichen Bauvorhaben für die Existenz der freien Bauern mit sich brachten, kommt beispielhaft in der Erzählung von der Sezession der Nordstämme zum Ausdruck (1.Kön 12). Die

überhöhte Verpflichtung der Stämme zum Arbeits-
dienst für das Königshaus führt zur Aufhebung der
Loyalitätsverpflichtung gegenüber den Davididen.
Der Text mag dabei Verhältnisse widerspiegeln, wie
sie später in der prophetischen Kritik am Missbrauch
der Arbeitsdienste seitens des Königshauses im
Jeremiabuch begegnen (Jer 22,13-19).

Die königliche Hofhaltung

Die höfische Ökonomie, über die der »Vorsteher des
Hauses« [עַל־הַבָּיִת, al habbajit] (1.Kön 4,6; 2.Kön
15,5) die Aufsicht führt, war im Prinzip wie eine
Hauswirtschaft organisiert, die sich lediglich in ihren
Ausmaßen von der gewöhnlichen Wirtschaftsform
unterschied. Als Grundlage der höfischen Versorgung
diente der königliche Landbesitz, der in der Frühzeit
auf den Familienbesitz des Königshauses beschränkt
war und durch Ankauf (1.Kön 16,24) oder Annexion
(2.Sam 5,6-9) weiterer Besitzungen vergrößert
werden konnte. Die Ostraka aus Samaria und Arad
belegen Warenlieferungen an den Hof, die angesichts der regionalen Verteilung der Herkunftsorte
weniger auf ein reguläres Abgabensystem als auf
Erträge aus königlichen Landgütern hindeuten.
Überhaupt scheinen Abgaben an den Königshof
gegenüber der Verpflichtung zur Heeresfolge und zu
Arbeitsdiensten eine untergeordnete Rolle gespielt

zu haben. Eine regelmäßige Besteuerung der Bevölkerung ist bisher nicht nachweisbar.

Die Liste der „Vorsteher Salomos" in 1.Kön 4,7-19 kennt zwar eine Einteilung der Stämme Israels in zwölf Regionen, die im monatlichen Wechsel für die Versorgung des Hofes verantwortlich zeichnen sollen, doch spricht die formale Struktur des Textes eher dafür, dass die genannten Personen den König vor Ort repräsentieren und die Lieferung von Naturalien oder die Leistung von Arbeitsdiensten als Loyalitätserweise gegenüber dem Königshaus organisieren sollen. Eine Abführung des Zehnten vom Vieh und von den Ernteerträgen an den Königshof ist dagegen nur ganz vereinzelt belegt (1.Sam 8,15.17). Ob die sog.»fiskalischen Bullen«, die vermutlich in die Zeit der Regierung König Josias von Juda datieren (7. Jh. vC), auf ein reguläres Abgabensystem hindeuten, bleibt angesichts der regional beschränkten Herkunftsangaben unsicher. Es könnte sich bei ihnen ebenfalls um Lieferungen von königlichen Besitzungen an den Hof handeln. Als gesichert darf dagegen gelten, dass die Könige in Israel und Juda seit der Mitte des 8. Jh. vC gelegentlich eine Kopfsteuer erhoben haben, um den Tributforderungen seitens der politischen Oberherren nachkommen zu können (2.Kön 15,19f.;

2.Kön 23,35). Ob daraus auf die Einführung eines regulären Steuersystems ab der mittleren Königszeit geschlossen werden kann, muss jedoch in Anbetracht der lückenhaften Beleglage einstweilen offen bleiben.

Das Rechtswesen

In der akephalen (herrschaftsfreien) Gesellschaft der vorstaatlichen Epoche wurden Rechtsstreitigkeiten in direkten Verhandlungen der betroffen Parteien bzw. ihrer Repräsentanten auf der Grundlage des Gewohnheitsrechts vor Ort entschieden. In strittigen Fällen konnte eine vermittelnde Instanz um einen Rechtsentscheid gebeten werden. Sowohl die Ortsgerichtsbarkeit als auch die Sakralgerichtsbarkeit der lokalen Heiligtümer, an denen solche Streitigkeiten verhandelt wurden, in denen ein regulärer Rechtsentscheid aufgrund der Beweislage nicht möglich war, blieben in der Königszeit zunächst erhalten. Der König galt zwar als oberster Rechtsherr und Garant des Rechts (1.Kön 3,16-28), doch wird er diese Funktion in der Praxis nur selten ausgeübt haben. In späterer Zeit ist für das Gebiet Judas die Einsetzung von Berufsrichtern als lokalen Repräsentanten der königlichen Rechtshoheit (Dtn 16,18-20) und die Einrichtung eines zentralen Obergerichts in Jerusalem belegt, das die juridischen

Funktionen der lokalen Heiligtümer übernahm (Dtn 17,8-13). Das Selbstverständnis der Könige als Wahrer des Rechts schlägt sich schließlich in der Sammlung und Kodifizierung der Rechtsüberlieferung nieder, wie sie klassisch durch den Codex Hammurabi (Babylon, 18. Jh. vC), für Israel vielleicht durch das sog. Bundesbuch (Ex 20-23; Jos 16,4) repräsentiert wird.

Der Staatskult

Die »offizielle Religion«, die an den königlichen Heiligtümern in Dan und Beth El (Israel) bzw. in Jerusalem (Juda) praktiziert wurde, spielt eine wichtige Rolle für die Legitimation des regierenden Königs und die gemeinschaftliche Identität des Staatswesens (Am 7,10-13). JHWH ist jeweils der oberste Gott des lokalen Pantheons, die Kultgründungsmythen differieren jedoch: zum einen die Exoduserzählung (Israel), zum anderen die Jerusalemer Kulttradition (Juda). Der König ist Patron und oberster Kultherr des Staatskultes: Er stiftet und versorgt die Heiligtümer, er garantiert den geregelten Kultbetrieb und bestellt die Priesterschaft, die ihn im alltäglichen Kultvollzug vertritt. Er kann Opfer darbringen und den Kult insgesamt reorganisieren (1.Kön 12,28-33; 2.Kön 23,4-20). Ob man deshalb jedoch von einem

»sakralen Königtum« in Israel sprechen kann bleibt fraglich, da die altorientalischen Parallelen für eine solche Vorstellung räumlich, zeitlich und konzeptionell deutlich vom Alten Testament getrennt sind.

Kapitel 8: Gab es das legendäre Vereinigte Königreich (*United Monarchy*)?

„Für die wissenschaftliche Bibelforschung steht heute fest, dass die biblische Erzählung von einer großen vereinigten Monarchie ein literarisches Konstrukt ist, das für die Territorialideologie, die Vorstellungen von einem Königtum sowie die theologischen Ideen judäischer Autoren aus der späten Königszeit steht [...] Verwirft man die Vorstellung, dass das vereinigte Königreich eine historische Tatsache war, muss man davon ausgehen, dass die beiden hebräischen Königreiche unabhängig voneinander als eigenständige benachbarte politische Gebilde entstanden.[205]*“.* Die traditionelle Bibelwissenschaft bezeichnet mit dem englischen Begriff *United Monarchy* ein davidisch-salomonisches Großreich oder Staat im östlichen Mittelmeerraum in der Zeit des 10. Jh. vC. Die deutschen evangelischen Theologen A. Alt (1883-1956) und Martin Noth (1902-1968) und nachfolgend ihre Schüler fanden in den Samuel- und Königsbüchern Informationen, die sie für historisch zuverlässig hielten, und schlossen daraus auf geschichtliche Abläufe. Ihren Ansichten zufolge war Jerusalem im 10. Jh. vC das Verwaltungszentrum eines großen Staates sowie ein Ort kultureller Blüte. Als historische Eckdaten werden die Einnahme Jerusalems durch König David sowie die

Reichsteilung nach dem Tod seines Sohnes und Nachfolgers Salomo angesehen; beide Herrscher waren während des ersten Palästinafeldzugs Pharao Scheschonqs[206] im Jahre 926 vC bereits verstorben. Genauere Angaben sind nicht möglich, da die Regierungszeiten Davids und Salomos in der Bibel mit je 40 Jahren angegeben werden, einer symbolischen Zahl (sie entspricht einer Generation). Die neuere Forschung hält die Existenz eines davidisch-salomonischen Großreichs weitgehend für eine literarische Darstellung. Biblische Archäologen, die daran weiterhin festhalten, werden als »Maximalisten« bezeichnet. Im Gegensatz dazu waren aus Sicht der sogenannten »Minimalisten« David und Salomo zwar historische Personen und Herrscher, hatten aber nur regionale Bedeutung.

Den Anfang der biblischen Intention der Darstellung des davidisch-salomonischen Grossreiches ist im Buch der Richter zu finden. Das Richterbuch schildert die Situation der zwölf Stämme Israels nach der Landnahme und vor dem Beginn einer Königsherrschaft in Israel. Es handelt sich um die vorstaatliche Zeit, die oft als »Richterzeit« bezeichnet wird. Die Phase der Landnahme gilt als abgeschlossen, nun musste das Land gegen äußere Feinde gesichert werden. Dafür sind im Erzählverlauf

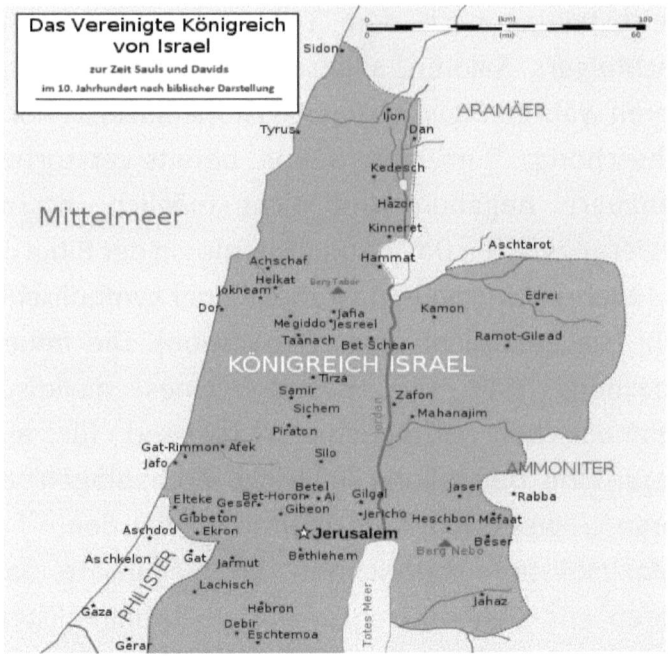

die Richter [שֹׁפְטִים, *schof'tim*], zuständig, daher der in jüdischer und christlicher Tradition gleichlautende Name des Buches. Bei den Richtern unterscheidet die Forschung die kleinen von den großen Richtern. Damit wird nicht auf den deutlich unterschiedlichen Umfang der Berichte hingewiesen, mit dem von den verschiedenen Gruppen oder Personen erzählt wird. Es scheint so, als hätten die großen Richter als charismatische Heerführer gegen Israels Feinde gekämpft, die kleinen Richter gelten dagegen als tatsächliche Richter oder lokale Fürsten.

Das Königtum ist in verschiedenen Bereichen des Richterbuches von signifikanter Bedeutung. Dabei ist es zur Ausbildung diametral entgegengesetzter Positionen gekommen. Auf der einen Seite des Spektrums steht das theokratische Statement Gideons in Ri 8,22-23, das ihm wahrscheinlich von den Deuteronomisten in den Mund gelegt worden ist. Es besagt, dass die Monarchie grundsätzlich dem theokratischen Ideal der Herrschaft JHWHs über Israel widerspricht. Auf der anderen Seite steht der »königsfreundliche Kehrvers« aus Ri 17,6; 18,1a; 19,1a; 21,25: *„Zu der Zeit war kein König in Israel, und jeder tat, was ihn recht dünkte."*. Er bringt zum Ausdruck, welche segensreiche Wirkung für Israel vom Königtum ausgeht. Auch dabei kommen theologische Gesichtspunkte zum Zuge. Das Königtum wirkt nämlich nicht nur den politischen, sondern offensichtlich auch den kultischen Missständen der vorköniglichen Zeit entgegen und sorgt für Rechtssicherheit, was nach alttestamentlichem Verständnis grundsätzlich auch eine theologische Dimension impliziert.

Das Königtum kommt schließlich auch im Abimelech-Kapitel (9) verstärkt in den Blick. In der Jothamfabel[207] wird das Verhalten verschiedener Akteure angesichts der Institution des Königtums beschrieben und in Frage gestellt. Während sich die Vertreter der Führungsschicht zu schade dafür sind, dem Gemeinwesen als König vorzustehen, fühlt sich der völlig ungeeignete Dornstrauch geschmeichelt, als man ihm die Königswürde anträgt. Im Kontext des Kapitels wird die gewaltsame Thronusurpation Abimelechs auch vor religiösem Hintergrund problematisiert. Am Ende vergilt Gott ihm das Böse, das er seinen Brüdern angetan hat. Hierin artikuliert sich eine massive Kritik an den Thronwirren des in der zweiten Hälfte des 8. Jh.s seinem Untergang entgegengehenden Nordreichs. Die Institution des Königtums ist vom Scheitern bedroht, wo die Königsherrschaft auf purer Gewalt beruht und keine Legitimation durch den Gott Israels für sich beanspruchen kann.

Gideon tötet die Midianiterkönige Sebach und Salmunna, Codex Vatopedinus, 13. Jh.

Die Darstellung der Geschichte folgt also unstrittig dem deuteronomistischen Schema, dass das Volk von Gott abfällt und Götzen dient, worauf JHWH Israel durch ein fremdes Volk bestraft. Israel schreit in der Not zu Gott und es entsteht ein Richter, der dem Volk in der Regel 40 Jahre lang wieder Ruhe schafft, bis es erneut abfällt. Von besonderer Bedeutung sind die Nachträge in den Kapiteln 17-18 und 19-21, welche drastisch die schrecklichen Ereignisse in der königslosen Zeit schildern. In der ersten Erzählung rauben Daniten das Gottesbild samt Priester des Efraimiten Micha[208] und gründen die Stadt Dan. Im zweiten Bericht verüben Benjaminiten eine Gräueltat, ihr Stamm verweigert dann aber die Auslieferung der Schuldigen. Daraufhin wird der Stamm in einer Strafaktion beinahe ausgerottet. Die restlichen Stämme sorgen sich später doch wieder um Benjamin und damit der Stamm nicht untergeht, beschaffen den übrig gebliebenen Männern Frauen aus Schilo. Der Kreislauf von Abfall, Not und Befreiung erinnert an eine »Spirale«, die sich mit wachsender Intensität auf eine Krisis zubewegt. Vom pessimistischen Zug, der auf diese Weise spürbar wird, bleibt das Vertrauen auf Gottes souveränes Walten in der Geschichte unberührt, da auch der »Misserfolg« der Israeliten auf nichts anderes als »JHWHs Initiative« zurückgeführt wird. Die

Schilderung der Gräueltaten erfolgt so, dass der Eindruck entstehen muss, dass diese nur geschehen konnten, weil es keinen König gab. Der »königsfreundliche Kehrvers« am Ende des Buches bildet dann folgerichtig den literarischen Übergang zur Königszeit.

Dieser unverhohlenen Aufforderung, eine Monarchie

Deutsche Bibel um 1485, Seite aus dem Richterbuch

zu errichten nehmen im weiteren Verlauf der biblischen Chronologie die Bücher Samuel auf und beschreiben in der Folge den frühesten König im alten Israel, König Saul, und gehen von dort weiter zu David und Salomo. Dann beschreibt die Bibel diesen erstaunlichen Wohlstand in der Zeit von David und Salomo. David ist der Eroberer und erweitert die Grenzen des Königreichs Israel. Und Salomo ist der Baumeister und der Händler, derjenige, der wirklich den

Höhepunkt des Wohlstands erreicht. Diese Zeit, auch als *Golden Age* bezeichnet, wird sowohl als wirtschaftliche als auch kulturelle Blütezeit dargestellt, auch in Bezug auf das literarische Schaffen am Königshof. Doch dann erfolgt die dramatische Wendung in der Erzählung in Kapitel 11 des 1. Buches der Könige. Der in die Jahre gekommene Salomo sündigt und heiratet nichtjüdische Frauen. Diese verführen ihn zur Apostasie und aufgrund seines Glaubensabfalls beschließt der Gott Israels, die große, ruhmreiche und glanzvolle vereinigte Monarchie in Israel und Juda aufzuteilen. Das Ende der großen vereinigten Monarchie fand der Bibel zufolge also im 10. Jh. vC statt. In Bezug auf die Ausmaße dieses Reiches ist von weit entfernten Eroberungen die Rede. Das Königreich Israel wird als eine Art Mini-Reich im 10. Jh. vC beschrieben. Allerdings gibt es zwei unterschiedliche Darstellungen. Eine spricht von einem sehr großen »Mini-Empire«, welches sich vom Euphrat im Norden bis an die Grenze Ägyptens im Süden erstreckt haben soll. Ein anderer Text, der historisch interessanter und belastbarer ist, spricht von den Grenzen der Vereinigten Monarchie, die von Dan im Norden bis Be'er Scheba im Süden reichten.

Problematik historischer Daten in der biblischen Chronologie des 10. Jh. vC

Wie können aus den biblischen Texten historisch »absolute Daten« generiert werden? Der einzige Weg auf Basis der aktuellen Quellenlage besteht darin, mittels des biblischen Materials über die späteren Monarchen, also der Könige von Israel und Juda, den Weg ins 10. Jh. vC logisch zurück zu gehen. Ab dem frühen 9. Jh. vC wird der biblische Text durch außerbiblische Quellen unterstützt. Die Teilnahme des israelischen Königs Ahab[209] an der Schlacht von Qarqar[210] gegen Schalmaneser III.[211] im Jahr 853 vC ist ebenso ein absolutes Datum wie die Erwähnung von Omri, dem König von Israel, auf der Mescha-Stele, die uns noch vor die Zeit König Ahabs zum Beginn des 9. Jh.s führt. Die interne Chronologie der Bibel gepaart mit externen Quellen, die mit anderen Methoden datieren können, führt zurück in die Mitte des 9. Jh.s vC zurück. Von dort aus vertraut man der internen biblischen Chronologie und zählt rückwärts ins 10. Jh. bis Salomo. Es gibt noch eine weitere Information, die ein wenig problematisch ist und das ist der Hinweis im Buch der Könige über den Feldzug von Pharao Schischak in das Land Israel. Das genaue Datum des Scheschonq-Feldzuges ist nicht bekannt. Aber wir wissen, dass die Herrschaft von Scheschonq I. *grosso modo* zwischen 960-920 vC zu datieren ist.

Folgt man der vorgenannten Logik bewegt man sich im Rahmen einer soliden Chronologie und befindet sich im späten 10. Jh. vC im Kontext des ersten Königs von Juda nach Salomo, Rehabeam. Allerdings gilt es eine Lücke von etwa einem Jahrhundert zu klären und dies wirft die grundsätzliche Frage auf: ist das davidisch-salomonische Grossreich, die *United Monarchy*, Historie oder Fiktion?

Das David und Salomo historische Personen waren, ist in der Bibelforschung weniger umstritten und dafür gibt es zwei plausible Gründe. Zunächst einmal wegen der inneren biblischen Logik, die eine Entfernung Davids und Salomos aus der antiken Geschichte Israels nicht rechtfertigt. Die exegetisch nachweisbare, sehr stark verwurzelte Tradition beider in der Bibel ist ein wichtiger Faktor. Der zweite Grund ist die Inschrift von Tel Dan. 1993 wurde in Tel Dan eine Inschrift in aramäischer Sprache zur Erinnerung an den Sieg eines aramäischen Königs über die Reiche Israel und Juda auf Fragmenten einer schwarzen Basalt-Stele von Avraham Biran gefunden. Dan lag im Gebiet des Nordreiches, an der Grenze zu Damaskus, in einem Gebiet, das im 9. Jh. vC zwischen Damaskus und Israel umkämpft war. Die Inschrift wurde von Hasael[212], dem König von Damaskus, dort in der zweiten Hälfte des 9. Jh. vC angebracht. Auf der Stele wird u.a. sein Sieg im 1. Regierungsjahr über Joram von Israel[213] und Ahasja[214] von Juda beschrieben. Nach seinen Worten tötete er während des Kampfes beide Könige.

In der Inskription bezieht sich Hasael auf das Reich von Juda als das Haus Davids [דָּוִד בֵּית תּוֹבָת, *Ktovet Beth David*]. Das bedeutet, er wusste, dass es einen Gründer einer Dynastie namens David gab, die Formulierung „Haus von" entspricht den Gepflogenheiten der damaligen Zeit. Die Inschrift bildet das Äquivalent zu den assyrischen Quellen, in denen das Königreich Israel als „Bit-Humri" bezeichnet wird, was sich wiederum Omri als Gründer der ersten blühenden Großdynastie des Nordreiches bezieht. Auf die gleiche Weise spricht Hasael von Damaskus über Juda als das Haus Davids. Es spricht also sehr viel dafür und wenig dagegen, dass es sich bei David und Salomo um historische Persönlichkeiten handelt. Dagegen ist aber die Beschreibung der großen vereinigten Monarchie höchst problematisch. Und die Probleme kommen von allen Seiten der Gelehrsamkeit: aus dem antiken Kontext des Nahen Ostens, der Bibel und der Archäologie.

DIE TEL DAN-INSKRIPTION
9. Jh. v.Chr.

מלך ישראל
MELECH ISRAEL "KÖNIG VON ISRAEL"

בית דוד
BETH DAVID "HAUS DAVIDS"

Wenden wir uns zunächst der Problematik in Zusammenhang mit dem Gesamtbild des antiken Orients zu. Hier gilt es, zu einer der im Anfang des Skriptes beschriebenen methodologischen Grundregeln zurückkehren. Diese Regel besagt, dass man die Archäologie und Geschichte von Kanaan/Alt-Israel nicht aus dem Gesamtbild des Alten Orients herauslösen kann. Die Territorialkönigreiche in der Levante, in Westasien, sind ab dem späten 10. Jh. dokumentiert. Das wirft die Frage auf, ob es möglich war, das sich ein großes Reich im südlichen Teil der Levante und am Südrand der großen Kulturen, mit einer Hauptstadt in Jerusalem, die nicht zu den wichtigsten Städten der damaligen Zeit zählte, im 10. Jh. vC etablieren konnte.

In Bezug auf den biblischen Text gibt es ebenfalls mehrere Probleme. Das erste besteht in der Frage der Alphabetisierung und dem Verfassen von biblischen Texten. Es gibt keine wirklich belastbaren Beweise dafür, dass literarische Texte in diesem Teil des Alten Orients in der Eisenzeit vor etwa 800 vC verfasst wurden. Das wirft die Frage auf, wie die biblischen Autoren, die im späten 7. Jh. vC in Jerusalem lebten und die große vereinigte Monarchie beschreiben, von den Ereignissen wissen konnten, die angeblich im 10. Jh. vC stattfanden? Darauf aufbauend schließt sich die Frage an, ob diese Beschreibung wirklich eine Beschreibung von etwas ist, das im Gedächtnis der Öffentlichkeit war und über die Jahrhunderte mündlich weitergegeben wurde. Oder ob diese Beschreibung eher eine Rückprojektion der im 7. Jh. vC lebenden Autoren zurück ins 10. Jh. vC war. Drittens wäre da noch der Einfluss der Ideologie und Theologie der späteren Autoren auf die Beschreibung dieses legendären Königreichs, des Beginns der davidischen Dynastie.

Ganz offensichtlich gibt es eine literarische Stratigraphie in den Erzählungen von David und Salomo. Denn für jeden Bibelexegeten ist es nicht sehr schwierig zu erkennen, dass der biblische Text verschiedene Schichten aufweist. Man muss sich dem Text also auf die gleiche Weise nähern, wie einer archäologischen Fundstätte. Er muss Schicht für Schicht gelesen werden. Dann ist ziemlich offensichtlich, dass es Texte in der Beschreibung der großen Vereinigten Monarchie gibt, die uns ein Stück weit in die Zeit der Autoren zurückversetzen können. Es gibt aber auch andere Textpassagen, die nur vor dem realen zeitlichen Hintergrund der Autoren verstanden werden können. Das wiederum führt direkt zur Archäologie.

Wie passt die Vereinigte Monarchie in das Bild, welches sich im Laufe von mehr als einem Jahrhundert wissenschaftlicher archäologischer Ausgrabungen ergibt? Die Beschreibung einer großen Vereinigten Monarchie mit repräsentativen Gebäuden, mit florierendem Handel und wachsender Wirtschaft, all das muss archäologisch nachweisbare Spuren hinterlassen haben. Und in der Tat haben die Archäologen von Anfang an eines verstanden: wenn sie sich der biblischen Geschichte des alten Israel nähern, gibt es zwei Perioden, deren Historizität theoretisch leicht zu überprüfen sein sollte. Die eine ist die Eroberung Kanaans. Bei angenommenen Eroberungen in einem bestimmten Gebiet werden bei Ausgrabungen diverse Schichten nachweisbarer Zerstörung gefunden. Und im Fall der *United Monarchy* suchten Archäologen und andere Wissenschaftler nach einer Periode nachweisbaren Wohlstands im 10. Jh. vC. Der erste Ansatzpunkt war der Versuch, das Zentrum dieser Monarchie zu lokalisieren. Natürlich in Jerusalem, der Hauptstadt. Aber Jerusalem war von Anfang an ein großes Problem, denn für das 10. Jh. vC, als nach biblischer Überlieferung die Könige David und Salomon geherrscht haben sollen, ist in Jerusalem keine Monumentalarchitektur nachweisbar. Die intensive Suche in der „Stadt Davids", also jenes Bergrückens, der sich vom Tempelberg nach Süden erstreckt und lange als Standort des antiken Hügels von Jerusalem angesehen wurde, ergab nichts Bedeutendes. Die These, der Tempelberg sei die antike Lokation gewesen, bleibt auf absehbare Zeit rein spekulativ, da die politische Situation dort archäologische Untersuchungen verhindert. Archäologen bezeichnen daher Jerusalem in Bezug auf die *United Monarchy* als *lost case*.

Nicht zuletzt deshalb wurde die Suche relativ früh auch auf andere Orte ausgeweitet, wobei der Schwerpunkt stets auf Megiddo lag. Megiddo wurde sozusagen zum Freilufttestlabor der Suche nach Beweisen für die Vereinigte Monarchie. Dass die Wahl auf Megiddo fiel, hatte verschiedene plausible Gründe. Megiddo war schon vor dem 10. Jh. vC ein wichtiger Ort, lag an einer Hauptverkehrsstraße nach Norden, liegt im Jesreel-Tal, dem Brotkorb des alten Israel und Megiddo wird in 1.Kön ausdrücklich als Wirkungsstätte König Salomos genannt.

Die Ausgrabungen in Megiddo dauern seit dem frühen 20. Jh. an. Die Ergebnisse der archäologischen Forschung bei der Suche nach König Salomo in Megiddo in diesem Zeitraum, spiegeln sich in drei Phasen. Die erste war die der Ausgrabungen des Orientalischen Instituts der Universität von Chicago in den 1920er Jahren, als sie nahe der Oberfläche von Megiddo mehrere Reihen von Säulengebäuden entdeckten, die als antike Ställe interpretiert wurden. Und die Forscher stellten die Verbindung zwischen diesen Gebäuden und König Salomo her aufgrund zweier biblischer Quellen her. Die eine spricht davon, dass König Salomo Städte mit Streitwagen hatte und Pferden besaß. Allerdings besagt der biblische Text nicht, dass sich diese Ställe in Megiddo befanden. Die zweite Stellespricht von der Tätigkeit König Salomos in Megiddo. Nach einer Weile wurde aber immer klarer, dass dies vor allem chronologisch keine überzeugende

Modell Megiddos, vorne König Ahabs Pferdeställe und Toranlage Jadins (rechts)

Theorie war. Denn durch die weiteren Ausgrabungen in Megiddo stellte sich heraus, dass die besagten Gebäude wahrscheinlich auf das 8. Jh. vC datiert werden müssen. Daraus resultiert, dass sie zu der letzten israelitischen Stadt in Megiddo vor der Übernahme Israels durch die Assyrer im 8. Jh. vC gehören. Es ist also nicht möglich, diese Gebäude mit König Salomo in Verbindung zu bringen. Aber es gibt noch eine weitere Schicht, die vor den Ställen lag und ebenfalls eine bedeutende Architektur aufweist. Und daraus entwickelte sich die zweite Lösung für Salomo in Megiddo in den späten 1950er Jahren mit den Ausgrabungen von Jiga'el Jadin[215], dem berühmten israelischen Archäologen in Hazor im Norden. Was war die Verbindung zwischen Hazor und Megiddo? Hazor und Megiddo werden in einem Atemzug in einem Vers der Bibel über die Bautätigkeit von König Salomo genannt. Jadin grub in Hazor und fand ein Tor, welches dem Tor von Megiddo ähnelte. Dann entdeckte er ein weiteres, ähnliches Tor in der Stadt Gezer, die weiter südlich an der Grenze zu Juda lag. Und er stellte folgende Verbindung her: Das sind die drei wichtigsten administrativen Städte, die im Zusammenhang mit König Salomo in 1.Kön 9,15 erwähnt werden: *„Und so verhielt sich's mit den Fronleuten, die der König Salomo aushob, um zu bauen des HERRN Haus und sein Haus und den Millo*[216] *und die Mauer Jerusalems und Hazor und Megiddo und Geser".* Und in allen drei Städten befinden sich einander ähnelnde Tore. Jadin schloss daraus, dass es in Jerusalem eine ausgeklügelte Verwaltung gegeben haben musste, welche die Pläne der Architekten König Salomos an weitere Städte im Reich sendete. Die Tore können allerdings nicht älter sein als das 9. Jh. vC, einige von ihnen stammen aus dem 8. Jh. vC. Zudem wurden ähnliche Tore später auch an anderen Orten in der südlichen Levante gefunden, einige davon außerhalb der Grenzen der Vereinigten Monarchie, selbst nach der biblischen Beschreibung. Diese Lösung lag bis Mitte der 1990er Jahre auf dem Tisch.

Außerdem stellt sich die Frage nach dem Bibelvers 1.Kön 9,15. Haben wir es hier mit einem Bibelvers zu tun, der tatsächlich die Erinnerung an das 10. Jh. vC repräsentiert, oder haben die Autoren dieses Textes eine Situation in ihrer oder in der Nähe ihrer Zeit nachempfunden und ins 10. Jh. vC und auf das Regnum Davids und Salomons zurückprojeziert? Gibt es überhaupt einen historisch belastbaren Zeitpunkt, an dem es Sinn macht, diese drei Städte zusammen zu erwähnen? Die einzige plausible historische Realität für die drei Orte zusammen ist während der Zeit des Nordreichs von Israel. Es ist bekannt, dass diese drei Orte wichtige Verwaltungszentren des Nordreiches waren. Hazor im nördlichen Jordantal, Megiddo im Jesreeltal und Gezer im Süden an der Grenze zu Juda. Die historische Realität liegt also sehr wahrscheinlich dort im 9. oder 8. Jh. vC, wobei Hazor ohnehin erst etwas später als die beiden anderen dem Nordreich zugeschlagen wurde. Im Norden liegen denn auch jene in Jerusalem vergeblich gesuchten Herrschaftsbauten, die allerdings auch erst ein Jahrhundert später entstanden. Das war die Phase, in der das Nordreich Israel durch den Export von Olivenöl, Wein, Kupfer und Zuchtpferden prosperierte. Das ermöglichte und finanzierte erst den gewaltigen technischen Aufwand, mit dem Hügel abgeflacht, Abhänge aufgeschüttet wurden, um die Plattformen für Verwaltungssitze und Königsburgen zu schaffen.

Wenn man der zweiten Idee Jadins folgt, dass die

beiden von ihm in den 1960er Jahren ausgegrabenen Paläste in Megiddo aus dem 10. Jh. vC stammen, steht man vor einer ganzen Reihe schwerwiegender Probleme. Es gibt in Megiddo und an anderen Orten keine Schicht für die große Omriden-Dynastie des 9. Jh. vC, also von einer Dynastie in ihrer Blütezeit nach außerbiblischen Texten. Des Weiteren ist die Datierung der beiden Paläste in Megiddo auf das 10. Jh. vC mit der einhergehenden materiellen Kultur (Töpferwaren usw.) einerseits sowie mit der Koordinierung der Chronologien der Region (Zypern und Griechenland im Westen, Syrien im Norden) andererseits kaum zu vereinbaren. In Jerusalem gibt es keine Hinweise auf Wohlstand im 10. Jh. vC. Wieso sollte es auf dem Land Paläste gegeben haben und in der Hauptstadt keine? Hinzu kommt, dass das Umland Jerusalems, das Hochland südlich von Jerusalem, im 10. Jh. vC nur sehr dünn besiedelt war. Mithin drängt sich die Frage auf, woher die United Monarchy die benötigte *manpower* für die gewaltigen Eroberungen sowie die intensive Bautätigkeit genommen haben will.

Mitte der 1990er Jahre schlug Ysrael Finkelstein vor, die beiden Paläste von Megiddo auf das 9. Jh. vC mit allen Konsequenzen in Bezug auf Stratigraphie, Keramiktypologie, Chronologie usw. zu datieren und damit all die vorgenannten Schwierigkeiten zu lösen. Natürlich mit einer Ausnahme: nimmt man die beiden Paläste aus der Chronologie des 10. Jh.s vC, gibt es für die *United Monarchy* keine archäologischen Beweise mehr vor Ort. Laut Finkelstein löste die Vernichtung des Nordreiches um 722 vC einen Strom von Flüchtlingen nach Juda aus. Die Migranten brachten ihre historischen Überlieferungen mit und prägten damit das Geschichtsbild der Autoren, die hundert Jahre nach dem Untergang des Nordreiches die Königserzählungen des Alten Testaments verfassten. Für sie standen Jerusalem und die davidische Dynastie im Mittelpunkt. Doch sie übernahmen Traditionen aus dem Norden in entsprechend abgewandelter Form, um, wie Finkelstein vermutet, die Nachkommen der Zuzügler besser zu integrieren. So entstand die Legende vom Großreich Davids und Salomons und vom Spalter Jerobeam. *„In einer überraschenden Wendung der Geschichte war Israel kurze Zeit später wieder da, allerdings nicht als Königreich, sondern als ideelles Konzept. Tatsächlich bahnte der Untergang des einen Israel den Weg zum Aufstieg eines anderen ideellen Israel, das nun aus zwölf Stämmen bestand und die beiden Reiche Israel und Juda umfasste*[217]*“*.

Damit rüttelte Finkelstein am Geschichtsbild des Zionismus und die Reaktionen waren entsprechend. Vor etwa 20 Jahren entschloss man sich, dass Problem mittels der Radiokarbonmethode, der Kohlenstoff-14-Datierung, anzugehen. Dies bedeutete, den teils heftigen Diskurs vom Verständnis der biblischen Verse zu trennen. Radiokohlenstoff wird nicht von der Bibel beeinflusst. Beim Radiokohlenstoff geht es um organisches Material, das im Labor getestet wird und eine Halbwertszeitchronologie liefert. Verfügt man über saubere Proben aus guten Kontexten und interpretiert diese wissenschaftlich korrekt, so ist eine Datierung mit einer Unsicherheit von lediglich plus/minus 30 Jahren möglich. Die Untersuchungsergebnisse der Radiokarbonmethode, die in den letzten 15 bis 20 Jahren gesammelt wurden, zeigen sehr deutlich, dass die Schicht der Paläste in Megiddo und der gesamte Horizont der zeitgenössischen Schichten, die mit König Salomon in Verbindung gebracht wurden, tatsächlich aus dem 9. Jh. vC stammen. Das war der *final blow* für die Theorie der großen *United Monarchy* aus der Sicht der »minimalistischen Archäologie«. Es gibt einfach keine Beweise mehr für dieses vermeintliche Grossreich im 10. Jh. vC, weder in Jerusalem, noch in den ländlichen Zentren des alten Israel, also Megiddo, Hazor und anderen Stätten.

Die Stätte von Khirbet Qeiyafa[218], die erst kürzlich ausgegraben wurde, spielt in der immer noch anhaltenden Diskussion zwischen den Frühdatierern (*high chronology*/10. Jh.) und Spätdatierern (*low chronology*/9.Jh.) aktuell eine wichtige Rolle. Die Stätte ist eine wichtige und äußerst interessante Stätte, um die Situation im 10. Jh. vC zu verstehen. Denn sie ist befestigt, was für das 10. Jh. vC relativ einzigartig ist, und die Chronologie dort ist solide, weil die Stätte mittels Radiokohlenstoffproben datiert wurde. Für die Frühdatierer dient die Stätte als ein Beispiel für eine Festung aus der Zeit von König David, die die Verwaltungsmacht von Juda schon zu seiner Zeit im 10. Jh. vC zeige. Und einige der Funde deuten sogar auf die Fähigkeit zur Komposition von Texten im 10. Jh. vC hin.

Es bleibt aber immer noch die wichtige Frage der territorialen Zugehörigkeit dieser Stätte zu klären. Hier gibt es mehrere Möglichkeiten. Die erste ist in der Tat die Zugehörigkeit zu Juda. Man kann Khirbet Qeiyafa auch als eine Art Überbleibsel kanaanitischen Lebens in der Schefela verstehen, welches bis ins 10. Jh. vC andauerte. Dieses Phänomen ist auch von anderen Orten in der südlichen Levante bekannt. Eine weitere Möglichkeit besteht darin, dass die Stätte von Khirbet Qeiyafa Bestandteil einer nördlichen Territorialformation war. Das heißt, zum israelitischen und nicht zum judäischen Territorium im 10. Jh. vC zählte. Auch Khirbet Qeiyafa kann die *low chronology* nicht widerlegen. Die Vorstellung einiger Traditionalisten und kreationistischer Bibelforscher, man könne mit einem einzigen Schlag die gesamte Struktur dessen zerstören, was bis dato mit Hilfe der Bibelexegese, Archäologie des 10. Jh.s vC, Radiokarbon-studien und dergleichen mehr in wissenschaftlicher Kernerarbeit an gesicherten Erkenntnissen gesammelt werden konnte, ist ein bisschen naiv.

Zusammenfassend lässt sich am Ende dieses Kapitels folgendes sagen: David und Salomo sind historische Persönlichkeiten. Sie regierten tatsächlich im 10. Jh. vC. Sie beherrschten ein kleines Gebiet im südlichen Hochland von einem kleinen Ort aus, dem relativ bescheidenen Jerusalem der damaligen Zeit. Dies reflektiert eine typische Situation der *longue durée*, des langen Zeitraums. Die Situation im 10. Jh. vC war eigentlich eine Fortsetzung dessen, was aus den vorangegangenen Jahrhunderten bekannt ist, bis zurück in die Amarna-Zeit im 14. Jh. vC. Jerusalem ist immer noch ein unbedeutender Ort, die Territorialbildung im südlichen Hochland noch im Anfang begriffen und auf das Hochland beschränkt. Die wirklich große Dynastie des alten Israel, mit sehr starken archäologischen Beweisen, ist die Dynastie der Omriden aus dem 9. Jh. vC. Strukturen, Gebäude, die traditionell mit König Salomo in Verbindung gebracht wurden, sollten nach aktuellem Forschungsstand einschließlich der Radiokohlen-stoffdatierungen, der Omriden-Dynastie zugeordnet werden. Die Beschreibung der *United Monarchy* ist keine historische Beschreibung. Vielmehr sollte sie als eine Art Idee verstanden werden, eine territoriale

Ideologie einer zukünftigen Vereinigten Monarchie, die in der Zeit Königs Josias von Juda im späten 7. Jh. vC erdacht und niedergeschrieben wurde. Zu einer Zeit, als es einem König von Juda durchaus realistisch erschien, die Gebiete des ehemaligen Israel und Juda wieder zu vereinen und eine »Große Vereinigte Monarchie« zu errichten. Bleibt die Frage: Ist das also alles Propaganda und frei erfunden?

Rekonstruktion der Festung von Khirbet Qeiyafa

Hat ein Autor, der im späten 7. Jh. vC in Jerusalem saß, sich diese ganze Idee aus den Fingern gesogen? Wohl kaum. Vielmehr ist davon auszugehen, dass die Autoren in Jerusalem im späten 7. Jh. vC, als sie die Idee einer großen *United Monarchy* propagierten, ein konkretes Beispiel für eine Einheitsmonarchie vor Augen hatten. Allerdings wurde das von einem israelitischen König aus Samaria regiert, nicht aus Jerusalem und im 8. Jh. vC, nicht im 10. Jh. vC.

Kapitel 9: Zur Literaturgeschichte der Samuelbücher[219]

Es besteht kein Zweifel, dass die biblischen David-Geschichten zunächst einmal als Erzählung wahrgenommen werden wollen und die an sie herangetragene und durchaus berechtigte Frage nach ihrer Historizität vorab und zwingend eine literaturgeschichtliche Einordnung erfordert. Erst wenn man sich über Entstehung, Datierung und Absicht der Erzählung orientiert hat, kann man eine historische Auswertung versuchen. Obwohl die redaktionsgeschichtlichen Verhältnisse noch immer zur Debatte stehen und bislang kein Konsens erzielt worden ist, darf man doch sagen, dass sich in den letzten Jahren mindestens in Umrissen eine neue Sicht abzeichnet.

Die Gründungsgeschichte des davidischen Königtums

Ein sicherer Ausgangspunkt ergibt sich aus der Frage nach einem ersten durchlaufenden und die David-Geschichten verbindenden Erzählfaden. Ein solcher Erzählfaden lässt sich in 2.Sam 1-5 ermitteln. Er läuft nach vorne bis 1.Kön 2 und lässt sich nach hinten bis mindestens 1.Sam 16 oder 1.Sam 9 zurückverfolgen. Diese insgesamt prodynastische und noch vordeuteronomistische Erzählkomposition wird auch als Erzählwerk über die frühe Königszeit bezeichnet und im Allgemeinen nach 722 vC bzw. in das 7. Jh. vC datiert. Kennzeichnend für sie ist nicht nur, dass sie David in die Tradition des Königtums Sauls stellt und ihn als dessen Nachfolger zeichnet, sondern auch, dass durch seine Person die getrennten Reiche Israel und Juda zusammengeführt werden. Die Absicht der Erzählkomposition besteht darin, für die davidische Dynastie der späten Königszeit eine formative Gründungsgeschichte zu schreiben, die eine doppelte Funktion erfüllt: Erstens soll sie den politischen Anspruch auf die Rechtsnachfolge des untergegangenen Nordreichs begründen und zweitens die integrative Kraft der davidischen Dynastie dadurch stärken, dass sie durch die loyale Haltung Davids gegenüber den Sauliden die Sympathien der vormals aus dem Norden stammenden Israeliten zu gewinnen sucht.

Das kleine deuteronomistische Geschichtswerk (Bücher Samuel - Könige)

Das Erzählwerk über die frühe Königszeit respektive die Gründungsgeschichte des davidischen Königtums wird in exilischer bzw. früher nachexilischer Zeit deuteronomistisch bearbeitet, mit dem Vorbau 1.Sam 1-3 und 1.Sam 9-15 versehen und mit den beiden Königsbüchern zu einem Geschichtswerk zusammengeschlossen, das sich in Anlehnung an die traditionelle Benennung als kleines deuteronomistisches Geschichtswerk bezeichnen lässt. Diesem sind neben den deuteronomistischen Bearbeitungen sukzessive zugewachsen: Die Salbung Davids durch Samuel (1.Sam 16,1-13), die David-Goliat-Geschichte (1.Sam 17), die Ladeerzählung (1.Sam 4-6 und 2.Sam 6), die Michal-Episoden (1.Sam 19,13-17; 1.Sam 25,44; 2.Sam 3,13-16; 2.Sam 6,14;16.20-23), die Auftritte des Propheten Nathan (2.Sam 7,1-17 und 2.Sam 12,1-14) und die zur Exilsgeschichte umgearbeitete Absalom-Erzählung (2.Sam 15-17).

Die Quellen der David-Erzählungen

Die für das höfische Erzählwerk verantwortliche Redaktion der späten Königszeit konnte bei der Herstellung ihrer Gründungsgeschichte des davidischen Königtums auf ältere Erzählungen und Vorlagentexte zurückgreifen. Im Bereich der Saul-David-Geschichte handelt es sich vornehmlich um Einzelerzählungen wie beispielsweise: die Anstellung Davids als Musiker (1.Sam 16,14-23), die Verheiratung der Saultöchter (1.Sam 18,13-27), die Ausrottung der Priester von Nob (1.Sam 22,6-19), die Verschonung Sauls (1.Sam 24,1-16) oder die Schilderung der

Schlacht von Gilboa (1.Sam 31,1-13). Im Bereich der Erzählungen von Davids Weg zum Königtum sind dies: das Klagelied über Saul (2.Sam 1,19-26), Fragmente einer Abner-Erzählung (2.Sam 3), die Ermordung Isch-boschets (2.Sam 4,5-6) und die Eroberung Jerusalems (2.Sam 5,6-8). Nicht alle diese Erzählungen müssen und sind ursprünglich mit David verbunden gewesen. Vielmehr bieten sie eine Reihe von Themen, die sich so oder ähnlich auch in anderen Heldenepen und lokalen Banditengeschichten finden lassen.

Demgegenüber handelt es sich bei den Jerusalemer Hofgeschichten um eine vorliegende Sammlung, die von der Redaktion in das Erzählwerk eingearbeitet worden ist. Die Geschichten kreisen um die Frage, welcher der Söhne das Erbe Davids antreten wird. So spannend sie auch erzählen, werfen sie durch ihre Schilderung von Mord und Gewalttaten ein insgesamt ungünstiges Licht auf David und die königliche Familie. Deshalb steht nach wie vor in der Diskussion, wo und wann diese Erzählungen entstanden sein könnten. Früher dachte man an eine Art politischer Schmähschrift gegen das Haus David, die aus dem Nordreich stamme. Die gegenteilige Sicht, dass die Geschichten auch am Königshof im Südreich situiert sein können und die legendenhafte

Vergangenheit Davids in eine gute Story packen, wird heute ebenfalls erwogen[220]. Vor dem Hintergrund, dass die Geschichten in der nachexilischen Darstellung der Chronikbücher ganz übergangen werden (1.Chr 20,1ff.), stellt sich außerdem die Frage, warum sie in die Erzählkomposition der späten Königszeit aufgenommen worden sind. Auch wenn sich diese Frage noch nicht abschließend beantworten lässt, bleiben dazu zwei Aspekte zu bedenken: Zum einen passen gewalttätige Auseinandersetzungen und unregelmäßige Thronfolgen durchaus in das Erscheinungsbild von Dynastieerzählungen. Zum anderen werden selbst in den auf Propaganda bedachten und zeitnahen assyrischen Königsinschriften die Kämpfe und Konflikte innerhalb der Königsfamilie nicht verschwiegen, sondern dargestellt.

Als Beispiel dafür lassen sich die Vorgänge bei der Thronfolge Sanheribs anführen, die dem Prisma Ninive A[221] entnommen werden können. Die inhaltlichen Entsprechungen zu den Jerusalemer Hofgeschichten sind leicht zu erkennen, ohne dass man eine literarische Abhängigkeit annehmen müsste oder dürfte: Sanherib, der König von Assyrien (705-681 vC), bringt wahrscheinlich auf Betreiben der Königin Naqi'a / Zaqûtu und Mutter von

Asarhaddon eben diesen jüngeren Sohn noch zu seinen Lebzeiten auf den Thron, nachhaltig unterstützt von der Priesterschaft. Um die Erhebung Asarhaddons und damit die unregelmäßige Thronfolge zu sichern, wird die Bevölkerung auf den neuen König vereidigt. Die älteren Prinzen und Brüder Asarhaddons rebellieren. Asarhaddon muss außer Landes fliehen oder zu seinem eigenen Schutz vom Hof verbannt.

In der Folge erhebt sich sein Bruder Adra-Mulissi

TaylorPrism,   Oriental Institute   Jerusalem
London   Prism, Chicago   Prism, Israel

gegen den Vater Sanherib, der schließlich einem Attentat zum Opfer fällt. Obwohl die

Verschwörer einen gewissen Rückhalt in der Bevölkerung und in Teilen der Armee besitzen, kehrt Asarhaddon zurück und schlägt den Aufstand schnell nieder. Er tötet die Hintermänner, jedoch nicht seine Brüder, und befestigt seinen Thron. Als sein Vater Sanherib noch regierte, hatte dieser in seinen letzten Lebensjahren eine späte Geliebte namens Tašmetu-šarrat, die er als »offizielle Gattin« darstellte. Möglicherweise wurde sie von der Königinmutter Naqi'a / Zaqûtu nur aus dem einen Grund geduldet, weil Sanherib ihren Sohn Asarhaddon dafür zum König erhob.

Kapitel 10: König Saul

Im vorherigen Kapitel wurde die These aufgestellt, dass die große *United Monarchy* eher als ein ideologisches Manifest denn als historische Realität zu verstehen ist. Der Name Saul [שָׁאוּל, *Scha'ul*] bedeutet „der Erbetene", was ein Dankname für die Geburt des Kindes ist. Saul gilt nach biblischen Bericht als erster König Israels, unter dem die 12 Stämme zu einem Königreich vereint wurden. Die Dauer seiner Herrschaft ist nicht genau bekannt. Da die zeitgenössischen und archäologischen Quellen keine direkten Hinweise auf seine Herrschaft geben, wird seine Historizität in der Forschung stark diskutiert. Saul ist insofern eine seltsame Figur, als dass er nicht in den Rest der Geschichte zu passen scheint, wenn man ihn, oder zumindest das Konzept von ihm, mit archäologischen Erkenntnissen in Verbindung bringt. Zudem stammt er aus dem Norden, so dass eine enge Verbindung zwischen ihm und Jerusalem nicht anzunehmen ist.

Saul ist schon deshalb eine besondere Figur im biblischen Text, weil er weder von Schechem noch von Jerusalem, den beiden Verwaltungszentren im alten Hochland, aus regiert. Die ungewöhnlich lange genealogische Angabe über Saul in 1.Sam 9,1f. verweist auf seine große Bedeutung und markiert zugleich einen Einschnitt im Ablauf der Geschichte Israels. Saul wird als Angehöriger des Stammes Benjamin vorgestellt. Das entspricht auch seinem Wohnort in Gibea[222], nördlich von Jerusalem. In diesem Gebiet kreuzen sich eine wichtige Ost-West-Verbindung von der Mittelmeerküste nach Jericho und weiter ins Ostjordanland und der Nord-Süd verlaufende sogenannte Weg über das Gebirge.

Und dann ist da auch noch die nicht unerhebliche Frage der Chronologie. In der Bibel ist zu lesen, dass es am Anfang drei Könige gab: Saul, David und Salomo. Allerdings gibt es zwischen Saul und David eine Art Überschneidung. Die Theologie der späteren Autoren sah vor, dass David an die Stelle Sauls trat, weil dies der Wunsch und Wille des Gottes Israels war. Aus dessen Sicht sei Saul als erste Wahl zum König Israels gescheitert und wurde folgerichtig durch David ersetzt. Laut biblischer Chronologie währte das Regnum Davids ebenso wie das von Salomo 40 Jahre lang. Der Vers Saul betreffend ist verworren, wobei die Bibelwissenschaft häufiger von 20 Jahren ausgeht. Alles in allem ergibt sich so arithmetisch ein Jahrhundert. Allerdings ist davon auszugehen, dass die 40 Jahre Davids und Salomos typologische Zahlen sind. Wenn in der Bibel von 40 Jahren die Rede ist, sind damit »viele Jahre« gemeint, das können 15, 20 oder auch 25 Jahre sein. Aber nicht unbedingt 40. Wir kennen also die innere Chronologie der Bibel das 10. Jh. vC betreffend nicht wirklich genau und können lediglich davon sprechen, dass Saul im 10. Jh. regierte.

Ein weiteres Problem besteht darin, dass zumeist Saul als einzelner Herrscher verstanden wird. Es gibt jedoch Hinweise in der Bibel, dass es eine Dynastie gab, denn als Saul stirbt, übernimmt sein Sohn Isch-Boschet [אִישׁ-בֹּשֶׁת], eigentlich Esch-Ba'al [אֶשְׁבַּעַל], „Mann der Schande", den Thron. Laut 2.Sam 2,8 wurde er von Abner [אַבְנֵר], „leuchtender Vater", zum Nachfolger auf dem Königsthron von Israel erklärt. Gleichzeitig wurde von einer anderen Partei

David zum König erhoben (2.Sam 2,12). Es kam zu Auseinandersetzungen zwischen beiden Parteien und nach einer kurzen Regierungszeit von maximal zwei Jahren wurde Isch-Boschet von seinen eigenen Gefolgsleuten umgebracht (2.Sam 4,5). Diese wollten mit ihrer Tat die Gunst Davids gewinnen, erreichten aber das Gegenteil: David bezeichnete seinen politischen Gegner Isch-Boschet als einen *„gerechten Mann"*, distanzierte sich vom Mord, ließ die beiden Mörder hinrichten und Isch-Boschets Haupt, das ihm überbracht worden war, ehrenvoll bestatten. Es gab also mindestens zwei Könige in dieser Dynastie, vielleicht auch mehr, aber mindestens zwei: Saul und Esch-Ba'al.

Der biblische Text über Saul ist sehr kompliziert. Denn wir hören im Grunde zwei Stimmen in der biblischen Darstellung. Man kann sie sowohl identifizieren als auch voneinander trennen. Da ist die positive Stimme und diese spricht über Saul als den Retter des Volkes Israel gegen die Ammoniter und die Philister. Er war der erste König Israels, auserwählt vom Gott Israels. Und dann gibt es eine negative Stimme, die über Saul als Sünder spricht, als einen König, der die großen Hoffnungen des Gottes Israels in die Monarchie nicht erfüllt hat. Wenn man sich also mit dem biblischen Material über König Saul beschäftigt, muss man zunächst einmal diese Unterscheidung zwischen den beiden Texten treffen und versuchen, diese positiven und negativen Bilder von Saul in Zeit und Raum einzuordnen.

Den positiven Text über Saul kann man als eine Art ursprünglicher Überlieferung verstehen, die in späteren Perioden von einem anderen Autor bearbeitet wurde. Die positive Überlieferung sieht eher nach einer älteren, traditionelleren, aus dem Norden stammenden aus. Saul ist eine Figur aus dem Norden. Saul wird als der erste König von Israel beschrieben, aber er ist auch der erste König von Nordisrael, von dem, was bald das Nordreich Israel werden wird. Es gibt also eine positive Tradition über ihn, die im Nordreich zelebriert worden sein könnte. Später meldet sich eine weitere Stimme, die vermutlich aus Juda stammt und sich deutlich von der Stimme aus dem Norden unterscheidet. Die Figur Sauls wird nun negativ dargestellt, um aus Sicht der judäischen Ideologie und Theologie die Dynastie der Davididen in Jerusalem in den Fokus zu rücken. Während im traditionellen ersten Teil Saul, seine Familie und seine Leistungen als König im Vordergrund stehen, steht die weitere Erzählung ab 1 Sam 16 im Schatten der Aufstiegsgeschichte Davids, bevor sie sich in 1.Sam 28 und 1.Sam 31 wieder auf Saul konzentriert.

In der ursprünglichen, nördlichen Tradition finden sich einige Beispiele der positiven Darstellung Sauls.

Nach 1.Sam 9,1-10.16 ist Saul auf der Suche nach verlorenen Eselinnen, als er dem Propheten Samuel begegnet. Dieser salbt ihn auf Befehl Gottes zum »Fürsten« (נָגִיד *nagid*) über Israel. Ein zweiter Bericht spricht von der Königswahl Sauls im Rahmen eines sakralen Losverfahrens am Heiligtum in Mizpa[223] (1.Sam 10,17-27). Nach 1.Sam 11 wird die Stadt Jabesch[224] in Gilead von den Ammonitern bedroht. Saul, der von dieser Situation hört, wird vom Geist JHWHs ergriffen, er ruft den israelitischen Heerbann zusammen und es gelingt ihm, Jabesch zu befreien. Allen drei Berichten ist der Aspekt der göttlichen Legitimation gemeinsam. In der biblischen Tradition werden sie als Erstberufung, Bestätigung und Bewährung verstanden. Es folgt die Überlieferung einer Schlacht, die unweit seiner Heimatstadt gegen die Philister stattfand und eine sehr brauchbare geographische Beschreibung Gebas[225] und Michmas'[226] enthält. Und natürlich die nordische Tradition über den Tod von König Saul in der Schlacht von Gilboa[227]. Die nach dem Tod Sauls und seiner Söhne erfolgte Ehrung durch die Jabeschiter (1.Sam 31,11-13) rundet das traditionelle, nördliche positive Bild Sauls ab. Aus dem allem ergibt sich einigermaßen schlüssig, dass dieses ganze Paket des »positiven Sauls« aus dem Nordreich Israel stammt. Dass die Einführung des Königtums auch unter priesterlich-prophetischem Aspekt bestätigt wurde, ist ebenfalls sehr wahrscheinlich, wie und wann auch immer sie im Einzelnen geschah.

Aus dieser nördlichen Tradition der Geschichte Sauls entsteht auch ein geographisches Hintergrundbild. Und diese Geographie ist in der Tat von Relevanz, wenn man berücksichtigt, dass Saul von einer kleinen Stadt nördlich von Jerusalem aus regierte. Der biblische Text hingegen weist auf ein größeres Gebiet hin. Es gibt mit einiger Berechtigung sogar Gründe für die Annahme, dass Saul über einen großen Teil des Hochlandes geherrscht hat. Vergleichbar in etwa mit der Amarna-Periode, in welcher der lokale Fürst von Schechem, Labaju, stets um Expansion bemüht war. Auffällig sind die Unternehmungen Sauls nicht nur im Gebiet westlich des Jordans, sondern auch weiter östlich, in Gilead. Und dann gibt es die Überlieferung von Gilboa. Was macht Saul dort in Gilboa, am Rande des Jesreel-Tals? Nach der biblischen Überlieferung muss er also zumindest den ganzen Norden bis ins Jesreel-Tal, also in das Gebiet von Kern-Israel beherrscht haben. Das war das Gebiet des Hauses Josefs, der Stämme Benjamin, Ephraim und Manasse. In dem frühen und möglicherweise ältesten Zyklus in den Erinnerungen Davids gibt es eine Erinnerung an König Saul, der auf dem Gebiet der Judäer, tätig war. Er geht ins Tal von Elah[228], um gegen die Philister und Goliath zu kämpfen und er geht nach Adullam[229]. Er geht an den südlichen Rand von Juda, an den Rand der Wüste, sogar südlich von Hebron. Das wirft zwangsläufig die Frage auf: haben wir es hier mit einem Herrscher aus dem Hochland im 10. Jh. vC zu tun, dem es eine Zeit lang gelang, das Gebiet unter einem einzigen Herrscher zu vereinen? Eine frühe Verwaltung in einer territorial gefestigten Einheit zu errichten, die versuchte, sich auch auf das Tiefland auszudehnen? Trifft das zu, dann könnte der Versuch der Expansion in die Schefela Aufschluss darüber geben, was als Nächstes geschah.

Die berechtigte Frage »Ist Saul historisch?« ist schwierig und nur auf Grundlage der biblischen Texte nicht seriös zu beantworten. Ob die biblischen Anga- ben historisch sind, oder besser gesagt, ob hinter diesen Erzählungen ein historischer Kern steckt, muss man sich außerbibli- schen Texten und der Archäologie zu- wenden. Einen sol-

Scheschonq-Relief im Amun-Tempel in Karnak

chen außerbiblischen Text stellt die Liste von Pharao Scheschonq I. auf seinem Feldzug in die Region dar. Laut Bibel kam Scheschonq I., der biblische Schischak

I. und Begründer der 22. Dynastie in Ägypten, im fünften Regierungsjahr Rehabeam, in das Land Israel. Rehabeam war der erste Monarch des Südreichs nach der Reichsteilung. Nach der biblischen Chronologie begann der Feldzug also etwa 925 vC, das Problem besteht aber darin, dass sich die Ägyptologen über die genauen Daten von Sheshonq I. nicht einig sind. Die Angaben schwanken da zwischen 960-920 vC.

Fest steht, dass in Ägypten zu jener Zeit eine Aufbruchsstimmung herrschte und dass es sich um einen gut geplanten Feldzug mit dem Ziel handelte, die verlorene Suprematie des Ägyptischen Reiches in der Levante des 10. Jh. vC wieder-herzustellen. Die Einzelheiten dieses Feldzuges stehen nicht in der Bibel, die Details stammen hauptsächlich aus ägyptischen Quelle. Ein Relief an einer der Wände des Amun-Tempels in Karnak in Oberägypten, beinhaltet eine Liste von Orten, die während dieses Feldzuges erobert wurden. Viele der Orte auf dieser Liste konnten mittlerweile identifiziert werden. Zeichnet man diese identifizierten Orte auf einer Karte ein, ergibt sich ein klares Bild der Taktik des Feldzugs, welche das eigentliche Ziel Scheschonqs in Kanaan des 10. Jh.s vC offenbaren. Es gibt offensichtlich eine Art von Interesse an Städten im Süden, einer Gruppe von Städten im Jezreel-Tal, darunter Megiddo, und eigentümlicher Weise eine weitere Gruppe von im Hochland gelegenen Städten, nördlich von Jerusalem und in Transjordanien. Beispielsweise Beth-Horon und Gibeon, sowie einige Orte östlich des Jordans, in Transjordanien. Diese Orte in der Geschichte Israels waren aus der Sicht der benachbarten Reiche nicht besonders

Das geopolitische Interesse der Nachbarreiche lag in der Hauptstraße, die nach Norden führt und der Jesreelebene, dem Brotkorb des antiken Israels. Warum marschierte die ägyptische Armee in das Hochland, wo sie aufgrund der Topographie größeren Risiken als in der Ebene ausgesetzt war? Es muss also etwas gegeben haben, das die Pläne des Pharaos gefährdete und dieses Etwas könnte eine territoriale Formation gewesen sein, die sich im Hochland des 10. Jh.s vC ausweitete und eine potenzielle Bedrohung für die angestrebte Expansion der 22. Dynastie in der Levante darstellte. Da die Orte nördlich von Jerusalem und die Orte östlich des Jordans genau die Orte sind, die auch in der Bibel erwähnt werden, ist die Verbindung beider Quellen hergestellt. Die Art der Verbindung ist sowohl geographischer als auch chronologischer Natur. Es handelt sich um die dieselben Regionen in derselben Zeit im 10. Jh. vC, vorausgesetzt, dass es sich bei der Verortung des Schischak-Feldzuges auf das fünfte Regierungsjahr Rehabeams um eine zutreffende Erinnerung der Bibel handelt.

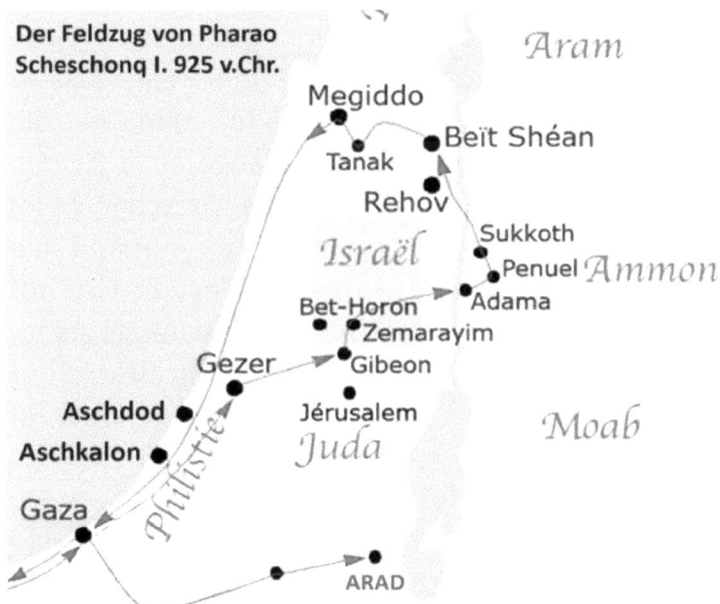

Das ägyptische Reich fühlt sich durch etwas im Hochland bedroht und schickt als Reaktion darauf die ägyptische Armee in die Berge, was auf den ersten Blick ein wenig übertrieben, wenn nicht gar lächerlich erscheint. Was sollte das für eine Bedrohung sein und in welcher Form könnte diese Situation eine Bedrohung für die ägyptischen Pläne darstellen? Um das zu verstehen, bedarf es wiederum des Konzeptes der *longue durée*. Wenn man auf die Armana-Zeit im 14. Jh. vC zurückblickt, so bietet sich dort in der Person Labajus, des Herrschers von Schechem, eine historische Parallele an. Auch er wurde zunehmend zum Ärgernis für das ägyptische Imperium in der Zeit des Neuen Reiches. Er versuchte zu expandieren, weil er offensichtlich das Gefühl hatte, dass die ägyptische Suprematie in gewisser Weise schwächelte. In den Amarna-Briefen steht, dass er versucht hat, in das Jesreel-Tal und in die Küstenebene zu expandieren. Solange er in Sichem saß, bestand keine Gefahr für die ägyptischen Ziele; aber als er anfing zu expandieren, mussten die Ägypter mit ihm fertig werden. Solange er sich auf seine Rolle als Provinzfürst in Schechem beschränkte, bestand keine Gefahr für die ägyptischen Ziele; als er aber anfing, seinen Machtbereich zu erweitern, mussten die Ägypter reagieren.

Während des Regnums König Sauls scheint es eine ähnliche Entwicklung gegeben haben. Mit einem lokalen Herrscher im Hochland, der eine spezielle Situation im 10. Jh. vC ausnutzt und sein Territorium weiter ausdehnt. Nicht nur im Hochland, sondern sogar bis südlich von Jerusalem. Und dann versuchte er wahrscheinlich auch, noch weiter zu expandieren. So ist seine Beteiligung an der Schlacht von Gilboa, am Rande des Jesreel-Tals und auch an der Schlacht im Tal von Elah, wo David gegen Goliath antritt, zu verstehen. Was tut Saul im Tal von Elah, das in der Tiefebene liegt, nicht weit von der Hauptverkehrsstraße, die nach Norden führt? Möglicherweise hat er die Situation falsch eingeschätzt und deshalb versucht haben, ins Tiefland zu expandieren. Und das war genau der

Moment, in dem seine Ziele mit den Zielen des ägyptischen Pharaos kollidierten.

Geht man davon aus, dass es diese Expansion eines neuen Reiches unter einem Herrscher im nördlichen Teil des Hochlandes gab, der begann, in die Schefela Tiefland zu expandieren und damit die ägyptische Armee auf den Plan ruft, sollte diese bei ihrem Feldzug archäologisch nachweisbare Spuren hinterlassen haben. Die Archäologie hat etwas sehr Interessantes im Hochland nördlich von Jerusalem zu Tage befördert und zwar eine Konzentration von befestigten Anlagen aus dem im 10. Jh. vC: Kasemattenmauern und Siedlungen. Siedlungen. Hierbei ist zu beachten, dass es in der südlichen Levante im 10. Jh. vC fast keine Befestigungen gab. Mit der Ausnahme zweier Konzentrationen, eine in einem kleinen Gebiet nördlich von Jerusalem um Gibeon herum, also genau jener Ort, an dem der Überlieferung zufolge König Saul lebte. Die andere liegt östlich des Jordans, in Moab. Es gab also eine Art von System befestigter Siedlungen, einschließlich Gibeon, welches von Teilen der Forschung als Mittelpunkt König Sauls angesehen wird. Und diese Orte gedeihen im 10. Jh. vC, wie aus den dort gefundenen Keramikfunden hervorgeht und es gibt auch Hinweise auf ihren Niedergang in der zweiten Hälfte des 10. Jh.s. Auf Wohlstand und Befestigungen folgen Niedergang und Desertion in den 4-5 Orten, die wir nördlich von Jerusalem kennen. Dies ist also der erste Beweis, der sehr gut zu der Annahme passt, dass einer Art territorialer Einheit mit einem Zentrum um Gibeon.

Das zweite Argument liefert Khirbet Qeiyafa, eine bekannte befestigte Stätte aus dem 10. Jh. vC in der Schefela, im Tal von Elah, wo der Kampf zwischen David und Goliath stattfand. Der Grabungsleiter brachte Khirbet Qeiyafa mit Juda und Jerusalem in Verbindung, was durchaus möglich ist. Aber es gibt noch eine andere Möglichkeit. Bei Khirbet Qeiyafa könnte es sich auch um die südwestlichste Festung dieser nordisraelitischen Territorialeinheit gehandelt haben, die dem Tiefland zugewandt war. Und das wiederum könnte sowohl die Ursache für die Konfrontation im Tal von Elah als auch mit dem Pharao im 10. Jh. vC gewesen sein.

Ein weiteres Beweisstück führt nach Megiddo. Zunächst einmal gibt es ein System von Zerstörungsschichten im Jesreel-Tal, die aufgrund radiokarbonbasierter Untersuchungen sicher auf das 10. Jh. vC datiert werden können. Hinzu kommt, dass die Zerstörungen sich nicht alle im selben Moment ereigneten, sondern es handelte sich dabei um einen sukzessiven Prozess. Nach der Zerstörung gab es in der darauf folgenden Phase bereits eine materielle Kultur, die sich deutlich von der vorherigen unterscheidet und mit einiger Berechtigung als ein Vorläufer der materiellen Kultur des Nordreiches bezeichnet werden kann.

In Megiddo wiederum wurde in den 1920er Jahren von der Universität von Chicago ein Block mit einer Inschrift des ägyptischen Pharaos Scheschonq I. gefunden. Möglicherweise kam Scheschonq in das Jesreel-Tal und wurde dadurch Zeuge des Übergangs vom kanaanitischen Leben in diese neue Phase des Nordreichs. Die Inskription beschreibt eine Reihe von Zerstörungen im Jesreel-Tal, die auf eine bestimmte Zeitspanne hinweisen. Daher drängt sich die Frage auf, wer der Verursacher dieser Zerstörungen war: Scheschonq oder Saul? Der einzige Weg, diese Zerstörungen zu erklären, ist, sie als die zwangsläufige Folge der Expansion der Hochlandbewohner, der Proto-Israeliten, zu verstehen. Dann lässt sich diese Ausbreitung logisch mit den Spekulationen über ein saulidisches Gebiet im Hochland des 10. Jh. vC verbinden und würde überdies auch das Eingreifen von Scheschonq und seine Inschrift in Megiddo erklären. Die Expansion der Hochlandbewohner in die Jesreel-Ebene, dem Brotkorb des alten Israel und strategisch an der Hauptverkehrsstraße nach Norden gelegen, muss eine gewisse Gefährdung für die strategischen Ziele des Pharaos in Kanaan gewesen sein.

In den vorangegangenen Kapiteln wurde bereits die Formation Schechem-Schilo erwähnt. Wie passt dieses angenommene saulidische Gebilde in den gesamten Kontext des 10. Jh.s. vC? Man kann drei territoriale Gebilde innerhalb eines Zeitraumes von etwa einem Jahrhundert erkennen, die alle auf die eine oder andere Weise in Verbindung mit dem Aufstieg eines Territorialreiches namens Israel stehen. Das erste ist Schechem-Schilo im 11. Jahrhundert. Zerstört und im späten 11. Jh. vC ersetzt durch ein saulidisches Territorium mit einem Zentrum in Gibeon im 10. Jh. vC, welches im späten 10. Jh. durch den Aufstieg des Nordreiches abgelöst wird. Auf die Frage nach dem Zusammenhang zwischen den drei Königreichen, gibt es keine eindeutige, belastbare Antwort. Eine legitime Annahme ist aber, dass der Niedergang von Schechem-Schilo und der Aufstieg von König Saul zusammenhängen sowie der Niedergang König Sauls und der Aufstieg des Nordreiches miteinander verbunden waren.

Zusammenfassend lässt sich sagen, dass die historisch undurchsichtige Figur Sauls zunehmend archäologische Unterstützung erhält. Es scheint, dass es sich bei der Saul-Erzählung in der Bibel um eine Form der historischen Erinnerung handelt. Über die Versuche eines lokalen Regenten, der über einen großen Teil des Hochlandes herrschte und versuchte, in das Tiefland zu expandieren. Es gibt archäologische Beweise, vor allem für den Kern seines Gebiets in der Gegend von Gibeon. Des Weiteren mehrere archäologische Hinweise darauf, dass er versucht hat, das Jesreel-Tal im Norden unter seine Kontrolle zu bringen. Zur gleichen Zeit gründet ein Pharao in Ägypten, Scheschonq I., die 22. Dynastie. Dessen imperiale Strategie sah unter anderem vor, die Kontrolle über das Land von Kanaan wiederherzustellen und damit an die glorreichen Tage des Neuen Reiches in der späten Bronzezeit anzuknüpfen. Dadurch kommt es zu einer Kollision zwischen der angestrebten Expansion der saulidischen Dynastie im Hochland und den Zielen des ägyptischen Pharaos, Scheschonq I. Scheschonq unternimmt einen Feldzug ins Hochland und übernimmt das Machtzentrum von König Saul. Das wiederum bringt den Niedergang der Orte in der Umgebung von Gibeon. Scheschonq erobert auch das Jesreel-Tal im Norden. In der Folge macht er in der Mitte oder in der zweiten Hälfte des 10. Jh. vC. Megiddo zu seinem Machtzentrum und dokumentiert dies durch die dort entdeckte Inskription.

Nach der Übernahme der territoriale Einheit König Sauls durch Scheschonq I. stellen sich zwei Fragen: Erstens: Gibt es einen Zusammenhang mit dem unmittelbar danach erfolgten Aufstieg des

Nordreiches? Und in wie weit hatte das Einfluss auf den Aufstieg der davidischen Dynastie in Jerusalem?

Exkurs III: Schreiben im antiken Israel

In gewisser Weise wird die historische Zuverlässigkeit biblischer Texte zu einem nicht geringen Teil an der zeitlichen Nähe der Texte zu den Ereignissen, die sie schildern, gemessen. Deshalb stellt sich die Frage nach dem aktuellen Forschungsstand die Lese- und Schreibfähigkeit im alten Israel. Es gibt eine Spannung zwischen den Theorien zur Entwicklung der antiken Schrift im alten Israel, der Abfassung biblischer Texte und der Historizität der biblischen Geschichten. Am Anfang stand die Idee, dass es an den Höfen der Könige David und Salomos Schreiber gab. Diese Annahme entwickelte sich aus der irrigen Vorstellung einer der großen, vereinigten, glamourösen Monarchie im Juda des 10. Jh. vC. Ein florierender Hof mit internationaler Korrespondenz, vielen Beamten, einer großen und differenzierten Verwaltung, warum also nicht auch Schriftgelehrte? Und in der Tat werden diese auch in den biblischen Texten erwähnt. Hinzu kam die Theorie von Leonhard Rost [siehe nachfolgendes Kapitel] vom Anfang des 20. Jahrhunderts, die den Aufstieg und die Macht- und Nachfolgegeschichte Davids in den beiden Samuelbüchern als eine Art »Legitimationsmanifest«, für beide Herrscher darstellt und sie daher auch im 10. Jahrhundert verortet. Allerdings gibt es viele Probleme mit dieser Theorie, weil sie sich im Grunde auf zirkuläre Argumente stützt.

Wir wissen nicht genau, wann die Schrift entstanden ist, wir wissen nicht genau, wann die früheste Abfassung der biblischen Texte stattfand. Wenn der deuteronomistische Geschichtsschreiber tatsächlich in Jerusalem im späten 7. Jh. vC saß, muss hinterfragt werden, woher er von den Ereignissen wusste, die sich im 10. Jh. vC abgespielt haben sollen. Oder hat er möglicherweise die Realitäten seiner eigenen Zeit, einschließlich der Schreiber, in das 10. Jh. vC zurück projiziert? Und es stellt sich auch die Frage was wäre, wenn es diese große Vereinigte Monarchie im 10. Jh. vC gar nicht gegeben hat? Wenn all diese Beschreibungen von einem großen Jerusalem und einer großen Vereinigten Monarchie im 10. Jahrhundert aus einer ideologisierten Theologie Judas des späten 7. Jh. vC stammen? Die Archäologie ist das einzige Werkzeug, das uns wirklich mit Beweisen versorgen kann. Und wenn wir von Archäologie in Bezug auf Entwicklung von Schriften sprechen, dann sprechen hier vor allem die antiken Inschriften zu uns.

Es gibt einen hinreichenden Korpus von Inskriptionen für die Darstellung der Anfänge und für spätere

Phasen in der Geschichte Israels und Juda. Die Aufgabe besteht darin, dieses Schriftgut in eine Art Stratigraphie, in einen plausiblen chronologischen Kontext einzuordnen. Erst dann können gesicherte Erkenntnisse über die erste, früheste Fähigkeit, literarische Texte zu verfassen, gewonnen werden. Israel Finkelstein und Benjamin Sass konzentrierten sich in einer Studie[230] auf den stratigrafischen Kontext der antiken Inschriften. Danach wurde die Typologie der Keramik aus den jeweiligen speziellen Schichten bestimmt. Die so gewonnene Keramiktypologie, die lediglich eine relative Chronologie liefern konnte, wurde danach durch Radiokohlenstoffdatierung in eine absolute Chronologie überführt. Also wenden wir uns wieder dem Radiokohlenstoff zu. Das klingt wie eine Selbstverständlichkeit, aber bis vor 10 Jahren war die Archäologie nicht in der Lage, Inschriften zu datieren.

Das Aufkommen der alphabetischen Schrift

Der biblische Text, so wie wir ihn heute kennen, liegt in Hebräisch und Aramäisch vor. Und vermutlich wurde er auch in diesen Sprachen verfasst. Bevor man sich den hebräischen Texten Israels und Judas zuwendet, ist ein vorheriger Schritt zurück erforderlich, da zuerst über die Entstehung der alphabetischen Schrift in diesem Gebiet Klarheit geschaffen werden muss. Die hebräische Schrift kann laut der o.a. Studie ab dem späten 9.Jh. vC oder um 800 vC nachgewiesen werden. Die Frage ist also: Was war davor? Und für die Zeit davor gibt es etwa 75-80 weltliche und einige monumentalere Inschriften aus der zweiten Hälfte des 9. Jh. vC. Diese Inskriptionen decken die gesamte Schriftgeschichte der Region ab, von den Anfängen des Proto-Kanaanitischen bis 800 vC und dem Aufkommen des Hebräischen, wobei zwischen mehreren Phasen unterschieden werden muss.

Proto-kanaanitisches Schrift

Das Proto-Kanaanitische entstand aus der ebenso einfachen wie genialen Idee der Menschen in der Region, die ihnen bekannten ägyptischen Hieroglyphen zu übernehmen und diese in alphabetische Zeichen zu transformieren. Die Kanaaniter hörten und sahen, wie die Ägypter, »Wasser« sagten und schrieben; in der semitischen Sprache hieß Wasser "*mayim*", beginnend mit einem "*mem*", "*m*", und sie machten so ein Zeichen für Wasser und sie nahmen das Zeichen für das "*mem*". Aus der ägyptischen Hieroglyphe für „Haus", in der semitischen Sprache "*bayit*", beginnend mit einem „*bet*", „*b*" und sie machten so ein Zeichen für Haus und sie nahmen das Zeichen für das „*bet*". Das war der Anfang, aus dem alle anderen Skripte die wir kennen, Hebräisch, Arabisch, Phönizisch, Moabitisch, bis hin zum Griechischen und Lateinischen und zu den modernen europäischen Schriften irgendwann im zweiten Jahrtausend vor Christus hervorgingen.

Datum und Ort der Entstehung des kanaanitischen Alphabets

Darüber werden zwei Debatten geführt: die erste betrifft »die Zeit« und die die zweite betrifft »den Ort«. Die proto-kanaanitischen Inschriften wurden sowohl in der Schefela, um Lachisch und Gaza herum, als auch in den Türkisminen im südwestlichen Teil der Sinai-Halbinsel gefunden, welche von den Ägyptern mit der Hilfe von kanaanitischen Arbeitern betrieben wurden. Die erste Frage lautet also, ob das Proto-Kanaanitische im Sinai oder in der Schefela entstand. Und die zweite, ob es in der Zeit des Mittleren Reiches oder des Neuen Reiches in Ägypten, also in der Terminologie der Archäologie im Bereich der südlichen Levante in der mittleren Bronzezeit oder in der Spätbronzezeit entstand. Auf der Suche nach dem intellektuellen Urknall, aus dem nach dem Aufeinandertreffen von kanaanitischen Schriftgelehrten mit Ägyptern, die proto-kanaanitischen Schrift hervorging, an einem Ort stattfand, wo sich gebildete Menschen regelmäßig aufeinander trafen. Ob dies auf der Sinai-Halbinsel geschah, wo vermutlich analphabetische kanaanitischer Hilfskräfte in den Minen ihr karges Brot verdienten, ist eher zweifelhaft. In Gaza lag hingegen das Zentrum der ägyptischen Verwaltung in der Provinz Kanaan. Es haben sich überdies Amarna-Tafeln kanaanitischer Schriftgelehrter aus den Stadtstaaten, die nach Gaza kamen, um Briefe an die Pharaonen in Ägypten zu schicken, erhalten. Das sie dabei mit ägyptischen Schreibern zusammentrafen, ist ebenso plausibel wie die Annahme, dass sie bei ihren Aufenthalten in Gaza ägyptische Monumente mit Hieroglyphen zu sehen bekamen. Deshalb ist

Gaza vermutlich der Ort, an dem, irgendwann im 14. und 13. Jh. vC, in jedem Fall aber nach der Eroberung Kanaans durch Thutmosis III.[231] Mitte des 15. Jh. vC, die Dinge ihren Anfang genommen haben.

Was haben die lokalen Kanaaniter zu diesem frühen Zeitpunkt eigentlich mit dieser neuen Schrift geschrieben? Die Anfänge waren sehr banal, was sich erhielt sind sehr kurze Sätze, ein paar Namen und einige Buchstaben. Es war deshalb noch eine weitere Stufe vonnöten, bevor sich daraus das Hebräische, Moabitische oder Phönizische entwickeln konnte. Wobei an dieser Stelle immer von der Schrift und nicht von der Sprache die Rede ist. Die nächste Phase bringt dann etwas hervor, was man als überregionale Schreibschrift [*supra-regional cursive*] bezeichnen kann. Dieses Skript weist zwei Unterschiede zum Proto-Kanaanitischen auf. Erstens sind die Zeichen weniger bildhaft und zweitens wird nur noch in eine Richtung geschrieben. Im Proto-Kanaanitischen konnte man von rechts nach links, von links nach rechts oder auch von oben nach unten schreiben. Des Weiteren verbreitete sich die überregionale Kursivschrift vom ursprünglichen Ort im südlichen Kanaan um Gaza herum, sowohl weiter nach Norden als auch in andere Teile der südlichen Levante. Dies erfolgte nach der Datierung durch Finkelstein und

Sass anscheinend erst in der zweiten Hälfte des 10. Jh. vC.

Die meisten Inschriften der überregionalen Kursivschrift stammen aus zwei großen, wahrscheinlich den wichtigsten urbanen Zentren dieser Zeit. Das eine ist das philistäische Gath in der südlichen Schefela und das andere ist das südlich von Beth-Sche'an[232] im Jordantal gelegene Rehob[233], das man dem damaligen aramäischen Kulturkreis zuordnen kann. Überraschend ist, das im Gebiet von Israel und Juda im 9. Jh. vC weder im Hochland noch im Tiefland Hinweise auf eine Schrift gibt. Der einzige »Gegenbeweis« ist eine aus eineinhalb Buchstaben bestehende Inschrift aus Megiddo. Das ist erstaunlich, wenn man sich die geopolitische Situation zur Zeit der Omriden-Dynastie in Israel in der ersten Hälfte des 9. Jh. vC vor Augen führt. Den Omriden gelang es, eine grosse Armee zu organisieren, die ein paar hundert Kilometer weiter nördlich bis nach Qarqar zog, um in der dortigen Schlacht gegen die Assyrer mit einer großen Streitwagenarmee zu kämpfen. Ist es möglich, dass ein solches Königreich keine auf einer Schrift basierenden Verwaltungsstruktur besessen hat? Ein Argument wäre, das anfänglich nur auf Pergament oder Papyrus, also leicht verderblichen Materialien geschrieben wurde, die nicht mehr erhalten sind. Andererseits ist die Vorstellung, das in einer entwickelten Dynastie wie der omridischen ausschließlich auf Papyri oder Pergamenten geschrieben worden sein soll, etwas bizarr. Hätte es eine Schrift existiert so hätte sich diese zumindest auf weltlicheren, alltäglicheren Artefakten wie Ostraka, Ritzinschriften, Siegel, Siegelabdrücke, Bullae etc. wiederfinden müssen.

Für das 9. Jh. vC lassen sich also keine Inschriften aus Israel und Juda nachweisen. Bei der Frage nach der Schrift in Israel und Juda nähert man sich zwangsläufig auch den Fragen im Zusammenhang mit der biblischen Komposition. Es gibt Hinweise darauf, dass im Nordreich Israel etwa ein halbes oder sogar ein ganzes Jahrhundert vor dem Südreich Juda geschrieben wurde. Das ist nicht weiter verwunderlich, denn Israel war in Bezug auf die materielle Kultur, der Infrastruktur, die Wirtschaft und die Handelsbeziehungen mit anderen Ländern deutlich höher entwickelt. Im Nordreich finden sich ab dem sehr späten 9. bzw. Anfang des 8. Jh. vC Inschriften, die als hebräische Varianten identifiziert werden können. Hier sind hauptsächlich zwei Korpora von Bedeutung. Erstens die Samaria Ostraka. Das sind Scherben, die mit Tinte beschriftet wurden und Angaben über den Transport von Öl und Wein vom Land in die Hauptstadt des Königreichs, nach Samaria, beinhalten. Von diesen Ostraka ist ein Korpus von etwa 100 Ostraka erhalten. Der zweite Korpus ist ein wenig überraschend, weil er aus dem äußersten Süden stammt. Die Rede ist von Kuntillet Ajrud im nordöstlichen Teil der Sinai-Halbinsel. Die Fundstätte liegt an einer der Hauptstraßen, die von Süden her von der Wüste zur Küste führten. Interessant ist ebenfalls, dass sowohl die dort geborgene materielle Kultur als auch die Inschriften selbst, die Stätte eher mit dem Nordreich Israel, als mit dem südlichen Juda in Verbindung bringen.

Beispiele für Ostraka aus Samaria: (Links) Nr. 14: "Im Jahr ne[un] von Az[...]t Par'an nach Shemaryau. Krug mit altem Wein"; (Rechts) Nr. 18: "Im Jahr zehn von Hazeroth nach Gaddiyau. Krug mit Badeöl".

Erstaunlich ist ebenfalls, dass bereits mit dem Beginn der hebräischen Schriftvariante etwa zur gleichen Zeit bereits die Fähigkeit vorhanden war, literarische

Texte zu verfassen. Dafür gibt es zwei Beispiele. In Kuntillet Ajrud wurde mindestens eine Inschrift mit literarischem Charakter geborgen. Die zweite kann zwar nicht zwingend genau als hebräisch bezeichnet werde, aber sie stammt aus dem Gebiet des Nordreiches.

Es handelt sich hierbei um die Gipsinschrift von Tell

Darstellung der zwei Bes-Gottheiten, einer Frau, mehrerer Tiere und der Inschrift auf Pithos A aus Kuntillet 'Adschrud

Deir 'Alla[234], die an den Seher Bileam erinnert[235]. Bileam [בִּלְעָם], Sohn des Beor [בְּעוֹר], war ein am Euphrat lebender Seher. Der Moabiterkönig Balak [בָּלָק] drängt, trotz JHWHs eindeutigem Missfallen, Bileam vergebens dazu, das Volk Israel zu verfluchen, was sich laut biblischer Erzählung in einen Segen kehrt. (Num 22-24) Es handelt sich hier um eine typische literarische Inschrift, die auf den Beginn des 8. Jh. vC datiert wird, also in die Zeit, in der wir bereits von der Entstehung biblischer Texte sprechen können.

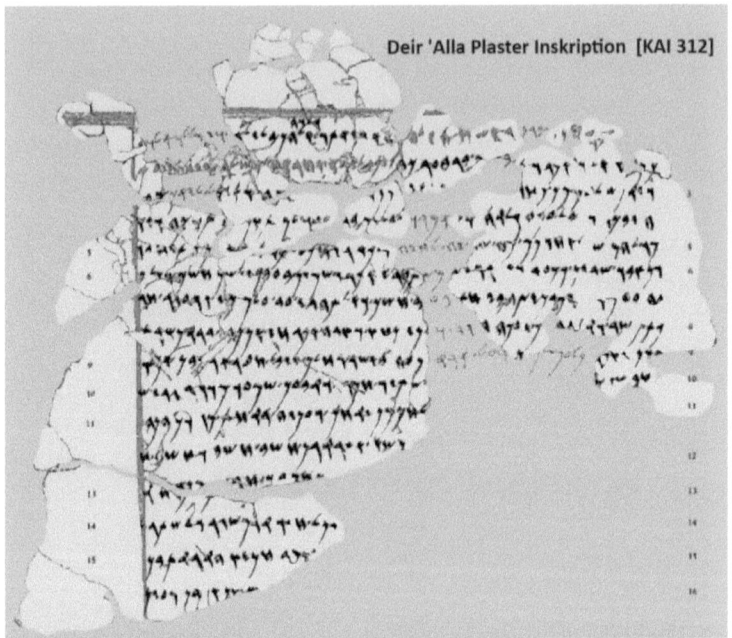

Deir 'Alla Plaster Inskription [KAI 312]

Weil das Nordreich in dieser Zeit wirtschaftlich prosperierte, hinreichende Beweise für die Zentralisierung der Verwaltung und der Macht des königlichen Hofes vorhanden sind, spricht vieles dafür, das der Beginn der Abfassung biblischen Texte in die Zeit des vierzigjährigen Regnums König Jerobeams II. fällt.

Das ist deshalb wichtig, weil es nicht nur auf den Beginn der Komposition biblischer Texte und die Tatsache hinweist, dass einige der frühesten Überlieferungen in der Bibel auf dem Gebiet Israels und nicht in Juda und um Jerusalem herum, entstanden zu sein scheinen. Es ist auch ein sehr wichtiger Moment für das Verständnis des kulturellen Einflusses Israels auf Juda. Juda war weniger entwickelt als Israel. Aber man kann mit Sicherheit davon ausgehen, dass auch in Jerusalem eine Verwaltungsschrift in höfischen Kreisen ab dem späten 8. Jh. vC existierte. Für diese Behauptung gibt es zwei archäologische Beweise. Der erste ist die berühmte, im späten 19. Jahrhundert entdeckte, Schiloam-Inschrift, in welcher der Durchbruch des Hiskia-bzw. Schiloa-Tunnels[236] beschrieben wird. Und dann ist da noch das ganze System der LMLK-Inschriften, die Siegelabdrücke auf den Griffen der Vorratsgefäße des Königreichs. Bei den LMLK-Siegeln[237] handelt es sich um alte hebräische Siegel, die auf die Griffe großer Vorratsgefäße gestempelt wurden, die erstmals in der Regierungszeit von König Hiskia (ca. 700 vC) ausgegeben und vor allem in und um

Siloam - Inskription ca. 700 v.Chr. [paläohebräisches Alphabet]

Jerusalem entdeckt wurden. Mehrere vollständige Krüge wurden an Ort und Stelle unter einer von Sanherib[238] verursachten Zerstörungsschicht bei Lachisch gefunden. Zwar wurde keines der Originalsiegel gefunden, doch sind etwa 2.000 Abdrücke von mindestens 21 Siegelarten veröffentlicht worden. Die Ikonographie der zwei- und vierflügeligen Symbole ist repräsentativ für königliche Symbole, deren Bedeutung in jedem Königreich auf die lokale Religion und Ideologie zugeschnitten war. Die LMLK-Siegel datieren auf jeden Fall auf das späte 8. Jh. vC, also nach der Übernahme des Nordreiches durch die Assyrer.

Es gibt also ausreichende Belege dafür, dass eine  Schrift im späten 8. Jh. vC in Jerusalem existierte, allerdings noch nicht in den ländlichen Gegenden Judas. Die Frage nach früheren Belegen berührt den sehr heiklen Punkt im Umgang mit dem Beginn der hebräischen Schrift. Bis vor ein paar Jahren orientierte sich der Stand der Wissenschaft an den Funden in Arad [עֲרָד]. Arad war eine Festung im südlichen Teil von Juda, im Be'er-Scheba-Tal, also dem wüstenhaften Teil von Juda.

Bei Ausgrabungen in den 1960er Jahren fand Yohanan Aharoni eine sehr beeindruckende Anzahl von hebräischen Ostraka mit Namenslisten und wieder mit Sendungen von Waren an militärische Einheiten; ein oder zwei weitere befassten sich sogar mit historischen Fragen. Die meisten dieser etwa 100 Inschriften, stammen aus dem 7. Jh. vC. Aharoni argumentierte jedoch, dass es einige Inschriften gibt, die zu den früheren Schichten des späten 10. bzw. 9. Jh. vC passten. In der Folge basierte die gesamte Struktur des Studiums der hebräischen Sprache, der hebräischen Schrift viele Jahre lang auf diesen verschiedenen Inschriften, die scheinbar aus früheren Schichten in Arad stammten.

Arad ostraca [Eliashib Archive] ca. 600 v.Chr.

Israel Finkelstein und Assaf Kleiman haben die Arad-Ostraka noch einmal 2021 anhand der Stratigraphie und des Töpferrepertoires, eingehend untersucht[239]. Sie kamen zu dem Schluss, dass es in Arad keine einzige Inschrift gibt, die man vor dem späten 8. Jh. vC datiert werden kann, die meisten stammen sogar erst aus dem 7. Jh. vC. Insgesamt gibt es mehrere Hundert in Juda gefundene Ostraka. Wertet man alle Informationen von Be'er-Scheba im Süden und Lachisch im Westen aus, können in der Tat nur einige wenige Ostraka im späten 8. Jh. vC verortet werden. Ca. 95 % des Bestandes ist auf das 7. Jh. vC zu datieren, wobei das Gleiche auch für die Ritzinschriften, Bullae, Siegelabdrücke etc. zutrifft.

Aufgrund der archäologischen Befunde ist mit hoher Wahrscheinlichkeit davon auszugehen, dass die Schrift in Juda im späten 8. Jh. vC ihren Anfang nahm und sich in der Hauptphase im 7. Jh. vC in Juda dramatisch verbreitete. Dies ist auch in Bezug auf die Komposition der biblischen Texte, einschließlich der Deuteronomistischen Geschichte, wichtig, deren früheste Version offenbar in Jerusalem des späten 7. Jh. vC geschrieben und komponiert wurde. Das erste Mal, dass wir Schrift und Inschriften in Juda sehen, ist nach dem Fall des Nordreichs Israel. Der Untergang des Nordreichs für das Verständnis von Bedeutung für den Gesamtprozess der Entwicklung der Schrift in Juda. Nach der Übernahme des Nordreiches durch Assyrien gab es eine Migration aus dem Nordreich nach Juda. Der große Aufschwung Jerusalems, sowohl in Hinblick auf Größe und Bevölkerungszahl, im späten 8. Jh. vC belegt dies. Eine rasante Zunahme der Anzahl von Städten bzw. Siedlungen sowie der Demographie ist ebenfalls sowohl im Hochland als auch in der Schefela festzustellen. Woher kamen diese Menschen? Überwiegend aus dem ehemaligen Nordreich, dies wird durch die geborgene materielle Kultur bestätigt. Die nächste

Frage ist, wer waren die Menschen, die beispielsweise von Samaria nach Jerusalem flohen? Es liegt auf der Hand, dass ein einfacher Bauer wenig Gründe hatte, seinen Boden, sein Haus und sein Dorf für eine ungewisse Zukunft zu verlassen. Den Literaten, der Intelligenzija, drohte allerdings aufgrund ihrer Fähigkeiten die Deportation. Deshalb wanderten sie nach Juda aus und im Zuge dieser Migration brachten sie das Wissen um die Schrift und ihre fortgeschrittenen Kenntnisse in der Verwaltung mit. Dies dürfte auch der Ursprung der frühen biblischen Kompositionen sein, die später, in die von den Judäern dominierten, biblischen Texte aufgenommen wurden. Der Fall des Nordreiches Israel war also zugleich Fluch und Segen und ist enorm wichtig für das Verständnis des großen Booms der Schrift und der allgemeinen Weiterentwicklung Judas.

Ein weiterer entscheidender Grund war die Eingliederung Judas in das assyrische Imperium und dessen internationales Wirtschaftssystem. Juda war ab 732 vC unter Tiglat-Pileser III.[240] ein willfähriger Vasall Assyriens und wurde deshalb auch nicht vollständig von Assyrien übernommen. Die Eingliederung in das assyrische Wirtschaftssystem mit seinem arabischen Handel und der folgenden

Spezialisierung der landwirtschaftlichen Produktion auf Wein und Öl und weitere Waren, erforderte eine entwickelte und fortschrittliche Verwaltung und Schrift. In der Eingliederung Judas in das assyrische Wirtschaftssystem und der Migration qualifizierter Menschen aus dem Nordreich Israel sind die Gründe für die fortschreitende wirtschaftliche und kulturelle Entwicklung Judas, beginnend im späten 8., vor allem aber im 7. Jh. vC zu finden.

Zusammenfassung

Die hebräische Schrift erscheint in der zweiten Hälfte des 9. bzw. zu Beginn des 8. Jh. vC. Wir sehen die hebräische Schrift zuerst und am deutlichsten im Nordreich Israel, wo eine nachhaltige Entwicklung der Schrift, einschließlich der Möglichkeit, biblische Texte zu verfassen, in der ersten Hälfte des 8. Jh. vC feststellen können. Dann folgt der Einfluss Israels auf Juda durch die Einwanderung gebildeter Israeliten nach Juda nach der Machtübernahme durch Assyrien im Jahr 722 vC. Das war auch der Impuls für den Beginn der Verbreitung der Schrift auch im Südreich Juda. Im Süden, in Jerusalem und dessen Umland stammen die ersten, frühesten Belege für die Abfassung von Verwaltungstexten im sehr späten 8., die ersten Belege für die Abfassung literarischer Texte im 7. Jh. vC. Diese nachhaltige Verbreitung der

Schrift in Juda im 7. Jh. vC ist entscheidend für das Verständnis der Entwicklungsstufen der hebräischen Bibel. Diese beginnen mit der Phase der Entstehung erster Texte im Nordreich während des Regnums Jerobeams II., vielleicht in der ersten Hälfte des 8. Jh. vC; daran schloss sich die Weitergabe dieser Texte durch die nach Juda emigrierten Israeliten an. Die Aufnahme dieser Texte in den von den Judäern dominierten biblischen Korpus sowie die Entstehung weiterer wichtiger Kompositionen biblischer Texte, einschließlich der deuteronomistischen Geschichte, begann in Juda erst im späten 8. und nahm bis zum späten 7. Jh. vC immer mehr zu.

Kapitel 11: Jerusalem zur Zeit Davids

Um seine Stellung im Norden zu festigen, gab David Hebron, das im Staat Juda lag, als Hauptstadt auf. Aus naheliegenden Gründen konnte er aber keine Stadt im Norden als neue Residenz wählen. Daher unternahm er einen klugen und weitschauenden Schritt. Auf der Höhe des judäischen Gebirges etwa 20 km westlich der Nordspitze des Toten Meeres lag die Jebusiterstadt Jerusalem. Mit seiner Söldnerschar eroberte er sie (2.Sam 5,6-9) und machte sie zu seiner Residenz. Jerusalem gehörte zuvor weder zum Nord- noch zum Südreich. Es war ein kanaanäischer Stadtstaat, der als Fremdkörper auf neutralem Gebiet genau auf der Grenze zwischen dem Stamm Juda und dem zum Norden gehörenden Stamm Benjamin lag. Mit der Eroberung von Jerusalem trat David in die Rechte des Stadtkönigs von Jerusalem ein. Das Gebiet der Stadt wurde sein persönliches Eigentum, was er auch in der Namengebung "Davidsstadt" [עיר דוד, *Ir Dawid*] zum Ausdruck brachte. David ließ sich in Jerusalem einen bescheidenen Palast bauen, um seine Familie, seinen Hofstaat und seine Söldnertruppe unterbringen zu können. Darüber hinaus ließ er die Lade, die sich noch in Kiriat-Ye'arim befand, nach Jerusalem holen und in einem Zelt aufstellen. Die Lade war mit Jahwe

Zebaot, dem Gott, der im Krieg für Israel eintrat, verbunden (1.Sam 4,1; 2.Sam 6,2). Ursprünglich war sie wohl bei den Rahel-Stämmen in Mittelpalästina beheimatet - wie wir ja bereits gesehen hatten. Spätestens seit den Philisterkriegen war sie aber zum gemeinsamen Heiligtum von mittel- und südpalästinischen Stämmen geworden. Durch die Überführung der Lade nach Jerusalem machte David die Stadt nun auch zum kultischen Mittelpunkt beider Staaten. Dadurch wurde der Grund für die überragende Bedeutung, die Jerusalem in der Folge bekommen sollte, gelegt. David war als Stadtkönig übrigens auch Kultherr des Jerusalemer Heiligtums.

Laut Finkelstein war Jerusalem im 10. Jh. vC noch eine kleine, unbedeutende Stadt, deren Ursprünge nicht in der sogenannten „Davidstadt" lagen, sondern auf dem Tempelberg. Bevor man sich mit der Geschichte Jerusalems aus archäologischer Sicht, etwa von der späten Bronzezeit bis in die Zeit der israelitischen Monarchien, befasst, gilt es einige Hintergründe zu beleuchten. Zunächst einmal die Topographie, denn es werden immer wieder topographische Namen fallen. Wenn über das Jerusalem der biblischen Zeit gesprochen wird, liegt der Bezug auf drei bestimmte Gebiete: den Tempelberg, dann der Bergrücken südlich des

Tempelbergs, der sich von der Al-Aksa-Moschee nach Süden fortsetzt und häufig als »Stadt Davids« bezeichnet wird und schließlich den Teil im Westen, wo die armenischen und jüdischen Viertel Jerusalems liegen, der gewöhnlich als der West- oder

Südwesthügel Jerusalems bezeichnet wird. Er ist Teil der Geschichte, vor allem in der Eisenzeit. Am östlichen Hang des Bergrückens der »Stadt Davids«, südlich des Tempelberges, gibt es einen weiteren Punkt, der äußerst wichtig ist, zu erwähnen. Gemeint ist die Gihon-Quelle, denn es gibt kein Leben in einer Stadt ohne Wasser. Das zweite Hintergrundthema, sind die Namen, welche die Gelehrten den Orten im alten Jerusalem gegeben haben. Namen wie »Stadt Davids« oder »die Milo«" diese geographischen

Namen stammen aus den biblischen Texten. Das muss stets beachtet werden, denn eigentlich wissen wir nicht wirklich, was die Bibel meint, wenn sie über »die Stadt Davids« spricht. Es gibt keinen Ort auf dem Gebirgskamm, den wir genau bestimmen können und die religiöse und politische Situation verhindert Untersuchungen auf dem Tempelberg selbst. Die dritte Frage ist wohl die wichtigste: die Lage des ursprünglichen Hügels. Diese Hügel sind im Alten Orient während der Bronze- und Eisenzeit häufiger entstanden. Tels, wie die Hügel von Megiddo, Hazor oder von Aschkelon in der südlichen Küstenebene. Auch im Hochland befinden sich einige dieser Hügel, so in Schechem, Beth-El und Hebron. Der Mainstream der archäologischen Forscher ist nach wie vor der Meinung, dass der Hügel Jerusalems aus der Bronze- und Eisenzeit genau dort liegt, wo heute die Stadt Davids steht.

Israel Finkelstein lehnt als einer der führenden Archäologen des alten Israel diese traditionelle Sicht der Archäologie Jerusalems ab. Er führt eine Reihe von Argumenten an, die es seiner Meinung nach unmöglich machen, den Hügel der »Stadt Davids« als den ursprünglichen Hügel Jerusalems zu identifizieren. Zunächst einmal sehe er nicht wie ein Hügel wie die bekannten Silhouetten der Hügel in der Levante, sowohl im Tief- wie auch im Hochland. Der Hügel von »Davidstadt« habe nicht die Silhouette eines Hügels. Zweitens sei nie das gesamte Gebiet dort zu allen Zeiten bewohnt gewesen. Im südlichen Teil befände sich Felsgestein unter den Überresten aus der späten Eisenzeit. Da stelle sich die Frage, wo ist die materielle Kultur der Bronzezeit? Des Weiteren lägen im Hochland diese Tells normalerweise auf einem höheren Niveau als ihre Umgebung. Dies habe ihnen einen Vorteil vom Standpunkt der Sicherheit und Verteidigung verschafft. Die »Stadt Davids« werde dagegen auf drei Seiten von höherem Gelände dominiert.

Dies sind einige der Schwierigkeiten, aber es gibt eine Schwierigkeit, die schwerer wiegt als alle anderen. In der Geschichte Jerusalems gibt es gut dokumentierte Zeitabschnitte, ohne dass es in der »Stadt Davids«, auf dem Davidskamm, dafür archäologische Befunde gibt. Während der Amarna-Periode im 14. Jh. vC war Jerusalem ein bedeutender Stadtstaat, der über den südöstlichen Teil des Hochlandes herrschte und zählte auch insgesamt zu den wichtigeren in der südlichen Levante. Auf dem Bergrücken der »Davidstadt« gibt es jedoch, außer ein paar Stücke Keramik, keine Überreste aus der späten Bronzezeit. Wo liegt also die Stadt Abdi-Chepas[241], des

Herrschers von Jerusalem während der Amarna-Zeit? Aus all diesen Perspektiven erscheint die »Stadt Davids« eher nicht als Top-Kandidat für den Hügel von Jerusalem.

Lag das antike Jerusalem auf dem Tempelberg?

Da bis dato in ganz Jerusalem keine Artefakte aus der späten Bronzezeit geborgen werden konnten, ist es legitim auf eine Idee zurückzugreifen, die u.a. vor 24 Jahren von dem deutschen Wissenschaftler Axel Knauff[242] vorgeschlagen wurde, der den ursprünglichen Hügel von Jerusalem auf dem Tempelberg verortete. Der Tempelberg ist auf einem Hügel liegend aufgrund seiner Lage sehr gut geschützt, wird nicht durch höheres Gelände in unmittelbarer Umgebung dominiert und bietet eine grosse Fläche an. So weist die herodianische Anlage des Tempelberges von Osten nach Westen eine Länge von etwa 450 Meter und eine Breite von etwa 250 Meter auf. Diese Fläche würde ausreichen, um einen etwa fünf Hektar großen Hügel aufzuschütten. Die größten Hügel im Hochland, wie der von Schechem, umfassen etwa eine Fläche von 3-5 Hektar. Das würde viele der offenen Fragen lösen. Die politische und religiöse Konstellation verhindern natürlich eine gründliche Erforschung, archäologisch gilt der Tempelberg selbst als *lost case*. Dennoch gibt es Hinweise, dass der Tempelberg in der Bronze- und Eisenzeit bewohnt war. Beispielsweise finden sich bei Grabungen unterhalb des Tempelberges immer wieder Keramikscherben, die von der Spitze des Tempelberges schon in der Antike bis zu den Hängen erodiert wurden. Ein weiterer Grund dafür, dass auf dem Tempelberg vermutlich heute nicht mehr viel zu finden sein dürfte, selbst wenn man die politischen und religiösen Empfindlichkeiten außer Acht ließe, ist die riesige Anlage, die König Herodes der Große dort für den Zweiten Tempel errichtete. Das war eines der größten Bauprojekte, das je im Land Israel durchgeführt wurde. Für dieses Projekt musste die Spitze des Hügels planiert werden, um das Gebiet abzuflachen. Es ist daher kaum zu vermuten, dass signifikante Überreste die Bauarbeiten an diesem Megaprojekt im 1. Jh. vC überdauert haben.

Kritiker sehen vor allem zwei Probleme bei der Tempelberg-Theorie: die Entfernung zum Wasser und die Tatsache, dass man bis heute direkt am Gipfel das Grundgestein sehen kann. Die Gihon-Quelle liegt am Fuße des Bergrückens der »Davidstadt« und damit etwa 250-300 Meter vom Tempelberg entfernt. Es gibt also eine gewisse Entfernung. Aber das ist bei vielen Hügeln im Hochland nicht anders. In dem Moment, als die

jeweiligen Gründer vermutlich aus Sicherheits-
gründen beschlossen, ihre Siedlung auf einem Hügel
zu errichten, waren sie bereits vom Wasser entfernt,

Illustration der Gihon-Quelle 1842-49

denn das Wasser befindet sich normalerweise am
Hang. So ist die Entfernung zum Wasser in Samaria,
der Hauptstadt des Nordreichs Israel, noch grösser
als in Jerusalem. In Kiriat Ye'arim ist das Wasser
ebenfalls etwa 250-300 Meter vom Hügel entfernt.
Das zweite Problem, dass oben auf dem Tempelberg
direkt unter der Kuppel Grundgestein liegt, ist
ebenfalls nichts außergewöhnliches, wenn wir den
Tempelberg mit anderen Hügeln im Hochland
vergleichen. Bei den meisten Hügeln gab es in der
Antike größere Erosionen und diese legten das
Grundgestein auf dem Gipfel frei. Als Beispiele
können der Tell el-Nasbeh, der Ort von Mizpa, oder

auch der Hügel von Kiriat Ye'arim dienen, wo das Grundgestein etwa einen halben Meter unter der flachen Spitze des Hügels beginnt.

Jerusalem in der Eisenzeit

Um die Eisenzeit zu verstehen, muss man auf die Situation in der Bronzezeit zurückblicken. Wir wissen aus früheren Forschungen, dass Jerusalem in der Mittelbronzezeit und Frühbronzezeit bewohnt war. Aus der Mittelbronzezeit stammen bedeutende Monumente in der Nähe der Gihon-Quelle. Aus der späten Bronzezeit sind Informationen in den Amarna-Tafeln erhalten. In Bezug auf die Mittelbronzezeit gibt es eine These, weil Monumentalarchitekturen in der Nähe der Quelle entdeckt wurden, die aus der Mittelbronzezeit stammen. Dennoch ist es naheliegender, das Zentrum der antiken Stadt auf den Tempelberg zu verorten. Die Befestigungsanlagen an der Quelle wurden in der mittleren Bronzezeit errichtet, um die Wasserversorgung zu sichern. Für die Spätbronzezeit gibt es, wie bereits weiter oben erwähnt habe, sehr wenige Funde. Bis dato gibt es so gut wie keine belastbaren Indizien, die auf Architektur, Häuser oder irgendwelche anderen Bautätigkeiten hinwiesen. Der Hügel muss sich also auf dem Tempelberg befunden haben.

Betrachtet man das Gesamtbild Jerusalems im 10. Jh. vC, so sind die Funde aus dieser Zeit, auch abseits des Tempelbergs, am Rande, in den Hängen und in der Stadt Davids, begrenzt. Dies liefert weitere gute Argumente für die Annahme, das sowohl der Status Jerusalems als auch der Umfang des Herrschaftsgebiet während des davidischen Regnums noch immer an eine spätbronzezeitliche, eine Amarna-Situation erinnert: einer relativ kleinen Stadt, von der aus das südliche Hochland regiert wurde. Ein klassisches Beispiel der longue durée. Die Aufteilung des zentralen Hochlandes von Kanaan, in zwei Territorien. Eines im nördlichen Teil, das von Schechem beherrscht wird und eines im Süden, welches von Jerusalem beherrscht wurde. Diese Situation setzt sich bis in die Eisenzeit fort, denn das Nordreich Israel und das Südreich Juda sind genau die Fortsetzung der gleichen Situation, einer Zweiteilung des Hochlandes in Norden und Süden.

Jerusalem, am südlichen Rand des Hochlandes gelegen, ist auch in der späten Bronzezeit immer noch ein wichtiger Ort. Die Amarna-Tafeln beschreiben den Herrscher Jerusalems im 14. Jh. vC als eine dominante Figur in Kanaan ist und er kämpft mit den Stadtstaaten im Tiefland. Leider haben wir keine Textinformationen für das 13. Jh. vC, aber es gibt gute Gründe für die Annahme, dass sich diese Situation bis zum Beginn der Eisenzeit fortsetzte.

Biblische Überlieferungen über Jerusalem vor David

Zunächst einmal der Name "Jebus" für die Stadt Jerusalem, das von König David erobert wurde. Wir kennen die Bedeutung dieses Toponyms, nicht. Ebenso wenig ist bekannt über dieses Jebus oder die Menschen, die in der Bibel als die Jebusiter bezeichnet und als die autochthone Bevölkerung Jerusalems vor der Eroberung durch König David geschildert werden. Jebus [יְבוּס] wird im Tanach als Name Jerusalems in vorisraelitischer Zeit verwendet. Die Herkunft der Bezeichnung ist jedoch unklar. Vielleicht gab es einst einen Klan, dessen Angehörige sich Jebusiter nannten. Sie siedelten wohl in Zentralpalästina, speziell aber auf dem Südwesthügel Jerusalems, auf den sich die Bezeichnung „Schulter des Jebusiters" vermutlich bezieht. Der Ortsnamen Jebus ist wohl nur künstlich aus dem Sippennamen gebildet worden, war historisch gesehen also nie als Name Jerusalems gebräuchlich. Im Tanach wird Jebus nur in zwei Erzählungen erwähnt: der Geschichte über die »Schandtat zu Gibea« [Ri 19] und der von der Eroberung Jerusalems durch David [1.Chr 11]. Dabei wird Jebus in beiden Erzählungen

explizit mit Jerusalem gleichgesetzt [Ri 10; 1.Chr
11,4]. Der Volksname Jebusiter ist in der Hebräischen
Bibel 39-mal belegt, davon 22-mal in Völkerlisten,
und wird durchweg als Kollektivbegriff einer
vorisraelitischen Bevölkerungsgruppe verwendet. In
Num 13,29 und Jos 11,3 werden die Jebusiter wie die
Amoriter und Hethiter auf dem zentralpalästinischen
Gebirge verortet - im Gegensatz zu den Kanaanäern
im Osten und Westen, zu den Hewitern im Norden
oder zu den Amalekitern im Süden. In 2.Sam 5,6 und
1.Chr 11,4 gelten die Jebusiter als Bewohner des
Umlandes von Jerusalem, in Jos 15,63, Ri 1,21 und Ri
19,11 spezieller als Bewohner Jerusalems. 1.Kön 9,20-
21 rechnet sie zur unterworfenen Bevölkerung, die
Frondienst für Israel leisten muss. Über die Ethnizität
der Jebusiter können bis dato keine tragfähigen
Schlüsse gezogen werden.

Die Eroberung Jebus/Jerusalems durch König David
ist nicht ganz einfach zu entschlüsseln, denn es
handelt sich vermutlich um eine ätiologische
Erzählung. Die Menschen in der späteren Phase der
Eisenzeit, als höchstwahrscheinlich auch dieser Text
verfasst wurde, wussten von den vielen, in den Fels
gehauenen Tunneln, in der Umgebung der Gihon-
Quelle und begannen damit, eine Geschichte über
die Eroberung Jerusalems durch König David zu

erzählen. Aus dem Blickwinkel der Archäologie ist der Blick auf die Zeit von König Saul erfolgversprechender. Und zwar auf jene Phase ersten Buch der Könige, in welcher der Aufstieg Davids zur Macht beschrieben wird. König Saul war eine historische Figur im 10. Jh. vC, der von einem Gebiet nördlich von Jerusalem aus regierte. Ob auch Jerusalem zu seinem Herrschaftsgebiet gehörte, wissen wir nicht wirklich. Ein Indiz welches dafür spricht ist die Tatsache, dass König Saul im südlichen Teil des Hochlandes von Juda, südlich von Jerusalem und südwestlich von Jerusalem, aktiv war.

Archäologie des 10. Jh. vC im Jerusalem der »Vereinigten Monarchie«

Diejenigen Forscher, welche die Existenz der großen Vereinigten Monarchie im 10. Jh. vC akzeptieren und damit auch die Beschreibung eines glanzvollen Jerusalems zur Zeit Davids und Salomons, müssen sich etwas einfallen lassen. Es gab daher viele, zum Teil verzweifelte Versuche, Monumente in Jerusalem zu Identifizieren, die auf das 10. Jh. vC datiert werden können und zu den biblischen Beschreibungen passen. Und in der Tat gab es zwei Monumente, die in letzter Zeit im Zusammenhang mit dem Jerusalem des 10. Jh.s vC erwähnt wurden. Das erste ist das sogenannte Hangpflaster, die *Stepped Stone*

Structure[243]. Es handelt sich um eine Art Stützkonstruktion, die am Osthang der »Stadt Davids« oberhalb der Gihon-Quelle errichtet wurde. Laut Finkelstein handelt es sich um eine Abstützung des Hanges, der in verschiedenen Epochen erfolgte. Bei der Erweiterung Jerusalems vom Tempelberg aus, drohte der Einsturz des Osthanges. Also begannen die Einwohner Jerusalems, parallel zum Wachstum der Stadt damit, den Hang mit einer Art Deckwerk zu stützen, mit der heute noch erhaltenen gestuften Steinstruktur. Die bislang geborgene Keramik, die in der Vergangenheit zwischen den Schichten der Struktur gefunden wurde, wird auf das 9. Jh. vC datiert. Die Struktur sollte also in das 9. Jh. vC oder sogar in das 8. Jh. vC datiert werden. Yigal Shiloh, dessen Team von 1978-1985 in der »Davidsstadt« grub, schlug drei Deutungen für diese Struktur vor[244], wobei er die erste für unwahrscheinlich erklärte: 1. Substruktion eines großen Gebäudes auf der Akropolis, 2. Teil der Akropolisbefestigung und 3. Trennung zwischen Wohnstadt und Ophel[245]. Eine Übersicht über Schilos Grabungsergebnisse legten Jane M. Cahill und David Tarler 1994[246] vor, wobei sie die *Stepped Stone Structure* anders bewerten als der Grabungsleiter, nämlich als einheitliche spätbronzezeitliche Struktur ohne Zufügungen aus dem 10. Jh. vC. Dazu ist zu notieren, dass damit zugleich mittelbar die dem zehnten Jahrhundert zuzuordnenden Überreste beträchtlich reduziert werden[247]. Der Zeit Davids und Salomos ordneten Cahill und Tarler auch nur geringe Baureste und Keramik, darunter zwei Kelche und das Fragment eines Kultständers, zu.

Das zweite Gebäude, das im Zusammenhang mit dem 10. Jh. vC erwähnt wird, ist aus Sicht der Öffentlichkeit das interessantere. Eilat Mazar meinte 2017, auf der von der *Stepped Stone Structure* abgesicherten, etwa 200 m² großen Plattform den »neuen« Palast Davids (*Large Stone Structure*) gefunden zu haben. In der Eisenzeit wurden Paläste gern auf Podien gebaut, so dass sie die Wohnbebauung überragten, worauf Mazar ihre Argumentation stützt. Die Auseinandersetzung mit Mazars Grabungen in der »Davidsstadt« wird in der Archäologie durch ihre biblizistische Argumentation erschwert. Schon 1997 hatte sie den Fund des »alten« Davidspalastes bekanntgegeben; dieser habe sich außerhalb und oberhalb der jebusitischen Zitadelle befunden. Die Begründung für diese Interpretation war 2. Sam 5,17: *„David ging von seinem Palast zur Zitadelle hinab."* Zu diesem Bauwerk gehörten ihrer Ansicht nach die von früheren Ausgräbern gefundenen Quadersteine und ein Volutenkapitell. Ein so exponierter Platz für einen Palastbau der Eisenzeit wäre allerdings sehr ungewöhnlich.

Bei den von Mazar gefundenen Überresten handelt es sich unstrittig um eine wichtige archäologische Entdeckung, vermutlich um die erste Ausdehnung Jerusalems vom Tempelberg aus in Richtung Süden hin zur Gihon-Quelle. Kritiker, darunter Finkelstein,

Die große Steinstruktur in Blau, die mit der stützenden Stufenstruktur in Gelb ineinandergreift und von dieser gestützt wird.

sehen in dieser *Large Stone Structure* die Überreste mehrerer Gebäude, deren älteste Bestandteile ins 9. Jh. vC zurückgehen. Die ausgegrabenen Mauern müssen nicht zwangsläufig aus der gleichen Zeit stammen. Vielleicht waren sie mit dem Deckwerk am Hang verbunden oder es handelte sich um eine Art Fort, welches die lebenswichtige Quelle von der Spitze der »Davidsstadt« aus bewachte.

Wenn es sich bei der *Large Stone Structure* um die erste Ausdehnung Jerusalems vom Tempelberg handeln sollte, stellt sich folgende Frage: Wann ist der Zeitpunkt, an dem die Stadt anfängt zu expandieren? Für die These, dass dieser im 9. Jh. vC zu verorten ist, Ich denke, dass der Zeitpunkt im neunten Jahrhundert liegt, gibt es solide Beweise an drei Stellen südlich des Tempelberges. Die Ausdehnung erfolgte in südlicher Richtung und zwar in Richtung der Gihon-Quelle, um diese in die Stadt zu integrieren. Erstens die die bereits erwähnte *Stepped Stone Structure* oberhalb der Quelle. Zweitens die Funde einer weiteren Grabung Eilat Mazars, unmittelbar südlich der Al-Aksa-Moschee. Etwa 20 Meter von der Südwand des Tempelberges entfernt, wurden beeindruckende Rudimente von einem oder mehreren Gebäuden entdeckt, die aus dem 9. Jh. vC stammen. Und drittens die Funde etwa 100-150 Meter südwestlich. Alle diese Orte zeigen, wenn man sie auf eine Karte setzt, den Beginn der Ausdehnung von Jerusalem vom Tempelberg aus in Richtung Süden. Daraus ergibt sich zwangsläufig, dass der Hauptteil der Stadt immer noch auf dem Tempelberg gelegen haben muss.

Der heutige Blick auf den Tempelberg kann die die historische Sicht negativ beeinflussen. Vor unseren

Augen liegt eine offene Esplanade mit dem Felsendom

in der Mitte und der Al-Aksa-Moschee im Süden. Dazu gesellt sich das Wissen über die herodianische Zeit. Zur Zeit Herodes des Großen gab es die Anlage mit dem Tempel in der Mitte und alles herum war offener Raum. In der Bronze- und Eisenzeit war dies jedoch nicht der Fall. Nachdem was wir über die Städte und die Stadtstaaten des Alten Orients in der Bronzezeit wissen, und was wir über die Zentren der territorialen Königreiche in der Eisenzeit wissen, befanden sich die wesentlichen Gebäude immer auf demselben Hügel. Es gab diese weiten offenen Flächen nicht. Wir müssen uns also den Königspalast und den dynastischen Tempel, als eine Anlage im

"Ophel" Excavation

Kontext der Stadt denken. Und das war die Situation auch im 9. Jh. vC, als die südliche Expansion der Stadt in Richtung Quelle begann und sich die Frage nach den historischen Ursachen dieser Ausdehnung aufdrängt.

In der zweiten Hälfte des 9. Jh. vC wurde Jerusalem zu einem wichtigen Faktor in der Politik der Region. Anfänglich vielleicht in der ersten Hälfte des 9. Jh. vC unter der Hegemonie des Nordreichs Israel, aber mehr noch unter der Vorherrschaft von Damaskus, vermutlich in der zweiten Hälfte des 9. Jh. vC. Aber damit hatte Jerusalem noch immer nicht sein volles Potenzial wie in der spätmonarchischen Zeit ausgeschöpft. Wie kam es von dieser ersten Expansion zum riesigen Jerusalem? Die erste Erweiterung ist deshalb bedeutsam, weil sie mit einer Verlagerung vom Hügel auf dem Tempelberg einherging. Der große Sprung nach vorn in der Geschichte Jerusalems findet allerdings erst im 8. Jh. vC statt, denn in der spätmonarchischen Periode wächst die Fläche Jerusalems plötzlich von den neun Hektar des 9. Jh.s vC auf eine befestigte Stadt von etwa 60 Hektar. Die Bevölkerung wächst ebenso dramatisch, etwa um das Sechsfache. Jerusalem war damit zu einer wichtigen, vielleicht zur größten Stadt der gesamten südlichen Levante geworden. Aber nicht nur Jerusalem entwickelte sich, denn parallel kam es zu einer dramatischen Expansion in ganz Juda, was die Zahl der Siedlungen und die demographische Entwicklung anbelangt. Auch Juda machte im 8. Jh. vC einen großen Sprung in allen Bereichen nach vorn. Vom südlichen Teil des Hochlandes bis zur Schefela im Westen. Und diese Entwicklung setzte sich bis zur Zerstörung Jerusalems durch die Babylonier im Jahr 586 vC fort.

Die Frage nach dem "Wann?" und "Warum?" kann nur in Kombination beantwortet werden. Von Jerusalem des 9.Jh.s vC ging weder wirtschaftlich noch kulturell eine solch große Anziehungskraft aus, die diese plötzliche demographische Explosion erklären könnte. Die Antwort liegt in der zweiten Hälfte des 8. Jh.s vC: die Übernahme des Nordreichs Israel durch Assyrien, zwischen 732-720 vC und die drohende bzw. folgende Deportation der Israeliten aus diesem Gebiet nach Mesopotamien. Teile der nördlichen Eliten gelingt die Migration Jerusalem bzw. Juda. Beweise für eine signifikante Migration aus dem Norden ergeben sich aus den Funden der israelitischen materiellen Kultur, die für Israel im 9. Jh. vC charakteristisch ist, in Juda aber erst im späten 8. und zu Beginn des 7. Jh. vC auftritt. Und tatsächlich, das Jerusalem und das Juda des späten 8. Jh.s vC sind kein rein judäisches Gebiet mehr, sondern eine demographische Kombination aus Israeliten und Judäern.

Die assyrische Übernahme des Nordreiches hatte auch grundlegende Auswirkungen auf Juda. In der Folge wurde Juda in das assyrische Weltwirtschaftssystem eingebunden und half den Assyrern bei der Kontrolle des lukrativen arabischen Handels über die südliche Route. Diese Teilhabe am profitablen internationalen Handel führte zu einer anhaltenden Prosperität. Des Weiteren erfolgte auch eine landwirtschaftliche Spezialisierung, beispielsweise bei der Produktion von Öl und Wein im späten 8. Jh. vC. Das alles machte Juda zu einem wichtigen Ort und Jerusalem zum Zentrum des Königreiches mit dann etwa 10-12.000 Einwohnern.

Dieser Hintergrund ist wichtig für das Verständnis der kulturellen Entwicklung Judas zu jener Zeit und der daraus resultierenden Fähigkeit, biblische Texte zu verfassen. Sowohl speziell in Jerusalem als auch insgesamt in Juda ist eine beeindruckende Ausweitung der schriftstellerischen Tätigkeit und der Möglichkeit, literarische Texte zu verfassen, festzustellen. Das hatte naturgemäß einen erheblichen Einfluss auf die Entwicklung der biblischen Überlieferungen. Und dies aus zwei Gründen. Aus zwei Gründen. Erstens bringen die Israeliten, die nach Juda einwandern, Texte der nördlichen Traditionen mit, die vermutlich bereits in der ersten Hälfte des 8. Jh.s vC entstanden sind. Diese Texte aus dem Norden werden dann in den judäischen Codex aufgenommen. Der frühe Jakob-Zyklus zum Beispiel, der typischerweise geographisch im nördlichen Gebiet spielt. Oder die Heldengeschichten im Buch der Richter sowie einige der königlichen Traditionen, die sich teilweise sogar feindlich gegenüber der davidischen Dynastie darstellen. Da drängt sich die Frage auf, gab es in Juda keinen Zensor, der all diese feindlichen Traditionen eliminieren konnte? Warum haben die biblischen Südländer/Judäer/Jerusalemer Autoren diese negativen Traditionen im Text belassen? Die Antwort lautet schlicht, weil sie aufgrund der neuen Bevölkerungszusammensetzung in Juda zu jener Zeit, gar keine andere Wahl hatten. Ein großer Teil der judäischen Bevölkerung war nun israelitisch und ihre Traditionen mussten respektiert werden.

Einige der Traditionen, welche die Israeliten mitbrachten, wurden sogar von den judäischen/jerusalemischen Autoren übernommen und während des Regnums König Josias in den Dienst der Ideologie und Theologie Judas gestellt. Die Idee einer großen Vereinigten Monarchie entwickelte sich vermutlich in der zweiten Hälfte des 8. Jh.s vC vor dem Hintergrund dieser dramatischen Umgestaltung des Königreiches. Denn nun war das Königreich tatsächlich zu einer vereinigten Monarchie im Inneren, aus den Israeliten und Judäern, geworden. Nach dem Abzug der Assyrer fühlten sich die judäischen Schriftgelehrten sicher und versuchten, die Idee der *United Monarchy* zu einer tatsächlichen territorialen Ausdehnung in die Gebiete des ehemaligen Nordreiches zu verlegen. Auch dies entspricht der Situation in Juda im 7. Jh. vC.

Zusammenfassung

Jerusalem war schon in der Bronzezeit als auch in der Eisenzeit, nach der Teilung zwischen Israel und Juda, das Zentrum der territorialen Einheit des südlichen Hochlandes. Der Hügel von Jerusalem befand sich wahrscheinlich auf dem Tempelberg. Die Größe und Bedeutung Jerusalems ist schon in der Amarna-Periode dokumentiert. Die Lage des Hügels auf dem Tempelberg dauert bis zum 9. Jh. vC an, man kann sogar davon sprechen, dass Jerusalem sich bis zum 9. Jh. vC immer noch im Amarna-Modus befand. Das gilt natürlich auch für das 10. Jh. vC, für die Zeit von David und Salomo. Die erste Erweiterung der Stadt findet vermutlich in der zweiten Hälfte des 9. Jh. vC statt, als die Stadt nach Süden in Richtung der Gihon-Quelle expandierte. Es gibt gute Gründe für die Annahme, dass der Hügel auf dem Tempelberg bereits befestigt war, da selbst die Städte auf dem Land in Juda in dieser Phase befestigt wurden. Jerusalem wächst also von fünf Hektar auf etwa neun Hektar an, wird zunehmend bedeutend, hat aber noch nicht den Status, der großen Stadt aus der Zeit der späten Monarchie. Die letzte Phase, der große Sprung nach vorn, kommt in der zweiten Hälfte des 8. Jh. vC, als Jerusalem plötzlich in kurzer Zeit boomt und sich zur größten Stadt des Landes entwickelt. Sie erstreckt sich nun über eine Fläche von etwa 60 Hektar. Die Ursache hierfür lag in der Migration von Flüchtlingen aus dem Nordreich Israel, nach dessen Eroberung durch Assyrien sowie die Eingliederung Judas in das internationale assyrische Wirtschaftssystem. Sowohl Jerusalem als auch Juda prosperierten bis zur Zerstörung durch die Babylonier 587 vC.

Demographische Entwicklung Jerusalems vom 18.-8. Jh. vC (Hillel Giva)

Jerusalem hatte einen so enormen Einfluss auf die westliche Zivilisation, dass man sich kaum vorstellen kann, wie klein ihre Bevölkerung wirklich war - klein sogar im Vergleich zu den Zentren der zeitgenössischen Reiche im Osten und im Westen. Im Jahr 2016 wurde von einem der führenden israelischen Archäologen in Jerusalem, Hillel Geva von der Hebräischen Universität Jerusalem, und der Israel Exploration Society eine Studie[248] über die Bevölkerung Jerusalems in verschiedenen Epochen veröffentlicht. Geva stützt seine Schätzungen auf *"archäologische Funde und nicht auf vage Textquellen"*. Das Ergebnis ist eine, wie er es nennt, *"minimalistische Sichtweise"*. Doch ob man nun Gevas Bevölkerungsschätzungen oder die verschiedener anderer von ihm zitierter Wissenschaftler akzeptiert, für den modernen Beobachter kann die antike Stadt Jerusalem nur als »vergleichsweise winzig« bezeichnet werden - mit Bevölkerungsschätzungen von Tausenden und Zehntausenden während vieler Perioden der Stadtgeschichte.

Die erste Periode, die er in seiner Studie betrachtet, reicht vom 18.-11. Jh. vC, also archäologisch gesehen von der Mittleren Bronzezeit II bis zur Eisenzeit I, der Zeit vor der Ankunft der Israeliten. Jerusalem beschränkte sich damals auf den kleinen Ausläufer südlich des Tempelbergs, der heute als Davidstadt bekannt ist. Geva erinnert uns daran, dass Jerusalem schon damals *"das Zentrum einer wichtigen territorialen Einheit"* war. Aus dieser Zeit stammt auch ein massives Befestigungssystem, das vor kurzem ausgegraben wurde. Insgesamt umfasst das

Gebiet jedoch nur etwa 11-12 Hektar. Geva schätzt die Einwohnerzahl der Stadt in dieser Zeit auf "höchstens" 500-700. Zuvor hatten andere prominente Gelehrte die Einwohnerzahl Jerusalems in dieser Zeit auf 880-3.000 geschätzt. Die nächste Periode, die Geva betrachtet, ist die Periode der »Vereinigten Monarchie«, die Zeit von König David und König Salomo und einige Jahrhunderte danach. Zur Zeit Davids änderten sich die Grenzen der Stadt gegenüber der vorangegangenen Periode nicht. König Salomo jedoch erweiterte die Stadtgrenzen nach Norden, um den Tempelberg einzubeziehen. Dadurch vergrößerte sich die Stadt auf etwa 40 Hektar, aber der Bevölkerungszuwachs stand in keinem Verhältnis dazu, da ein Großteil dieser Erweiterung für den Tempel und die königlichen Gebäude verwendet wurde. "*Es ist wahrscheinlich, dass Jerusalem neue Einwohner aus verschiedenen sozialen Schichten anzog*", erklärt Geva. "*Einige dieser Menschen ließen sich aufgrund ihrer offiziellen und religiösen Funktionen in der Stadt nieder, während andere kamen, um in der sich entwickelnden Wirtschaft ihren Lebensunterhalt zu verdienen.*" Geva schätzt die Einwohnerzahl der Stadt zu dieser Zeit auf etwa 2.000. Zuvor hatten andere Forscher die Zahl der damals in der Stadt lebenden Menschen auf 2.000-5.000 geschätzt.

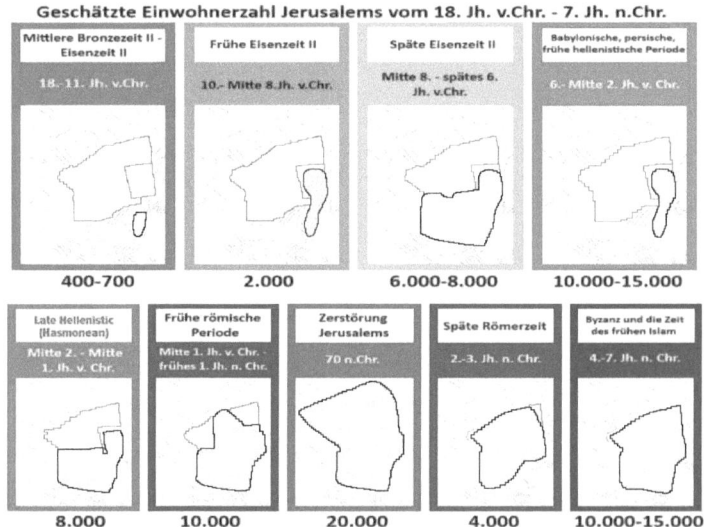

Geschätzte Einwohnerzahl Jerusalems vom 18. Jh. v.Chr. - 7. Jh. n.Chr.

In der Mitte des achten Jahrhunderts vC wurde das Gebiet, das gewöhnlich als Westhügel bezeichnet wird, der Stadt Jerusalem hinzugefügt. Dieses Gebiet ist archäologisch gut dokumentiert. Mit dieser Erweiterung wurde die Stadt um mehr als hundert Hektar vergrößert, und die Bevölkerung der Stadt nahm entsprechend zu. Einigen Gelehrten zufolge könnte dieser Anstieg zumindest teilweise auf den Zustrom von Flüchtlingen aus dem Norden nach der assyrischen Eroberung des Nordreichs Israel im Jahr 722 vC zurückzuführen sein. Und diese Situation des großen Jerusalems mit einer demographischen Zusammensetzung aus Israeliten und Judäern ist der Hintergrund für die Entwicklung der Komposition von historischen, biblischen Texten, die in Jerusalem im

späten 8. Jh. vC begann und sich im 7. Jh. vC bis zur
Zeit König Josias und später fortsetzte.

Kapitel 12: Der frühe David

In der Geschichte Israels steht David an der Spitze des Königtums und wird als der erste und bedeutendste König über Juda und Israel gezählt. Er regiert insgesamt 40 Jahre (typologische Zahl), davon 7 Jahre in Hebron und 33 Jahre in Jerusalem (1.Kön 2,11). Nach der absoluten biblischen Chronologie[249] wird seine Regierungszeit auf 1.000-961 vC datiert. Das biblische Bild von David wird wesentlich durch die beiden Samuelbücher bestimmt (Aufstiegserzählung und Thronfolgeerzählung). Dabei lassen sich die Erzählungen thematisch in drei Abschnitte einteilen: die Saul-David-Geschichte (1.Sam 16-31), Davids Weg zum Königtum über Juda und Israel (2.Sam 1-8) und die Jerusalemer Hofgeschichten (2.Sam 9-20; 1.Kön 1-2). Der Name David (דָּוִד) ist gemeinsemitischen

Ursprungs. Er bedeutet entweder „Liebling", wenn man ihn von der Wurzel [יָדַד, „lieben"] bzw. von *dod* [דּוֹד, „Geliebter"]. Möglich ist aber auch die Namensdeutung „Vaterbruder", abgeleitet von *dod*, welches auch „Onkel väterlicherseits" bedeutet. Ein neugeborenes Kind wurde in dieser Weise benannt, um für einen kürzlich verstorbenen Onkel als Ersatz zu gelten. In der Bibel begegnet der Name David ausschließlich in Verbindung mit dem Dynastiegründer David.

Herkunft und Familie

Nach der biblischen Tradition stammt David aus dem judäischen Ort Bethlehem und wird dort als jüngster Sohn des Isai [יִשַׁי, „das Geschenk, der Mann Gottes"] geboren. Sein Vater gilt als Enkel des Boas[250] [בּוֹעַז, „in ihm ist Kraft / der Potente"] und der Moabiterin Rut [רוּת, „Labung, Erquickung"] (Rut 4,17). In jugendlichem Alter tritt David in die Dienste Sauls am Königshof in Gibea (Tel el-Ful). Dort erhält er Michal [מִיכַל, „wer ist wie der Herr?"], dessen Tochter, zur Frau, später heiratet er Ahinoam [אֲחִינֹעַם, „mein Bruder ist Wonne"] aus Jesreel und Abigajil [אֲבִיגַיִל, „mein Vater ist Freude"] aus Karmel, die frühere Frau Nabals [נָבָל, „Narr"] (1.Sam 25,42-43). Es entspricht der Dramatik der Erzählung, dass Michal kinderlos bleibt und damit die saulidische Linie nicht fortgeführt wird (2.Sam 6,23). Nach Davids Erhebung zum König werden ihm in Hebron sechs Söhne geboren: Amnon [אַמְנוֹן, „zuverlässig, treu"], Kilab [כִּלְאָב, „JHWH ist Vater"], Absalom [אַבְשָׁלוֹם, „Gott (Vater) ist Heil"], Adonija [אֲדֹנִיָּה, „JHWH ist der Herr"], Schefatja [שְׁפַטְיָהוּ, „JHWH hat recht geschaffen"] und Jitream [יִתְרְעָם, „Rest der Familie"] (2.Sam 3,2-5). Weitere Söhne und Töchter kommen in Jerusalem hinzu: Schammua [שַׁמּוּעַ, „JHWH hat gehört"], Schobab [שׁוֹבָב, „der Zurückgebrachte"], Natan [נָתָן, „Gott hat gegeben"], Salomo [שְׁלֹמֹה,

Marc Chagall: David und Absalom

„Frieden, Vollkommen- heit"], Jibhar [יִבְחָר, „Gott wählt aus"], Eli- schua [אֱלִישׁוּעַ, „ich rufe Gott um Hilfe"], Nefeg [נֶפֶג, „aufspringen, prahlen"], Jafia [יָפִיעַ, „Gott möge erstrah- len"], Elischama [אֱלִישָׁמָע, „mein Gott hört"], Eljada [אֶלְיָדָע, „Gott kennt"] und Elifelet [אֱלִיפֶלֶט, „Gott ist Rettung"] (2.Sam 5,13-16). Unter ihnen ist auch Salomo, der Sohn der Batseba [בַּת־

שֶׁבַע, „Tochter der Fülle"], dessen Geburt eigens berichtet wird (2.Sam 11-12). Die in Hebron geborenen Söhne gehören zu den Protagonisten der Jerusalemer Hofgeschichten. Am Ende ist es aber Salomo, der Sohn der Batseba, der sich in der Auseinandersetzung um den Königsthron durchsetzt. In den letzten Lebensjahren Davids wird dem König noch die junge und schöne Abischag [אֲבִישַׁג, „Vater ist …] aus Schunem[251] als Pflegerin und Geliebte an die Seite gegeben (1.Kön 1,1-4).

Personen, Beamte und Weggefährten Davids

Zu den Weggefährten Davids gehört Jonatan [יוֹנָתָן, „JHWH hat gegeben"], der Sohn Sauls, mit dem David eine enge Freundschaft verbindet. Hervorzuheben sind weiter die Söhne der Zeruja [צְרוּיָה, „wie Balsam duftend"], Abischai [אֲבִישַׁי, „Vater hat gehört"] und Joab [יוֹאָב, „JHWH ist Vater"] sowie Asaël [עֲשָׂהאֵל, „Gott hat gemacht"], der freilich in jungen Jahren von Abner, dem Heerführer Sauls, am Teich von Gibeon getötet wird (2.Sam 2,12-32). Unter den Zeruja-Söhnen spielt Joab eine besonders markante Rolle. Er wird zum Gegenspieler Abners und Heerführer Davids, ist seinem König treu ergeben und militärisch erfolgreich, handelt aber im Interesse des Staates auch gegen dessen Anordnungen.

Weitere Personen um David werden in den beiden Beamtenlisten genannt (2.Sam 8,15-18; 20,23-26). Neben dem Heerführer Joab sind dies: der Kanzler Joschafat [יוֹשָׁפָט, „JHWH hat Recht gesprochen"], die Priester Zadok [צָדוֹק, „Gott ist gerecht"] und Abjatar [אֶבְיָתָר, „Vater hat reichlich gegeben"]; der Staatsschreiber Seraja [שְׂרָיָה, „JHWH hat überdauert"]; der Chef der Palastwache Benaja [בְּנָיָה, „JHWH hat gebaut"], der die Kreti und Pleti befehligt, sowie Adoniram [אֲדֹנִירָם, „mein Herr ist erhaben"], der die Fronarbeiten beaufsichtigt (1.Kön 4,6).

Hinzu kommen die nicht in den Listen genannten: Natan, der Hofprophet, sowie Ahitofel [אֲחִיתֹפֶל, „Bruder der Dummheit"] aus Gilo[252] und Huschai [חוּשַׁי, „Gott hat angerechnet"], die königlichen Ratgeber in der Erzählung vom Aufstand Absaloms. Auf seiner Flucht vor Absalom unterstützen David der Gatiter Ittai [אִתַּי, „Gott ist bei mir"] mit seinem Gefolge, Ziba [צִיבָא, „Zweig oder Wunsch"], der Diener Mefiboschets [מְפִיבֹשֶׁת, „aus dem Mund kommt Schande"] (Merib-Baal), und der Gileaditer Barsillai [בַּרְזִלַּי, „eisern"]. Ferner dienen ihm die beiden Priestersöhne Ahimaaz [אֲחִימַעַץ, "mein Bruder ist Rat"] und Jonatan als Spione. Die vielen Namen, die aus dem Umkreis Davids bekannt sind, sprechen nicht zwingend für eine historische Erinnerung. Vielmehr gehört die namentliche Nennung von Akteuren zu den narrativen Spielarten lebendigen Erzählens.

Die biblische Saul-David-Geschichte

Wie kam David an den Königshof Sauls? Die Erzählungen geben drei unterschiedliche Antworten: David wird als Musiker oder »Musiktherapeut« in den Palast gerufen, um die Depressionen Sauls durch sein Saitenspiel zu behandeln (1.Sam 16,14-23). Andererseits weisen 1.Sam 16,21 und 14,52 darauf hin, dass David seinen Dienst am Königshof als Waffenträger Sauls angetreten hat. Noch einmal anders beschreibt es die bekannte David-Goliat-Erzählung (1.Sam 17). Hier ist David der unbekannte Hirtenjunge, der sich als Zwei-kampfsieger über den Philister Goliat bewährt und anschließend in die Elitetruppe Sauls aufgenommen wird.

Die Erzählungen lassen keinen Zweifel aufkommen: Gott ist mit David. Rasch gewinnt er die Herzen des gesamten Hofs und die Zuneigung von Jonatan, dem Sohn Sauls, und von Michal, der Tochter Sauls, die er heiraten wird. Als David vom Krieg gegen die Philister zurückkehrt, singen die Frauen mit Zimbeln und Pauken ein Siegeslied für ihn (1.Sam 18,7).

Danach kommt es zu Spannungen zwischen Saul und David. Das Gemüt des Königs verdüstert sich und wendet sich gegen ihn. Ein Speerwurf ist deutliches Warnsignal, dass David in der Nähe Sauls um sein Leben bangen muss (1.Sam 18,10-11; 19,9-10). Zu seiner Rettung verhelfen ihm die Kinder Sauls. Dazu werden zwei Versionen erzählt: Zum einen erkundet Jonatan die Tötungsabsicht Sauls und warnt David vor der Gefahr, indem er drei Pfeile als vereinbartes Zeichen über das Ziel hinausschießt (1.Sam 20,18-42). David kann sich retten und schließt mit Jonatan einen Bund. In ihm verspricht er dem Freund, dass er seinen Nachkommen die Treue halten wird (1.Sam 20,12-17; 2.Sam 9,1-13). Zum anderen wird David von Michal unterstützt. Ihr gelingt es durch eine List, die Entdeckung seiner Flucht geschickt zu verzögern: Sie meldet David krank und legt ein Teraphim[253] in sein Bett, das sie mit Ziegenhaar und Stoff drapiert. Dadurch täuscht sie Sauls Schergen über die Abwesenheit Davids (1.Sam 19,13-17).

Nach seinem Entkommen zieht sich David als Freischärler ins judäische Gebirge zurück, Saul wird zu seinem Verfolger. Drei Erzählungen, die wie ein Triptychon[254] angeordnet sind, beleuchten das folgende Geschehen: In der Mitte steht die Auseinandersetzung Davids mit Nabal, dessen Frau

Abigajil den künftigen König vor Blutschuld bewahrt (1.Sam 25). Davor und danach werden zwei Geschichten erzählt, in denen David seinen Verfolger Saul hätte töten können, aber großherzig verschont und dadurch seine Achtung vor dem Gesalbten JHWHs erweist (1.Sam 24.26).

Schließlich flüchtet sich David zum Philisterfürsten Achisch von Gat (1.Sam 27,1-6; 21,11-16) und bekommt von ihm den Ort Ziklag als Lehen zugewiesen. Obwohl David nunmehr bei den Philistern als den Feinden Israels in Dienst steht, lassen die Erzählungen keinen Zweifel, dass er auf seinen Kriegszügen die Ju-däer schont (1.Sam 27,7-12; 30,26-31) und dass er an der Schlacht gegen Israel nicht beteiligt gewesen ist. In dessen Verlauf

Marc Chagall: Der Tod Sauls

stürzt sich Saul in aussichtsloser Lage in sein

Schwert. Auch seine Söhne finden den Tod (1.Sam 31).

David ist nach der Mehrheit der Bibelforscher zufolge eine historische Figur. Dafür spricht neben der bereits erwähnten Tel-Dan-Inschrift auch die sehr starke Erinnerung an David im biblischen Kontext. Diese macht eine spätere »Erfindung« Davids sehr unwahrscheinlich. Es gibt also genug plausible Argumente, dass es sich bei David um eine historische Figur handelt. Die nächste Frage lautet: Wann genau hat er geherrscht, für wie lange und innerhalb welchen Gebietes? Die Bibel spricht von 40 Jahren, eine typologische Zahl, sie bedeutet also lediglich »viele Jahre«. Man kann also nur sagen, dass David irgendwann im 10. Jh. vC herrschte, denn der gesamte Kontext der Erzählung ist dort zu verorten. Er regierte von Jerusalem aus, herrschte über ein begrenztes Gebiet, offenbar im südlichen Hochland. Dies ist eine Gesamtsituation, die stark an die der Amarna-Zeit im 14. Jh. vC erinnert. Das bedeutet, dass das Jerusalem des 10. Jh. vC immer noch an die Bedingungen in der Spätbronzezeit erinnert. Ein überschaubares Herrschaftsgebiet im südlichen Hochland, Jerusalem im Süden, Hebron als südliches Randgebiet, vielleicht der Rand der Schefela, möglicherweise ein kleineres Gebiet nördlich von

Jerusalem. Das ist der biblische Hintergrund für die Herrschaft König Davids. Zur Erhellung der biblischen Beschreibung, bedarf es weiterer Erklärungen, die sich aus der archäologischen Forschung, den Texten des Alten Orients und der Bibelexegese ergeben.

Aufstiegsgeschichte und Nachfolge- bzw. Hofgeschichte

Den Ausgangspunkt der modernen Bibelforschung

bildet eine 1926 publizierte Studie des deutschen Bibelwissenschaftlers Leonhard Rost, der die Geschichte Davids in den beiden Büchern Samuels in zwei Blöcke aufteilte. Der erste Block ist der Aufstieg Davids zur Macht, und der zweite Block ist die

Marc Chagall: David mit dem Kopf Goliaths

Nachfolgegeschichte oder die Hofgeschichte. Der Aufstieg Davids zur Macht beschreibt, wie David zum Gründer der davidischen Dynastie und Herrscher in Jerusalem wurde. Die Hof- bzw. Nachfolgegeschichte ist die Geschichte der Kämpfe, die am Hof von König

David um die Nachfolge geführt wurden. Das führt zu König Salomo, der am Anfang des ersten Buches der Könige auf dem Thron sitzt. Rost verstand diese beiden Blöcke allerdings so, als wären sie in Echtzeit, d.h. im 10. Jh. vC geschrieben worden, um damit die Herrschaftsansprüche Davids und Salomos zu legitimieren. Es gab also auch Stimmen gegen David und auch solche, die das erste Nachfolgerecht Salomos auf den Thron bestritten. Deshalb, so Rost, sei es im ersten Schritt darum gegangen, König David von jeglichem Fehlverhalten freizusprechen, um danach auch die Thronfolge Salomos zu legitimieren. Rost legte sich also auf das 10. Jh. vC fest.

Einer der Gründe dafür war, dass in den frühen Tagen der kritischen Bibelforschung, bevor die Archäologie in großem Stil auftrat, primär nach inneren Information im biblischen Text gesucht wurde. Und in der Tat, es gibt einen Vers über den Hof Davids, in dem ein Schreiber beschrieben wird und es wird auch ein Schreiber zur Zeit König Salomos in der Bibel erwähnt. Damit stand für Rost fest, die Schreiber waren vorhanden, der Text entstand in Echtzeit. Das Problem liegt bei dieser Annahme darin, dass es sich hierbei um einen *circulus vitiosus*, einen sogenannten Zirkelschluss[255] handelt, der in wissenschaftlichen Beweisführungen tunlichst vermieden werden sollte.

Die beiden Bücher Samuel sind der ultimative literarische Text, der sich von reinen chronistischen Informationen unterscheidet. Ein Text wie dieser kann kaum im 10. Jh. vC verfasst worden sein (vgl. Exkurs III). Darüber hinaus gibt es hinreichende Gründe, die dafür sprechen, dass die Geschichte von König David, wie wir sie heute im biblischen Text vor uns haben, in der Endphase der Eisenzeit verfasst wurde. Natürlich gab es weitere, spätere Ergänzungen, aber der Hauptkorpus der Bücher entstand im späten 7. Jh. vC, zur Zeit König Josias. Die Autoren in Jerusalem waren also dreieinhalb Jahrhunderte von der der Zeit des historischen König David entfernt. In einer solchen Situation müssen die biblischen Texte als eine Ansammlung von Traditionen betrachtet werden. Um diese seriös zu analysieren bedarf es der drei bekannten Werkzeuge: der biblischen Exegese, der archäologischen Forschung und den Kontext der Überlieferungen aus dem Alten Orient. Um die Geschichte von König David zu erforschen, schält man sie Schicht für Schicht ab und erkennt dadurch verschiedene Horizonte in unterschiedlichen Perioden der Geschichte.

Wendet man sich dem biblischen Schriftgut zu, kann man neben der von Rost aufgestellten »Theorie der zwei Blöcke« in der David-Geschichte insgesamt vier Schichten (*layer*) identifizieren kann. Der früheste bzw. älteste in gewisser Weise der authentischste, weil er vermutlich die passende Atmosphäre liefert, die der Zeit von König David am nächsten kommt. Es handelt sich um jene Stellen im ersten Buch Samuel, wo diese »Apiru-Atmosphäre« deutlich zu spüren ist. Die Apiru waren aus sozialen Gründen gebildete Gruppen, die sich aus verschiedenen Ethnien zusammensetzten, und in altorientalischen Texten, besonders in der Amarna-Periode, erwähnt werden. Diese Gangs von Banditen, Räubern, Outlaws operierten im 14. Jh. vC am Rande der organisierten territorialen Einheiten und werden von den Stadtfürsten stets als Unruhestifter geschildert. Manche verdingten sich aber auch wechselnden Herren als Söldner. Die Beschreibung von David, als Anführer einer Gruppe von Menschen am südlichen und westlichen Rand von Juda, ist in gewisser Hinsicht eine typische Beschreibung der Aktivitäten einer Apiru-Gruppe. Es gibt zwei biblische Szenen, die dies auf anschauliche Weise dokumentieren.

Die erste Szene ist die Geschichte von Nabal und Abigajil. Die Erzählung befindet sich innerhalb des

Erzählzyklus von Davids Aufstieg (1.Sam 16 - 2.Sam 5). Nach dem näheren Kontext befindet sich David auf der Flucht vor Saul und ist Anführer einer Gruppe von Männern, die sozial und finanziell eher am Rande der

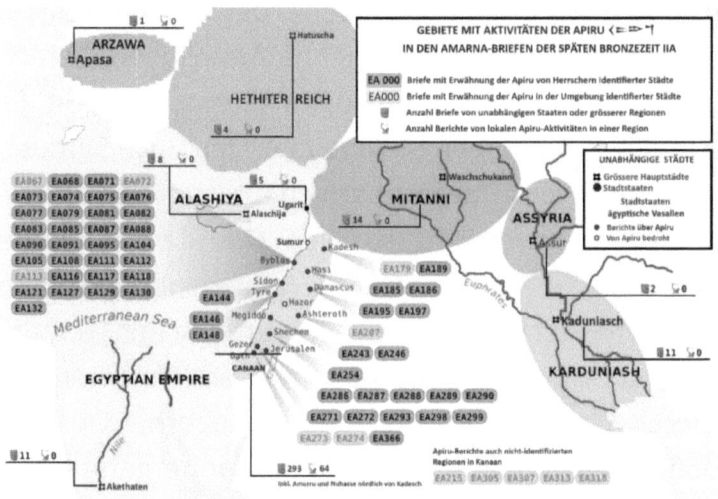

Gesellschaft stehen (1.Sam 22,2). Der Text beginnt mit einer näheren zeitlichen und räumlichen Einordnung: Der Prophet Samuel ist verstorben und wurde in seinem Heimatort Rama[256] begraben (1.Sam 25,1). Anschließend begibt sich David in die Steppe Paran[257] und er ist sich bewusst, dass er auf seinem weiteren Weg nun ohne seinen Berater und Förderer zurechtkommen muss.

Nabal, ein Kalebiter aus Maon, ist ein reicher Grundbesitzer und Kleinviehzüchter, der jedoch als

„roh und bösartig" beschrieben wird, während Abigajil, seine Frau, *„klug und von schöner Gestalt"* ist (1.Sam 25,2f.). Mit dem Auftreten Davids in 1.Sam 25,4 setzt die eigentliche Handlung der Erzählung ein. David fordert von Nabal einen Tribut für den Schutz ein, den er Nabals Hirten bzw. Knechten während der Weidezeit gewährt hatte. Obwohl die Bitte an Nabal, die von Davids Leuten überbracht wird, sehr höflich und freundlich, und begleitet von Segens- und Friedenswünschen, geäußert wird, bleibt offen, ob es sich bei dieser Forderung um eine materielle Bezahlung für eine Dienstleistung oder aber um eine unangemessene Forderung im Sinne von »Schutzgeld« handelt (1.Sam 25,4-9). Nabal versteht die Forderung im letzteren Sinn und lehnt sie ab (1.Sam 25,10f.). Damit scheint für ihn die Sache zunächst erledigt zu sein. Durch ihre jeweiligen Knechte erfahren nun Abigajil und David von der Reaktion Nabals (1.Sam 25,12.14-17). David macht sich daraufhin unverzüglich mit 400 bewaffneten Männern auf den Weg zu Nabal, um ihn und alles, was in seinem Haus lebt, zu töten (1.Sam 25,13.21f.). Auch Abigajil begibt sich unverzüglich auf den Weg, allerdings nicht zu ihrem Mann, sondern zu David und nimmt eine sehr große Menge an verschiedenen Nahrungsmitteln als Geschenke für ihn mit (1.Sam 25,18f.).

Die Begegnung von David und Abigajil führt schließlich dazu, dass David von seinem Vorhaben, Nabal und dessen Haushalt zu töten, absieht (1.Sam 25,20-35). Überaus höflich gegenüber David auftretend nimmt Abigajil die Schuld ihres Mannes auf sich, entschuldigt dessen Verhalten mit seiner Torheit, bittet David, von seinem Vorhaben abzulassen und übergibt die Geschenke. David akzeptiert die Entschuldigung und segnet Abigajil. Nach der Rückkehr Abigajils in das Haus Nabals feiert dieser ein Fest, und so erzählt sie Nabal erst von der Begegnung mit David, nachdem er seinen Rausch ausgeschlafen hat (1.Sam 25,36f.). Daraufhin erstirbt „sein Herz in seiner Brust" (1.Sam 25,37) und einige Tage später stirbt er. Nach dem Tod Nabals bittet David die Witwe Abigajil, seine Frau zu werden, worauf sie einwilligt (1.Sam 25,39-42). Diese Erzählung ist ein gutes Beispiel dafür, dass eine Apiru-Gruppe mit nur einigen hundert Outlaws durchaus dominant im 10. Jh. vC auftreten konnte.

Die zweite Szene ist noch aufschlussreicher und handelt von der Stadt Keila[258] im ersten Buch Samuel. Bei Keila handelt es sich um eine Stadt im Stammesgebiet von Juda in der näheren Umgebung von Achsib[259] und Marescha[260] (Jos 15,44). Aufgrund der Lage in der Schefela war Keila nach der Bibel den

Übergriffen der Philister ausgesetzt. Das Toponym Keila ist vermutlich in der Amarna-Korrespondenz als Qiltu belegt. Bei der sogenannten Qiltu-Affaire, die sich in den Texten von el-Amarna widerspiegelt, scheint es sich um folgende Ereignisse zu handeln: Zunächst weist der Stadtfürst Schuwardata[261] darauf hin, dass in Keila eine Menge von Rebellen Zuflucht fand, die das Umland verwüsteten (EA 279). Diese Rebellen wurden angeblich von anderen Stadtstaaten unterstützt (EA 287). Es hat den Anschein, dass Schuwardata zusammen mit Abdi-Chepa von Jerusalem siegreich gegen die Rebellen mit Unterstützung durch die Stadtstaaten von Akko und Achschaf[262] vorgegangen ist (EA 366). Die Rebellen, bei denen es sich wohl um Apiru handelte, wurden darüber hinaus von den *„Männern aus Qiltu"* unterstützt (EA 289). Vermutlich hat Abdi-Chepa von Jerusalem kurze Zeit später auf das Territorium von Schuwardata ausgegriffen und die Bevölkerung von Qiltu auf seine Seite gezogen (EA 280). Daraufhin kündigte Schuwardata sein Bündnis mit Abdi-Chepa auf und verbündete sich mit seinen Widersachern, den Herrschern von Geser[263], Schechem und Ginti-Kirmil, um Qiltu wieder unter seine Herrschaft zu bringen (EA 289; 290). Alles in allem zeigt die Qiltu-Affaire die wechselhaften Machtverhältnisse in der Schefela und dem judäischen Bergland sowie die politische Instabilität der ägyptischen Vasallenstaaten.

Der Ort Keila findet sich in der Aufstiegserzählung Davids in 1.Sam 23. Mithilfe der topographischen Verortung, auf die der Erzähler immer wieder hinweist, wird deutlich, dass sich David - ausgehend von Gath und Adullam[264] - zunächst in südöstlicher Richtung immer weiter weg von den Philistern und Saul bewegen will. Allerdings bleibt ihm Saul stets auf den Fersen, so dass David sein Heil schließlich bei den Philistern suchen muss. Zur Zeit Davids gehörte Keila offenbar noch nicht zum Stammesgebiet Judas, da sich Davids Männer in Keila noch mehr vor den Philistern fürchten als in Juda selbst (1.Sam 23,3). Keila lag somit außerhalb des Stammesgebiets Judas, was die Bedenken der Truppe Davids erklärt. Aufgrund der Angst seiner Krieger musste David zweimal ein Gottesorakel bemühen. Die Freischärler Davids befanden sich vor dem Angriff auf die Philister vermutlich in Jaar-Heret (1.Sam 22,5), welches mit dem drei Kilometer östlich von Chirbet Qila liegenden Ort Ḥaras gleichgesetzt werden kann und sich damit in unmittelbarer Nähe von Keila befand.

Offenbar zogen die Philister das Terebinthen Tal[265] – vielleicht ausgehend von Gath – herauf, entweder um zu plündern oder um ihr Gebiet nach Osten zu erweitern. Die Stadt Keila lag zudem im Grenzgebiet zwischen den Philisterstädten und dem Stammesgebiet von Juda. Als bislang unabhängige Stadt verwundert es nicht, dass Keila somit das Interesse der Philister und Israeliten auf sich zog. Nach biblischer Darstellung plünderten die Philister zur Zeit Sauls die Tennen der Bevölkerung von Keila, wobei es bei den Tennen um die außerhalb der Stadt liegenden Dreschplätze handelte. Das philistäische Gath war sicherlich auf Lebensmittel aus dem Hinterland angewiesen, die man sich ohne eigentliche Bezahlung aneignen wollte. Vielleicht »plünderte« man die Tennen aber auch in einer aggressiven Form der Steuereintreibung. Zumindest waren die schwach gesicherten Tennen eine leichte Beute und der wirtschaftliche Schaden für Keila enorm. Fraglich ist jedoch, ob in der ursprünglichen Tradition tatsächlich Philister als Gegner auftraten. Es könnte sich auch um eine Truppe von Apiru gehandelt haben, die ähnlich wie die Truppe um David das Land unsicher machten.

ÄGYPTISCHE DARSTELLUNG VON APIRU

Nachdem David die Gegner Keilas geschlagen hatte, versuchte er diese Stadt als Hauptquartier und Rückzugsort gegen Saul zu nutzen. Als Befreier Keilas übte er offenbar polizeiliche Funktionen aus und lebte auf Kosten der von ihm »befreiten« Stadt. Vermutlich haben die Dörfer in der Peripherie des judäischen Berglands Saul um Hilfe angerufen, um die Plünderer Davids wieder loszuwerden. Nach 1.Sam 23,7 war Keila zudem eine Festungsstadt mit Toren und Riegeln und gehörte damit zu einer Reihe von befestigten Städten in der östlichen Schefela. In der Stadt Keila war David für Saul ohnehin leichter zu greifen als im offenen Gelände. Bei den in 1.Sam 23,11f. erwähnten „Herren von Keila" handelt es sich vermutlich um ein kollektives Gremium von Honoratioren, das neben dem Bürgermeister die lokale freie Bevölkerung der Stadt vertrat und über alle internen und externen Angelegenheiten des Ortes entschied. In städtischen Gesellschaften wurden die Mitglieder aus der wohlhabenden und aristokratischen Oberschicht ausgewählt, in Stammes- und ländlichen Gesellschaften aus den wohlhabenden Clans. In den biblischen Texten werden derartige Stadtherren immer wieder negativ geschildert. Schon angesichts der Bedrohung der Stadt Keila durch Saul war damit zu rechnen, dass die „Herren von Keila" im Ernstfall

David ausliefern würden. Hinzu kommt, dass es sich bei den „Herren von Keila" vermutlich nicht um Judäer handelte. Durch eine Orakelanfrage erfuhr David, dass die Gerüchte von Sauls geplanter Zerstörung Keilas wie auch die Illoyalität der „Herren von Keila" einen Verbleib in der Stadt lebensgefährlich erscheinen ließen, so dass sich David mit seinen Freischärlern aus Keila wieder zurückzog.

Der Kampf um die Identität und die Herrschaft in der Stadt Keilah weist eine sehr interessante Parallele zu den Auseinandersetzungen zwischen dem Herrscher von Jerusalem und dem Herrscher von Gath in der Amarna-Zeit auf. Das ist nicht zuletzt deshalb besonders lehrreich, weil in den Amarna-Briefe Zeugnisse in Echtzeit aus dem 14. Jh. vC vorliegen, etwas sehr Einzigartiges. Der Aktionsradius dieser Apiru-Bande Davids lag im 10. Jh. vC im südlichen Hochland, den Schauplatz bildet der südliche Rand von Juda. Einige der Orte, die in der Aufstiegsgeschichte Davids erwähnt werden, liegen im Süden: Ziph[266] und En Gedi[267] am Ufer des Toten Meeres. Die Geschichte von Nabal spielt in Maon, das südlich von Hebron und damit am Rande der Wüste liegt. Und dann ist da noch das Gebiet am westlichen Rand, die Grenze zwischen dem Gebiet von Jerusalem und dem der philistäischen Städte in der Schefela. Bereits in der späten Bronzezeit kommt es zu Auseinandersetzungen zwischen dem Hochland und dem Tiefland, zwischen Jerusalem und den Städten der Schefela, namentlich Gath.

Zusätzlich zur Apiru-Atmosphäre in dieser frühesten Schicht tauchen im Buch Samuel plötzlich zwei getrennten Kapiteln mit Heldengeschichten von Menschen aus der Umgebung König Davids auf. Bei der Lektüre drängt sich der Eindruck auf, als hätten der Redaktor bzw. die Redaktoren diese bei der Komposition zunächst vergessen, dann aber später diese Geschichten gesammelt, in Gruppen zusammengefasst und dann hinzugefügt. Diese Erzählungen spiegeln ebenfalls eine unruhige Atmosphäre in dieser Zeit wieder, wobei einige davon auch einen durchaus unterhaltsamen Charakter haben. Beispielsweise in 2. Sam 21,20: *„Und es erhob sich noch ein Krieg bei Gath. Da war ein langer Mann, der hatte sechs Finger an seinen Händen und sechs Zehen an seinen Füßen, das sind vierundzwanzig an der Zahl, und auch er war vom Geschlecht der Riesen."* Oder in 2.Sam 23,14-17: *„David aber war damals in der Bergfeste, und die Wache der Philister lag in Bethlehem. Und David gelüstete es, und er sprach: Wer will mir Wasser zu* *trinken holen aus dem Brunnen am Tor in Bethlehem? Da brachen die drei Helden in das Lager der Philister ein und schöpften Wasser aus dem Brunnen am Tor in Bethlehem und trugen's und brachten's zu David. Aber er wollte es nicht trinken, sondern goss es aus für den HERRN und sprach: Das lasse der HERR fern von mir sein, dass ich das tue! Ist's nicht das Blut der Männer, die ihr Leben gewagt haben und hingegangen sind? Und er wollte es nicht trinken. Das taten die drei Helden."*

Die Heldengeschichten in beiden Gruppen der Kapitel 21 und 23 stammen ebenfalls aus der frühesten Schicht. Ein wesentliches Charakteristikum dieser Schicht ist, dass in ihr keine theologischen Elemente enthalten sind. Es ist kaum von Gott die Rede und sie enthalten keine prophetischen Reden. Stattdessen präsentieren sich diese Heldengeschichten im typischen Genre der alten Welt.

Zur Datierung der frühestens Schicht

Bei der Datierung ist die Archäologie eine große Hilfe. Der Archäologie zufolge war Gath die wichtigste Stadt der Philister im frühen David-Zyklus und wahrscheinlich eine der wichtigsten Städte des in Kanaan, beginnend in der zweiten Hälfte des 10. Jh.

bis ins 9. Jh. vC hinein. Goliath ist auch ein Gittiter, er stammte aus Gath. Achisch ist der König von Gath, zu dem David flieht. Dennoch wurde sie in den 830er Jahren vC von König Hasael von Damaskus[268] angegriffen, überfallen und vollständig zerstört. Die Heldengeschichten sind also vermutlich vor der Zerstörung Gaths zu datieren, denn es gibt deutliche Hinweise darauf, dass Gath nie wieder zu alter Größe zurückgefunden hat. Des Weiteren ist unstrittig, dass während der Eisenzeit I, die wichtigste Stadt

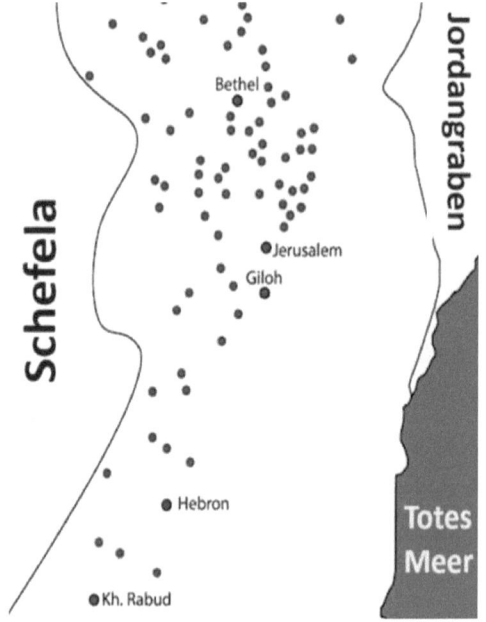

der Philister Ekron war. Die Blütezeit Ekrons lag im 11. Und in der ersten Hälfte des 10. Jh. vC bis es ebenfalls zerstört wurde. Nun wird aber Ekron wird im Davidszyklus überhaupt nicht erwähnt. Aus Sicht der philistäischen Geschichte wären die in der frühesten Schicht geschilderten Ereignisse zwischen der Zerstörung von Ekron und der Zerstörung von

Gath, als zwischen der Mitte des 10. Jh.s und den 830er Jahren vC zu verorten.

Es weiterer Punkt, den es zu beachten gilt, ist das historische Siedlungsmuster (*settlement pattern*) im Hochlandes. Das Ergebnis intensiver Untersuchungen im Hochland sind zeitliche Karten für die verschiedenen Besiedelungs-phasen. Darauf ist erkennbar, dass in der Eisenzeit I, im 11. Jh. und 10. Jh. vC, das Gebiet sehr spärlich besiedelt ist. Dies trifft wahrscheinlich auch noch für den Beginn des 9. Jh.s. vC zu. Innerhalb der zweiten Hälfte des 9. Jh.s vC - die Keramikfunde beweisen dies - beginnt die erste signifikante Ausweitung der Siedlungstätigkeit im Hochland. Das ist auch für die Datierung der frühesten Schicht von Bedeutung. Wenn die Besiedelung dichter wird, die zentrale Verwaltung in der Hauptstadt stark ist und die Herrscher und Könige der Stadtstaaten auch die Ränder ihrer Territorien unter Kontrolle haben, bedeutet dies *grosso modo* auch das Ende der marodierenden und nomadisierenden Apiru. Das wiederum unterstützt die Annahme, den Schauplatz des frühen David-Zyklus' auf das späte 10. oder den Anfang des 9. Jh.s vC zu datieren.

Der umtriebige David

David war der Anführer einer Apiru-Bande, die im Stil der Guerillataktik zwischen den territorialen Entitäten manövrierten. Eine davon ist das sowohl in der Bibel erwähnte als auch durch archäologische Funde gestützte Königreich Sauls. Das Machtzentrum König Sauls lag im Norden von Jerusalem, in der Gegend von Gibeon. Natürlich war Saul überdies auch aktiv im Süden und Westen von Jerusalem. Die zweite Einheit ist das in der Schefela liegende Gath, der in seiner Zeit stärkste der philistäischen Stadtstaaten. Das erinnert wiederum an die Situation in der Amarna-Zeit an die Auseinandersetzungen zwischen den Stadtstaaten des Hochlandes und des Tieflandes. Hinzu kommt eine weitere Einheit, die sowohl in der Bibel erwähnt ist als auch durch die Archäologie bestätigt wurde. In einer Erzählung am Ende des ersten Buches Samuel, verteilt David die Beute der Amalekiter an die weiter entfernt liegenden Städte im Süden, also am Rande des Machtbereichs Jerusalems. Aus der archäologischen Forschung ist ein Wüstenvolk im Bereich des Be'er-Sheba-Tal bekannt, das durch die Kupferindustrie in der Arava[269] zu Macht und Bedeutung gelangte. Es ist typisch für David, dass er zwischen diesen drei Einheiten hin und her manövriert.

Die Frage, inwieweit David schon in der Phase des frühen Zyklus' mit Jerusalem in Verbindung gebracht werden kann, ist äußerst schwierig zu beantworten. Denn schon bei Saul stellt sich bereits diese Frage. Wenn Saul von Gibeon, also von der Hochebene nördlich von Jerusalem, aus regiert hat, aber auch im Süden von Jerusalem aktiv war, dann muss er zwangsläufig auch in Jerusalem regiert haben. Wer regierte im Jerusalem im 10. Jh. vC? Es gibt bis dato keine hinreichend belastbare Antwort auf diese Frage, aber es gibt zumindest die Überlieferung der Eroberung Jerusalems durch König David und das dieser Jerusalem zu seiner Hauptstadt machte. Zusammenfassend ließe sich der frühe Davidzyklus wie folgt beschreiben: Bei David handelt es sich um einen *Outlaw*, der am Rande der Gesellschaft agiert und mit seinen Apiru geschickt zwischen den einzelnen Stadtstaaten manövriert. Seine Bande übernimmt Jerusalem und damit das traditionelle Herrschaftszentrum des südlichen Hochlandes von Kanaan.

Kapitel 13: Die späteren Schichten des Davidzyklus'

Nachdem frühere Versuche, eine lokale Vorherrschaft im mittelpalästinischen Bergland zu errichten, gescheitert waren (Ri 9; Ri 11f.), gaben schließlich die andauernden Konflikte mit den Philistern den Anstoß zur Einführung des Königtums in »Israel«. Die Philister, die in der Küstenebene siedelten, hatten seit dem 12. Jh. vC das Erbe der ägyptischen Oberhoheit über die südpalästinische Landbrücke angetreten und waren bestrebt, ihre Vormachtstellung auf das mittelpalästinische Gebirge auszudehnen, um den interregionalen Handel zu kontrollieren und gegen marodierende Banden vorzugehen. Dabei kam es verstärkt zu militärischen Auseinandersetzungen mit den israelitischen Stämmen, in deren Gefolge diese zentrale Organisationsstrukturen ausbildeten. Der erste König in Israel war Saul (1.Sam 8-15). Nach biblischer Darstellung, die nur ein gesamtisraelitisches Königtum kennt, herrschte Saul über das gesamte Zwölfstämmevolk, historisch dürfte seine Herrschaft jedoch auf das Gebiet des mittelpalästinischen Berglandes beschränkt gewesen sein. Umstritten ist, ob das Königtum Sauls zunächst unter dem Protegé der Philister stand, die sich davon einen Schutz gegen Überfälle aus dem Ostjordanland erhofft hätten (1.Sam 11,1-15). Dann wäre die Ablösung von den Philistern erst in einem zweiten Schritt erfolgt, der jedoch zugleich das Ende der Herrschaft Sauls bedeutete, der in der Schlacht mit den Philistern im Gebirge Gilboa fiel (1.Sam 31,1-7). Obwohl der Herrschaft Sauls keine lange Dauer beschieden war und das Königtum einen tiefen Einschnitt in die Sozialstruktur der Stämme bedeutete, die nicht ohne Widerstände geblieben sein dürfte[270], folgte auf Saul dessen Sohn Esch-Ba'al im Königsamt (2.Sam 2,8-10), ohne dass es zu einer nennenswerten Opposition gekommen zu sein scheint. Die dynastische Thronfolge unterstreicht noch einmal, dass das Königtum Sauls weniger als *chiefdom*, denn als »früher Staat« interpretiert werden sollte, da im soziologischen Modell des *chiefdom* das dynastische Prinzip unwirksam ist[271].

Nach dem Tod Sauls und der Verlegung der Residenz seines Sohnes Esch-Ba'al nach Mahanajim im Ostjordanland (2.Sam 2,8f.) scheinen verschiedene Gruppen in Israel Ihre Hoffnungen im Kampf gegen die Philister auf David gesetzt zu haben. Es kam zu einem Putsch gegen den regierenden Sauliden, dem dieser zum Opfer fiel (2.Sam 4), und zur Loyalitätsverpflichtung zwischen David und den israelitischen Stämmen, in der diese ihn als König anerkannten (2.Sam 5,1-3). David verlegte in der Folgezeit seine Residenz von Hebron in die Bergfeste Jerusalem und es gelang ihm, die Philister in die Küstenebene zurückzudrängen (2.Sam 5).

Die Organisationsstruktur des davidischen Königtums zeigt die typischen Kennzeichen eines »frühen Staates« und führt die unter Saul eingeleitete Entwicklung fort. David gründet eine Residenz, die als politisches, administratives und religiöses Zentrum des Staates fungiert. Es finden sich Ansätze zur Ausbildung eines Verwaltungsapparates (2.Sam 8,16-18; 2.Sam 20,23-26) und ein »stehendes Heer«, das sich aus den Mitgliedern der früheren Miliz Davids zusammensetzt und dem König loyal verpflichtet ist. Monumentalarchitektur, ein geregeltes Abgabensystem oder eine hierarchische Verwaltungsstruktur, wie sie für einen voll entwickelten Staat vorauszusetzen wären, fehlen dagegen[272].

Nicht zuletzt die unzureichenden militärischen, ökonomischen und administrativen Voraussetzungen sprechen gegen die historische Plausibilität eines »davidisch-salomonischen Großreiches«, das von der Grenze zu Ägypten bis zum Euphrat reichte, wie es die biblische Überlieferung David zuschreibt (2.Sam 8). Zwar kann David seine Herrschaft über Juda und Israel festigen und seinen Einfluss bis in die Schefela und nach Untergaliläa ausdehnen, doch bleibt das Königtum unter ihm im Grundsatz ein Stammeskönigtum, das wie bei Saul auf Loyalitäten beruht, wie noch an den Ereignissen im Gefolge des Absalom-Aufstandes abgelesen werden kann (2.Sam 15-20).

Im vorangegangenen Kapitel wurde die Entstehungszeit der frühesten Schicht des Davidzyklus' aufgrund archäologischer Befunde auf den Zeitraum 950-830 vC datiert. Die zweite Schicht der David-Geschichte führt den Leser in eine ganz andere Welt als die erste und befindet sich Hof- bzw. Nachfolgegeschichte, also hauptsächlich im zweiten Buch Samuel. Dort werden die Unruhen im Königreich Davids nach dessen Machtergreifung geschildert. Nachdem König David an die Macht gekommen war und es geschafft hatte, Jerusalem zu erobern und sein Minireich in der Levante des 10. Jh.s vC zu errichten, entstanden plötzlich viele Unruhen. Die Ursache hierfür war eine lange Liste von Aufständen und Revolten, interessanterweise von Menschen, die ihm eigentlich nahestanden. Der wichtigste und bekannteste in der biblischen

Tradition ist der Absalom-Aufstand. Dabei sind insbesondere die geographischen Details sehr lehrreich, denn überraschenderweise spielen sich die Handlungen nicht in Juda ab, sondern in den Gebieten des künftigen Nordreiches. Drei davon sollen in der Folge kurz vorgestellt werden.

Die erste ist die Revolte von Scheba [שֶׁבַע], dem Sohn von Bichri [בִּכְרִי]. Scheba ruft Israel zum Abfall von David mit folgenden Worten auf: *„Wir haben kein Anteil an David noch Erbe am Sohn Isais. Ein jeder zu seinen Zelten, Israel!"* (2.Sam 20,1). Hiermit wird zunächst nur eine Trennung des Nordens vom Süden gefordert. Dass Scheba einen eigenständigen israelitischen Staat etablieren wollte, womöglich mit sich selbst als Gegenkönig, geht aus diesem Text nicht hervor. Vielmehr scheint der Ruf zu den Zelten eine Rückkehr zu einer vorstaatlichen Lebensform zu propagieren. Es ist höchst interessant, dass genau dieser Aufruf wieder erklingt, als nach dem Tod Salomos die Reichsteilung Wirklichkeit wird (1.Kön 12). Weiterhin wird aus dem Text nicht deutlich, wer überhaupt diesem Aufruf Schebas folgte. Gelang es Scheba tatsächlich, ganz Israel hinter sich zu vereinen, oder war seine Gefolgschaft von Anfang an auf seinen eigenen Stamm begrenzt? Die Tatsache, dass er schließlich bis an den äußersten Norden

Israels geht, in die Stadt Abel Bet Maacha [אָבֵל בֵּית מַעֲכָה], die an der nördlichen Grenze des späteren Nordreichs, unweit der Stadt Dan, im Jordantal lag, zeugt eher davon, dass er hier eine letzte Zuflucht findet, als dass er eine Machtbasis etabliert. Dieser Ort ist nach archäologischen Erkenntnissen in jüngerer Zeit vor der ersten Hälfte des 8. Jh. vC kein Teil des Gebiets des Nordreichs gewesen. Scheba findet schließlich sein Ende, als er von den Bewohnern von Abel Bet Maachas enthauptet und sein Kopf über die Mauer geworfen wird.

Die zweite ist die Geschichte, als König David nach Mahanajim in Transjordanien in der Gegend des Flusses Jabbok, floh. Mahanajim dient in der Aufstiegserzählung Davids und in der Thronfolgeerzählung Davids als Zufluchtsort und alternative Residenz eines bedrängten Königs. Zunächst ist es der Sohn Sauls, Esch-Ba'al, der von seinem Heerführer Abner nach dem Tod Sauls in Mahanajim zum König gemacht wird. Später flieht David vor Abschalom dorthin. Beide Könige überschreiten in einer Krisensituation den Jordan und versuchen, im Ostjordanland Zuflucht zu finden, um von dort aus (wieder) Kontrolle über ganz Israel zu erlangen. Während Esch-Ba'al damit scheitert und in Mahanajim ermordet wird, hat David Erfolg und kann siegreich nach Jerusalem zurückkehren. Angesichts der Tatsache, dass in einer wichtigen Traditionslinie des Alten Testaments der Jordan als Grenze des Landes gilt, ist der Rückzug bzw. die Flucht an einen Ort im Ostjordanland erstaunlich. Auch das ist aufschlussreich, denn eine der dort genannten Städte die König David dort in Transjordanien hilft, ist Lidebir. Dieses, auch im Buch Amos erwähnte, Lidebir wurde erst nach der Eroberung in den Tagen Jerobeams II., offenbar in der ersten Hälfte des 8. Jh. vC Teil des Nordreiches.

Drittens haben wir die Geschichte von Abschalom. Abschalom war nach 2.Sam 3,3 der dritte Sohn Davids. Seine Mutter Maacha [מַעֲכָה] war die Tochter Talmais [תלמי], des Königs von Geschur, einem aramäischen Fürstentum östlich des Sees Genezareth. In 2.Sam 15-18 wird über Abschaloms Aufstand gegen seinen Vater und dessen Niederschlagung berichtet. Abschalom legt sich nicht nur eine aus Wagen und Fußtruppen bestehende Leibwache zu, sondern greift darüber hinaus in die richterliche Kompetenz des Königs ein, indem er denjenigen, die bei diesem Recht suchen, einzureden versucht, sie fänden bei ihm kein Gehör. Nach vier Jahren bricht der Aufstand los. David muss aus Jerusalem fliehen, befiehlt aber, dass die Priester

Zadok [צָדוֹק הַכֹּהֵן] und Abiatar [אֶבְיָתָר] und deren Söhne als Informanten in der Stadt zurückbleiben, ebenso sein Freund Huschai [חוּשַׁי], der dort gegen Abschaloms Ratgeber Ahitofel [אֲחִיתֹפֶל] intrigieren soll.

In 2.Sam 16 wird Davids Flucht zum Jordan und Abschaloms Einzug in Jerusalem geschildert. Im Mittelpunkt der Darstellung stehen nun die Berater Ahitofel und Huschai, Davids geheimer Bundesgenosse, dessen Loyalitätsbekundungen Abschalom Glauben schenkt. Nach einer vermutlich sekundären Einfügung in 2.Sam 16,21-22 übernimmt Abschalom auf Anraten Ahitofels den Harem der Nebenfrauen, die David in Jerusalem zurückgelassen hat, womit er seinen Anspruch auf dessen Nachfolge demonstriert und den endgültigen Bruch mit seinem Vater vollzieht. Rät Ahitofel in 2.Sam 17 zu Recht, man solle David sofort verfolgen, kann Huschai die Aufständischen in einer wortreichen, kunstvoll gestalteten Rede davon überzeugen, es sei besser, erst den Heerbann ganz Israels zusammenzuziehen, um dann mit vereinten Kräften David zu überwältigen. Dies bietet dem vertriebenen König die Gelegenheit, seine Truppen neu zu formieren.

In 2.Sam 18 wird die Schlacht gegen die Aufständischen beschrieben. Dabei wird betont, dass

David, der nicht am Kampf teilnimmt, ausdrücklich dazu auffordert, mit seinem Sohn schonend zu verfahren. Das Heer der Rebellen wird geschlagen. Abschalom, der sich mit seinem Kopf in den Zweigen einer Terebin-the[273] verfangen hat, wird von Joab [יוֹאָב] getötet. Als David, der vor allem um das Leben seines Sohnes bangt, die Nachricht von dessen Tod erhält, verfällt er in unermessliche Trauer (2.Sam 19). Dies trägt ihm den Vorwurf Joabs ein, er beschäme das Heer, das sich für seine Rettung eingesetzt habe. Daraufhin zeigt er sich den Truppen, um die Sieger zu ehren. Was die Frage der Historizität betrifft, so ist zu beachten, dass nicht nur die auf den familiären Bereich beschränkten (2.Sam 13), sondern auch die staatspolitisch relevanten Ereignisse in stark stilisierter Form dargeboten werden.

Abschalom war also mit dem aramäischen Königreich von Geschur verbunden, dessen Hauptstadt möglicherweise an der Stelle von et-Tell, bekannter als Beth Saida[274], an der Nordküste des Sees Genezareth genau dort lag, wo der Jordan in den See Genezareth mündet. Das Königreich Geschur blühte offenbar im 9. Jh. vC und es gibt gute Gründe für die Annahme, dass es von Hasael im Zuge der Errichtung seines Mini-Empires von Damaskus in der zweiten Hälfte des 9. Jh.s, erobert wurde. Die Szene spielt

Heiligtum mit stehenden Steinen am eisenzeitlichen Stadttor von Et-Tell

also entweder vor der Übernahme von Geschur, eines marginales aramäisches Randgebiet Mitte des 9. Jh.s, oder nach der Eroberung durch Hasael in der zweiten Hälfte des 9. Jh.s vC statt. Dieses »Bühnenbild« der Hofgeschichte impliziert auch die Idee komplexer Ereignisse am Königshof mit einer entwickelten Verwaltung. All das passt zu dem, was über das Nordreich Israel unter den Omriden bekannt ist und dann wieder zu Beginn des 8. Jh.s vC unter König Jerobeam II.. Die Hofgeschichte kann demzufolge früher als die endgültige Komposition des 7. Jh.s vC, aber später als die frühen Erinnerungen an David als Leiter einer Apiru-Bande am Rande von Jerusalem verortet werden.

Auch die Einzelheiten von Davids Kriegsaktivitäten stützen diese Datierung. Das zweite Buch Samuel liefert auch eine Menge an Informationen über dessen Kriege und die Ausdehnung seines Reiches. Dort werden interessante Einzelheiten über die Kriege mit dem aramäischen Damaskus, mit Moab oder mit Ammon berichtet, die es verdienen, genauer betrachtet zu werden. Da werden zum Beispiel Schlachten mit großen Streitwagen- truppen beschrieben, was historisch nicht stimmen kann. Juda im Kontext des 10. Jh.s vC mit einer geschätzten Gesamtbevölkerung von 2.000 Menschen, ein- schließlich Alter, Frauen und Kindern, war zu solchen militärischen Kampagnen weder de-

Tell al-Rimah-Stele

mographisch noch wirtschaftlich oder technisch in der Lage. Diese Schilderungen entsprechen der Realität einer späteren Zeit. Streitwagenkriege sind typisch für das 9. und 8.Jh. vC und bekannt für die Konfrontationen mit dem assyrischen Reich oder den Auseinandersetzung zwischen Aram und dem Nordreich Israel.

Dies gilt ebenfalls für die biblische Darstellung der vermeintlichen Herrschaft von König David über Edom. Allerdings gibt es für Edom im 10. Jh. vC als territoriale Einheit keinerlei archäologische Beweise oder Hinweise aus dem altorientalischen Kontext gibt. Der erste Hinweis auf Edom stammt aus der Zeit von Adad-nirari III, der als König von Assyrien von 810–781 vC herrschte, der auf der 1967 entdeckten Tell al-Rimah-Stele seine Feldzüge im Westen verewigen ließ. Es gibt jedoch Gründe, die dafür sprechen, dass sich dieses Ereignis im Kontext der ersten Hälfte des 8. Jh.s vC, als das Nordreich Israel wirtschaftlich, politisch und militärisch auf dem Höhepunkt seiner Macht war und das Königreich Juda beherrschte, zugetragen hat. Entlang der Handelswege im Süden gibt es zu dieser Zeit Beweise für einen Standort im nordöstlichen Teil des Sinai, der mit dem Nordreich verbunden war. Bei Erzählung von König David, der über Edom herrscht, könnte also durchaus um eine reale historische Situation, allerdings in der ersten Hälfte des 8. Jh.s, gehandelt haben. Dann wäre dies ein Beispiel für den Anspruch des Nordreiches in der Zeit Jerobeams II., die Handelsroute entlang der edomitischen Hochebene im Süden zu beherrschen.

David und Saul im Buch Samuel – eine Apologia[275]?

Diese Frage betrifft die dritte Schicht des Davidzyklus'. Beim Lesen des ersten Samuelbuches, das vom Aufstieg Davids zur Macht erzählt, hat man immer den Eindruck, als sprächen zwei Stimmen aus den Zeilen. Die eine Stimme ist pro-Saul und anti-David. Es ist schon so, dass der Weg König David im ersten Buch Samuel von »Leichen gepflastert« ist und das findet seinen Wiederhall in einer negativen Tradition. Dann ist da aber auch noch eine zweite Stimme, die einem so etwas wie: »Nein, nein, du hast die ganze Sache falsch verstanden. Lass mich dir erklären, was wir wirklich sagen wollen«. Kann man die beiden Stimmen in Einklang bringen oder sind sie nicht zu harmonisieren? Forscher wie Baruch Halpern und Kyle McCarter vor ihm waren der Auffassung, dass es in der Tat diese Anschuldigungen gibt, denen dann die Entschuldigung König Davids folgt,
der erklärt, »was wirklich passiert ist«. Eine nur teilweise überzeugende These, denn daran schließt sich unmittelbar die Frage an: wann? Rost und Halpern würden vermutlich antworten: im 10. Jh. vC. Aber im 10. Jh. wären diese negativen und erklärungsbedürftigen   Äußerungen

höchstwahrscheinlich der Zensur zum Opfer gefallen. Die Frage muss also eher lauten: Wann ist der Zeitpunkt, an dem die negativen Traditionen über die Gründer der davidischen Dynastie nicht mehr zensiert werden konnten?

Eine durchaus belastbare Annahme wäre nach 720 vC, als Juda einen dramatischen Wandel erlebte und plötzlich signifikante Veränderung durchmachte. Veränderungen, die durch ein außerordentliches Wachstum Jerusalems und einer signifikanten Expansion der Siedlungstätigkeit sowohl in der Schefela als auch im Hochland von Juda, auch durch die archäologische Forschung bestätigt wurden. Menschen, die nach der Übernahme des Nordreiches durch die Assyrer 722 vC nach Juda kamen, gehörten sehr wahrscheinlich der Intelligenzija an. Als diese in größerer Anzahl nach Juda auswanderten, erfährt Juda eine dramatische politische, wirtschaftliche und kulturelle Transformation. Es ist nicht länger das kleine Königreich an den Rändern der Großmächte, immer beherrscht von einem der lokalen Mächte in der südlichen Levante, mit einer kleinen Hauptstadt und einem dünn besiedelten Hinterland. Das Königreich Juda wird plötzlich zu einem bedeutenden, wichtigen Reich mit einer Bevölkerung, die nicht mehr überwiegend judäisch ist, sondern fortan von einer Mischung aus Judäern und Israeliten besteht. Und diese Israeliten aus der Gegend Beth El, Schechem und Samaria bringen ihre eigenen Traditionen mit, beispielsweise jene der saulidischen Periode. Diese Traditionen standen der davidischen Dynastie und ihren Gründern feindlich gegenüber. Im Nordreich galt David aufgrund seiner unrühmlichen Vergangenheit als Anführer einer Bande von Gesetzlosen als »Verräter«, als Kollaborateur, der sich selbst mit den philistäischen Erzfeinden verbündet hatte. Die Crux der deuteronomistischen Redaktoren in Jerusalem bestand darin, dass sie die negativen Erzählungen über König

Marc Chagall: Exodus - Der Stern Davids

David nicht einfach wegwerfen konnten. Der viel spätere Autor der Chronika Bücher hat genau das getan und alles Negative über David zensiert. Aber die frühen Autoren in Jerusalem konnten die Traditionen der Israeliten nicht zensieren, denn sie waren ein wichtiger Teil der Bevölkerung von Juda nach 720 vC.

Da sie die nördlichen Traditionen respektierten mussten, nahmen sie diese auf, allerdings konnte dies aufgrund der eigenen Glaubwürdigkeit nicht kommentarlos geschehen. Das ist der Moment, in dem mit einer Apologie antworten und den Menschen erklären, »was wirklich passiert ist«. Letztlich ist das primäre Ziel dieser Apologie, das Andenken Davids als Gründer der Dynastie zu schützen. Es spricht also vieles dafür, dass die dritte Schicht aus dem späten 8. bzw. frühen 7. Jh. vC stammt.

Die ersten drei Schichten dokumentieren eine lange Entwicklung der davidischen Tradition vom 10.-8. Jh. vC. Die vierte Schicht, sozusagen das literarische Endprodukt fällt in die Zeit der deuteronomischen Historiker. Diese werden, zumindest in der ersten, frühesten Phase in der Zeit König Josias im späten 7. Jh. vC aktiv, wobei natürlich weitere spätere Schichten und Hinzufügungen nachweisbar sind. Und in dieser Schichte finden sich all das wieder, was bereits weiter oben ausführlich beschrieben wurde. Die Philister in der Bibel, der Kampf zwischen David und Goliath, wobei Goliath die Rüstung eines griechischen Hopliten aus dem 7.-6. Jh. vC trägt; das homerische Genre eines Zweikampfes, der über den Sieg der beiden Armeen entscheidet; die Geschichte der Seranim, den Herren der Philister; die Cherethiter und die Pelethiter als die »Eliteeinheiten von König David« oder die Idee des Städtebundes. Des Weiteren die Vision der Vereinigten Monarchie, die nicht mit der historischen Realität des 10. Jh. vC in Einklang zu bringen ist. Weder durch archäologische Befunde noch durch den altorientalischen Textkorpus, es sei denn, man betrachtet das Nordreich im 9.-8. Jh. vC. Ausgangs des 8. Jh. vC ist dann aber die Beschreibung einer Vereinigten Monarchie, auch wenn sie auf den Erinnerungen an das nördliche Königreich fußt, eine ideologisch motivierte Zukunftsvision. Denn das von den Assyrern eroberte Nordreich ist bereits Geschichte und nachdem diese sich aus der Levante zurückzogen, mag sich für die Redaktoren zur Zeit König Josias im späten 7. Jh. vC ein Fenster voller Möglichkeiten geöffnet haben. Eine faszinierende Vorstellung schien mit einem Mal zum Greifen nahe zu sein. Eine neue Welt mit der großen Vereinigten Monarchie, die über alle Territorien der Hebräer im Norden und im Süden herrscht und von Jerusalem aus von einem Davididen regiert wird. Nicht zuletzt deshalb wird König Josia in der Bibel als der rechtschaffenste der davidischen Könige beschrieben und mit König David verglichen. Die Entstehung der vierten Schicht, zumindest deren Beginn, lässt sich also auf das 7. Jh. vC datieren.

Gemäß seiner Bedeutung ist von David auch in anderen Teilen des Tanachs die Rede: in den Chronikbüchern, den Prophetenbüchern und im Psalter. Damit rückt David noch einmal anders und neu in den Blick.

Das Bild Davids in der Chronik

Die Geschichtsdarstellung der Chronikbücher stammt aus nachexilischer Zeit. Sie benutzt die Samuelbücher als literarische Quellen und setzt eigene Akzente. So lässt sie die Geschichte Davids, wie überhaupt ihre Geschichtsdarstellung, erst mit dem Tod Sauls beginnen (1.Chr 10,1-14). Im Zuge einer Idealisierung Davids werden ganze Passagen wie die Jerusalemer Hofgeschichten weggelassen und die Einsetzung Salomos zum König nicht als Ergebnis einer Verschwörung, sondern als ein feierlicher Akt dargestellt (1.Chr 29,21-25). Die eindrücklichste und längste Passage, die umgekehrt in den Samuelbüchern keine Parallele hat, macht David zum Inaugurator des Tempelkults (1.Chr 22-29). Natürlich wusste der Verfasser der

Chronikbücher, dass nicht David, sondern Salomo den Tempel errichtet hat. Doch lässt er David den Tempelbau bis in alle Einzelheiten vorbereiten, von der Beschaffung der Baumaterialien bis hin zu den genauen Gewichtsangaben der goldenen Leuchter, Gabeln, Schalen und Kannen (1.Chr 28,15-17). Auch die Dienstklassen der Leviten, Priester, Sänger und Torwächter werden von David eingeteilt. Damit tritt deutlich hervor, worauf es dem chronistischen Davidbild ankommt. Es möchte nicht so sehr den wirklichen als vielmehr den idealen Herrscher David vor Augen führen, der als Repräsentant der Gottesherrschaft (Theokratie) den göttlichen Willen tut und die Geschicke der jüdischen Gemeinde lenkt. Damit wird in der Zeit des Zweiten Tempels die Erinnerung an David nochmals neu und nachhaltig belebt.

David redivivus bei den Propheten

In den messianischen Weissagungen der Prophetenbücher erscheint David in besonderer Weise als *David redivivus*, als „wiedererstandener David". Damit verbindet sich die nachexilische Hoffnung, dass Gott einen Spross aus dem Haus Davids erwecken und als zukünftigen Herrscher einsetzen wird (Jes 11,1; Jer 23,5-6). Dieselbe Erwartung wird teilweise auch auf Bethlehem als dem Geburtsort Davids bezogen (Mi 5,1-3). Der »neue David« soll über das wiedervereinigte Israel herrschen und wie der von Gott erwählte Knecht David für Recht und Ordnung sorgen (Ez 37,24-25). Dabei lässt sich beobachten, dass die mit dem *David redivivus* verbundenen politisch-konkreten Erwartungen zunehmend in den Hintergrund treten und seine Gestalt zum Symbol einer zukünftigen respektive messianischen Heilszeit wird.

David im Gebetbuch des Psalters

Im Psalter rückt David in unterschiedlicher Weise in den Blick. Einige wenige Psalmen sind am davidischen Königsbild interessiert. Vor dem Hintergrund der Dynastieverheißung (2.Sam 7) erheben sie David zum königlichen Vorbild für seine Nachfolger, so besonders der Königspsalm Ps 89 (Ps 18,51; Ps 122,15; Ps 132,10.17). Die meisten Erwähnungen Davids stehen jedoch nicht in den Psalmen selbst, sondern in den ihnen später zugesetzten »Überschriften«. 73 Psalmen enthalten darin den Zugehörigkeitsvermerk *„ledawid"* [לְדָוִד], der sachgemäß mit „David zugeordnet" zu übersetzen ist und der Gruppenbildung dient (David-Psalter I: 3-41, David-Psalter II: 51-72, kleine David-Reihe: 108-110, sowie die hymnischen David-Lieder: 138-145). Besonders interessant sind schließlich die Situationsvermerke bei 13 Psalmen. Sie beziehen die nachfolgenden Gebete auf eine Begebenheit aus dem Leben Davids und erzeugen dadurch eine Modellsituation, in die sich der Beter einfinden und seine Erfahrungen der Not und Befreiung artikulieren kann. Dabei orientieren sich die biographischen Vermerke in auffälliger Weise nicht an David als dem König, sondern an David als dem in Not geratenen Einzelnen. Das Davidbild, das hier aufgenommen wird, tritt in den Geschichten seiner Verfolgung durch Saul besonders hervor (Ps 18,1; Ps 34,1; Ps 52,2; Ps 54,2; Ps 56,1; Ps 57,1; Ps 59,1; Ps 63,1; Ps 142,1).

James J. Tissot, 'David Dances before the Ark (1896-1902)

Zusammenfassung

Die Geschichte von König David ist eine der komplexesten Geschichten in der hebräischen Bibel. Der historische David war eine zunächst eine eher bescheidene Figur, Gründer einer Dynastie im traditionellen Zentrum des südlichen Hochlandes und Herrscher über ein begrenztes Gebiet. Im Laufe der Jahrhunderte wird er immer größer. Verantwortlich dafür ist die propagierte territoriale Ideologie und Theologie des Königreiches Juda, Jahrhunderte nach

seiner eigenen Zeit, in der spätmonarchischen Zeit. Er wird auch deshalb so groß, weil er so viele Schichten hat. Wichtig wird er auch durch die wunderbare literarische Beschreibung dieser Figur, die viele Aspekte eines großen Königs aufweist, gleichzeitig aber auch einen Menschen skizziert, der weit davon entfern ist, makellos zu sein. Er wird sowohl durch die judäische Ideologie als auch durch die Theologie des frühen Christentums so wichtig und groß. Und nimmt noch dadurch an Bedeutung zu, indem er in allen großen europäischen Dynastien als monarchisches Ideal und Symbol der Monarchie in Spätantike und Mittelalter verehrt wurde.

Kapitel 14: König Salomo, ein globaler Herrscher?

Mit dem Namen Salomo wird in der Bibel der dritte König über Israel und Juda nach Saul und David bezeichnet. Mit seiner Thronbesteigung gelingt in der biblischen Erzählung die erste dynastisch organisierte Machtübergabe, das „Haus Davids" als Königshaus entsteht. Salomos Lebensdaten sind unbekannt, denn die vierzigjährige Regentschaft (1.Kön 11,42) ist wie bei David eine symbolische Größe. Der historische Befund und die damit verbundenen Unsicherheiten verbieten konkrete Datierungen. Die Erzählungen aus der Regierungszeit Salomos spielen in der Mitte des 10. Jh.s vC. Die Zeit von Salomos Königtum erscheint im Erzählzusammenhang als »Goldenes Zeitalter« Israels (1.Kön 4,20-5,1). Seinem Sohn und Nachfolger Rehabeam gelingt es nicht, das Reich seines Vaters zu festigen, sodass schon eine Generation nach Salomo nur mehr das Königreich Juda bei den Davididen verbleibt (1.Kön 12,16-19). Gesamtbiblisch gesehen und in der nachbiblischen Rezeptionsgeschichte wird der insgesamt rätselhafte Salomo zu einer facettenreichen Projektionsfigur.

Der Name

Der Name Salomo [שְׁלֹמֹה] wird verschieden interpretiert. Die klangliche und lexikalische Nähe zu Schalom [שָׁלוֹם], „Ganzheit, Frieden" ist auch bereits innerbiblisch präsent (1.Chr 22,9). Mitunter wird der Name mit Blick auf den verstorbenen älteren Bruder (2.Sam 5,14; 2.Sam 11-12) als „seine Unversehrtheit, sein Ersatz" [שׁלם] gedeutet oder, mit Bezug auf seinen Vater David, als Kurzform eines theophoren Namens verstanden: „(Gott ist) sein [Davids] Heil". Der Anklang an den Namen der Residenzstadt Salomos, Jerusalem und an den Stadtgott Schalem [שָׁלֵם] ist ebenfalls plausibel, da als theophorer Name in einem Ostrakon aus Tell el-Kheleifeh belegt. Auch in der Bibel wird der Gott erwähnt: *„JHWH verleiht seinen Segen und unsere Erde gibt ihre Frucht. Zedek geht vor ihm her und Schalem auf der Wegespur seiner Schritte."* (Ps 85,13–14). Von JHWH erhält Salomo durch den Hofpropheten Nathan den zweiten Vornamen [יְדִידְיָה, *Jedidjah*], „Liebling

JHWHs" (2.Sam 12,25). Das Verhältnis der beiden Namen zueinander lässt sich bislang nicht erhellen.

Historische Grundinformationen

Aussagen zum historischen Hintergrund der Figur Salomo sind umstritten und fallen daher seit längerer Zeit schwer. Einzig verwertbare Quelle sind die Salomo betreffenden Texte in 2.Sam und 1.Kön, alle weiteren und alle außerbiblischen Belege sind samt und sonders Rezeptionen dieser Texte. Die unsichere Quellenlage hängt mit den Diskussionen um die Datierung der Eisenzeit IIA in der südlichen Levante zusammen. In dieser Periode ist eine sich entwikkelnde Staatlichkeit auch archäologisch nachweisbar. Ob

Marc Chagall: König Salomon auf seinem Thron

man Salomo in einer Zeit verortet, in der staatliche Strukturen und repräsentative Bauten denkbar sind, oder ob man sich für die Vorstellung eines unbedeutenden Lokalherrschers in einer gänzlich agrarisch geprägten Kultur entscheidet, ist der grundsätzliche Dissens zwischen den Befürwortern und Gegnern der historisch-kritischen Bibelwissenschaft. Zweifelsfrei spiegeln die Texte in 1.Kön Zustände späterer Zeiten wider, bisweilen zeichnen sie phantastische Bilder der salomonischen Herrschaft. Aussagen über eine mögliche historische Nichtexistenz Salomos verbieten sich allerdings ebenso wie allzu detaillierte historische Rekonstruktionen mit absoluten Chronologien.

Wer ist Salomo?

Schon der biblische Befund ist äußerst komplex, ein »kanonischer Salomo aus einem Guss« ist nicht erkennbar. Vielmehr entwickelt die Salomo Figur bereits innerbiblisch eine facettenreiche Wirkungsgeschichte, die sich nachbiblisch weiter verzweigt. Es gibt einige Aussagen und Motive im biblischen Text, die immer wieder als historisch verwertbare Quellen ins Spiel gebracht werden. Dazu gehören die nicht-konventionelle Beziehung seiner Eltern, die mit einem Ehebruch beginnt, und die konfliktbeladene, zu Salomos Gunsten entschiedene Thronnachfolge Davids (Batseba-Salomo-Novelle). Die gesamte Geschichte des Hauses Davids, die in ihrer Endgestalt in 1.Kön 2 endet, dürfte alte Traditionen und historisch verwertbare

Informationen zum Aufstieg Davids enthalten, ist in Bezug auf Salomo aber auch eine undurchsichtige Quelle.

Die drei Bilder des Salomo

Wenngleich die Regierungszeit Salomos als verbindendes Element der einzelnen Erzählungen ausgemacht werden kann, bleibt die Vielstimmigkeit der Erzählintentionen bemerkenswert. Es geht keineswegs nur um Salomo, Salomos Ruhm oder Salomos Scheitern. Die Erzählungen von Salomo in 1.Kön sind eingebettet in einen größeren Erzählkomplex über das Werden des Königtums in Israel und Juda. »Salomo« ist dabei häufig das »Modell«, an dem Konzepte von Königtum in all seinen Facetten durchgespielt werden. Gleichwohl hat diese thematische Gemengelage ihrerseits Einfluss auf die Figur Salomo und prägt die verschiedenen Salomobilder.

König Salomon ist eine historische Figur, aber es gibt eine große Spannung zwischen dem historischen und dem literarischen Salomon. Denn der historische Salomon ist eher eine sehr bescheidene Figur. Und er herrscht wie zuvor David über ein begrenztes Gebiet im südlichen Hochland. Die biblische Beschreibung schildert uns allerdings ist jedoch ganz anders. Die biblische Beschreibung ist in weiten Teilen die Glorifizierung einer Idealfigur. Der Salomon der Bibel ist ein ganz anderer. Das Salomobild in 1.Kön 5,1-14 mutet beinahe märchenhaft an. Die Aussagen über Salomo, seine Königsherrschaft, seinen Reichtum und seine Weisheit werden ins Unermessliche gesteigert. Salomo regiert nun ein Weltreich (1.Kön 5,1), das Land und seine Bewohner erfreuen sich an Frieden, Ruhe und Wohlstand. Das Weisheitskonzept von 1.Kön 5 erhält in der kanonischen Salomo-Rezeption Bedeutung: Der Salomo, von dem 3000 Sprüche und 1005 Lieder stammen (1.Kön 5,12), kann mit Liedern (Ps 72,1; Hhld 1,1) und Sprüchen (Spr 1,1) in Verbindung gebracht werden.

Dies ist natürlich keine historische Beschreibung, wie aus der archäologischen Forschung eindeutig hervorgeht. Der Charakter Salomos, dieser rätselhaften Figur, ist schwierig zu erfassen. Der biblische Text vermittelt den Eindruck, dass man es mit verschiedenen Figuren zu tun hat. Natürlich um ein- und denselben Salomo, der aber auf unterschiedliche Weise beschrieben wird. Die Erzählungen stellen dem Leser sozusagen drei Salomonen vor. Da ist der Salomon aus dem ersten Buch der Könige, Kapitel eins und zwei. Dieser

Salomo ist eher passiv. Seiner Geburt geht eine belastete Familiengeschichte voraus; sein Vater David begeht Ehebruch mit Batseba[276] und fädelt auf militärischen Umwegen dessen Tod ein. Der erste Sohn aus dieser Verbindung stirbt. Dem Zweitgeborenen Salomo fällt ein besserer Start ins Leben zu: JHWH liebt ihn (2.Sam 12,24). Von Salomos Aufwachsen wird nichts erzählt. Sein Name erscheint erst wieder in 1.Kön 1,10.

Davids Kraftlosigkeit ist Anlass für seinen vierten Sohn Adonija, nach dem Thron des Vaters zu greifen (1.Kön 1,5-10). Nathan führt gemeinsam mit Batseba und Zadok eine Intrige an, in deren Folge Salomo und nicht Adonija auf den Thron gelangt. Nach der Septuaginta[277] ist Salomo bei der Thronbesteigung erst 12 Jahre alt, im hebräischen Text der Königsbücher fehlt ein solcher Hinweis (1.Kön 2,12), ebenso in der Chronik. Mit seinen Gegnern weiß der junge König durchaus umzugehen und sichert entsprechend seine Macht. Er hält sich dabei mitunter an den Rat Davids, weicht im Detail aber ab. Die Rolle Nathans und Batsebas bei diesen Säuberungen lässt die Erzählung offen, nachdem diese beiden dem Salomo aber auf den Thron verholfen haben, bleibt beim Leser die Frage nach der Eigenständigkeit dieses Herrschers zurück.

Der »zweite Salomo« ist der große Salomo zwischen Kapitel drei und Kapitel zehn. Jedoch sollte der Teil, welcher sich mit der Geschichte vom Bau des Tempels beschäftigt, als separater Block betrachtet

werden. Politisch-strategisch hat sich seine Position nach 1.Kön 2 gefestigt, in 1.Kön 3,28 wird erzählt, wie sich Salomo die Gunst seines Volkes, „ganz Israels", erarbeitet. Nach seiner Ver-schwägerung mit dem Pharao ist die nun nötig geworde-ne Unterbringung

Marc Chagall: König Salomon

der Pharaonentochter der Anlass, bereits Salomos Bautätigkeiten am Palast, am Tempel und an der Stadtbefestigung einzuführen (1.Kön 3,1). Im Traum wird Salomo von Gott auf die Probe gestellt: Er bekommt einen Wunsch freigestellt. Salomo eröffnet seine Antwort mit einem Bekenntnis und wünscht sich schließlich das berühmte hörende Herz, um das Gottesvolk zu richten und zu regieren (1.Kön 3,9). Dieser Wunsch ist gut in den Augen des Herrn.

Salomo erhält, was er sich wünscht, und vieles mehr. Nach der Beseitigung möglicher Gegner und dem Erweis der richterlichen Regierungsfähigkeit erzählt 1.Kön 4 von Salomo als geschicktem Organisator seines Reiches. Er etabliert eine Verwaltungsstruktur, die einen Eindruck von der Reichsorganisation geben soll. Gegenüber den Listen aus der Regierungszeit seines Vaters David ist der Verwaltungsapparat deutlich angeschwollen. Erwähnt werden Statthalter in 1.Kön 4 nur für die Nordstämme, Juda wird separat erwähnt. Das „ganz Israel" klingt in 1.Kön 4,7 nicht mehr ganz so selbstverständlich wie in 1.Kön 3,28.

Den größten Raum nimmt im Text der Tempelbau ein. Er wird zunächst vorbereitet (1.Kön 5,15-32) und durchgeführt (1.Kön 6). Es folgt die Errichtung des Palastes (1.Kön 7,1-12) und die Beschreibung der Ausstattung des Tempels (1.Kön 7,13-51). Als alles vollendet ist, kann die Bundeslade mit großem Geleit aus der Davidsstadt in den Tempel überführt werden (1.Kön 8,1-12). Nach einer Ansprache folgt das Weihegebet (1.Kön 8,22-53), in welchem, neben einer ganzen Reihe an Gott adressierter Bitten, Gottes Gegenwart im Tempel auffällig differenziert gedacht wird. *„Wohnt denn Gott wirklich auf der Erde?"*, lautet die Frage in 1.Kön 8,27a. Segen und

Opfer schließen die Feier ab (1.Kön 8,54-65). Die Schilderung der Vorbereitungen des Tempelbaus erhellen zugleich Salomos außenpolitische Aktivitäten, seine Partnerschaft mit Hiram von Tyrus, die Materialien für Salomos Bautätigkeiten sichert und Salomo zugleich zu beständigen Abgaben verpflichtet (1.Kön 5,15-32). Innenpolitisch auffällig ist das Ausheben von 30.000 Fronpflichtigen in Israel (1.Kön 5,15-32). An die Einweihung des Tempels schließt sich Gottes letzte Warnung für Salomo an (1.Kön 9,1-9): Maßstab für den Erhalt der Dynastie bleibt das Erfüllen der Gebote und Satzungen JHWHs. Unter den Auflistungen seiner weiteren Bautätigkeiten, dem Ausbau von Städten und der Auflistung seiner Reichtümer (1.Kön 9,10-10,29) sticht die Begegnung mit der Königin von Saba[278] heraus, die Salomos Weisheit eher als intellektuelle Selbstbeschäftigung erscheinen lässt und doch eine breite Wirkungsgeschichte entfaltet. All das ist der »zweite Salomo« im ersten Buch der Könige.

Und dann gibt es noch einen »dritten Salomo«, der den Leser zu Beginn von Kapitel 11 sehr überrascht. Plötzlich findet sich im biblischen Text eine sehr negative Sicht auf den vormals so gepriesenen König Salomo und die Schilderung des Unterganges der salomonischen Herrlichkeit. Der Grund wird mitgenannt: König Salomo verfiel im fortgeschrittenen Alter ausländischen Frauen und heiratete diese. Die fremden Frauen brachten ihn vom Weg des Gottes Israels ab und so wurde er ein Sünder. Er wurde ein Abtrünniger, was den Gott Israels dermaßen erzürnte, dass dieser beschloss, die große Vereinigte Monarchie zu beenden und mit Israel und Juda in zwei hebräische Königreiche aufzuteilen. Die Folge sind Herrschaftskonflikte schon zu Lebzeiten und eine vernichtende Prophetie durch Ahija von Schilo[279] (1.Kön 11,1-40). Kapitel 11 wird von einer Rahmennotiz beschlossen, die dadurch auffällt, dass sie auf eine weitere, sonst unbekannte Quelle, das *Buch der Angelegenheiten Salomos*, verweist (1.Kön 11,41-43).

In 1.Kön 12 ist König Salomo kein Akteur mehr, da längst zu Grabe getragen (1.Kön 11,43). Und doch

wird das Geschehen und die Regentschaft seines Sohnes Rehabeam von Salomo mitgeprägt. Rehabeam bekommt es mit Jerobeam zu tun, der zunächst vor Salomo fliehen musste und nun von Israel herbeigerufen wird und offenbar eine neue Chance erwartet. Erst hier in 1.Kön 12,4 erfährt die Leserschaft davon, dass Salomos Regentschaft aus Sicht der *„Versammlung Israels"* und Jerobeams auch als bedrückend wahrgenommen wurde. Insofern ist dieses Kapitel für ein biblisches Salomobild nicht unerheblich. Mitunter wird vorgeschlagen, eine »Salomo-Komposition« bis 1.Kön 12,24 laufen zu lassen, weil sich an dieser Stelle die Prophezeiung Ahijas aus 1.Kön 11,34 erfüllt. Erst hier wird der Leser mit den dramatischen Folgen von Salomos Regentschaft vertraut gemacht: sein Reich hat keinen Bestand, dem Haus Davids verbleibt nur Juda. Und erst hier wird von einer Reaktion Israels auf die Rekrutierung von Fronpflichtigen aus Israel berichtet, die zuvor (1.Kön 5,27-28) beinahe beiläufig erzählt worden war.

Das sind also die »drei Salomonen«. In der traditionellen Bibelwissenschaft gab es mitunter verzweifelte Versuche, diese drei Salomonen zu harmonisieren. Ein aussichtsloses, bestenfalls ideologisch zu rechtfertigendes, Unterfangen, denn es unmöglich, den »zweiten Salomo« mit dem abtrünnigen Salomo des 11. Kapitels in Einklang zu bringen. Daraus resultiert die Notwendigkeit, den Versuch zu unternehmen, die drei Salomonen als verschiedene Texte auf verschiedenen Hintergründen zu lesen. Was wiederum bedeutet, dass auch die Beschreibung von König Salomo, ähnlich wie die Geschichte König Davids, sich in mehreren Schichten präsentiert.

Der »erste Salomo« ist relativ leicht zu entschlüsseln. Wir haben hier das Ende der Sukzessionsgeschichte vor uns. Im Kapitel über König David war von der Theorie Leonhard Rosts die Rede, der zwei Blöcke in den Samuelbüchern identifizierte, die Aufstiegs- und die Nachfolge- bzw. Hofgeschichte. Und letztere Geschichte erzählt, wie es dazu kam, dass Salomo, der nicht der erste Anwärter auf dem Thron Davids war, schließlich das Königreich erbte. Rost betrachte die Hofgeschichte als Apologie, welche legitimieren sollte, dass letztlich David und nicht Amnon, Adonija oder Abschalom, auf dem Thron saß. Innerhalb des kulturellen Kontextes Judas im 10. Jh. vC war eine derartige literarische Komposition unmöglich. Die Frage, die man sich also wie bei David, auch in der Causa Salomon stellen muss, lautet: wann war der Moment, in dem Salomo diese Legitimierung brauchte und gab es einen Weg, den negativen Aspekt zu neutralisieren, dass er nicht der erste Thronanwärter war? Wie bei David steht die Antwort in direktem Zusammenhang mit der Einwanderung vieler Israeliten nach Juda nach der Übernahme des Nordreiches durch Assyrien im Jahr 722 vC. Das war der Moment, in dem Juda zu einer gemischten Gesellschaft aus Judäern und Israeliten wurde. Die Israeliten brachten ihre negativen Erinnerungen an die davidische Dynastie mit. Dieser historische Kontext ist der Schlüssel zum Verständnis des ersten Salomo, eine Reflektion auf das Juda im ausgehenden 8. Jh. vC. Der dritte Salomo beleuchtet den zweiten und macht es möglich, sogar ein Datum für den zweiten Salomo vorzuschlagen. Weil der dritte Salomo im Kapitel 11 des ersten Buches der Könige - der Sünder, der Abtrünnige mit den fremden Frauen, die ihn dazu brachten, vom Weg des Gottes Israels abzuweichen bis hin zur Anbetung der Götter der Nachbarvölker – in einer typisch deuteronomistischen Sprache dargestellt wird. Deshalb ist dieser Kontext wahrscheinlich im späten 7. Jh. vC zu verorten. Deuteronomistisch ist gleichbedeutend mit der Zeit König Josias von Juda und Kapitel 11 ist eine Antwort des deuteronomistischen Lagers auf den »großen Salomo«. Dieser König der Globalisierung treibt

Handel mit fernen Ländern und eine fremde Königin kommt aus Arabien zu Besuch. »Wohin führt das alles?«, fragen die Redaktoren Josias. Zu Apostasie, zu unerwünschten Beziehungen mit fremden Menschen, zur Beeinflussung durch fremde Religionen. Es führt zum deuteronomistischen Salomo in Kapitel 11.

Das bedeutet aber wiederum, dass der »zweite Salomo« eine Komposition sein muss, die vor dem späten 7. Jh. vC entstand. Der gerechte und weise Salomo, den alle kennen und lieben, wird wie ein großer assyrischer König beschrieben. Die Schreiber mögen von den ihnen bekannten Figuren Sanherib, Sargon II[280]. oder auch Aschurbanipal[281] inspiriert gewesen sein. Und das ist der erste Anhaltspunkt, den »zweiten Salomo« in das assyrische Jahrhundert in der Geschichte Judas zu verorten. Wenn man die Beschreibung des Tempelbaus aus dem Salomozyklus herausnimmt, als separaten Block betrachtet, und dann alle anderen Überlieferungen über Salomo zusammenfügt, gibt es gute Gründe für die Annahme, dass es sich um einen einheitlichen Text handelt. Was ist das für ein Text? Um die „Geschichten Salomos" [ספר דברי שלמה], ein verlorener Text, auf den in 1. Kön 11,41 Bezug genommen wird: *Und der Rest der Geschichte*

Salomos und alles, was er getan hat, und seine Weisheit, ist das nicht geschrieben im Buch der Geschichte Salomos?". Also stellt sich die Frage, ob den deuteronomistischen Autoren dieses etwas früher entstandene Manuskript der „Geschichten Salomos" vorgelegen hat und bei der Komposition der Kapitel 3-10 »Pate stand«.

Grundsätzlich spricht vieles dafür, die Darstellung des »zweiten Salomo« auf den Zeitraum des assyrischen Jahrhunderts in der Geschichte Judas, d.h. zwischen 730-630 vC zu datieren. Aber die einzelnen Erinnerungen der Texte können breiter sein als das assyrische Jahrhundert, so dass die Notwendigkeit besteht, die historische Realität aus dem Blickwinkel der Archäologie und der Geschichte des Alten Orients in jedem einzelnen Fall zu überprüfen. Dabei scheint eine Konzentration auf zwei Phasen angemessen zu sein. Die eine ist die Blütezeit des Nordreiches in der ersten zur Zeit von Jerobeam II. Und die zweite ist die Zeit von König Manasse in Juda in der ersten Hälfte des 7. Jh. vC. Während der 55 Jahre seines Regnums erfolgte die vollständige Integration Judas in das globalisierte Wirtschaftssystem des Assyrischen Reiches. Darin liegt das Verbindende zwischen den Überlieferungen von Jerobeam und Manasse. Beide reflektieren den

Eindruck ihrer Zeit vermitteln, den Eindruck von großen Königen, die über ihr Reich herrschten in einer Zeit des Handels, des Wohlstands und der globalisierten Aktivitäten.

In Salomos Geschichte finden sich Elemente, die sowohl an Jerobeam II. im Nordreich als auch an die Zeit König Manasses erinnern. Wenn man sich diese beiden Ereignisse einzeln ansieht und mit Jerobeam II. beginnt, so gilt es, wie weiter oben bereits ausgeführt, im Hinterkopf zu behalten, dass es in der Hofgeschichte Davids auch Erinnerungen gibt, die nur vor dem Hintergrund des Nordreiches zur Zeit Jerobeams II. verstanden werden können. Vier Episoden in der Geschichte des großen Salomo, des »zweiten Salomo«, stammen wahrscheinlich aus der Erinnerung an das Nordreich Jerobeams II. Diese sind: Erstens, der Bau von Hazor, Megiddo und Gezer. Zweitens: Salomos Pferde, Streitwagen und Ställe. Drittens: die Beschreibung von Hiram[282], dem König von Tyrus und seine Beziehungen zu Salomo. Und viertens: die salomonischen Bezirke im vierten Kapitel des ersten Buches der Könige.

Der Bau von Hazor, Megiddo und Gezer

Der berühmte Vers in 1.Kön 9,15: *„Und so verhielt sich's mit den Fronleuten, die der König Salomo* *aushob, um zu bauen des HERRN Haus und sein Haus und den Milo und die Mauer Jerusalems und Hazor und Megiddo und Geser.“* schildert Salomo als großen Baumeister. In der Vergangenheit wurde, allerdings nicht sehr erfolgreich, dazu verwendet,

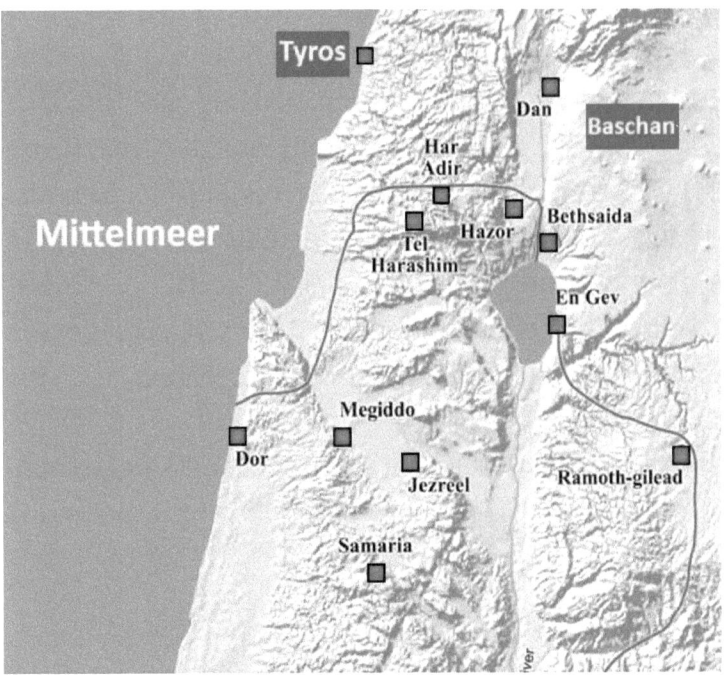

damit die Bauten in Megiddo zu identifizieren und sie in den Kontext König Salomos zu stellen. Interessant ist, dass Salomo als Baumeister in Juda, abgesehen von vom Palast und dem Tempel in Jerusalem, in der Bibel nicht erwähnt wird. Dagegen spricht die Bibel von drei Städten, die zu den Zentren des Nordreichs

Israel nach der Teilung der beiden Reiche, zählten. Hazor liegt im oberen Jordantal, an der Grenze zu Damaskus. Megiddo liegt im Brotkorb des alten Israel im Jesreel-Tal. Gezer liegt in der südwestlichen Ecke des Königreichs Israel, gegenüber den Städten der Philister. Die archäologische Forschung in diesen drei Orten stellt zwei mögliche Zeitfenster zur Auswahl. Erstens die Zeit des Omriden-Reiches. Die Omriden waren bereits stark genug, um Hazor zu erobern und es als Zentrum im Norden zu etablieren. Definitiv erfolgte in dieser Zeit auch der Bau von Palästen in Megiddo und möglicherweise auch in Geser. Zweitens die erste Hälfte des 8. Jh.s vC, vor dessen Hintergrund Gezer besser zu verstehen ist. Die Hauptbefestigung in Gezer sollten auf das 8. Jh. vC datiert werden. Das 8. Jh. vC bietet eine belastbare historische Kulisse für die gemeinsame Erwähnung von Hazor, Megiddo und Gezer.

Die Pferde Salomos

Die Kapitel, welche den »zweiten Salomo« beschreiben, erwähnen mehrmals, dass Salomo mit Pferden handelte und Stätten mit Wagen, Ställen und Pferden unterhielt. Die Pferde spielen eine zentrale Rolle in der Geschichte von König Salomo. In der ersten Hälfte des 8. Jh.s vC verwandelte sich

Megiddo in eine Stadt der Pferde. Das Nordreich nimmt die besten Grundstücke im Jesreeltal und errichtet dort insgesamt 17 Ställe, die wichtigsten Gebäude in Megiddo. Der Grund ist wirtschaftlicher

Ställe in Megiddo

Natur. Jerobeam II. profitiert vom lukrativen Handel mit Pferden. Er importiert Pferde aus Ägypten, züchtet und trainiert sie, um sie dann gewinnbringend an die Armeen der benachbarten Königreiche, darunter natürlich auch die Assyrer, zu verkaufen. Das Assyrische Reich benötigt die ägyptischen Pferde, denn nur diese sind für die Streitwagen geeignet. Die Pferde aus dem Norden sind kleiner und weniger für die militärische Verwendung geeignet wie ihre größeren Artgenossen aus dem Süden.

Salomo und Hiram

Der biblische Hiram war König von Tyrus an der phönizischen Küste lieferte das Holz für den Bau des Tempels in Jerusalem. Die Historiker haben ihn als Hiram I. Dieser Hiram I. identifiziert. Erwähnt wird der phönizische König von zwei späteren hellenistischen Schriftstellern aus dem 2. Jh. vC, welche die Ge-

schichte von Tyrus und deren Könige niederschrieben. Und da sie Hiram I. aus dem 10. Jh. vC auflisten, liegt der Zirkelschluss

Salomo und Hiram von Tyrus beim Bau des Tempels

nahe, ihn mit König Salomo im gleichen Jahrhundert in Verbindung zu bringen. Um diesen zu vermeiden, hätten die Autoren zumindest Hiram, der bereits zu diesem Zeitpunkt vorliegenden griechischen Übersetzung des Tanach, der Septuaginta, entnehmen müssen. Der historische Hiram ist der in den assyrischen Texten in der Zeit Tiglath-Pilesers, dem König von Assyrien in den 730er Jahren vC, erwähnte. Auch hier stößt man erneut auf den

Kontext des 8. Jh.s vC, der besser zum Nordreich des gleichen Zeitraumes passt.

Die Liste der Bezirke

Anhand dieser Liste in Kapitel 4 des ersten Buches der Könige ist es möglich, die Standorte zu identifizieren und eine Karte mit maximal 12 Bezirken erstellen. Drei sehr starke Indizien weisen darauf hin, dass diese sehr gut zum Nordreich Jerobeams II. passen. Ein Hinweis ist, dass die Eroberungen der Omriden im nördlichen Teil Moabs nicht erwähnt werden. Das bedeutet, dass der Text bereits anerkennt, dass der nördliche Teil Moabs nicht mehr zum Königreich Israel gehört. Der zweite Hinweis ist, dass die Eroberung Jerobeams II. im nördlichen Teil von Transjordanien, einschließlich des Baschan im Südwesten Syriens, in der Liste der Bezirke von König Salomo erwähnt werden. Wir befinden uns also wiederum im Kontext der ersten Hälfte des 8. Jh.s vC. Es gibt einen weiteren Hinweis, der vielleicht noch interessanter ist als die beiden vorgenannten, den Verweis auf Juda am Ende der Liste. Wenn Juda also ein Bezirk im Königreich Salomos ist, stellt dies möglicherweise eine Erinnerung an die Tatsache dar, dass Juda zur Zeit Jerobeams II. eigentlich ein Vasall des Nordreiches war und unter der Herrschaft des Nordreiches stand.

Dann wäre die Schlussfolgerung naheliegend, das die Liste in Kapitel 4 aus dem Norden zur Zeit Jerobeams II. stammt.

Welche Salomo-Geschichten schildern Realitäten aus der Zeit Manasses?

Zwei Erzählungen sind da von besonderem Interesse. Die erste ist der sehr bekannte Besuch der Königin von Saba, die Salomo in Jerusalem traf. Dies ist ein faszinierender Text, der wunderbar in das »historische Bühnenbild« der Beteiligung Judas an dem von den Assyrern geführten arabischen Handel passt.

Die geostrategisch günstige Lage Jerusalems half den Assyrern, das nördliche Ende der Hauptroute zu kontrollieren, die sich aus Arabien kommend über die edomitische Hochebene durch das Tal von Be'er Scheba bis zum Mittelmeer, nach Gaza und zu den Hauptverkehrsstraßen erstreckte. Die Beteiligung Judas am assyrisch geführten arabischen Handels begann zwar erst im sehr späten 8. Jh. vC, in der Zeit Tiglath-Pilesers III., aber es gibt mehrere Hinweise aus der Archäologie, diese Entwicklung in die Zeit König Manasses zu setzen. So gibt es einige südarabische Inschriften, die im Be'er Scheba-Tal und in Jerusalem gefunden wurden. In den assyrischen

Aufzeichnungen finden sich Hinweise auf das Phänomen der arabischen Königinnen im späten 8. und 7. Jh. vC. Eine weitere Episode ist die Geschichte von Ezion-Geber als dem Ort, an dem Salomo diese Expeditionen in ferne Länder des Südens schickte, um exotische Waren zu erwerben. Die Identifizierung von Ezion-Geber ist sehr schwierig. Es gibt zwei Möglichkeiten: entweder unter der heutigen Stadt Akaba oder in Tell el-Kheleifeh, einem kleinen Hügel, der von Nelson Glueck in den späten 1930er und frühen 1940er Jahren ausgegraben wurde. Die zahlreichen Ausgrabungen unter Akaba in den letzten Jahren, haben keinerlei Anhaltspunkte für eine Stätte aus der Eisenzeit ergeben. Bleibt also Tell el-Kheleifeh, wo interessanterweise keine Hinweise auf Aktivitäten in der Zeit König Salomons gibt. Es gibt weder in Tell el-Kheleifeh noch an einer anderen Stätte am Kopf des Golfs von Akaba, ein archäologisch nachweisbares 10. Jh. vC. Die frühesten Funde materieller Kultur in Tell el-Kheleifeh stammen aus der ersten Hälfte des 8. Jh.s vC und passt daher in den Gesamtkontext des arabischen Handels unter assyrischer Herrschaft. Möglicherweise ist aber das Regnum Manasses der bessere Kandidat, da er der wichtigste Monarch Judas während der assyrischen Hegemonie über das Südreich ist.

Wichtig ist die Trennung zwischen den Erinnerungen und der eigentlichen Niederschrift. Die Erinnerungen stammen aus der Zeit Jerobeams II. und Manasses, die Frage ist, wann die Verschriftlichung erfolgte. Das „Buch der Taten Salomos", die Episoden des »großen Salomo« in 1.Kön 3-10, wurden in der Zeit König Manasses verfasst, um die Teilnahme Judas an der globalisierten assyrischen Wirtschaft zu legitimieren. Und diese Legitimation zu erreichen, bediente man sich an Beispielen aus der Vergangenheit. Frei nach dem Motto: »Ich, Manasse, bin nicht der erste, der am globalisierten Handel teilnimmt. Schaut auf unseren großen König Salomo, der den Tempel gründete, der den Palast in Jerusalem errichtete, er war der erste große König der Globalisierung«. Und das Gleiche sagte er auch den Israeliten, die in Jerusalem lebten und für sich in Anspruch nahmen, dass ihr König Jerobeam II. der größte aller hebräischen Könige in Israel und Juda zusammen gewesen sei. Er präsentierte sich gleichsam als der neue Salomo und der neue Jerobeam II. Manasse wird zu Salomo und Salomo zu Manasse, was auch die typisch deuteronomistische, negative Einstellung zu Salomo in Kapitel 11 erklärt.

Es ist bekannt, dass es im 7. Jh. vC in Jerusalem zu einem Konflikt zwischen zwei Lagern kam. Die

»Partei« des Gottes Israels und die synkretistische »Partei«, welche den globalisierten Handel unter Assyrien begrüßte und auch dem strengen monotheistischen Glauben an JHWH ablehnend gegenüberstanden. König Josia stand auf der Seite der Deuteronomisten und Manasse wurde zum Symbol der Globalisierung. Folgerichtig musste Manasse verurteilt werden und deshalb wird Manasse als der ultimative Schurke im Buch der Könige beschrieben. Laut deuteronomistischer Sicht war der Gott Israels so wütend über die Politik Manasses und dessen Beziehungen zu den Nachbarvölkern, welche die Ursache für seine Abtrünnigkeit waren, dass er beschloss, Jerusalem und das vereinigte Königreich Jerusalem zu zerstören. Dieser Hintergrund von Manasse bringt die ganze Situation im 7. Jh. vC in Jerusalem auf den Punkt.

Eine der größten Leistungen Salomos war der Bau des Tempels in Jerusalem. Aber auch hier gilt es zwischen der Realität des Tempels und der Gestaltung des Textes zu unterscheiden, der sich auf Salomo bezieht. Die Komposition des Textes dürfte spät erfolgt sein, möglicherweise handelt es sich hier auch um mehrere Schichten. Aber was ist die historische Realität des Tempels? Es gibt die folgende

These: da die Beschreibung von Salomon nicht historisch ist, dann ist der Bau des Tempels ebenfalls nicht historisch. Diese These ist kaum belastbar, da es in Jerusalem mit Sicherheit einen Tempel gab, und zwar deshalb, weil jedes Territorialreich der Eisenzeit und jeder Stadtstaat in der Bronzezeit sowohl einen Palast als auch einen Tempel hatte. Der Tempel war in der Regel der Tempel der Dynastie, wobei sich Palast und Tempel in unmittelbarer Nähe befanden. Es gibt daher keinen einleuchtenden Grund, dass ausgerechnet Jerusalem die einzige »tempellose Ausnahme« in der Eisenzeit gewesen sei, auch wenn auf dem Tempelberg aus den hinreichend bekannten Gründen nicht gegraben werden kann. Die Frage ist eher, ob dieser Tempel auf dem Tempelberg neben dem Palast im 10. Jh. vC zuerst von Salomo gebaut wurde, oder dass es bereits in der Bronzezeit einen Tempel gab, was auch eine logische Schlussfolgerung wäre. Denn in Jerusalem, Zentrum eines Stadtstaates in der Bronzezeit, muss es einen Palast und einen Tempel gegeben haben. Hat Salomo also einen alten Tempel renoviert oder hat er einen neuen Tempel für die davidische Dynastie errichtet? Diese Frage kann bis dato nicht beantwortet werden und es wird wohl auf absehbare Zeit hin keine Möglichkeit, das herauszufinden.

Zusammenfassung

Obwohl Salomo in keinem außerbiblischen Text erwähnt wird, ist er mit hoher Wahrscheinlichkeit eine historische Figur. Er ist der zweite in der Reihe der Davididen in Jerusalem. Er regierte von einer kleinen Stadt aus über ein überschaubares Gebiet im südlichen Hochland. Es gibt eine Spannung zwischen dem historischen Salomo und dessen biblischer Darstellung, vor allem in den Kapiteln 3-10 im ersten Buch der Könige. Dort wird ein überlebensgroßer, assyrerähnlicher Monarch präsentiert, der in Jerusalem auf dem Thron sitzt und über ein riesiges Territorium herrscht und einen profitablen Fernhandel betreibt. Die Beschreibung des biblischen Salomo setzt sich aus verschiedenen Schichten zusammen, in gewisser Weise ähnelt sie der Beschreibung König Davids. Eine frühe Schicht, die vermutlich im späten 8. Jh. vC verfasst wurde, beschreibt den »ersten Salomo«, der unmittelbar nach dem Tod des Großkönigs auf den Thron Davids kommt. Dann folgt die zweite Schicht mit dem großen, dem »zweiten Salomo«. Dieser Text stammt aus der Zeit König Manasses und legitimiert die Beteiligung Judas an der assyrischen Weltwirtschaft. Des Weiteren konkurriert er auch mit der Erinnerung an einen anderen großen König unter den hebräischen Herrschern, Jerobeam II. aus dem Nordreich. Die letzte Schicht zeigt den »dritten« und vielleicht überraschendsten Salomo. Der Salomo, der in Kapitel 11 in einem typisch deuteronomistischen Text als Abtrünniger gebrandmarkt wird. Dieses Kapitel reflektiert auch die Hintergründe einer Rivalität im Jerusalem des 7. Jh.s vC zwischen den Befürwortern einer Zusammenarbeit mit den Assyrern und deren Widersachern aus dem deuteronomistischen Lager.

Salomo in apokryphen[283] Schriften

Neben den genannten kanonischen Schriften werden Salomo auch einige apokryphe Werke zugeschrieben: Die griechische und die syrische Überlieferung kennen die *Psalmen Salomos* [מזמורי שלמה], eine Sammlung apokrypher Psalmen jüdischer Herkunft aus dem 1. Jh. vC und die *Oden Salomos* [האודות של שלמה], eine um 200 nC verfasste christliche Lieder- und Gebets-sammlung. Die, vermutlich in das 1. oder das 2. Jh. zu datierende, gnostische[284] *Apokalypse des Adam*, erwähnt eine Legende, der zufolge Salomo eine Armee von Dämonen aussendet auf der Suche nach einer Jungfrau, die vor ihm geflohen ist. Die Berichte über Salomo als Beherrscher von Dämonen liegen im, ebenfalls gnostischen, *Testament Salomos*, in ausgestalteter Form vor und haben in der jüdischen und der islamischen Volksüberlieferung weite Verbreitung gefunden.

Salomo in jüdischer Rezeption

Insgesamt ist die jüdische Rezeption diejenige, die die Ambivalenz des biblischen Salomo am ehesten in ihrer Breite abbildet. Nur im Fragment bekannt ist der z.B. in den *Stromateis* des Clemens Alexandrinus[285] zitierte jüdisch-hellenistische Historiker Eupolemos. Bei ihm erscheinen Salomos Reichtum und Tempelbau in noch glänzenderem Licht als in den biblischen Texten. Auch Josephus[286] betont die leuchtenden Seiten der Salomo Figur und illuminiert sie im hellsten Licht. Tausende Bücher mit Gleichnissen und Gesängen habe er verfasst, auch seine Weisheit wird gerühmt. Salomo, der *"Herr über Geister und Dämonen"* findet ebenfalls Beachtung. Den Schattenseiten der Herrschaft Salomos an dessen Lebensende widmet Josephus ein eigenes Kapitel.

Die wechselnde kanonische Reihenfolge der drei »salomonischen Bücher« der Hebräischen Bibel (Sprüche, Hohelied, Prediger) ist in der rabbinischen Tradition Anlass zu Spekulationen geworden, in welchem Lebensalter Salomo welche Schrift verfasst haben könnte, wobei die verschiedenen Thesen mit jeweils unterschiedlichen Lesarten der Bücher zusammenhängen.

Salomos Verbindungen zu vielen Frauen werden differenziert betrachtet. Der Besuch der Königin von Saba wird vielfältig ausgeschmückt. Häufig wird die Königin zur Verführerin Salomos. Im Targum Scheni[287] wird gar der babylonische König und Zerstörer des Salomo-Tempels, Nebukadnezar, zu einem Nachfahren aus dieser Verbindung. Die Königin entblößt am Hof ihr behaartes Bein und ihre Eselshufe und wird so als dämonisches Wesen sichtbar. Nie wird die Verehrung fremder Götter in Folge der Frauengeschichten gutgeheißen, aber Rabbi Yose führt im Jerusalemer Talmud, Traktat Sanhedrin, zur Verteidigung an, dass Salomo die Frauen eigentlich zur Tora führen wollte.

Salomo in christlicher Rezeption

Bei den Kirchenvätern wird die Ambivalenz des biblischen Salomo deutlich gesehen. Eine dezidiert christliche Rezeption ist die Sicht auf Salomo als *Typos Christi*, wobei Christus vor diesem Hintergrund als der wahre Friedenskönig, der Davidssohn schlechthin und die Weisheit in Person dargestellt werden kann. Später überwiegt das Bild von Salomo, dem weisen und gerechten Richter. Ausdruck dessen sind die zahlreichen Abbildungen des salomonischen Urteils in Gerichtsgebäuden oder Rathäusern. Eine Sonderrolle nimmt die Salomo-Rezeption in Äthiopien ein. Sie nimmt ihren Ausgang bei der Erzählung des Besuchs der Königin von Saba bei Salomo. Historische Kontakte zum jemenitischen Saba erklären wohl das Interesse an diesem Besuch. Nach der äthiopischen Legende, wie sie ausführlich in der Schrift Kebra Negest[288] vorliegt, kehrt die Königin schwanger zurück, ihr Sohn Menelik entwendet seinem Vater nicht nur die fortan in Äthiopien aufbewahrte Bundeslade, sondern wird bleibend zum Anknüpfungspunkt für nationale und religiöse Identitätskonstruktionen.

Salomo im Koran und in islamischen Traditionen

Der Salomo des Koran wird vor allem anderen zum Propheten und so zum Vorläufer Mohammeds. In Sure 34,13 wird Salomo als Herr des Windes und der Dschinn[289] beschrieben, welche er sich auch dienstbar machen kann. Zwar wird auch Salomos Weisheit und seine Urteilsfähigkeit erwähnt sowie seine Tätigkeit als Bauherr genannt, breiter aufgenommen und ausgestaltet wird aus dem biblischen Erzählstoff allerdings vor allem die Begegnung mit der Königin von Saba. Die Königin, die zunächst als Sonnenanbeterin dargestellt wurde, bekehrt sich im Rahmen ihres Besuches. In islamischen Erzählungen wird Salomo zum Märchenkönig. Er findet Eingang in die bekannte Geschichtensammlung „1001 Nacht", wo er sich mit Geistern und Dämonen auseinandersetzt und sich des magischen Siegels Salomos bedient.

Die Zeit der Reiche Israel und Juda

Herrscher im antiken Israel 1010 -587 vC*			
Südreich Juda		**Nordreich Israel**	
Saul → um 1010			
Esch-Ba'al			
David → um 1004			
Salomo → bis 926			
Rehabeam	926-910	Jerobeam I.	926-907
Abija	910-908		
Asa	908-868	Nadab	907-906
		Baascha	906-883
		Ela	883-882
		Simri	882
		Omri	882-871
Joschafat	868-851	Ahab	871-852
		Ajasja	852-851
Joram	851-845	Joram	851-845
Ahasja	845/4		
Atalja	845/4-840	Jehu	845-818
Joasch	840-801	Joahas	818-802
Amazja	801-773	Joasch	802-787
Asarja/Usija	773-735	Jerobeam II.	787-747
Jotam (Mitregent)	757-742	Sacharja	747
		Schallum 747/6	
Ahas	742-726/5	Menahem	747/6-736
		Pakachja	736-735
		Pekach	735-732
		Hoschea	732-724/3
Hiskija	725-697		

Manasse	697-642	*Die hier angegeben Daten
Amon	641-640	der absoluten
Joschija	639-609	Chronologie weichen je
Joahas	609	nach Autor im
Jojakim	608-598	Detail voneinander ab.
Jojachin	598/7	
Zidkija	597-587/6	

Wie bei den vorangehenden Kapiteln ist auch hier wieder zu beachten, dass die biblischen Berichte in den beiden Königsbüchern keine Geschichtsschreibung im heutigen Sinn sind. Sie wollen, deutlich nach den Ereignissen, Geschichten über Gottes Handeln an Israel erzählen. Dabei wird nicht nach historischen Ursache-Wirkungs-Zusammenhängen gefragt, sondern die leitenden Kategorien sind die Stellung eines Königs zu den Geboten JHWHs.

Kapitel 15: Die ersten 50 Jahre des Nordreiches Israel

Jeroboam Sacrificing to the Idols, Jacques Ignatius de Roore, c. 1704 - c. 1744

In den vorangegangenen Kapiteln haben wir uns mit der vereinigten Monarchie und verschiedenen Aspekten ihrer drei wichtigsten Könige, Saul, David und Salomon beschäftigt. Und dabei festgestellt, dass die historische Existenz der großen, glorifizierten biblische Vereinigte Monarchie im 10. Jh. vC in Juda aus Sicht der historisch-kritischen Wissenschaft nicht wirklich belastbar ist. Im Folgenden geht es darum, sich mit der Entstehung von Israel und Juda als zwei eigenständige Königreiche auseinandersetzen. Dabei ist eine der wichtigsten Voraussetzung, dass dies mittels einer klaren Trennung zwischen der biblischen Geschichte und der historischen Realität vor Ort erfolgt. Die

Bibel beschreibt Israel und Juda aus der Perspektive von Juda und zwar nachdem Israel als Nordreich nicht mehr existiert. Die biblischen Texte dazu sind nach 720 vC entstanden. Nachdem Israel von Assyrien erobert wurde, traten die Judäer sozusagen das Alleinerbe beider hebräischen Völker an und entwickeln dabei ihre eigene Ideologie. Folgt man der biblischen Darstellung hat man den Eindruck, als ob Juda die »big story« ist und Israel ein weiteres hebräisches Königreich, mit dem man sich befassen muss. Vom Standpunkt der Fakten vor Ort aus gesehen, also dem historischen Kontext des Alten Orients und die Ergebnisse der archäologischen Forschung, wird deutlich, dass Israel die eigentliche »big story« ist. Israel war das bedeutendere der beiden hebräischen Königreiche und nicht nur das. Das Nordreich Israel war eines der wichtigsten Königreiche in der südlichen Levante der Eisenzeit. Israel war größer als Juda was die Größe des Territoriums, die Bevölkerungsanzahl und die militärischen Ressourcen betrifft. Des Weiteren war es wirtschaftlich besser organisiert und vernetzt und dadurch wohlhabender und auch kulturell höher entwickelt als Juda.

Daraus resultiert die Notwendigkeit, sich bei der Beschäftigung mit Israel und Juda in der Eisenzeit,

von dem ideologischen Konstrukt und der damit
einhergehenden Theologie der judäischen Autoren
der spätmonarchischen Zeit, zu lösen. Dieses
ideologische Konstrukt beschreibt die potenzielle
Zukunft Judas mit Jerusalem als Zentrum des
Universums. Das gleiche gilt auch für die Vorstellung,
Israel habe sich von der Vereinigten Monarchie
abgespalten. Mit anderen Worten: Es geht um zwei
hebräische Königreiche, die sich parallel
nebeneinander im späten 10. Jh. vC herausbildeten.
Es geht also um die parallele Entwicklung der
davidischen Dynastie in Juda und einer Reihe aufeinander folgender Dynastien in Israel. Dies ist ein
Phänomen, das in der *longue durée* immer wieder
auftaucht. Ein Königreich im Norden und eines im
Süden. Das ist sozusagen die longue durée in
Reinkultur. Diese Situation zweier benachbarter
Territorialeinheiten existierte vermutlich schon seit
der frühen Bronzezeit. Zwei Hauptzentren im
zentralen Teil des Hochlandes, zwischen dem Be'er
Scheba-Tal im Süden und dem Jesreel-Tal im Norden,
also in dem Gebiet, das später zu Israel und Juda
werden wird. Das gleiche Bild wieder in der mittleren
Bronzezeit, mit dem südlichen Zentrum Jerusalem
und dem nördlichen in Schechem. Und natürlich ist
in der Spätbronzezeit das gleiche Muster zu
erkennen und setzt sich bis zum Beginn der Eisenzeit

fort. Beide hebräischen Königreiche setzten das Muster der Amarna-Zeit, also des 14. Jh.s vC fort.

Das Muster der *longue durée* gilt bis zur Entstehung der territorialen Reiche. Die nächste Frage sollte demzufolge lauten: Was ist der Unterschied zwischen einem Stadtstaat und einem territorialen Königreich und wie vollzieht sich diese Wandlung? Denn einer der wichtigsten Faktoren bei der Bewertung des Übergangs von der Bronzezeit zur Eisenzeit, ist der Übergang vom Muster der Stadtstaaten, in der späten Bronzezeit unter ägyptischer Hegemonie, zu den territorialen Königreichen der Eisenzeit. In der Bronzezeit gab es in der südlichen Levante zahlreiche Stadtstaaten wie Megiddo, Hazor, Akko oder weiter südlich Lachisch, Gath und Gezer und noch viele mehr. In der Eisenzeit stellt sich die Situation anders dar. Juda, Israel, Damaskus im Norden und das transjordanische Gebiet mit den territorialen Königreichen von Amon, Moab und Edom. Zumindest in der südlichen Levante, westlich des Jordans, entstanden territoriale Königreiche dadurch, dass ein Stadtstaat im Hochland ins Tiefland

expandierte und mehrere kleine Stadtstaaten im Tiefland übernahm. Wir haben es mit einem Zentrum in den Hochebenen zu tun, das über ein Gebiet herrscht, das Teile des Tieflands der südlichen Levante umfasst. Die Amarna-Tafeln ermöglichen

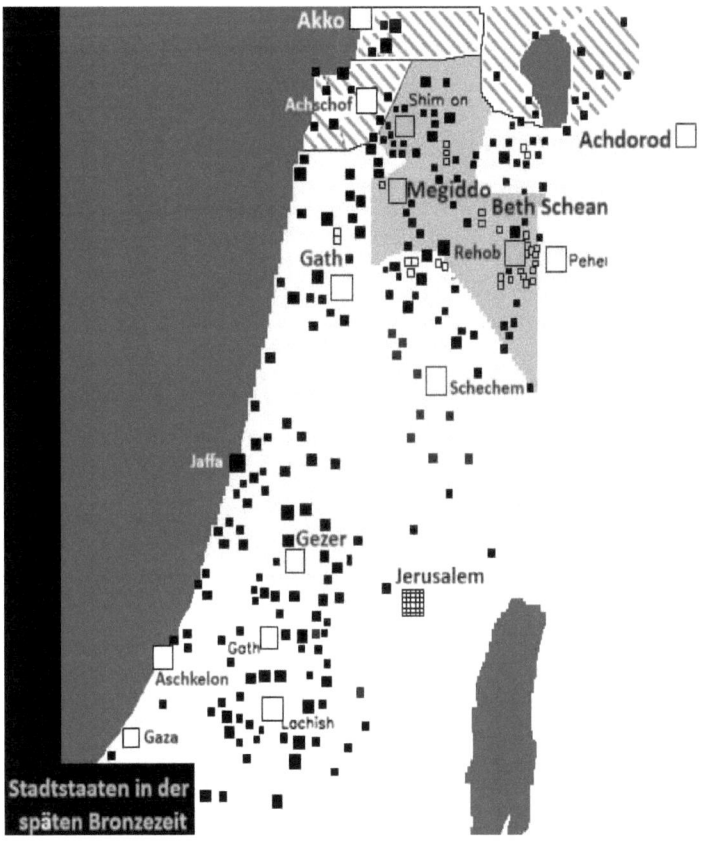

einen Vergleich mit der versuchten territorialen Expansion aus dem Hochland im 14. Jh. vC mit der Expansion des Nordreiches Israel. Die einzelnen Briefe öffnen ein Fenster in die Bronzezeit und gestatten einen detaillierten Blick aus einer bestimmten Perspektive. Was berichten also die Amarna-Tafeln über das Gebiet des zentralen Hochlandes, dem Gebiet, aus dem Israel hervorgehen wird? Da ist der bereits erwähnte Labaju, der Herrscher von Schechem, und nach ihm seine beiden Söhne. Auch sie versuchten, eine vermeintlich günstige Konstellation in Kanaan zu nutzen, um in die Tiefebene zu expandieren. Ihr Ziel war es, andere Stadtstaaten zu übernehmen oder zumindest in Abhängigkeit zu bringen. Labaju und seine Söhne waren demnach bereits im 14. Jh. vC mit der Errichtung eines territorialen Königreichs

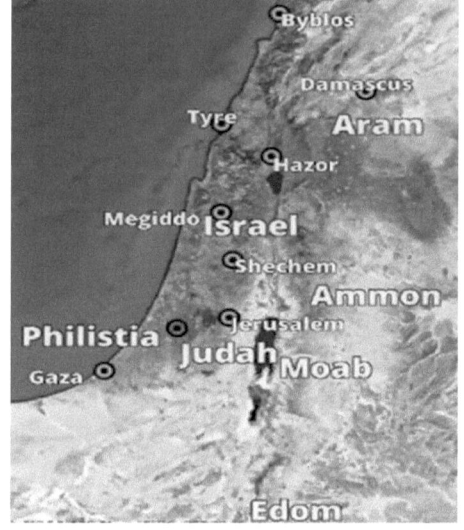

beschäftigt. Dieses Projekt von Schechem aus der Amarna-Zeit war jedoch von vornherein zum Scheitern verdammt, weil das ägyptische Grossreich seine regionalen Interessen gefährdet sah. Die versuchte Expansion in die Schefela durch die Hochlandbewohner kollidierte mit dem ägyptischen Herrschaftsanspruch, insbesondere entlang der

Hauptverkehrsstraße nach Norden. Wenn man jetzt die Situation in der Amarna-Periode mit der des 10. Jh.s vC vergleicht, entwickelt sich im nördlichen Teil des zentralen Hochlandes eine absolut vergleichbare Konstellation. Allerdings war auch das ägyptische Imperium in den globalen Kollaps der antiken Großreiche in der späten Bronzezeit involviert. So entstand ein Zeitfenster eines Machtvakuums zwischen der ägyptischen und assyrischen Suprematie in Kanaan, was Stadtstaaten im Hochland die Möglichkeit zur Expansion zu einem territorialen Königreich eröffnete. In der Folge passiert genau das und es findet eine, dieses Mal erfolgreiche, nachweisbare Ausbreitung der Hochlandbewohner in das Tiefland statt. Genauer gesagt, in das Jesreel-Tal im Norden von Schechem und wahrscheinlich auch in bestimmte Teile der Küstenebene. Dies ist der Moment, in dem der Stadtstaat Schechem zum territorialen Königreich Israels wird.

Archäologische und textliche Befunde dafür stammen vor allem aus dem Jesreel-Tal, wo sich die Situation wie folgt darstellte. Nach dem Zusammenbruch in der späten Bronzezeit um 1100 vC ist nach einer Weile eine Wieder-belebung »kanaanitischen Lebens« zu verzeichnen, welches durch die materielle Kultur des zweiten Jahrtausends vC dokumentiert ist. Und es findet sich auch das gleiche Muster von Stadtstaaten wieder. Die gleichen Stadtstaaten, die in der Bronzezeit wichtig waren, Megiddo eingeschlossen, gehen in der Bronzezeit unter und entstehen dann wieder aufs Neue, so dass das Zentrum der Herrschaft über ihr Gebiet die gleichen Lokationen sind. Sie sind also wieder Stadtstaaten. Dies findet sein jähes Ende, als irgendwann im 10. Jh. vC eine große Welle der Zerstörung das gesamte Jesreel-Tal heimsucht. Die Zerstörungen finden aber nicht zur gleichen Zeit statt, also handelt es sich nicht um das Ergebnis des Scheschonq-

Ein Schreiben Labajus an den Pharao Amenophis III.

Feldzugs in der zweiten Hälfte des 10. Jh.s vC, wie in der Vergangenheit zu Unrecht behauptet. Die Ergebnisse der Radiokohlenstoffuntersuchungen der Zerstörungsschichten ergaben eindeutige Hinweise darauf, dass es sich dabei nicht um ein einzelnes Ereignis handeln konnte. Stattdessen ist von einem Prozess auszugehen, der wahrscheinlich 50-70 Jahre andauerte und an dessen Ende alle Stadtstaaten im Jesreel-Tal zerstört waren.

Wenn es sich um einen jahrzehnteklangen Prozess gehandelt hat, müssen zwei Fragen beantwortet werden. Erstens: was passierte nach diesem Prozess und zweitens: wer sind die Menschen, die danach die Macht über diese Stadtstaaten im Jesreel-Tal übernehmen? Die erste Frage ist leicht zu beantworten. Als diese Stadtstaaten im 10. Jh. vC vollständig zerstört wurden, war dies ein Teil des Schwanengesanges auf die bronzezeitliche Situation des zweiten Jt. vC und was folgte, war auch vom Standpunkt der materiellen Kultur aus betrachtet, etwas Neues. Die archäologischen Funde zeigen eine materielle Kultur, die sich bis in die Zeit der beiden hebräischen Königreiche fortsetzt, im Falle Israels ins 9. und 8. Jh. vC. Wir können also die Menschen, die sich in Megiddo im 10. Jh. vC nach der zweiten Zerstörung erneut dort ansiedelten, bereits »Israeliten« nennen. Das beantwortet zwangsläufig auch die zweite Frage. Die Menschen, die das Jesreel-Tal eroberten, kamen aus dem Hochland. Es handelt sich also genau um diesen Prozess: der Übernahme des Jezreel-Tals und dessen Stadtstaaten durch die Hochlandbewohner, die dort ihr Territorialreich errichteten. Aus Sicht der biblischen Texte gibt es

Hinweise darauf, dass diese Entwicklung auch in der Küstenebene, in der Gegend irgendwo im Ajalon-Tal, zwischen dem heutigen Tel Aviv und Jerusalem, stattfand. Es gibt zwei chronistische Verse, die von einer Belagerung durch einen König aus dem Norden über die kleine Stadt Gibbeton[290], die im Südwesten an das Philisterreich grenzte. *„Und Baesa, der Sohn Achijas, vom Haus Issaschar, machte eine Verschwörung gegen ihn; und Baesa erschlug ihn in Gibbeton, das den Philistern gehörte, als Nadab und ganz Israel Gibbeton belagerten"* (1.Kön 15,27) und *„Im 27. Jahr Asas, des Königs von Juda, regierte Simri sieben Tage zu Tirza. Das Volk belagerte nämlich Gibbeton, das den Philistern gehörte"* (1.Kön 16,15). Da es sich um chronistische Verse handelt, gibt es einen guten Grund für die Annahme, dass hier tatsächlich eine Art historischer Erinnerung bewahrt wurde. Und wenn dies zuträfe, dann wäre das ein

guter Hinweis darauf, dass dieses frühe Nordreich auch versucht hat, in Richtung des Philistergebietes zu expandieren.

Wenn es zur Zeit Sauls bereits ein territoriales Königreich gegeben oder Versuche, ein Territorialreich vor der Entstehung des Nordreichs im 10. Jh. vC mit einem Zentrum irgendwo nördlich von Jerusalem zu errichten, könnte die Stätte von Khirbet Qeiyafa als ein mögliches Beispiel, als Indiz für diese nordisraelitische Ausdehnung in Richtung Philisterland gelten. Allerdings gilt es zu beachten, dass dieser saulidischen territorialen Einheit von den Ägyptern ein schnelles Ende bereitet wurde.

Deshalb ist zu berücksichtigen, dass wir es mit zwei unterschiedlichen geographischen Situationen zu tun haben, wenn wir über Juda und Israel sprechen. Bereits beginnend in der Bronzezeit, aber verstärkt zu Beginn der Eisenzeit, ist Juda ein einziger großer und isolierter Block, der von Jerusalem aus regiert wird. Daher ist es auch nicht weiter verwunderlich, dass dort nur eine Dynastie, offenbar über einen sehr langen Zeitraum hinweg, regierte. Im Norden ist die Situation anders, weil wir es mit einer komplexeren Topographie mit Tälern und Bergrücken zu tun haben, die eine Vielzahl an Möglichkeiten bietet, ins Tiefland zu gelangen. Daher gab es mehrere

Versuche, ein territoriales Königreich zu errichten. Da gab es das Territorialgebilde um Schilo-Schechem im 11. Jh. vC, dann dieses Territorialeinheit des Hauses Saul, möglicherweise Anfang des 10. Jh. vC und schließlich erfolgte der Aufstieg des Nordreiches. Die Frage ist also, warum scheiterten die einen und was war der Grund für den Erfolg der anderen?

Der Hauptgrund dürfte darin zu finden sein, das Ägypten ab der Mitte des 10. Jh.s vC einen Versuch unternahm, die vormalige Dominanz des ägyptischen Reiches in der Levante wiederherzustellen. Dies hängt vor allem mit dem Aufstieg der 22. Dynastie und namentlich mit dem ersten Pharao der Dritten Zwischenzeit, Scheschonq I., dem biblischen Schischak [שִׁישַׁק], zusammen. Die Möglichkeit besteht, dass Schischak für den Niedergang des Hauses Saul in der ersten Hälfte des 10. Jh.s vC verantwortlich zu machen ist. Es gibt sogar eine Art von Hinweisen im biblischen Material für die Verbindung des ersten König des Nordreichs, Jerobeam I., mit Scheschonq I. selbst. Der ägyptische Einfluss zu dieser Zeit war eher gering, als sich schließlich während seines Regnums ein stabiles Königreich im Norden entwickelte. Die stabilste und gut belegte Variante ist das Königreich der Omriden in der Mitte des 9. Jh. vC, aber bis dahin gibt es eine

Lücke von etwa 50 Jahren und mehrere Könige, die in den biblischen Texten vor den Omriden erwähnt werden.

Wenn die Sprache auf das Nordreich kommt, ist in der Regel von der Zeit vor den Omriden, die Zeit der Omriden und die Zeit nach den Omriden die Rede. Die ersten 50 Jahre, also vor den Omriden, sind sehr interessant, zugleich sehr rätselhaft und archäologisch am schwierigsten zu identifizieren. Die Omriden kamen um 880 vC an die Macht und wenn man die biblischen Angaben für belastbar hält, kann man den Aufstieg des Nordreiches auf etwa 930 vC datieren. In jedem Fall sprechen wir von etwa 50 Jahren, mit sechs Monarchen. Die Situation in dieser Phase ist sehr instabil, es kommt zu Revolten und Aufständen. Eine Dynastie kommt an die Macht, wird gestürzt, die nächste Dynastie kommt an die Macht, wird gestürzt ... Das ist die typische Situation in den Anfängen des Nordreiches. Von den ersten sechs Herrschern Israels verdienen zwei eine besondere Erwähnung. Der erste ist Jerobeam I., und der zweite Ist Bascha.

Jerobeam I., ist der Gründer des Nordreiches Israel und eine historische Figur. Und Jerobeam I. ist auch interessant, weil es zwei Jerobeams gibt, den ersten und den zweiten. Und erneut geht es darum, sich vom ideologisch-theologischen Konstrukt der deuteronomistischen Autoren Judas zu lösen. Deren negative Einstellung basierte auf der herrschenden Vorstellung in Jerusalem, dass das mittlerweile nicht mehr existierende Nordreich unrechtmäßig war und die Könige allesamt illegitim waren, also war der Gründer Jerobeam I. »der größte Schurke von allen« war. Bei dem Namen Jerobeam [יָרָבְעָם, *jaraw'am*] ist umstritten, ob er die Wurzel [רבב] rbb, „groß sein" oder [רוב] rub, „einen Rechtsstreit führen" enthält. Er bedeutet dann entweder „der (Ahnen)gott möge groß sein" oder „der (Ahnen)-gott möge streiten / verteidigen". Außerbiblisch findet sich der Name vielleicht auf einer Inschrift aus Hazor (8. Jh. vC), auf einem Siegel aus Megiddo (8. Jh. vC) und vielleicht auf einer Silbermünze aus dem 4. Jh. vC.

Biblische Darstellung

Nach biblischer Darstellung war Jerobeam I., der Sohn Nebats, der erste König des Nordreiches Israel. Während der Regierungszeit Salomos hatte er eine hohe Position als Aufseher über die Fronarbeit erreicht. Als aber der Prophet Ahija von Schilo Jerobeam ankündigt, dass JHWH zehn Stämme vom Reich Salomons abreißen und Jerobeam geben wird, versucht Salomo, ihn zu töten. Er flüchtet nach Ägypten und bleibt bis zum Tod Salomos dort (1.Kön

11,26-43). Nach Salomo besteigt dessen Sohn Rehabeam den Thron, aber wegen der hohen Abgaben rebelliert das Volk gegen ihn unter Führung Jerobeams. Die zehn Stämme krönen ihn in Schechem zum König, und das Reich wird in das Nordreich Israel und das Südreich Juda geteilt (1.Kön 12,1-19).

Als König fürchtet Jerobeam, dass das Volk nach wie vor in Jerusalem opfern und daraufhin zu Rehabeam zurückkehren könnte. Deshalb lässt er zwei goldene Kälber anfertigen und in Beth El und Dan aufstellen, wo das Volk sie verehren soll. Zudem lässt er weitere Heiligtümer auf den Kulthöhen errichten (1.Kön 12,26-31). Dies gilt als die sogenannte »Sünde Jerobeams«. Allen folgenden Königen des Nordreichs Israel wird vorgeworfen, an ihr festgehalten zu haben. Sie habe schließlich zur Zerstörung Israels geführt (2.Kön 17,21-22). Einige Exegeten sind der Auffassung, dass die verhältnismäßig ausführliche biblische Darstellung in 1.Kön 11,26-14,20 wenigstens teilweise auf historisch zuverlässi-gen Quellen beruht. Man bekomme hier einen Einblick in das späte 10. Jh. vC. Auch wenn zugestanden wird, dass die Darstellung stark bearbeitet worden ist, sollen die Königsannalen und andere alte Quellen noch identifizierbar sein.

Obwohl man alte Quellen nicht ausschließen kann, ist es wahrscheinlich, dass das biblische Bild Jerobeams weitgehend spätere Vorstellungen wiedergibt. Alte Quellen liegen ihm nur in sehr beschränktem Maße zugrunde. Der Text dient späteren theologischen und politischen Zwecken und ist Jerobeam gegenüber grundsätzlich negativ eingestellt. Es ist unwahrscheinlich, dass die Königsannalen kritische Nachrichten über den angeblichen Gründer des Nordreichs bewahrt haben (1.Kön 14,19). So erweckt zum Beispiel der Name seiner Mutter Zerua [צְרוּעָה], da er „die Aussätzige" bedeutet, den Verdacht, dass die Angaben über seine Herkunft erfunden sind. Die kritische Tendenz wird in der griechischen Übersetzung noch verschärft: Nach 3Reg 12,24b LXX war Jerobeams Mutter eine Hure.

Das Buch der Könige ist weitgehend aus der Perspektive des Südreiches Juda geschrieben. Das gilt besonders für 1.Kön 11,26-14,20. Diese Kapitel beschreiben den Ursprung der Trennung zwischen Israel und Juda sowie den Ursprung der Sünde Jerobeams, der alle Könige Israels angehangen haben sollen. Die ganze politisch-theologische Interpretation des Nordreiches in den Königsbüchern, die vor allem die kultpolitischen Auseinandersetzungen im 7-5. Jh. vC widerspiegelt, beruht auf 1.Kön 11,26-14,20. Zudem widerspricht die Geschichte der Zweiteilung Israels dem Bild von der Entstehung der beiden Königtümer, das die außerbiblischen und vor allem die archäologischen Quellen zeigen. Hinweise auf Staatsstrukturen gibt es in Juda erst seit dem späten 8. Jh. vC, während das Nordreich Israel deutlich früher, schon im 9. Jh. vC, ein wichtiges Königreich gewesen ist. Deshalb ist die biblische Darstellung, die das wirtschaftlich viel stärkere Nordreich als einen Ableger Judas deutet, historisch unwahrscheinlich. Dieser Befund untergräbt die Glaubwürdigkeit der gesamten Darstellung in 1.Kön 11,26-14,20.

Der historische Jerobeam

Von dem historischen König Jerobeam wissen wir wenig. Weil die Geschichte seiner Thronbesteigung und Kultpolitik dem theologischen Konzept der Königsbücher folgt, kann man 1.Kön 11,26-14,20 nur begrenzt als eine historische Quelle für die frühe Königszeit benutzen. Jerobeam wird außerhalb des Tanachs in den zeitgenössischen Quellen nicht erwähnt. Daher bleibt es unklar, ob er tatsächlich im 10. Jh. vC regiert hat. Die traditionellen Datierungen seiner Regierungszeit zwischen 931-901 vC beruhen auf der biblischen Chronologie. Für die frühe

Königszeit gibt es wenige Möglichkeiten, ihre Zuverlässigkeit festzustellen.

Es ist auch unsicher, ob Jerobeam ein Dynastie- oder Reichsgründer gewesen ist. Die Darstellung dient so stark der theologisch-politischen Interpretation des Südreiches, dass dies auch eine spätere Erfindung sein kann. Zudem ist die Verlässlichkeit der Königsbücher besonders für die frühe Königszeit allgemein ungewiss, so dass man die Historizität jeder Einzelheit in 1.Kön 11,26-14,20 separat untersuchen muss. Mögliche Spuren alter Quellen oder Königsannalen findet man in 1.Kön 12,25. Demnach hat Jerobeam Schechem und Penuel ausgebaut. Aus den Annalen stammt vielleicht auch die Bemerkung in 1.Kön 14,20, dass die Regierungszeit Jerobeams 22 Jahre betrug. Weil man aber nicht weiß, wann er regiert hat, ist es schwierig, seine Regierungszeit mit den archäologischen Befunden in Beziehung zu setzen. Über das 10. Jh. vC ist in Palästina archäologisch noch wenig bekannt. Es gibt keinen eindeutigen Hinweis auf Staatstrukturen, die mit denen des Nordreichs Israel vergleichbar wären. Auch wenn es an Versuchen nicht mangelt, hat man die in 1.Kön 12,25.29-31 erwähnten Bautätigkeiten Jerobeams bis dato archäologisch nicht belastbar verifizieren können. So hat man versucht, Stratum IX von Schechem (Tel Balaṭa) mit 1.Kön 12,25 zu verbinden, aber die Verbindung setzt voraus, dass die biblische Chronologie für die frühe Königszeit zuverlässig ist. Ein großes Kultzentrum wurde in Tel Dan (Tel el-Qadi) ausgegraben, aber seine Frühdatierung und die Verbindung mit Jerobeam sind umstritten. Beth El (Betin) wurde nur teilweise ausgegraben, aber die Funde widersprechen der biblischen Darstellung. Beth El hatte in der Bronzezeit einen Tempel, aber im 13. Jh. vC wurde die Stadt zerstört. Davon hat sie sich erst ab dem 7. Jh. vC wieder erholt. Die späte Blütezeit Beth Els fiel in das 6. Jh. vC, was mit der Spätdatierung der Kritik an Jerobeams Kultpolitik zusammenpasst.

Jerobeams Kultpolitik

Jerobeam wird häufig mit den goldenen Kälbern oder Stieren in Zusammenhang gebracht. Tatsächlich weist das hebräische Wort [עֵגֶל, egäl] auf junge Stierbullen hin. Viele Forscher gehen davon aus, dass die Notizen von den goldenen Stieren den ursprünglichen Kern von 1.Kön 12,27-31 bilden. Auch wenn man eine Frühdatierung des Kerns ablehnt, wird allgemein angenommen, dass man im Nordreich oder in den alten Gebieten des Nordreichs, vor allem in Beth El, goldene Stiere verehrt hat. Vieles spricht dafür, dass die Notiz zu den Stierbildern ein späterer Zusatz zu 1.Kön 12,27-31 sind und dass mit der »Sünde Jerobeams« ursprünglich nur der Bau von Höhenheiligtümern auf den Kulthöhen gemeint war. Außer in einigen Glossen werden die Stierbilder im weiteren Verlauf der Königsbücher ignoriert, obwohl »Jerobeams Sünde« als Hauptgrund für den Untergang Israels gilt. Die Stierbilder bleiben in den Königsbüchern ein isoliertes Phänomen, während die Kulthöhen die Zielscheibe der Kritik und damit ein integraler Bestandteil der Königsbücher sind. Der ältere Text in 1.Kön 12,27-31 interessierte sich lediglich für die Opfer und die Kulthöhen. Die Stierbilder-Notiz führt dagegen ein neues Thema in die Geschichte ein. Wenn wir annehmen, dass sie eine der jüngsten Ergänzungen von 1.Kön 12,27-31 ist, werden die thematischen Spannungen zum Rest des Abschnitts verständlich. Es ist auch bemerkenswert, dass die anderen Stellen der Königsbücher, die direkt von 1.Kön 12-13 abhängig sind, sich auf eine Fassung beziehen, in der die Kulthöhen eine herausragende Stellung haben. Es gibt auch technische und literarkritische Überlegungen, die nahelegen, dass V. 28a-30 später zu V. 27-31 hinzugefügt worden sind. Auch wenn Jerobeam ursprünglich nur wegen des Ortes der JHWHverehrung kritisiert wurde, ist die kultpolitische Darstellung von 1.Kön 12,27-31 insgesamt eine späte literarische Konstruktion, die darauf zielt, die Religion des Nordreiches als illegitim zu präsentieren. Nach den Königsbüchern durfte man nur in Jerusalem opfern. Die Zufügung der Stierbilder-Notiz diente einer späteren theologischen Konzeption, in der die Abgötterei das Ziel der Kritik ist. Ob Jerobeam Kultheiligtümer auf den Kulthöhen gebaut hat, bleibt im Dunkeln, aber es ist sehr unwahrscheinlich, dass ein König alle Kultheiligtümer im ganzen Land erbaut hat. Kultheiligtümer gab es vor Jerobeam in allen Teilen Palästinas, und nach ihm wurden noch weite erbaut. Erst nach der Zerstörung Jerusalems im Jahre 587 vC kam das Konzept der Kultzentralisation auf und damit die Kritik an Jerobeam. Durchgesetzt wurde die Kultzentralisation erst während der Zeit des zweiten Tempels. Über die Kultpolitik des historischen Jerobeam gibt es keine zuverlässigen Nachrichten.

Der zweite Versuch Ägyptens, die Levante zu dominieren, scheitert nach dem Tode Scheschonq I. und damit findet das »MEGA-Projekt«, *make Egypt great again*, nach 20-30 Jahren sein Ende. Damit entledigt sich das Nordreich bis zum Eintreffen der Assyrer der Fremdbestimmung. Das Herrschaftsgebiet Jerobeams I. war auf den nördlichen Teil des zentralen Hochlandes, Transjordanien, beschränkt. Es umfasste Gilead und das Jesreel-Tal einschließlich Megiddo, aber weder Hazor in Galiläa oder das noch weiter nördlich liegende Dan.

Was wir über Bascha [בַּעְשָׁא] wissen, steht hauptsächlich im Ersten Buch der Könige, aus der Perspektive des Südens zur Zeit von König Asa. König Asa regiert in Jerusalem 900 vC. Und zu dieser Zeit fällt nach biblischer Darstellung Bascha in das Gebiet von Juda ein und baute direkt nördlich von Jerusalem eine Art Festung, um den Weg nach Norden zu blockieren. Asa steckte in der Klemme und ruft seinerseits das Königreich Aram zu Hilfe. Ben Hadad, der aramäische König, wird mit Geldern aus den Schätzen des Tempels bestochen und zieht gegen Bascha zu Felde, worauf sich Bascha wieder zurückzieht. Asa nimmt daraufhin die Blöcke der Festung Rama nördlich von Jerusalem und errichtet damit zwei Festungen, die etwas weiter nördlich an der Grenze zwischen Israel und Juda liegen, nämlich in Geba [גֶּבַע] und Mizpa. Diese Geschichte aus dem ersten Buch der Könige ist sehr problematisch. Und zwar aus zwei Gründen. Der erste Grund ist die Erwähnung Ben Hadads [בֶּן־הֲדַד]. Wegen dieses Ben Hadads wird in der traditionell-konservativen

Bibelexegese von einem ersten, einem zweiten und einem dritten Ben Hadad gesprochen. Aus den altorientalischen Texten wissen wir jedoch, dass es einen historischen Bar/Ben Hadad[291] gab. Der Sohn Hazaels wird in der Stele des Zakkur[292] von Hamat genannt und herrschte im sehr späten 9. Jh. v über Aram-Damaskus.

Zweitens, nicht weniger wichtig, ist die Liste der Orte, die im Rahmen des Feldzuges Ben Hadads gegen Bascha erwähnt werden. Die Liste ähnelt in einer sehr eigenartigen Weise an eine Liste in einem späteren biblischen Vers über den Feldzug von Tiglath-Pilesers III. von Assyrien, gegen das Nordreich in den 730er Jahren vC. Das ist ein typisch historisches Ereignis und die Frage stellt sich, ob die Beschreibung des Feldzuges von Ben Hadad möglicherweise aus einer späteren Quelle stammt und den Feldzug Tiglath-Pilesers III. kopiert. Im Grunde genom-men ist, abgesehen von ein paar Informationen über seine Geschäfte im Südwesten seines Gebiets, nur sehr wenig über Bascha bekannt. Möglicherweise hat er tatsächlich versucht, Juda unter Druck zu setzen. Allerdings haben wir dafür keinen wirklich stichhaltigen Beweis. Was sagt uns die Archäologie über diese ersten 50 Jahre, wenn die Textquellen nur sehr wenig verraten?

Megiddo ist ein sehr wichtiger Ort, denn in Megiddo konnten Finkelstein und sein Team eine sehr gute Chronologie für die Eisenzeit IIA erstellen. Das ist eine Phase am Anfang der Eisenzeit, die Zeit des Beginns der beiden hebräischen Königreiche, zwischen den 930er Jahren und etwa 800 vC. In diesem Zeitraum konnten die Archäologen in Megiddo vier Phasen identifizieren. Das ist außergewöhnlich und bis dato der einzige Ort, der die Bestimmung einer so genauen Stratigraphie für das späte 10. und 9. Jh. vC erlaubt.

Nach einer Anfangsphase gab es die Phase der Omriden, wo wir bereits den Wohlstand und die monumentale Bautätigkeit mit den Palästen von Megiddo erkennen können. Dazwischen ist es gelungen, eine Phase zu identifizieren, die als Mitteleisen IIA bezeichnet wird. Diese Phase ist wie alle übrigen in Megiddo auch, radiokarbonbasiert datiert. Sie wird um das Jahr 900 vC verortet, also in der Zeit König Baschas. In dieser Phase sieht man bereits die ersten Schritte in Richtung einer bedeutenden Architektur. Noch keine monumentale, aber dennoch eine bedeutende architektonische Aktivität. Des Weiteren, das es bereits starke Verbindungen zur Küste gibt, einschließlich des Imports zypriotischer Keramik. Es gibt also diese erste Entwicklung in Richtung dessen, was in der Zeit der Omriden-Dynastie zur Blüte gelangt.

Zusammenfassung

Der wichtigste Punkt, den es bei der Betrachtung der ersten 50 Jahre und den Beginn des nördlichen Königreiches Israel zu beachten gilt, ist der territoriale Aspekt. Wo lagen die Grenzen des Nordreiches in dieser frühen Phase seiner Existenz? Israel umfasste in diesem Zeitraum den nördlichen Teil des zentralen Hochlandes, Gilead in Transjordanien und das Jesreel-Tal mit dessen Umland. Das ist noch nicht die große Expansion, weder im Südosten nach Moab, noch im Nordosten in Richtung Damaskus und auch nicht im Norden, in Richtung Phönizien. Das ist wichtig, bedenkt man die Perspektive des biblischen Textes. Viele der wichtigen Texte des Nordreiches, die sich nun im biblischen Jerusalemer Bericht wiederfinden wurden aus nördlichen Traditionen übernommen und konzentrieren sich auf das gleiche Gebiet. Der frühen Jakob-Zyklus als nördlichen Gründungsmythos, die königliche Tradition von König Saul und die königliche Tradition Jerobeams I.. Unabhängig von der negativen Darstellung durch die deuteronomistischen Schreiber in Juda können davon ausgehen, dass Jerobeam I. im frühen

Nordreich Israel der wichtigste König war. Er war derjenige, der im späten 10. Jh. vC das Königreich gründete. Und er befindet sich immer noch in demselben Gebiet. Mehr noch, die die Geschichten der Retter aus dem Norden und der kleinen Richter im Buch der Richter, spielen sich im gleichen Gebiet ab. Es handelt sich also zweifelsfrei um das Kerngebiet des Nordreiches. Nicht nur aus historischer Sicht, unserem Verständnis des biblischen Textes und der Archäologie, sondern auch aus ihrer eigenen Perspektive: die Art und Weise, wie sie ihre eigene Geschichte und ihr Kerngebiet betrachten.

Kapitel 16: Die Dynastie der Omriden

Die Dynastie der Omriden war die erste wirklich bedeutende israelitische Dynastie, einschließlich Juda. Diese starke Dynastie mit insgesamt vier Monarchen prägte Israel und Juda von 880-840 vC, also 40 Jahre lang. Der erste war Omri, der Gründer der nach ihm benannten Dynastie und der Hauptstadt Samaria.

Im Tanach werden vier Personen namens Omri erwähnt: der König von Israel (1.Kön 16,15-28; 2.Kön 8,26; 2.Chr 22,2; Mi 6,16), ein Benjaminit (1.Chr 7,8), ein Judäer (1.Chr 9,4) und ein Stammesfürst von Issaschar (1.Chr 27,18). Die drei anderen Personen werden allerdings nur kurz in Listen erwähnt. Die Herleitung des Namens Omri [עָמְרִי] ist unklar. In der älteren Literatur wird der Name als verkürzte Form (Hypochoristikon) von *omrijahu* verstanden und eine Ableitung aus dem Arabischen als „lange leben, gedeihen" erwogen. Omri(jahu) könnte dann „langes Leben von/für JHWH" bedeuten.

Der »biblische Omri«

1.Kön 16 erzählt von der wechselvollen Geschichte des Königtums in Israel während der ersten Hälfte des 9. Jh.s vC König Ela, der Sohn Baschas, wird von Simri[293], einem Offizier und Befehlshaber über die

Hälfte der Streitwagen erschlagen (1.Kön 16,9-10). Simri rottet anschließend das „ganze Haus Bascha" aus und wird selbst König (1.Kön 16,11-12). Mit 1.Kön 16,15-28 folgt dann der Abschnitt zum Königtum Omris. Als das Heer (1.Sam 13), das im Feldlager vor der philistäischen Stadt Gibbeton liegt, von Simris Putsch hört, macht „ganz Israel" Omri zum König (1.Kön 16,15-16). Dieser zieht mit „ganz Israel" von Gibbeton weg und belagert die israelitische Königsstadt Tirza[294], in der Simri residiert (1.Kön 16,17). Simri stirbt nach nur siebentägiger Herrschaft im Königspalast, den er anscheinend selbst in Brand steckt (1.Kön 16,18). Allerdings ist damit Omris Herrschaft noch nicht endgültig bestätigt. Unvermittelt taucht mit Tibni[295] ein weiterer Konkurrent auf. 1.Kön 16,21 besagt, dass sich „das Volk Israel" teilte. Während die eine Hälfte Tibni als König anerkennt, stützt die andere Hälfte Omri. Über Tibni wird weiter nichts als seine familiäre Herkunft mitgeteilt: er sei ein Sohn Ginats [גִּינַת]. Letztlich wird die Partei Omris immer stärker und dieser stirbt, ohne dass die näheren Umstände erwähnt werden, woraufhin es heißt: „und Omri war König" (1.Kön 16,22).

Von Omris Königtum wird ansonsten wenig erzählt. Er regierte zwölf Jahre, davon sechs in Tirza (1.Kön

16,23). Von einem gewissen Schemer [שֶׁמֶר] kauft er den „*Berg Samaria*" [שֹׁמְרוֹן], um dort eine Stadt zu bauen, die er nach dem Namen des Vorbesitzers Samaria nennt (1.Kön 16,24). Das Erzählgefälle legt nahe, den Vers so zu verstehen, dass Omri die restlichen sechs Jahre seiner Herrschaft in Samaria verbrachte, obwohl von einer Verlegung der Residenz nicht ausdrücklich die Rede ist. Schließlich stirbt Omri und wird in Samaria begraben (1.Kön 16,28). Mit Omri wird erstmals im Königreich Israel eine dynastische Herrschaft begründet, da sein Sohn Ahab und seine Enkel Ahasja und Joram nach ihm Könige werden. Selbst im Königreich Juda regiert mit Ahasja kurzfristig ein Nachfahre Omris. Der judäische König Ahasja, der nicht mit dem gleichnamigen Enkel Omris zu verwechseln ist, gilt als Sohn der Atalja, einer „*Tochter*", d.h. wahrscheinlich einer Enkelin Omris (2.Kön 8,24-26; 2.Chr 22,2). Nach alttestamentlicher Darstellung beendet Jehu auf Veranlassung des Propheten Elisa durch einen blutigen Putsch die Herrschaft der Omriden (1.Kön 19; 2.Kön 9; 2.Kön 10).

Der kurze Abschnitt zu Omri (1.Kön 16,15-28) gibt den Auslegenden vielfältige Probleme auf. Wer Omri zum König ausruft, bleibt unklar. Zunächst ist vom „*Volk, das im Feldlager ist*" [הָעָם חֹנִים, ha'am honim] die Rede, anschließend jedoch von „*ganz Israel*" [כָּל־יִשְׂרָאֵל, *kal jisrael*] (1.Kön 16,16). Die Septuaginta glättet diese Spannung und schreibt, Omri sei „*in Israel*" zum König gemacht worden. Bei der Notiz von der Doppelherrschaft Tibnis und Omris werden dann beide Ausdrücke zu der Wendung „*das Volk Israel*" [הָעָם יִשְׂרָאֵל, *ha'am jisrael*] verbunden. Die gesamtisraelitische Ausweitung zielt vermutlich weniger auf die Legitimierung des Königtums Omris, sondern darauf, die negative Bewertung des Königs auf ganz Israel auszuweiten (1.Kön 16,25-26). Auffallend ist auch, dass Erklärungen für die Wirren um den Herrschaftsantritt Omris fehlen, etwa dafür, warum er zum König ausgerufen wird, als Simri putscht, oder warum mit Tibni ein weiterer Konkurrent auftaucht.

Umstritten ist auch die literarische Beurteilung des Verses, der vom Kauf des Berges Samaria und vom Bau der Stadt redet (1.Kön 16,24). Mehrfach wird in den Kommentaren darauf hingewiesen, dass dieser Vers die Abfolge von chronologischer Notiz (1.Kön 16,23) und »deuteronomistischer« Beurteilung (1.Kön 16,25-26) unterbricht und dass diese beiden Darstellungselemente in den Königsbüchern meist direkt aufeinanderfolgen. Daher wird der Vers gern als späterer Zusatz erklärt, der eine volkstümliche

Erklärung des Namens Samaria liefern will. Ohne 1.Kön 16,24 bleiben aber sowohl der Hinweis auf die lediglich sechsjährige Herrschaft in Tirza (1.Kön 16,23) und die Notiz vom Begräbnis Omris in Samaria unverständlich (1.Kön 16,28). Allein die Erwähnung Samarias als Begräbnisort reicht nicht, um zu erklären, dass Omri den Platz erwarb und dort eine Residenz errichtete, in der er dann die übrigen sechs Jahre seines Königtums verbrachte.

Schwierig aufzulösen sind auch die chronologischen Angaben. 1.Kön 16,15 sagt, Simri habe im 27. Jahr des judäischen Königs Asa regiert. Da Simri nur sieben Tage herrschte, müsste dies auch das Jahr der Königsproklamation Omris sein. 1.Kön 16,23 nennt jedoch das 31. Jahr Asas als Datum für Omris Regierungsübernahme. Der Vers zählt demnach die vier Jahre, in denen sich Omri mit Tibni das Königtum teilte, nicht mit. Da Ahab nach Omris Tod im 38. Jahr Asas zur Herrschaft kommt (1.Kön 16,29), hätte Omri acht Jahre regiert. 1.Kön 16,23 spricht jedoch von zwölf Jahren. Die Synchronisierung der Daten mit den Regierungsjahren des zeitgenössischen judäischen Königs und die absolute Jahresangabe stimmen demnach nicht überein. Die Synchronie (acht Jahre) zählt lediglich die Jahre, in denen Omri allein herrschte. Die absolute Jahresangabe (zwölf

Jahre) zählt auch die vier Jahre der Doppelherrschaft Omri / Tibni mit.

Auf der literarischen Ebene sind eine Reihe von Analogien zur Geschichte von Davids Aufstieg bemerkenswert. Wie David kämpft Omri gegen die Philister. Beide haben es zu Beginn ihrer Herrschaft mit zwei Rivalen zu tun, von denen einer der Vorgänger (Saul bei David, Simri bei Omri), der andere ein zeitweiser Mitregent ist, der von einem Teil Israels anerkannt wird (Esch-Ba'al bei David, Tibni bei Omri). Dennoch wird sowohl für David als auch für Omri eine Anerkennung durch „ganz Israel" behauptet. Die aus der Geschichte von Davids Aufstieg bekannten Erzählmotive vom Kauf eines Platzes, auf dem der Nachfolger ein Heiligtum baut (2.Sam 24), und von der erfolgreichen Einnahme einer Stadt (Jerusalem), die dann mit ausdrücklicher Namensgebung („Stadt Davids") zur eigenen Residenzstadt gemacht wird (2.Sam 5,6-10), tauchen ebenfalls in der Omri-Perikope auf, werden allerdings etwas variiert. Omri belagert die aktuelle Königsstadt Tirza und kauft den „Berg Samaria", auf dem er eine Stadt baut, die er ebenfalls Samaria nennt und in der er anscheinend seine neue Residenz nimmt. Von einem Tempelbau in Samaria ist dann erst bei seinem Nachfolger Ahab die Rede (1.Kön 16,31-32). An dieser

Stelle werden die literarischen Analogien zu David und Salomo nochmals deutlich, da auch der Jerusalemer Tempel erst Davids Sohn Salomo zugeschrieben wird. Die teilweise enigmatischen Erzählmotive in dem kurzen Abschnitt zu Omri (1.Kön 16,15-28) dienen demnach dazu, Omri – in Analogie zu David – als Begründer einer Herrscherdynastie darzustellen. Da allerdings Omri, wie nahezu alle Könige Israels, als ein kultisch abtrünniger König gilt (1.Kön 16,25-26; Mi 6,16) und da- nach alttestamentlicher Darstellung die Davididen die einzig legitime Dynastie der israelitisch-judäischen Königsgeschichte repräsen-

Kurkh-Monolith

tieren, wird die Herrschaft Omris erzählerisch nicht im entferntesten so breit entfaltet wie die Geschichte Davids. Die Bücher der Chronik, die sich ganz auf die Geschichte der Davididen konzentrieren, gehen daher, mit Ausnahme der kurzen Notiz zu Atalja (2.Chr 22,2), gar nicht auf die Herrschaft Omris ein.

Auf Omri folgte dessen Sohn Ahab, der von 871-852 vC als

König über das Nordreich Israel herrschte. Die Regierungszeit Ahabs ist vor allem durch wirtschaftliche Prosperität, hohe Bautätigkeit und die Integration Israels in die syro-palästinische Staatenwelt gekennzeichnet. Das Nordreich zu dieser Zeit einer der Anwärter auf die Hegemonie über die gesamte Levante, zumindest der südlichen Levante. Die andere Macht in der Region war Damaskus. Damaskus und Israel waren also die beiden mächtigsten levantinischen Reiche, was im Fall der Omriden auch durch außerbiblische Texte belegt ist. An erster Stelle steht dabei die berühmte Stele Salmanassars III., von 858-824 vC König des Neuassyrischen Reiches. Der Kurkh-Monolith berichtet von seinen Feldzügen in den ersten sechs Regierungsjahren, darunter die Schlacht von Karkara 853 vC, die er gegen eine Koalition von zehn Königen unter Führung von Ahab und Ben Hadad II. schlug. Karkara lag etwa 400 Kilometer nördlich der Hauptstadt Samaria, in der Hochebene von Bekaa im heutigen Libanon. Die Kurkh-Stele beschreibt einen großen assyrischen Sieg, angeblich wurden 14.000 Mann erschlagen und 2.000 Streitwagen erbeutet. Da der assyrische Vormarsch aber nach der Schlacht zum Erliegen kam und Salmanassar III. auch in den folgenden zwei Jahren nicht nach Westen zog, ist ein siegreicher Ausgang eher zweifelhaft. In der Bibel wird die Schlacht von Karkara erstaunlicherweise nicht erwähnt.

Es steht außer Frage, dass der bedeutendste und mächtigste Monarch der antiassyrischen Koalition bei Karkara Ahab war, der auf der Stele als „A-ha-ab-bu Sir-ila-a-a" bezeichnet wird, was nach allgemeiner Auffassung in der Forschung auf „Ahab, König von Israel", referenziert. Dies ist die einzige Erwähnung des Begriffs „Israel" in assyrischen und babylonischen Aufzeichnungen, in denen das Nordreich in Bezug auf seine Herrscherdynastie gewöhnlich als *„Haus Omri"* (*Bit Humri*) erwähnt wird. Der Kurkh-Monolith ist eine der vier bekannten zeitgenössischen Inschriften, die den Namen Israel enthalten, die anderen sind die Merenptah-Stele, die Tel Dan-Stele und die Mescha-Stele.

עמרי מלך ישראל

Omri, König Israels

Wir haben hier den ersten Hinweis auf Israel in einem außerbiblischen Text 350 Jahre nach der Mcrenptah-Stele. Dann haben wir die berühmte Mescha-Stele, die im späten 19. Jahrhundert östlich des Toten Meeres in Dibon, möglicherweise der Hauptstadt von Moab, gefunden wurde. Der Text stammt von Mescha, dem König Moabs, der auch in der hebräischen Bibel erwähnt wird. Er erzählt die Geschichte der Eroberung von Gebieten an der Nordgrenze durch das Königreich Israel, zur Zeit Omris und Ahabs. Es werden sogar explizit die Orte von den Omriden erbauten Orte in jenem Gebiet erwähnt, welches später »Groß-Moab« werden wird. Mit der Hilfe seines mächtigen Gottes Kemosch sei es ihm gelungen, das Joch der Omriden abzuschütteln, nach Norden zu expandieren, sie zu vertreiben und dann die Gebiete zu übernehmen, welche in der ersten Hälfte des 9. Jh.s vC von den Omriden beherrscht wurden. „

Omri war König über Israel und bedrängte Moab viele Tage, denn Kamosch zürnte seinem Land. Und es folgte ihm sein Sohn. Und auch er sprach: „*Ich will Moab bedrängen* [...] *Aber ich triumphierte über ihn und über sein Haus. Und Israel ist sicher für immer zu Grunde gegangen. Und Omri hatte sich des gan*[zen *Lande*]s *von Modaba bemächtigt* [...] *Und die Leute von Gath wohnten im Lande Atarot von jeher. Und der König von Israel baute Atarot für sich. Und ich kämpfte mit der Stadt und nahm sie ein. Und ich tötete alles Volk, die Stadt gehörte Kamosch und Moab* [...] *Und Kamosch sprach zu mir: Geh, nimm Nabo von Israel weg. Und ich ging bei Nacht los und kämpfte mit ihm vom Anbruch der Morgenröte bis mittags. Und ich nahm es ein und tötete alles in* [ihm]: *siebentausend Männer und Knaben und Frauen und Mädchen und Sklavinnen* [...] *Und ich nahm von dort* [die Gerä]*te JHWHs und schleppte sie vor Kamosch. Und der König von Israel baute Jahṣ und lagerte darin als er mit mir kämpfte. Da vertrieb ihn Kamosch vor mir. Und ich nahm aus Moab zweihundert Mann, alle (von) seiner Elite. Und ich brachte sie nach Jahṣ und nahm es ein, um es Dibon anzugliedern.*"

Der dritte zusätzliche biblische Text, der nicht weniger wichtig ist, ist die Inschrift von Tel Dan, erhalten auf dem Bruchstück einer Stele. Hier beschreibt ein König von Damaskus, sehr wahrscheinlich Hasael, seinen Sieg über das Königreich Israel. Hasael regierte von ca. 841 bis etwa 812 vC und er legitimiert seinen Feldzug und die Eroberung von Gebieten des Nordreichs mit dem Hinweis, dass die Könige Israels vor seinem Regnum ihrerseits nördliche Gebiete in Damaskus übernommen hätten. Wir haben also einen weiteren Beweis für die Macht des Nordreichs. „[Be]*n*[ha]*dad, mein Vater kam und zog hinauf um mit* [...] *zu kämpfen. Und mein Vater legte sich nieder und ging zu seinen* [Vätern]. *Und der König von Israel zog damals hinauf in das Land meines Vaters.* [Und] *Hadad machte mich zum König. Und Hadad ging vor mir her* [und] *ich* [...] *und ich tötete* [sie]*ben Kön*[ige], *die ta*[usend Wa]*gen eingespannt hatten, und tausend Reitpferde.* [Und ich tötete Jo]*ram, den Sohn des* [Ahab], *den König von Israel und* [ich] *töte*[te Ahas]*ja, den Sohn* [Jorams, des Köni]*gs des Hauses David. Und ich legte* [...] *ihr Land* [in Trümmer] [... und Jehu, den K]*önig über Is*[rael."

Hasael spricht über seinen Sieg über Joram, wahrscheinlich in einer Schlacht im Jahr 841 vC, die auch in der Bibel erwähnt wird. Die Omriden sind mittlerweile zu einem erheblichen Machtfaktor und wichtigem Akteur in der südlichen Levante, aber auch auf der  internationalen Bühne, geworden. In der Bibel finden wir dazu viele Informationen, aber die Historizität ist umstritten, weil ein Großteil davon aus prophetischen Kreisen stammt. Das Bild der Omriden im Allgemeinen und Ahab im Besonderen innerhalb des deuteronomistischen Geschichtswerks ist vielschichtig, überwiegend negativ und teilweise auch widersprüchlich. Historische Fakten wurden mit verschiedenen Überlieferungen kombiniert, die zum Teil traditionelle Motive aufnehmen. Diese haben vor allem theologische Gründe und geben nur bedingt Auskunft über die historischen Personen. Die theologische Prägung des Ahab-Bildes im Deuteronomistischen Geschichtswerk fällt schon bei der Beurteilung des Königs durch den Deuteronomisten auf. 1.Kön 16,29-22,40, der Abschnitt des Deuteronomistischen Geschichtswerks, in dem von Ahab berichtet wird, steht ganz unter dem Aspekt der Kultpolitik. In der Beurteilung Ahabs in 1.Kön 16,29-33 wird seine Herrschaft als sehr schlecht dargestellt: *„er tat, was JHWH missfiel, mehr als alle, die vor ihm waren"*. Die Hauptgründe dürften dabei gewesen sein, dass Ahab die von Jerobeam I. installierten Kultplätze in Dan und Beth El weiter betrieb, eine phönizischstämmige Frau heiratete und in seinem Herrschaftsgebiet neben dem JHWH-Kult auch kanaanäische Kulte durch Ausstattung von Heiligtümern förderte.

Die negative Darstellung Ahabs wirft die Frage auf, ob die deuteronomistischen Historiker, die lange Zeit nach König Ahab schreiben - König Ahab ist in der ersten Hälfte des 9. Jh.s vC und die deuteronomistischen Skribenten rund 200 Jahre später tätig - noch eine reale Erinnerung an die Konfrontation der

Omriden mit dem Südreicht Juda besaßen, und ob die einstige Größe der Omriden der Grund für die Feindseligkeit gegenüber den omridischen Herrschern im Text ist. In jeden Fall stammt vieles von dem, was wir über die Dynastie der Omriden wissen, aus den prophetischen Kreisen von Elia und Elischa aus dem Buch der Könige. Die in die deuteronomistischen Berichte über Ahab integrierten Elia-Überlieferungen sind in einem langen Wachstums- und Traditionsprozess entstanden. In der deuteronomistischen Darstellung treffen Elia und Ahab erstmals in 1.Kön 17,1 aufeinander. Die Ansage der kommenden Trockenzeit bleibt ohne Begründung, so dass als solche am ehesten die kultischen Verfehlungen Ahabs, die in 1.Kön 16,29-33 aufgeführt werden, angenommen werden können. Die folgende Strafansage wendet sich dann zwar an den König, betrifft aber das gesamte Volk. Eine Reaktion Ahabs wird in diesem Zusammenhang jedoch nicht überliefert. Das Kapitel 1.Kön 18 umfasst drei Szenen: 1.Kön 18,1-14.15-19.20-46. In allen dreien wird Ahab namentlich genannt und als Herrscher beschrieben, der Elia verfolgt (Tötung der JHWH-Propheten durch Isebel [אִיזֶבֶל] in 1.Kön 18,4). Doch im Gegensatz zur Erzählung von der Ermordung der JHWH-Propheten kann Elia vor dem König auftreten, ihm seine Schuld ansagen und anschließend wieder gehen. Elia wird von Ahab beschuldigt, die Trockenzeit und die daraus resultierende Hungerkatastrophe hervorgerufen zu haben. Ahab nimmt Elia und sein Auftreten sogar so ernst, dass er seiner Aufforderung folgt, die Priester zu versammeln. Ziel des mit der Versammlung verbundenen Gotteserweises ist es für Ahab, herauszufinden, welcher Gott erzürnt ist, um diesen zu besänftigen, damit die Dürre ein Ende findet. Dass Ahab Elias Aufforderung folgt, deutet auf ein konfliktloses Verhältnis hin, wie es sich auch am Ende der Erzählung in 1.Kön 18,41-46 erkennen lässt: Nach dem Gotteserweis auf dem Karmel gehorcht Ahab den Anweisungen Elias. Der Erzählung 1.Kön 18 ist demnach zu entnehmen, dass nicht alle Elia-Tradenten einen dauerhaften Konflikt Ahabs mit Elia überlieferten, sondern zum Teil auch ein zeitweise positives Verhältnis zwischen Prophet und König voraussetzen.

Die Erzählung aus 1.Kön 18 wird in 1.Kön 19,1f. fortgesetzt, doch erscheint Ahab nicht mehr als Haupthandlungsträger. Hauptgegner Elias wird vielmehr Isebel, die dem Propheten droht, ihn umbringen zu lassen. Daraufhin ergreift Elia die Flucht zum Gottesberg Horeb. Der Übergang der

Handlungsträgerschaft von Ahab auf Isebel entspricht der Notiz in 1.Kön 18,4, Isebel habe die JHWH-Propheten ermorden lassen. Sie wird als diejenige dargestellt, die den Ba'al-Kult fördert und diesen mit allen Mitteln durchsetzen will. Dieses wiederum entspricht nur bedingt der Beschreibung von Ahabs Herrschaft in 1.Kön 16,29-33.

Die Erzählung über die Kriege mit Ben-Hadad in 1.Kön 20,1f. hat sich in der Forschung als sekundärer Zusatz zur Ahab-Überlieferung erwiesen. Der in diesem Kapitel auftretende »Gottesmann« wird nicht namentlich benannt. Für eine Identifikation mit Elia im Rahmen der ursprünglich selbständigen Erzählung gibt es keine Anzeichen. Anders verhält es sich bei der Erzählung über Nabots [נָבוֹת] Weinberg in 1.Kön 21,1ff. Diese wird als altes Traditionsstück der ursprünglichen Ahab-Tradition zugerechnet; hier tritt auch wieder Elia als Gegenüber des Königs auf. Als Ortslage für den Weinberg wird in 1.Kön 21,1 Jesreel angegeben. Die Kritik an Ahab zielt in diesem Text auf seine Willkür im Umgang mit einem Volksangehörigen. Die durch Justizmord erfolgte Inbesitznahme des Weinbergs führt schließlich zur Untergangsansage an das Haus Omri in 1.Kön 21,21-24. Der Überblick über die einzelnen Erzählungen zeigt, dass das Verhältnis von

Elia und Ahab gewisse Unterschiede aufweist. Während die ältere Elia-Tradition nicht in allen Erzählungen von einer Konfrontation Ahabs mit Elia ausgeht, hebt die spätere Ausweitung der Elia-Überlieferung diese hervor. Dabei tritt Isebel immer stärker als Gegenspielerin zu Elia in den Vordergrund der deuteronomistischen Darstellung.

Schwierig aufzulösen sind auch die Geschichten über die Auseinandersetzungen mit Damaskus zu verstehen, da sich diese in mehreren Phasen abspielen und es ist sehr schwierig, sich einen Reim darauf zu machen, wenn man der biblischen Chronologie im Buch der Könige folgt. Bringt man jedoch die Informationen aus den Quellen des Alten Orients und die Fakten aus der archäologischen Forschung zusammen, ist es vielleicht möglich, die Geschichte des Kampfes aus der späten Zeit der Omriden gegen Damaskus zu verstehen; zur Zeit Ahabs gibt es keine Belege für diese Konfrontation. Im Wesentlichen geht es dabei um die Schlacht von Ramot-Gilead[296] im Jahr 841 vC, welche den Untergang des omridischen »Mini-Empires« herbeiführte. Es folgte der Niedergang Israels, der Druck von Damaskus auf Israel und die Wiederauferstehung Israels im späten 9. Jh. vC. In den Texten aus den prophetischen Kreisen gibt es zu gleicher Zeit Teile, die vollständig historisch sind. Wir haben also die Geschichte von Jesreel, die Geschichte über die Schlacht von Ramot-Gilead, den Niedergang des Nordreiches und den zeitweiligen Aufstieg von Damaskus als ein weiteres »Mini-Empire« in der zweiten Hälfte des 9. Jh.s vC. Im Grunde genommen liegt die Crux darin, all diese Ereignisse in eine belastbare Chronologie zu überführen. Selbst wenn große Teile dieser Geschichten weit später als zur Zeit der Omriden niedergeschrieben wurden, vielleicht erst zur Zeit der Nimschiden - die Dynastie, welche die Omriden ablöste - und dann später immer wieder überarbeitet wurde, gibt es dort immer noch wertvolle Informationen. Die Archäologie erzählt uns wirklich viel über die Omriden-Dynastie. Das ist nicht weiter verwunderlich, denn die Omriden waren starke Monarchen und aktive Bauherren. Und wenn es um Monarchen geht, die sich mit der Errichtung von Bauten beschäftigen, dann ist die Archäologie in der Lage, diese im Feld zu identifizieren. Laut der Bibel war Samaria zu Beginn des Nordreiches nicht die Hauptstadt. Möglicherweise war es zuerst Schechem und dann Tirza, nordöstlich von Schechem gelegen. Archäologisch ist durchaus eine Phase in Tirza auszumachen, die gut in die Zeitspanne der ersten 50 Jahre des Nordreiches passen würde. Dann sagt die

Bibel, dass Omri, der Gründer der Dynastie, beschloss, seine Hauptstadt an einen neuen Ort zu verlegen und von Schemer, nordwestlich von Schechem dessen Bauernhaus mit dem dazu gehörenden Hügel, erwarb. Fortan war Samaria die neue Hauptstadt. Das kann durchaus als Hinweis darauf verstanden werden, dass das Nordreich möglicherweise bereits zur Zeit der Omriden nicht nur am Hochland, sondern auch an der Küstenebene und einer Verbindung zu den dortigen Häfen, interessiert gewesen ist. In Samaria gibt es sehr starke Hinweise auf eine rege Bautätigkeit. So ist der dortige ausgegrabene, 24×27 Meter grosse, Königspalast nach wie vor das größte und aufwändigste Einzelgebäude der Eisenzeit in der südlichen Levante.

Die Datierung ist in Samaria nicht einfach und ohne die Bibeltexte sehr schwierig gewesen. Samaria war auch in den späteren Phasen des Nordreiches, nach dem Untergang des Nordreiches und in der hellenistischen Zeit bewohnt. In der frühen römischen Periode wurde es dann ein sehr wichtiger Ort. Herodes der Große errichtete dort die Stadt Sebaste (Σεβάστη). Die archäologisch basierte Chronologie Samarias ist daher nur sehr schwer belastbar zu ermitteln. Allerdings besteht die

Möglichkeit, die Omriden-Architektur in Samaria zu identifizieren, wenn man einige der typischen Merkmale mit dem vergleicht, was im gut datierten Megiddo zu sehen ist. Architektonisch ist Samaria auf jeden Fall bemerkenswert. Eine erhöhte Anlage, die mit großem Aufwand errichtet wurde, mit Aufschüttungen und Stützmauern und oben auf dem Hügel ein königliches Areal mit beeindruckenden Gebäuden. Die Menschen, die sich Samaria näherten, musste schon allein der Anblick des Königspalastes nachhaltig beeindruckt haben. Die königliche Anlage in Jesreel ist ebenfalls bedeutend. Die

Grabungen David Ussishkins in Jesreel haben vor rund 30 Jahren eine sehr ausgeklügelte Anlage zutage gefördert, die aus archäologischer Sicht in die Phase der Eisenzeit datiert werden kann. Und die gut in die erste Hälfte des 9. Jh.s, also die Zeit der Omriden-Dynastie, passt. Den Omriden gelang es, vom Jesreel-Tal aus weiter nach Norden zu expandieren. Über Megiddo hinaus in das hügelige Galiläa und entlang des nördlichen Teils des Jordantals, zumindest bis Hazor. Die Ausgrabungen in Hazor ergaben Beweise für eine Phase in Hazor in der Zeit der Omriden-Dynastie. Wir sehen also schon der Zeit der Omriden diese Expansion in nördlicher

Richtung. Abgesehen von Samaria, Jesreel und Hazor gibt es vor allem die Paläste von Megiddo. Samaria und Hazor weisen als erhöhte und grosse Anlagen einige Merkmale auf, die einander ähnlich sind. Aber Megiddo ist eine andere Geschichte. In Megiddo haben wir die beiden Paläste, die archäologisch gesehen sicher in der ersten Hälfte des 9. Jh.s vC verortet werden können. Das gilt sowohl vom Standpunkt der relativen Chronologie, also den keramischen Zeugnissen aus, als auch aus der Perspektive der absoluten Chronologie, da die Schichten dort anhand von Radiokarbon-Proben datiert wurden. Die Paläste von Megiddo symbolisieren zusammen mit dem Palast in Samaria die »Größe« der Omriden-Dynastie. Eine interessante Verbindung zwischen Samaria, Megiddo und Jesreel ist zum einen, das nur die Paläste in Megiddo und Samaria die gleichen Steinmetzzeichen an den Blöcken aufweisen. Zum anderen stellen Keramikfunde die Verbindung zwischen Megiddo und Jesreel her. Man kann also von einer Verbindung dieser drei Orte in der Zeit der Omriden-Dynastie ausgehen: Samaria im Hochland, Jesreel im Jesreel-Tal und Megiddo im westlichen Jesreel-Tal. Hinzu kommt die Mescha-Inschrift, die von den Omriden im Norden von Moabs berichtet.

In der Bibel finden wir, an vergleichsweise unerwarteter Stelle im 4. Buch Mose, Hinweise auf eine Expansion des Nordreiches in Richtung Moab, in Transjordanien. Gemeint ist hier die Geschichte der Eroberung von Heschbon [חֶשְׁבּוֹן, حشبون *Hasbun*] durch König Sihon [סִיחוֹן]. Im Buch Numeri tauchen an mehreren Stellen Erinnerungen an eine frühe Phase des Nordreiches in Transjordanien auf und weisen möglicherweise auf eine Expansion in Richtung des östlich des Toten Meeres gelegenen Moab hin. *„So nahm Israel alle diese Städte ein und wohnte in allen Städten der Amoriter, in Heschbon und in allen seinen Ortschaften. Denn Heschbon war die Stadt Sihons, des Königs der Amoriter. Er hatte mit dem früheren König der Moabiter gekämpft und ihm all sein Land bis zum Arnon weggenommen. Daher sagen die Spruchdichter: Kommt nach Heschbon, dass man die Stadt Sihons baue und aufrichte. Ja, Feuer ist aus Heschbon gefahren, eine Flamme von der Stadt Sihons; die hat gefressen Ar in Moab und verzehrt die Höhen am Arnon. Weh dir, Moab! Du Volk des Kemosch bist verloren! Man hat seine Söhne in die Flucht geschlagen und seine Töchter gefangen geführt zu Sihon, dem König der Amoriter. Seine Herrlichkeit ist zunichtegeworden von Heschbon bis nach Dibon, sie ist zerstört bis nach*

Nofach, bis nach Medeba. So wohnte Israel im Lande der Amoriter."

Auf jeden Fall werden auf der Mescha-Stele zwei Orte genannt, die von den Omriden erbaut wurden. Stolz wird dort berichtet, dass die beiden Festungen Jahaz [יַהַץ] und Atarot [עטרות] von den Omriden übernommen wurden. Atarot ist sehr leicht zu identifizieren, weil sich der Name erhalten hat und heute Khirbet Atarus lautet. Jahaz wird mit Khirbat Islandar oder mit mehreren anderen Stätten in der Nähe des Wadi al-Wala, südöstlich von Heschbon identifiziert. Beide weisen die gleichen typischen Merkmale der Omriden-Architektur auf, wie sie westlich des Jordans in Orten wie Samaria und Jesreel zu finden sind. Auf Basis der Mescha-Stele und der archäologischen Forschung spricht sehr viel dafür, dass die Omriden auch östlich des Toten Meeres expandierten. Was hat die Omriden dann dazu bewegt, diese Festungen anzulegen? Sicherlich war der Wunsch nach einer dauerhaften Besetzung von Teilen Moabs vorhanden. Dies wurde ermöglicht durch die vergleichsweise immense Prosperität des Königreichs, wirtschaftlich und demographisch. Und besetzte Gebiete boten auch immer eine Option, benötigte Arbeitskräfte für Projekte im Kernland zu generieren. Ein weiterer Grund ist die unterschiedliche Topographie des Nordreiches im Vergleich zu Juda. Die unterschiedlichen Gebiete dort weisen weder eine geographische noch eine ethnische Homogenität auf. Die Zusammensetzung mit den Hochlandbewohnern in Samaria, die Menschen aus dem Tiefland im Jesreel-Tal und die Populationen im Nordosten am Rande von Damaskus ist sehr komplex und ihre Zugehörigkeit zu Israel ist kein Selbstläufer. Hinzu kommen im Nordwesten die phönizischen Stadtstaaten, die in der ersten Hälfte des 9. Jh.s vC ebenfalls mächtig waren. Angesichts dieser Gegebenheiten bestand die Notwendigkeit der Kontrolle der Gebiete vor Ort und damit die Notwendigkeit des Baus von großen Festungen für Garnisonen.

Erstaunlich und von der Forschung bislang nicht geklärt ist das Nichtvorhandensein einer Schrift. Eigentlich sollte ein Reich, das in der Lage ist, mit einer großen Armee 400 Kilometer bis nach Karkar im Libanon-Tal zu marschieren, schriftliche Zeugnisse hinterlassen haben. Für den Bau der Festungen, Ausbildung, Ausrüstung und Unterhaltung einer großen Armee und die Kontrolle über die besetzten Gebiete bedurfte es einer Art von Verwaltung. Allerdings gibt es bis dato keine Hinweise auf eine hebräische Schrift im Gebiet des Nordreichs in der ersten Hälfte des 9. Jh.s. vC. Die hebräische Schrift erscheint, wie in Exkurs III bereits beschrieben, vielleicht um 800 vC, aber nicht bereits in der ersten Hälfte des 9. Jh.s. vC. Möglicherweise war die Schrift anfangs auf Papyri beschränkt, also einem vergänglichen Material. Doch wenn es tatsächlich rege Schreibaktivität in Palastkreisen auf Papyri oder Pergament gegeben haben sollte, müssten sich zumindest Rudimente davon auch in den anderen Medien der Schrift, auf Ostraka, Bullae, Siegel, Siegelabdrücke etc. erhalten haben. Einstweilen muss die unbefriedigende Situation akzeptiert werden, das nördliche Königreich zur Zeit der Omriden auch ohne Beweise für schriftstellerische Tätigkeit zu verstehen.

Kultische Aktivitäten auf staatlicher Ebene

Wie mit dem Kult angesichts der weiter oben beschriebenen komplexen Gemengelage im Nordreich umzugehen ist, war eine schwierige Frage. Kultorte sind naturgemäß ein Zentrum auch wirtschaftlicher Aktivitäten und stark frequentierte regionale Tempel können starke regionale Mächte hervorbringen, die ihrerseits die zentrale Autorität der Hauptstadt in Frage stellen konnten. Die Omriden mussten den Kult also »staatlicherseits« übernehmen und es gibt Belege für Omriden-

Tempel. Es gibt einen Hinweis im biblischen Text auf einen Tempel in Samaria. Das ist natürlich keine Überraschung, denn in der Hauptstadt eines Königreichs muss es eine Art von dynastischem Tempel geben, der zum Palast passt. Es gibt noch einen weiteren interessanten Hinweis auf einen israelitischen Tempel in der Mescha-Stele bei Nebo [נבו], nordöstlich des Toten Meeres. Aber auch an weiteren Orten finden sich erste Hinweise auf die Übernahme des Kultes durch die Omriden-Dynastie. Besonders deutlich zeigt sich das in Megiddo, wo es bis etwa 900 vC, also in der Bronzezeit, einen großen Tempel in Megiddo gab, wahrscheinlich mit Priestern, Aktivitäten und einer Pilgerstätte. Dieser regionale Tempel in Megiddo existierte etwa bis zum Beginn der Eisenzeit. Das ändert sich aber ganz plötzlich in der Zeit der Omriden, denn es gibt keinen zentralen Tempel mehr in Megiddo, der Kult beschränkte sich auf das zentrale Verwaltungsgebäude. Die Macht der Dynastie und die Kontrolle über den Kult wurde auch in Megiddo spürbar.

Der Tempel in Nebo war ein Tempel JHWHs, des Gottes Israels, wie es auf der Mescha-Stele heißt. Mescha beschreibt sehr deutlich, wie er den Tempel von JHWH übernommen hat: *„Ich nahm von dort die*

Altäre JHWHs und ich brachte sie vor Kemosch". Das ist nicht zuletzt deshalb interessant, denn in der Zeit der Omriden haben wir den ersten soliden Beweis für den Kult des Gottes Israels, JHWH, in beiden hebräischen Königreichen. Die Inschrift von Mescha stammt aus der zweiten Hälfte des 9. Jh.s und beschreibt die Ereignisse die 840 vC stattfanden, also die Situation in der ersten Hälfte des 9. Jh.s vC. Des Weiteren tauchen in der Zeit der Omriden auch die ersten jahwistischen Namen von Monarchen im Norden auf. Die beiden ersten Monarchen sind Ahasja[297] und Joram[298]. Sie trugen den Namen der israelitischen Gottheit in ihrem Namen. Das Gleiche gilt für Joschafat[299], der erste Monarch in Juda mit einem jahwistischen Namen. Natürlich haben wir es zu dieser Zeit noch nicht mit späteren Monotheismus zu tun, aber JHWH stellt eine wichtige Gottheit, zumindest zur Zeit der Omriden-Dynastie, dar. Die Annahme, dass JHWH zuerst im Norden auftaucht und dann durch den Einfluss der Omriden auf Juda auch dort verbreitet hat, ist spekulativer Natur. Der Ursprung JHWHs ist nicht eindeutig zu verorten, aber der Gott Israels scheint eine Verbindung zwischen Israel und Juda, zum Beispiel durch die Königsnamen, hergestellt zu haben. Das Nordreich der Omriden war ein sehr starkes Reich und auf jeden Fall das mächtigere der beiden hebräischen Königreiche.

Zwischen 930-730/20 vC existierten die beiden hebräischen Königreiche existierten etwa zwei Jahrhunderte lang Seite an Seite. Etwa ein Jahrhundert lang, ist Israel das Königreich, welches Juda auf die eine oder andere Weise beherrscht. Dies geschieht sowohl in der ersten Hälfte des 9. Jh.s als auch in der ersten Hälfte des 8. Jh.s vC. Dem biblischen Texten können wir entnehmen, dass es in der Zeit der Omriden starke Anzeichen für deren Versuche, die Dynastie in Jerusalem zu übernehmen. Athalja[300], eine Omriden-Königin war, versuchte nach der Schlacht von Ramot-Gilead und dem Tod von Joram im Jahr 841 vC, die Dynastie zu übernehmen. Und im zweiten Buch der Könige lesen wir von einem Putsch gegen Athalja und ein echter Davidide, Joasch, wird nach dem Umsturz und der Ermordung Athaljas als Kind auf den Thron gesetzt. Diese Erzählung bewahrt vermutlich eine Art Erinnerung an den Versuch der Omriden, die Dynastie in Jerusalem zu übernehmen.

Elia, die Omriden und Baal

Der Hauptkritiker Ahabs im Besonderen und der Omriden im Allgemeinen war der Prophet Elia, der sich vor allem gegen Ahabs Religionspolitik wandte. Die Erzählungen in 1.Kön 17f. sind jedoch deutlich deuteronomistisch geprägt, so dass sie für ein historisches Urteil über Ahab nur bedingt verwendbar sind. Nach 1.Kön 16,31 wird König Ahab vorgeworfen, in der Sünde Jerobeams zu beharren, indem er die Sidonierin Isebel zur Frau genommen habe und Ba'al diene. Illustriert wird der letztgenannte Vorwurf in Vers 32 mit der Errichtung eines Baal gewidmeten Altars und der Erbauung eines Ba'al Tempels in Samaria durch Ahab. Ob diese Schilderung auf historischen Tatsachen beruht, ist kaum zu ermitteln, ja eher zweifelhaft. 1.Kön 17,1 ist der Beginn der Dürreerzählung, die auf den wiederkehrenden Regen in 1.Kön 18,41-46 zielt. Im jetzigen, sekundären Zusammenhang ist die Erzählung durch die Sünden Ahabs motiviert, wobei auffällt, dass das Verhältnis zwischen Elia und Ahab in diesen Versen unproblematisch zu sein scheint. Die Opposition zwischen Elia und Ahab/Isebel ergibt sich erst durch die eingelagerte, deuteronomistische Geschichte vom Götterwettstreit zwischen JHWH und Ba'al in 1.Kön 18,3-40. Die ältere Dürreerzählung, die 1.Kön 18 einfasst, haftet bereits am Karmel, ohne hier jedoch eine Verbindung zu Ba'al zu ziehen. Es ist deswegen nicht verwunderlich, dass der historische Nachweis eines Ba'al Kultes auf dem Karmel in der Eisenzeit bisher nicht gelungen ist. Die häufig begegnende Identifikation des Karmel mit dem aus den Annalen Salmanassars III. bekannten

Ort *Ba'lira'si* ist nicht sehr wahrscheinlich, eher ist an Ras en-Naqura zu denken. Die ironische und blutige Erzählung von der Ausrottung des Ba'alsdienstes durch Jehu findet sich in 1.Kön 16,31.32-33 und 1.Kön 18,3ff. Sie schließt den langen Exkurs des Ba'alsdienstes der Omriden und dessen Bekämpfung durch Elia, dessen Name „Mein Gott ist JHWH" bedeutet, ab. Wie oben schon angedeutet, tragen diese Erzählungen deuteronomistisches Kolorit und sind deshalb historisch nicht ohne weiteres zuverlässig.

Dass es eine begrenzte Ba'alsverehrung im eisenzeitlichen Samaria gegeben hat, zeigen die überlieferten Personennamen aus dieser Region. Doch sowohl die Mehrzahl der epigraphischen Personennamen aus Samaria als auch die Tatsache, dass die Söhne Ahabs, Ahasja und Joram, Namen mit JHWH als theophorem Element tragen, spricht nicht für einen Vorrang des Gottes Baal in Samaria überhaupt und zur Zeit der Omriden im Speziellen. Anknüpfungspunkt für die deuteronomistische Ba'alspolemik, die im Dienst der Untergangsätiologie Israels und Judas steht, könnte die Verschwägerung Ahabs mit dem sidonischen König Etbaal[301] sein, durch dessen Tochter Isebel quasi das Unheil nach Israel vermittelt wurde.

Das Buch Jeremia

Die Belege in Jer 2,8.23 fügen sich in die deuteronomistische Ba'alspolemik, deren Grundlage die deuteronomisch-deuteronomistische Bundestheologie ist. Sie kontrastiert die verwerflichen Taten Israels mit den geschichtlichen Heilstaten JHWHs. Jer 2,8 konstatiert mit der Nennung von Priestern, Richtern, Rechtsgelehrten, Königen und Propheten den Abfall der klassischen israelitischen Amtsträger, die nach Dtn 16,18-18,22 dafür bürgen sollen, dass die deuteronomische Tora mit ihrem monolatrischen Anspruch eingehalten wird. Die Verkündigung des Jeremiabuches wird damit in Jer 2 in das Licht des geschichtlichen Bundesbruches gestellt, zu dem u.a. auch die Ba'alsverehrung gehört.

Jer 7,9 benennt in der sogenannten Tempelrede Jeremias die zentralen Vergehen der Gescholtenen: *„Ihr seid Diebe, Mörder, Ehebrecher und Meineidige und opfert dem Baal und lauft fremden Göttern nach, die ihr nicht kennt."*. Die Reihe der mitmenschlichen Vergehen wird mit den kultischen Vergehen verknüpft, die den Bundesbruch in deuteronomisch bzw. deuteronomistischer Hinsicht anzeigen. Entsprechend sind auch die Belege in Jer 9,13; Jer 11,13.17; Jer 12,16 zu werten, die die Thematik des Abfalls zu „Ba'al" aufgreifen. Interessant ist hier der

Beleg Jer 11,13, der die Vielzahl von Räucheraltären für Ba'al explizit in Juda und Jerusalem rügt. Denn gerade in diesem Bereich ist eine Verehrung Ba'als epigraphisch und ikonographisch nicht belegbar. Es wird deutlich, dass der Baalsdienst zu einem späteren Deutungsmittel des Bundesbruches wurde.

Das Hoseabuch

Hos 2 spielt mit der Doppeldeutigkeit von „Ba'al", das im Hebräischen sowohl den *„Ehemann"* als auch den Eigennamen des Gottes bezeichnen kann und der Doppeldeutigkeit der Wurzel *jd* („erkennen") hinsichtlich des Sexualaktes und der Erkenntnis Gottes, die ebenfalls im Zusammenhang der Ba'alspolemik in Hos 2,10 Verwendung findet. Der Begriff der »Erkenntnis« ist dabei ein zentrales Theologumenon (nicht zur eigentlichen Glaubenslehre gehörender theologischer Lehrsatz) im Hoseabuch (Hos 4,1.6; Hos 5,4; Hos 6,3.6), das zur späteren Bündelung des ureigenen prophetischen Anliegens, der Ankündigung des Endes des Kultes von Beth El, Verwendung findet: Israels Gottesdienst ist von mangelnder Gotteserkenntnis geprägt. Von Ba'al ist dabei in den älteren Passagen des Buches nirgends die Rede. Es liegt nahe, dass in Hos 2 die Ehemetaphorik aus Hos 1 zum Anlass genommen wurde, die Ba'alspolemik in ihrem oben beschriebenen doppelten Sinn einzutragen und mit dem Problem der mangelnden Gotteserkenntnis zu verbinden. Ein originärer Ba'alskult ist dabei nicht im Blick. Vielmehr wird die fehlende Gotteserkenntnis als Baalsdienst chiffriert. Ebenso sind auch die Belege in Hos 11,2; Hos 13,1 zu beurteilen.

JHWH und Ba'al

Das alttestamentliche Palästina war - wenige Ausnahmen bestätigen die Regel - im 1. Jt. vC nicht das Land Ba'als, sondern das Land JHWHs. Dass die Ba'alspolemik in bestimmten Teilen des Alten Testaments einen breiten Raum einnimmt, ist der deuteronomistischen Geschichtssicht geschuldet, die nach der theologischen Ursache der Zerstörung Israels und Judas fahndet. So wurde z.B. in der wahrscheinlich historischen Verschwägerung Ahabs mit Etba'al von Sidon über dessen Tochter Isebel ein generelles Einfallstor des Ba'alsdienstes nach Israel gesehen und zu einer Geschichte der Konkurrenz von JHWH und Baal stilisiert. Der Konkurrent verführte nach dieser Sicht die Einwohner Israels und Judas zum Abfall vom monolatrischen Hauptgebot, die theologische Ursache des Untergangs der beiden Staaten. Die lange beobachtete Zeichnung JHWHs mit Hilfe von Motiven des Chaoskämpfers und Kriegsherrn (Ex

15,21; Jes 51,9; Ps 29; Ps 46), „*Wolkenreiters*" (Ps 68,5), Regen- und Tauspenders (1.Sam 1,21; 2.Kön 18; Jes 5,6; Jer 14f.), „*verschwundenen Gottes*" (Hos 4ff.), theophanen Bergnamens (Dtn 33,2; Ri 5,4-5; Am 4,13b; Hab 3,3-6; Ps 48,3; Ps 97), Gottkönigs (1.Kön 22,19-22; Jes 6; Ps 47; Ps 93; Ps 97) usw. nimmt auf der anderen Seite Motive auf, die auch für Ba'al überliefert sind, die aber insgesamt dem »Synkretismus« der Wettergottgestalten in Obermesopotamien und Nordwestsyrien seit der Späten Bronzezeit entstammen dürften. JHWH und Ba'al sind ebenso wie der aramäische Hadad unterschiedliche Manifestationen eines verbreiteten ursprünglichen Wettergotttypus mit einem entsprechenden, je und je ausgeprägten Inventar an Motiven – Wechselwirkungen im Verlauf des 1. Jt.s vC ausdrücklich eingeschlossen. Damit ist JHWH kein Ba'al, sondern eine eigene Gottheit, die im 1. Jt. vC ihren Aufstieg in der israelitisch-judäischen Religion gemacht hat.

Der Untergang der Omriden

Die Omriden errichteten in der ersten Hälfte des 9. Jh.s vC ihr »Mini-Empire« in der südlichen Levante. Es gibt hier einen »Dreiklang« zwischen drei Mächten, Israel, Damaskus und Groß-Assyrien, dem »großen Bruder« im Hintergrund. In der ersten Hälfte des 9. Jh.s vC dominiert Israel, aber ab 840 vC, offenbar aufgrund des nachlassenden Drucks von Assyrien, wird Damaskus zunehmend mächtiger. Schließlich gelingt Damaskus in der Zeit Hasaels, ein alternatives »Mini-Empire« in der südlichen Levante zu errichten. Aus der Schlacht von Ramot-Gilead gegen Israel geht Damaskus als Sieger hervor und erobert große Teile des Nordreichs. Archäologisch nachgewiesene Zerstörungsschichten in Megiddo und an anderen Orten dokumentieren hinreichend diese Ereignisse um 840 vC und ein wenig später. Hasael gelingt es, das Nordreich ins Hochland in das Gebiet um Samaria herum zurückzudrängen und etwa 40 Jahre lang einen Großteil des Gebiets der südlichen Levante zu beherrschen, bis sich die geopolitische Lage wieder ändert. Assyrien begann erneut zu expandieren, übte wieder Druck auf Damaskus aus, und das Nordreich schafft es erneut, zu einem mächtigen Königreich in der Region aufzusteigen.

Kapitel 17: Israel während des Regnums Jerobeams II.

Die erste Hälfte des 8. Jh.s. vC ist der Schlüssel zum Verständnis der Entwicklung der biblischen Texte. Und ein großer Teil der Geschichte des alten Israels wird gewissermaßen auf diese besondere Periode »fokussiert«. Dieses Kapitel wird sich auf den Hintergrund der ersten Hälfte des 8. Jh.s vC konzentrieren. Die erste Hälfte des 8. Jh.s vC ist deshalb so wichtig, weil das Nordreich die Zeit des größten Wohlstands erlebt; vielleicht sogar den Höhepunkt des Wohlstands eines hebräischen Königreichs, während die beiden hebräischen Königreiche Israel und Juda nebeneinander bestanden. Es gibt keinen Weg, die Komposition des biblischen Textes oder die biblische Geschichtsschreibung zu verstehen, ohne anzuerkennen, dass in der ersten Hälfte des 8.Jh. vC im Nordreich eine Art literarischen Wirkens gab. Des Weiteren, das nach dem Fall des Nordreiches 722 vC nördliche biblische Texte Eingang in die judäischen Kompositionen fanden. Das gleiche gilt für die Entwicklung einiger zentraler theologisch-ideologischer Konzepte der deuteronomistischen biblischen Redaktoren in Juda. Beispielsweise die Idee einer großen vereinigten Monarchie, die über das Gebiet beider hebräischer Königreiche regiere, das Konzept des Exodus, das Konzept der Patriarchen und das Konzept der sogenannten Landnahme. All dies stammt in gewisser Weise aus dem Nordreich und aus einer Phase der Blütezeit des Nordreiches in der ersten Hälfte des 8. Jh.s vC.

Nach dem Putsch gegen die Omriden kam die Dynastie der Nimschiden im Nordreich an die Macht. Deren erster König, Jehu ben Joschafat ben Nimschi [יֵהוּא בֶּן יְהוֹשָׁפָט בֶּן נִמְשִׁי], ließ gemäß der biblischen Erzählung zunächst den Obersten und Ältesten der Stadt Jesreel eine Botschaft zukommen, in der er mitteilen ließ: *„Wenn dieser Brief zu euch kommt, bei denen eures Herrn Söhne sind und Wagen, Rosse, feste Städte und Rüstung, so seht, welcher der beste und geschickteste sei unter den Söhnen eures Herrn, und setzt ihn auf seines Vaters Thron und kämpft für eures Herrn Haus."* (2.Kön 10,2–3). Die Ältesten von Jesreel verkündeten daraufhin ihre Treue gegenüber Jehu. Nach dem Treuebekenntnis forderte Jehu die Ermordung von 70 Angehörigen der Omriden-Dynastie und Übergabe ihrer Köpfe in Jesreel (2.Kön 10,4–6). Die Forderung wurde erfüllt. Jehu trat nun vor das Volk und ließ verkünden: *„Ihr seid ohne Schuld. Siehe, ich habe gegen meinen Herrn eine Verschwörung gemacht und ihn getötet. Wer aber hat denn diese alle erschlagen? So erkennt denn, dass kein Wort des HERRN auf die Erde gefallen ist, das der HERR geredet hat gegen das Haus Ahab. Der*

HERR hat getan, wie er geredet hat durch seinen Knecht Elia."(2.Kön 10,9). Deshalb tötete Jehu auch die restlichen Angehörigen vom Haus Ahab in Jesreel (2.Kön 10,11). Als er danach unterwegs nach Samaria war, traf er auf 42 Brüder von Ahasja von Juda und ließ sie ebenfalls ermorden (2.Kön 10,13-14). In Samaria angekommen, wurde der übrige Rest der Familie des Ahab von Jehu getötet (2.Kön 10,17).

Im folgenden Erzählverlauf begegnet Jehu Jonadab ben Rechab [הוֹנָדָבֶּן־רֵכָב] (2.Kön 10,15-17). Sie verabreden sich, den Ba'alskult auszurotten. Dazu vollzieht Jehu ein hinterlistiges Opfer, bei dem ausschließlich die vollzählig versammelten Anhänger Ba'als anwesend sein sollen. Am Ende des Opfervorgangs lässt er das Heiligtum stürmen, alle Kultteilnehmer umbringen und die Tempelanlage zerstören. Als Gipfel dieser Erniedrigung lässt er den Tempel schließlich in eine Toilettenanlage umwandeln. Wiederholt macht der Text auf die Unterstützung Jehus durch Gottesmänner aufmerksam. So wurde Jehu nach 2.Kön 9,1-10 von einem Jünger des Elischa aufgesucht, um ihm den Auftrag zu geben, die Dynastie der Omriden auszulöschen. Zugleich wird Jehu von dem Jünger Elischas zum König gesalbt, obwohl der Omride Joram noch regiert. Dadurch wird in 2.Kön 9 Elischa zum Initiator des Aufstandes. Auch scheint Jehu nach dem biblischen Bericht eine besondere Beziehung zu Gott gehabt zu haben, da er zum einen eine sonst unbekannte Prophezeiung wiedergibt (2.Kön 9,25-26) und zum anderen nach 2.Kön 10,30 JHWH ihm eine unmittelbare und uneingeschränkte Verheißung für seine Dynastie bietet. Der Text stellt Jehu damit als eifrigen JHWH-Anhänger dar. Abgesehen von einigen verstreuten deuteronomistischen Anmerkungen scheint der Bericht von 2.Kön 9-10 also eine vor allem positive Beurteilung von Jehu zu bieten, insbesondere im Blick auf seine gottgewollte Amtsübernahme.

Jehus außenpolitisches Versagen und seine deuteronomistische Beurteilung

2.Kön 10,32-33 beschreiben einen Eroberungszug des aramäischen Königs Hasaël [חֲזָהאֵל] von Damaskus während Jehus Herrschaft. Dabei sollen große Teile vom Gebiet des Nordreichs, vor allem im Ostjordanland, abgetrennt worden sein. Während das innenpolitische Bild der Herrschaft Jehus positiv erscheint, wird seine Außenpolitik, wenn auch nur anhand eines einzigen Beispiels, negativ geschildert. Diese Relativierung seiner Regentschaft wurde unter deuterono-mistischem Einfluss weiter verschärft. Dass die Geschichte König Jehus in 2.Kön 9-10 einer deuteronomistischen Bearbeitung unterzogen wurde, wird nicht wirklich bestritten, allerdings die Anzahl der deuteronomistischen Eingriffe und deren genauer Umfang. Konsens ist, dass zumindest Verse wie 2.Kön 10,29.31 unter deuteronomistischem Einfluss entstanden sind. In diesen Texten wird eindeutig erklärt, dass Jehu Anforderungen des Deuteronomistischen Geschichtswerks unerfüllt ließ. Besonders markant wirken diese deuteronomistischen Beurteilungen, da sie die uneingeschränkte Verheißung Gottes für Jehus Dynastie unmittelbar umrahmen. Damit nuancierten diese Redaktoren die theologische Beurteilung von Jehu und damit seine gesamte Charakterisierung im Buch der Könige.

Jehu war also ein wichtiger Herrscher, aber es gibt keinen historisch oder archäologisch verifizierten großen Wohlstand im Norden während seines Regnums. Das Nordreich erwacht erst durch den Druck Assyriens auf Damaskus zur Zeit des assyrischen Königs Adad-Nirari III.[302], einem der größten Könige des ausgehenden 9. Jh.s vC, wieder zum Leben. Und diesen historischen Moment nutzt Israel. 2.Kön 13,14-19 erzählt von einer Begegnung zwischen Joasch und dem Propheten Elischa. Dieser verheißt dem König Siege über Aram-Damaskus,

einen davon in einer Schlacht bei Afek (אֲפֵק).
Allerdings sollen es nur drei siegreiche Schlachten
werden, aber kein endgültiger Sieg über die Aramäer.
Nach einer kurzen Notiz in 2.Kön 13,22-24 hat Joasch
den aramäischen König Ben-Hadad tatsächlich
dreimal geschlagen und dabei Gebiete
zurückerobert, die dessen Vater Hasael seinem Vater

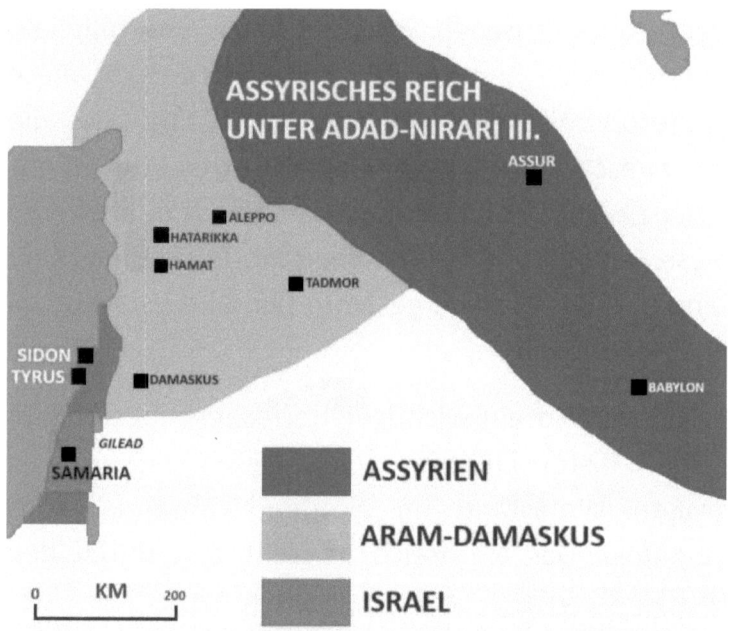

Joahas einst genommen hatte. Zwei Monarchen
ragen aus der Dynastie der Nimschiden heraus.
ansehen müssen. Der eine ist Joasch, der erste starke
Herrscher der Nimschiden und der zweite natürlich
der spätere König Jerobeam II., der 41 Jahre lang
über das Nordreich herrschte. Die beiden regierten

zusammen etwa zwischen 800 und 750 vC. Und das ist die Zeit des großen Wohlstands aus jeder Perspektive, einschließlich des Beginns der schriftstellerischen Tätigkeit und dem Beginn eines »historiographischen Bewusstseins« insofern, als das man beginnt, die Reihenfolge der hebräischen Könige, sowohl der israelitischen als auch der judäischen, von Anfang an »zu erklären«.

In den altorientalischen Texten wird nur Joasch in der assyrischen Tel Rimah-Inschrift als tributpflichtiger israelitischer Herrscher erwähnt. Jerobeam II. wird in keinem der assyrischen Dokumente erwähnt. Der Grund hierfür könnte die vorübergehende Schwäche Assyriens vor dem Machtantritt Tiglath-Pilesers III. sein. Der biblische Text ist nicht so leicht zu dechiffrieren, denn natürlich ist auch hier der Versuch der deuteronomistischen Historiker in Jerusalem, die Bedeutung des Nordreiches zu schmälern. Dennoch gibt es in den biblischen Texten genug interessante und verwertbare Informationen, sowohl über Joasch als auch über Jerobeam II. Joasch [יוֹאָשׁ] bzw. Jehoasch [יְהוֹאָשׁ], „JHWH hat mich /uns belohnt", soll der Sohn des Ahasja von Juda und der Zibja aus Be'er Scheba gewesen sein und wurde der Vater des Amazja. Joasch bestieg den Thron mit nur sieben Jahren als jüngster König von Juda und regierte nach 2.Kön 12,2 vierzig Jahre. Die Deuteronomisten bewerten seine Regierungszeit zunächst durchaus positiv, relativieren ihr Urteil dann aber. Joasch soll von dem Priester Jojada positiv beeinflusst worden sein, doch soll er das Opfern und Räuchern auf den Kulthöhen nicht eingestellt haben. Gegenüber dem Bild der Königsbücher ist das Bild der Chronik differenzierter. Sie stellt die Regierung Joaschs in zwei Phasen dar: eine positive Phase unter Leitung von Jojada [יְהוֹיָדָע] (2.Chr 23,2-14)

Tell er-Rimah Stele

und eine negative Phase nach dessen Tod (2.Chr 23,17-27).

Beginnen wir mit Joasch. Es gibt einen chronistischen Hinweis in 2.Chr 25,21-24 (2.Kön 14,8-14), der sehr wichtig für das Verständnis der Beziehung zwischen Israel und Juda ist: *„Da zog Joasch, der König von Israel, herauf, und sie maßen sich miteinander, er und Amazja, der König von Juda, bei Bet-Schemesch, das* *in Juda liegt. Aber Juda wurde vor Israel her geschlagen, und sie flohen, ein jeder zu seinen Zelten. Aber Amazja, den Sohn des Joasch, den König von Juda, nahm Joasch, der Sohn des Joahas, der König von Israel, bei Bet-Schemesch gefangen und brachte ihn nach Jerusalem und riss die Mauer von Jerusalem ein vom Tor Ephraim bis an das Ecktor, vierhundert Ellen lang. Und alles Gold und Silber und alle Geräte, die im Hause Gottes unter der Obhut von Obed-Edom vorhanden waren, und die Schätze im Hause des Königs und die Geiseln nahm er mit sich nach Samaria.".* Joasch gelang es nicht nur den judäischen Herrscher in Beth Schemesch zu besiegen sondern er schaffte es, die Mauer von Jerusalem zu durchbrechen. Was bedeutet es, die Mauer Jerusalems zu durchbrechen? Es bedeutet vermutlich, dass Joasch die Stadt Jerusalem zum Vasallen des Nordreiches machte. Das wiederum bedeutet, dass Israel das dominierende Königreich dieser Zeit ist und sich das Nordreich nun auf auch militärisch auf das Südreich konzentriert. Im Vorfeld der Auseinandersetzung lässt Joasch dem Judäischen König ein Bildwort übermitteln, das an die Jotam-Fabel (Ri 9,8-15) erinnert, da auch hier Pflanzen miteinander sprechen. Joasch sieht sich in diesem Wort selbstbewusst als eine Zeder, Amazja

[אמציה] dagegen verächtlich als eine Distel, die von Tieren überrannt wird.

Über Jerobeam II. [יָרָבְעָם] gibt es im biblischen Text direkte und indirekte Informationen. Die direkten Informationen sind relativ gering, aber die indirekten sind bedeutsam. Jerobeam II. war ein sehr mächtiger Herrscher und regierte 40 Jahre das Königreich Israel. Aber die deuteronomistischen Geschichtsschreiber widmeten ihm nur sieben Verse. Diese sieben Verse sind aber durchaus interessant, weil sie einen Kampf konnotieren. Die deuteronomistischen Redaktoren scheinen mit ihren eigenen Überzeugungen zu kämpfen. Sie wollen Jerobeam II. negativ beschreiben, wissen aber sehr wohl, dass er ein großer König war. Ihr Wissen bezogen sie vermutlich von den Israeliten, die nach dem Untergang des Nordreichs nach Juda gezogen waren. Es gab also keine Möglichkeit, eine Geschichte zu erzählen, die Jerobeam II. völlig abwertete. Im Gegensatz zu den bereits weiter in der Geschichte zurückliegenden Omriden, manifestierte Jerobeam II. eine relativ junge historische Realität. Letztlich finden die biblischen Autoren aber einen Weg, das Ansehen Jerobeams II. doch noch zu schmälern. So schreiben sie, Jerobeam II. sei ein mächtiger König gewesen, dem es gelungen sei, die Grenzen des Nordreiches weit nach Norden zu verschieben, bis nach Lebo[303], einer Stadt am Rande von Hama im westlichen Syrien. Und sie fügen hinzu, dass er sogar bis nach Damaskus vordringen konnte.

Dann relativieren sie allerdings Jerobeams historische Taten, indem sie sagen, dass er all diese großartigen Leistungen nur dank der Hilfe durch den Gott Israels vollbringen konnte. Der Gott Israels habe den Kampf des Nordreiches aufmerksam verfolgt und dann beschlossen, Jerobeam II. zu helfen, um diese territoriale Expansion zu vollenden. Das verrät eine Menge über die Ideologie der deuteronomistischen Schreiber. Ein weiterer direkter Hinweis findet sich im Buch Amos, wo der Prophet beiläufig die Eroberung zweier Orte im Nordosten, Lidebir [לדביר] und Karnaim [קַרְנַיִם], erwähnt (6,13). Lidebir ist eine Stadt auf der Hochebene im nordöstlichen Teil von Gilead, in der Nähe des Flusses Jarmuk[304]. Und Karnaim liegt weiter nördlich, im Baschan, nördlich des Flusses Jarmuk und östlich des Sees Genezareth. Es handelt sich hier ganz offensichtlich um eine Erinnerung an die territoriale Expansion Jerobeams II. im Nordosten, die sich mit den Angaben im Buch der Könige über den Vorstoß in Richtung Damaskus deckt.

Die indirekten Informationen sind noch interessanter als die direkten Zeugnisse für die Zeit Jerobeams II., denn sie tauchen an verschiedenen Stellen in der Bibel auf. In den ersten 50 Jahren des Nordreiches hatte Jerobeam I. die beiden Kultstätten in Dan und Beth El errichten lassen, die naturgemäß die von Juda erwünschte Kultzentralisation mit dem Jerusalemer Tempel gefährdete. Entsprechen negativ lesen sich die biblischen Texte. Allerdings haben archäologische Forschungen ergeben, dass Dan erst zur Zeit Jerobeams II., also in der ersten Hälfte des 8. Jh.s. vC israelitisch wurde. Des Weiteren zeigen die archäologischen Befunde die geringe Bedeutung von Beth El im späten 10. Jh. vC. Tatsächlich war es in dieser Phase entweder gar nicht oder nur sehr spärlich bewohnt. Wirklich wichtig wird Beth El dann aber zur Zeit Jerobeams II. und wird in der ersten Hälfte des 8. Jh.s vC als königliches Heiligtum beschrieben. Die Geschichte von Dan und Beth El bezieht sich also wahrscheinlich eher auf Jerobeam II. als auf Jerobeam I. Des Weiteren kann man auf die Hofgeschichte und die vielen Schichten in der Geschichte Davids hinweisen und wie es dazu kam, dass Salomo, der nicht der legitime Thronfolger war, dennoch an die Macht kam. Die ganze Beschreibung erinnert einschließlich der vergleichbaren Topographie, des Aufstandes von Saba im Norden, die Geschichte Abschaloms und die Beziehungen zu Geschur, mit dem sehr aktiven Hofes eines starken Königreiches, an die Situation im Nordreich. Auch die Beschreibung der Bezirke von König Salomo in 1.Kön 4 kann man nur vor dem Hintergrund des Königreichs von Jerobeam II. verstehen. Der beste Beweis dafür kommt aus Transjordanien. Denn die Beschreibung der Bezirke Salomos schließt die Gebiete im Nordosten, die laut Amos von Jerobeam II. erobert wurden, nicht aber die die Gebiete im Südosten, die nach den Omriden an Moab verloren gingen, ein. Das passt perfekt in die Zeit Jerobeams II., auch wenn all diese Texte später überarbeitet, ergänzt und gekürzt wurden. Das ändert aber nichts an der ursprünglichen Idee der Autoren.

Ein weiteres Beispiel ist die biblische Aussage, dass der parallel zu Jerobeam II. regierende König Asarja von Juda die Herrschaft über Edom übernommen oder sich dort zumindest ausgebreitet haben soll. Es ist aus historischer Sicht höchst unwahrscheinlich, sich Juda, im Wesentlichen ein Vasall des Nordreiches, in der ersten Hälfte des 8. Jh.s. vC in Edom bis hin zum Golf von Akaba engagiert haben soll. Israel war hingegen durchaus entlang der südlichen Handelsrouten des arabischen Raums aktiv. Es gibt also gute Gründe anzunehmen, dass diese Expansion Judas in Edom unter der Herrschaft des Nordreiches von Jerobeam II. stand. Nach der Eroberung des Südreiches erobert und den weiteren Aktivitäten Jerobeam II. sowohl im Nordosten als auch weit im Süden sowie dessen Verbindungen mit dem arabischen Handel, muss sich Juda wie eine »kleine Blase in der Mitte« gefühlt haben. Israel erreichte während des Regnums Jerobeams II. seinen Höhepunkt und seine maximale territoriale Ausdehnung. Das Reichsgebiet kann heute nicht mehr bis ins letzte Detail rekonstruiert werden, aber man kann mit Sicherheit davon ausgehen, dass Israel natürlich das Kerngebiet des Königreichs im zentralen Hochland mit den Tälern, das nördliche Jordantal und Galiläa, die Gebiete in Richtung Transjordanien, die Gebiete in Richtung Damaskus und weiter im Norden, kontrollierte. Das Südreich, Juda, ist ein Vasall Israels und es gab eine südliche Expansion in Richtung der Wüste. All dies zusammen genommen ergibt, dass der sich mehrfach in der Bibel wiederholende Ausdruck *„von Dan bis Be'er Scheba"* [מִדָּן וְעַד־בְּאֵרְשֶׁבַע] in der Tat die tatsächliche Realität vor Ort zur Zeit Jerobeams II. beschreibt. Und dieses Reich wird nicht von Jerusalem, sondern von Samaria aus regiert. Dies ist also der Beginn des Konzepts der »großen vereinigten Monarchie«.

Wie sieht es im Westen aus? Die Philister leben noch immer in der Nähe von Jerusalem, die Phönizier sind dort. Dennoch muss es einen Zugang zur Küste gegeben haben. Dor [דּוֹר] war im 8. Jh. vC mit Sicherheit schon ein Hafen, der zu Israel gehört, vielleicht sogar schon zur Zeit der Omriden. Dadurch sicherte sich das Nordreich den wichtigen Zugang zum Meer. Dann stellt sich natürlich die Frage nach der Ausdehnung des Nordreiches in Richtung Philisterland und in Bezug auf Aschdod. Aschdod war im 8. Jh. vC zur Zeit Jerobeams II. der mächtigste der philistäischen Stadtstaaten. Er blockierte gewissermaßen den Weg in Richtung Sinai und damit zum arabischen Handel. Die Frage sollte also gestellt werden. Deshalb muss die Frage gestellt werden, ob auch Aschdod zu dieser Zeit vom Nordreich beherrscht wurde.

Das ist eine gute Überleitung zur Archäologie. Die Archäologie erzählt uns viel über das Nordreich in der ersten Hälfte des 8. Jh.s vC, aber vor allem über die letzten Jahrzehnte. Die archäologische Forschung hat zu einem besseren Verständnis geführt, wie zwischen den verschiedenen Phasen im 9. und 8. Jh. vC unterschieden werden kann. Samaria expandierte und wurde wahrscheinlich, zumindest zu dieser Zeit, die größte Stadt in der südlichen Levante. Die genaue

Größe ist sehr schwierig zu bestimmen, aber es gibt hinreichende archäologische Hinweise darauf, dass sie sich von der Spitze des Hügels an den Hängen hinunter zu einer großen Stadt entwickelt hat. Gleichzeitig stand das wieder erstarkte Hazor unter israelitischer Kontrolle und Dan wird zum ersten Mal israelitisch. Das Tor in Dan, die Befestigungsanlagen in Dan und wahrscheinlich auch das Höhenheiligtum Bama [במה], die Kultstätte in Dan, könnten zum Teil erst im 9. Jh. vC von Damaskus, dem Damaszener »Mini-Empire«, das die Region beherrschte, errichtet worden sein. Aber vieles in Dan fällt in die Zeit von Jerobeam II., also in die erste Hälfte des 8. Jh. vC.

Dann gibt es Megiddo, wo es Beweise für einen großen Wohlstand in der ersten Hälfte des 8. Jh.s vC gibt. Nicht zu vergessen die jüngsten Grabungen Finkelsteins in Kiriath Yearim [קִרְיַת-יְעָרִים], zehn Kilometer westlich von Jerusalem auf dem Weg in die Schefela gelegen. Dort wurden Hinweise auf größere Bauaktivitäten, einer großen, erhöhten Anlage, möglicherweise der Bau eines Tempels, in der ersten Hälfte des 8. Jh.s vC gefunden. Falls es sich tatsächlich um eine monumentale Anlage in Kiriath Yearim aus der ersten Hälfte des 8. Jh.s handeln sollte, gibt es keinen rationalen Grund, diese nicht mit dem Nordreich in Verbindung zu bringen.

Folgerichtig wäre dies dann auch ein weiteres Beispiel für die Ambitionen und die Ideologie des Nordreiches gegenüber Jerusalem und Juda in dieser Zeit.

Die prosperierende Wirtschaft

Israel ist zu dieser Zeit größer als er jemals zuvor. Und das Königreich funktionierte, für den unglaublichen Wohlstand des Nordreiches gab es mehrere Ursachen. Da ist zunächst einmal um die »Pferdeindustrie« Megiddos. In der ersten Hälfte des 8. Jh.s vC waren Pferde unverzichtbar, denn Streitwagen waren in dieser historischen Periode für siegreiche Schlachten eine *conditio sine qua non*. Die Streitwagen brauchten Pferde, genauer gesagt, große, kräftige Pferde, die es in Ägypten gab. Es gibt plausible Gründe, ein Geschäftsmodell des Nordreiches zu rekonstruieren, welches darin bestand, Pferde aus Ägypten zu importieren, sie in Megiddo sowohl zu züchten als auch zu trainieren. Die ausgebildeten, wehrfähigen Pferde wurden dann in andere Königreiche in der Region, insbesondere nach Assyrien, exportiert. Der Handel mit Pferden war ein sehr lukratives Geschäft in dieser Zeit. Eine weitere wichtige Einnahmequelle des Nordreiches war die Ölproduktion im Hochland. Es gibt archäologische Beweise für Siedlungen insbesondere in Teilen des Hochlands südlich von Samaria. Diese Orte widmeten sich intensiv der Ölproduktion, wie die große Anzahl der benötigten Produktionsmittel bestätigt und sie stammen vermutlich aus der ersten Hälfte des 8. Jh.s vC. Für die exakte Datierung ist eine sehr genaue Differenzierung der geborgenen Keramik aus dem 9. und 8. Jh. vC notwendig und bis dato ist in keiner dieser Stätten hinreichend gegraben worden. Über den Hafen von Dor war der Zugang zum Mittelmeer gesichert, der wiederum den Handel mit Zypern und dem Westen ermöglichte. Die Beteiligung des Nordreiches an diesem Handel ist durch die Einflüsse in der materiellen Kultur belegt.

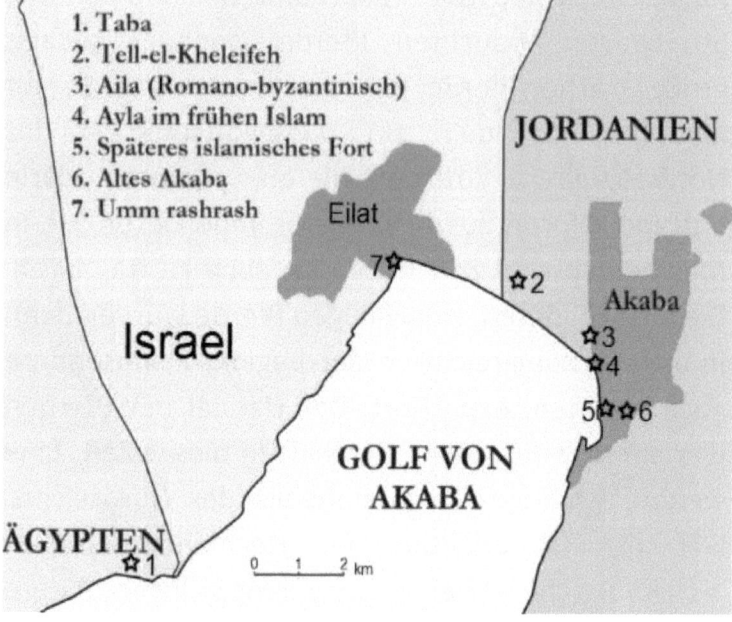

Von besonderem Interesse ist eine Fundstätte im Süden. Auf einem kleinen Hügel im nordöstlichen Teil der Sinai-Halbinselliegt 50 Kilometer südlich von Kadesch-Barnea, »mitten im Nichts«, die Fundstätte von Kuntillet Ajrud bzw. Horvat Teman [חורבת תימן], „der einsame Hügel der Wasserquellen". Kuntillet Ajrud [كونتيلة عجرود] lag an einer der Routen des arabischen Handels zum Mittelmeer und dem Norden und das ist das Entscheidende. Auf diesem kleinen Hügel wurde ein einzelnes Gebäude von Zeev Meshel bereits in den 1970er Jahren ausgegraben.

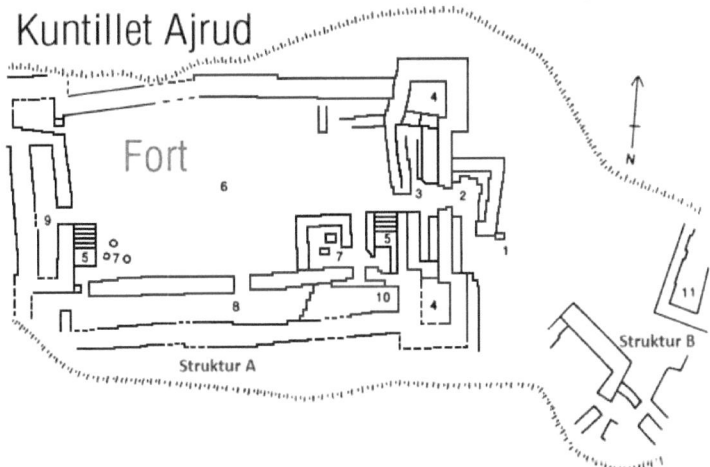

1 Hofeingang; 2 Torraum; 3 "Bank"-Raum; 4 Lagerraum ; 5 Treppe; 6 Haupthof; 7 Koch-
stellen; 8 Südlicher Lagerraum; 9 Westlicher Lagerraum; 10 Keller; 11 Langer Raum

Diese Grabung förderte wirklich überraschende Funde einschließlich schriftlichen Materials auf Ton- bzw. Steingefäßen zutage. Die Stätte konnte, sowohl auf Basis der materiellen Kultur als auch nach

Radiokarbonuntersuchungen auf die erste Hälfte des 8. Jh.s vC. datiert werden. Den Inschriften und den Merkmalen der materiellen Kultur zufolge bestand keine Verbindung zum nahegelegenen Juda, sondern mit dem Nordreich Israel. Dies beweist zumindest die Präsenz des Nordreiches an einem Punkt der lukrativen arabischen Handelsroute entlang des durch den Negev führenden Darb-el-Ghaza [طريق الشمس], dem „Weg nach Gaza", in den Ebenen des nordöstlichen Teils des Sinai. Genau dort befindet sich Kuntillet Ajrud. Des Weiteren ergaben Nelson Gluecks Grabungen in den 1930/40er Jahren in der Stätte Tell el-Kheleifeh Hinweise auf eine große assyrische Festung aus dem 8. Jh. vC, die Bestandteil dieser israelitischen Unternehmung entlang den Wüstenrouten war. Eine weitere Stätte liegt im östlichen Moab, ebenfalls mitten in der Wüste, an einem Ort, der Moab umgeht, entlang der Wüstenroute nach Gilead und Damaskus. Es handelt sich hierbei um Khirbet Mudeibi und die dortigen Funde weisen auf die Möglichkeit einer nördlichen Beteiligung am arabischen Handel, entlang der östlichen Wüstenroute nach Norden, hin.

Während für die Omriden der Beweis ist sehr problematisch ist, taucht plötzlich die hebräische Schrift im späten 9. oder zu Beginn des 8. Jh.s vC an verschiedenen Orten auf. Und wir haben diesen Boom, ganz plötzlich. Die ersten Beweise einer verbreiteten schriftstellerischen Tätigkeit kamen zuerst und vor allem aus der Hauptstadt Samaria, wo die Sammlung der Samaria-Ostraka gefunden wurde. Sie stammen aus der ersten Hälfte des 8. Jh.s, wahrscheinlich aus der Zeit Jerobeams II.. Im Wesentlichen handelt es sich um Informationen über den Transport von Wein und Öl, vermutlich von königlichen Gütern, in den Palast oder in einen Tempel im Zentrum Samarias. Auch in Kuntillet Ajrud fanden sich Beweise hebräischer Schrift, erstaunlich für einen abgelegenen Ort mitten in der Wüste. Und es gibt eine Ausweitung der Verschriftlichung auf verschiedene Medien: Keramik, Steinen, Inskriptionen, oder Gips. Zu erwähnen wäre in diesem Zusammenhang noch die Inschrift von Tell Deir Alla, die sich auf den Seher Bileam (Num 22-24) bezieht. Dies ist eine besonders interessante Inschrift, denn sie ist literarischer Natur. Es gibt also nicht nur Beweise für den Einsatz der Schrift im administrativen Bereich, sondern zum ersten Mal auch den Nachweis der Befähigung zur Abfassung literarischer, d.h. biblischer Texte. Und das ist eine der Gründe, für die plausible Annahme, dass wir in der Zeit von Jerobeam II. die ersten Hinweise bzw.

Beweise für Texte finden, die später in die Eingang in die »Jerusalemer Bibel« fanden.

Es gibt gute Gründe für die Annahme, dass das

Balaam, der Sohn Beors, ist ein göttlicher Seher

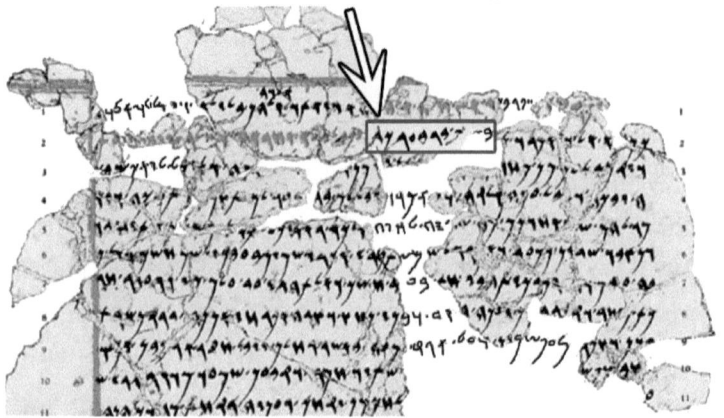

Nordreich zur Zeit Jerobeams II. auch an der Kontrolle des Kultes interessiert war. Das Gedeihen zu vieler lokaler Kulte lag nicht im Interesse der Zentralgewalt. Es gab demzufolge eine Kontrolle über den Kult, aber wir sehen etwas Neues im Nordreich zu dieser Zeit. Das ist allerding nur dann möglich, wenn man alle vorhandenen Informationen zusammenführt, Das sind die Überlieferungen der Bibel, von denen sich einige nicht auf diese Zeit beziehen, sondern als vor dem Hintergrund der damaligen Realität geschrieben, verstanden werden können. Die Prophezeiungen von Amos und Hosea gegen die nördliche Kultpraxis zur Zeit Jerobeams II., welche die die tatsächliche Situation vor Ort widerspiegeln. Und schließlich die Belege aus Kuntillet Ajrud und aus Kiriath Yearim. Während des Regnums Jerobeam II. entwickelte sich ein System zweier Arten von Tempeln: zum einen gibt es die Tempel, welche die Grenzen des »Mini-Empires« Jerobeams II. markieren: Dan im Norden und Be'er Scheba im Süden. Das erklärt wohl auch den biblischen Vers *„von Dan bis Be'er Scheba"*, der die Nord- und Südgrenze der beiden hebräischen Königreiche benennt. Dann gab es selbstverständlich auch einen Tempel in der Hauptstadt Samaria; die Kuntillet Ajrud-Inschriften beziehen sich auf „JHWH von Samaria" und „JHWH von Teman". „JHWH von Samaria" referenziert offensichtlich auf den Gott des Tempels von Samaria, mithin auf den dynastischen Gott. Über „JHWH von Teman" ist viel diskutiert worden, möglicherweise kann man ihn mit dem Gott des Tempels in Be'er Scheba identifizieren. Auch wenn dieser im südlichen Teil Judas lag, stand Be'er Scheba eindeutig unter dem Einfluss des Nordreiches. Zum anderen gab es andere wichtige Heiligtümer, nicht zuletzt Beth El, das als königliches Heiligtum beschrieben wird. Dann Penuel in Transjordanien, in Anlehnung an die Überlieferung des Patriarchen Jakob. Gilgal, wahrscheinlich im Zusammenhang mit der Überlieferung von der Landnahme Kanaans. Und Kiriath Yearim, als möglicher Standort des Schreins der Bundeslade. Wir sehen also zum einen Samaria als Zentrum und die beiden Heiligtümer am nördlichen und südlichen Rand des »Mini-Empires« und daneben weitere Tempel im Kerngebiet des Nordreiches, welche an die Traditionen erinnerten, die dem Nordreich lieb und teuer waren: Exodus, Samaria, Jakob in Beth El und Penuel, die Eroberung von Gilgal [גלגל], die Bundeslade in Kiriath Yearim und andere mehr. In den kommenden Kapiteln gilt es daher, sich mit jedem dieser Texte befassen und zu verstehen, wie sie mit dem Nordreich zusammenhängen.

Kapitel 18: Die Patriarchen und der Jakobszyklus

Die Bezeichnungen »Patriarchen«, »Erzväter«, »Ahnväter«, »Väter« Israels meinen im engeren Sinne Abraham, Isaak und Jakob, deren Geschichten in Gen 12-36 erzählt werden, sowie bisweilen auch Josef (Gen 37,39-50). Die frühesten Belege für die Bezeichnung Abrahams, Isaaks und Jakobs als „Patriarchen" finden sich in der lateinischen Fassung des apokryphen Tobitbuches (Tob 6,21, *„heilige Patriarchen"*) sowie in 4.Makk 7,19 und 16,25. Da deren Frauen Sara, Rebekka, Rahel und Lea als »Erzmütter« bzw. »Ahnmütter« (Babylonischer Talmud, Traktat Berakhot 16) in diesen Erzählungen trotz deren patriarchalischer Prägung von wesentlicher Bedeutung sind, beginnt sich in der neueren Forschung die Terminologie »Erzeltern« bzw. »Erzeltern-Erzählungen« durchzusetzen.

Die Erzeltern-Erzählungen finden sich in Gen 11,27-50,26 und stehen damit zwischen der Urgeschichte in Gen 1-11 und der Exoduserzählung. Im Modus der Familiengeschichte in einer nomadischen bzw. halbnomadischen Lebenswelt erzählen sie vom Ursprung des Volkes Israel und bieten somit einen alternativen Ursprungsmythos zur Exoduserzählung. Von den zwölf Söhnen Jakobs wird das israelitische Stämmesystem abgeleitet. In ihrer jetzigen kanonischen Abfolge sind die Erzväter Abraham, Isaak und Jakob genealogisch miteinander verbunden und der Generationenfolge von Vater, Sohn und Enkel entsprechend einander zugeordnet, wobei diese Verbindung jedoch sekundär sein dürfte.

Zusammengehalten werden die Erzeltern-Erzählungen durch die Verheißungstradition (Väterverheißung), welche die göttliche Zusage zahlreicher Nachkommenschaft und damit verbunden der Volkswerdung, das Mitsein Gottes sowie den Landbesitz umfasst. Während nur mit Abraham ein expliziter Bundesschluss JHWHs erfolgt (Gen 15.17), werden Isaak und Jakob als Nachkommen Abrahams in diesen Bund einbezogen (Gen 17,7). Neben einer Ursprungserzählung Israels bieten die Erzeltern-Erzählungen auch eine Verhältnisbestimmung zu dessen Nachbarvölkern, die Israel im Rahmen (fiktiver) Verwandtschaftsverhältnisse zugeordnet werden. Aram in Gen 22,20-24; Midianiter in Gen 25,1-6; Ismaeliter in Gen 16,11f; Ammoniter und Moabiter in Gen 19,30-38 sowie Edomiter in Gen 36,9ff..

Das Gebiet, das die Erzeltern in den Erzählungen wandernd durchziehen, entspricht der syropälästinischen Landbrücke vom programmatischen Ausgangspunkt in Mesopotamien, über Syrien, Palästina bis nach Ägypten. Während die Herkunft aus Ur in Chaldäa (Gen 11,28.31) sekundär sein dürfte, wird der Verbindung mit Haran in Obermesopotamien (Gen 12,5) und auch mit dem Ostjordanland (Gen 29,1; 31,23) größere historische Relevanz zugeschrieben. Die Ortsangaben in den Erzählungen weisen auf unterschiedliche geographische „Haftpunkte" der einzelnen Erzväter hin: Während die Jakob-Überlieferungen im Nordreich beheimatet sind (Beth El, Schechem), ist die Abraham-Tradition (Hebron, Mamre) ebenso mit dem Südreich verbunden wie die Isaak-Überlieferung (Be'er Scheba). Dies deutet darauf hin, dass die Überlieferungen über die einzelnen Erzväter ursprünglich selbständig gewesen und erst nachträglich zusammengewachsen sein dürften.

Die Frage nach der Historizität der Erzeltern

Ältere Forschungsansätze meinten, aus den Erzeltern-Erzählungen historische Rückschlüsse auf eine vorisraelitische »Patriarchenzeit« vor der Sesshaftwerdung Israels ziehen zu können (Albright u.a.). So versuchte man beispielsweise, die erzählten Wanderun-gen der Erzeltern mit amoritischen oder aramäischen Wanderungsbewegungen des 2. Jt.s vC in Verbindung zu bringen und anhand der Textfunde aus Nuzi[305] und Mari[306] Parallelen zu altorientalischen Personennamen, Bräuchen und Rechtstexten aus dieser Zeit aufzuzeigen. Auf dieser Grundlage wurden Datierungen der Patriarchen als historische Persönlichkeiten in die erste oder zweite Hälfte des 2. Jt.s vC vorgeschlagen.

Auch wurde der forschungsgeschichtlich bedeutsame Versuch unternommen, aus den Erzeltern-Erzählungen eine vom nomadischen Leben geprägte, vorstaatliche Religionsform abzuleiten. In der neueren Forschung hat sich jedoch weitgehend die Erkenntnis durch-

Ikonographische Darstellung der 3 Erzväter

gesetzt, dass die historische Auswertbarkeit der Erzeltern-Erzählungen begrenzt ist und die Existenz der Erzeltern sich aus außerbiblischen Quellen nicht belegen lässt. Die Analyse der Texte hat ergeben, dass die Erzeltern-Erzählungen kaum in vorstaatliche Zeit zurückreichen, sondern jünger sind. Es lässt sich zeigen, dass die Erzählungen im Laufe ihrer Entstehungsgeschichte um Überlieferungsstoffe unterschiedlichster Art und Herkunft angereichert wurden und redaktionell gewachsen sind. Aus diesem Grunde verzichten neuere Darstellungen der Geschichte Israels in der Regel auf eine historische Auswertung der Erzeltern-Erzählungen. Auch wenn keineswegs auszuschließen ist, dass in den Erzählungen älteres mündliches Überlieferungsgut verarbeitet wurde, ist man zu Recht eher skeptisch, was die Rekonstruierbarkeit eventueller mündlicher Vorformen und damit auch die Möglichkeit betrifft, hinter die schriftliche Text-Gestalt der Erzählungen zurück zu gelangen.

Theologische Bedeutung der Erzeltern

Die Erkenntnis, dass die Vätererzählungen keine historisch auswertbaren Informationen über die vorstaatliche Zeit Israels bieten und zum großen Teil wesentlich jünger sind, als man lange angenommen hatte, schmälert weder ihre theologische Bedeutung noch die Fülle von Sinnaspekten, die sie in sich vereinigen. So geht es neben der Existenz des Volkes in seinem Land, der göttlichen Verheißung und ihrer Gefährdung sowie dem Angewiesen sein des Menschen auf Gott auch um menschliche Grunderfahrungen, die das Leben in Familie und

Sippe betreffen. Zwar bieten die Vätererzählungen keine Einblicke in eine nomadische Vorzeit, geben jedoch als Volksgeschichte im Modus der Familienerzählung Aufschluss darüber, wie Israel selbst seine Herkunft und sein Verhältnis zu den Nachbarvölkern interpretierte, und bieten als solche auf mehreren Ebenen ein Identifikationspotential, das zeitübergreifend ist.

Eine dieser Ebenen ist die volksgeschichtliche: Abraham, Isaak und Jakob repräsentieren die Ahnen des Volkes Israel, die sich, von ihrem Gott erwählt und geleitet, im Land der Verheißung etablierten. Nach der biblischen Darstellung beginnt mit den Erzvätern die Geschichte »Israels«. Kaum davon zu trennen ist die theologische Ebene, da Gott in diesem Ursprungsmythos eine entscheidende Rolle spielt und sowohl die Existenz Israels als Volk, als auch der Besitz des Landes als göttliche Verheißungsgabe gedeutet werden. Die Abraham-erzählungen dienen dazu, in exilischer und nachexilischer Zeit eine Art »corporate identity« für Israel herzustellen, wobei die unerschütterlichen Verheißungen, die im Text an die Erzväter ergehen, im Grunde an die Israeliten im Exil gerichtet seien, um ihnen Mut zu machen.

Trotz dieses kollektiven Aspekts werden die Erzeltern auch als partikulare Personen gezeichnet. Durch die

Geschichten, die mit ihnen verbunden werden, gewinnen sie an Profil und können mit ihren Stärken, aber auch mit ihren Schwächen paradigmatische Funktionen übernehmen. Darüber hinaus thematisieren die Erzeltern-Erzählungen, gerade weil sie als Familien-Erzählungen konzipiert sind, menschliche bzw. zwischenmenschliche Probleme, wie sie bis heute jedem Leser und jeder Leserin vertraut sind: Eifersucht, Neid, ungewollte Kinderlosigkeit, Streit zwischen Brüdern etc.

Die Bibel enthält ganz eindeutig Traditionen, die, wenn man sich vor allem den geographischen Kontext ansieht, eindeutig aus dem Norden stammen. Das beste Beispiel ist der Zyklus der Heldengeschichten zu Beginn des Buches der Richter. Die Schauplätze liegen allesamt im Gebiet des Nordreiches, also müssen die Geschichten auch von dort kommen. Dann es gibt den Jakob-Zyklus im Buch Genesis, der spielt entweder in Transjordanien, in der Gegend von Gilead am Fluss Jabbok oder in der Nähe von Beth El und Schechem. Also wiederum im Gebiet des Nordreiches. Und dann gibt es noch beispielsweise im Buch der Könige den Zyklus von Elia und Elischa, der ebenfalls unstrittig ein nördlicher Text ist. Dies sind nur einige Beispiele, es gibt natürlich noch mehr. In den vorigen Kapiteln wurde bereits deutlich, dass die heute als judäisch gelesene Eroberungstradition auf einer Tradition basiert, die aus dem Norden stammt.

Um die biblischen Erzählungen zu verstehen, ist die Klärung einiger Fragen an die Texte unerlässlich. Was ist der historische Hintergrund dieser Geschichten, sofern ein solcher Hintergrund erkennbar ist. Wann ist die Abfassung der Texte zeitlich zu verorten? Wobei stets der Unterschied zu beachten ist, der zwischen der Überlieferung, die mündlich weitergegeben worden sein könnte, und dem Zeitpunkt, an dem eine Überlieferung komponiert und verschriftlicht wird, besteht. Des Weiteren: wie haben diese Traditionen ihren Weg nach Juda gefunden, bevor sie in den »judäisch-jerusalemitischen Kanon« aufgenommen wurden? Und *last but not least*: was war eigentlich der Grund für ihre Aufnahme?

Betrachtet man jede dieser Erzählungen aus dem Norden im Detail an, stellt sich die Frage nach der Entstehungszeit, basierend auf der Grundlage aller vorhandenen textlichen und archäologischen Quellen. Was den Zeitpunkt der Komposition betrifft, so gibt es natürlich mehrere Möglichkeiten. Man könnte sagen, dass diese Überlieferungen aus dem Norden erst nach dem Untergang des Nordreichs aufgeschrieben wurden, um die Erinnerung an die Kultur und Geschichte des Nordreiches zu bewahren. Eine bessere Erklärung für die Komposition dieser Texte ist, sie vor dem Hintergrund des großen Wohlstands im Nordreich, wahrscheinlich des größten Wohlstands in der ersten Hälfte des 8. Jh.s vC, zu verstehen. Die Beweise für die signifikante Prosperität liefern eindeutig die Ergebnisse der archäologischen Forschung aber auch die territoriale Expansion. Und daraus ergeben sich auch Anhaltspunkte für die judäischen ideologischen Konstrukte im Zusammenhang mit dem Nordreich in der ersten Hälfte des 8. Jh.s. vC. Es spricht vieles dafür, dass die diversen Gründungstraditionen, königlichen Überlieferungen und Heldengeschichten des Nordreiches zunächst gesammelt und die Komposition dieser Texte dann im 8. Jh. vC erfolgte. Es ist ebenfalls plausibel, dies als ein Produkt des Nordreichs vor dessen Untergang zu betrachten, denn dann ist es einfacher zu verstehen, wie diese Traditionen nach Juda kamen. Ansonsten wäre es sehr schwierig, den sehr kurzen Zeitraum zu verstehen, denn für die Verbreitung dieser Traditionen bedurfte es eines gewissen Zeitraumes. Das alles setzt natürlich voraus, dass bereits in der ersten Hälfte des 8. Jh.s im Nordreich die Fähigkeit vorhanden war, biblische Texte zu verfassen.

Schließlich gibt es noch einen Hinweis, der uns in das 8. Jh. vC und nicht in die späteren Phasen der altisraelitischen Geschichte führt im Buch der Könige. Dort werden die Monarchen des Nordens und des Südens, sowie die Querverweise zwischen ihnen und die sie betreffenden historischen Ereignisse, aufgelistet. Einige von ihnen werden auch durch außerbiblische Texte gestützt, wie beispielsweise der Hinweis auf den ägyptischen Pharao Schischak, wenn die Autoren die Zeit Rehabeams nach dem Tod Salomos beschreiben. Von daher ist die folgende Frage berechtigt: Wenn all diese Ereignisse nur von einem judäischen Autor im späten 7. Jh. vC zur Zeit König Josias niedergeschrieben wurden, dann war dieser Autor 350 Jahre von einigen der Ereignisse entfernt. Wie hätte er ohne eine nachweisbare kontinuierliche schriftliche Aktivität, ohne Komposition von literarischen Texten in den beiden hebräischen Königreichen, dazu in der Lage sein sollen? Die einzig plausible Erklärung ist, dass es sich bei den Listen der Könige von Israel und Juda sowie den Querverweisen zwischen ihnen, um eine frühere Komposition mit dem Ziel handelte, eine Art nördlicher Ideologie zu befördern. Das Ganze wurde demnach in der ersten Hälfte des 8. Jh.s vC verschriftlicht, womit diese Autoren auch nur etwa ein Jahrhundert von den frühen Ereignissen entfernt waren.

Allerdings ist die These, dass es zu diesem Zeitpunkt bereits eine Art »israelitischer Bibel« verfasst wurde oder gegeben hat, eher nicht belastbar. Die Texte wurden in den lokalen Tempeln des Nordens aufbewahrt, die mit bestimmten Traditionen verbunden waren. Die Überlieferungen Jakobs im Tempel von Penuel in Transjordanien und im Tempel von Beth El in Cisjordanien[307]. Wenn es eine Tradition der Eroberung im Norden gegeben hätte, wäre sie vermutlich im Tempel von Gilgal[308] aufbewahrt worden. Wenn diese Überlieferungen mit ihren lokalen Traditionen an verschiedenen Orten aufbewahrt wurden, ist die Vorstellung einer einzigen israelitischen Bibel äußerst ambitioniert. Als nächstes stellt sich die Frage, in welcher Reihenfolge die o.a. Textzyklen angegangen werden sollen.

Es ist immer verlockend, sich an die biblische Reihenfolge zu halten, obwohl unbestritten ist, dass die biblische Reihenfolge aus historischer Sicht nicht so einfach zu entziffern ist. Sich an die biblische Reihenfolge zu halten macht trotzdem in diesem Buch Sinn, weil diese, vor allem den christlichen Lesern, einigermaßen vertraut sein dürfte. Allerdings muss gleich zu Beginn darauf hingewiesen werden, dass die biblischen Erzählungen in einer Reihenfolge stehen, welche der Ideologie der späteren Autoren zur Vermittlung ihrer Ideologie und Theologie dienlich war. Sie stellen aber unterschiedliche Realitäten aus unterschiedlichen Zeiten dar, weshalb »die ältere Realität« nicht unbedingt auch wirklich die ältere Realität ist.

Es macht Sinn, mit dem Jakobszyklus zu beginnen, sich danach dem Exodus zuzuwenden. Anschließend folgt die Beschäftigung mit den Heldengeschichten im Buch der Richter zuwenden, dann der Erzählung von der Bundeslade im Buch Samuel und abschließend erfolgt eine Betrachtung über die Abfassung des Buches der Könige. All diese Geschichten sind als die »Ära der Patriarchen« bekannt und viele Menschen fühlen sich von ihnen angesprochen, weil sie sehr menschlich sind. Sie erzählen die Geschichte eines Volkes, aber auch die Geschichte einer Familie. Die Bibel ist da sehr eindeutig und erzählt eine fortlaufende Geschichte, die mit Abraham beginnt, dann zu Isaak geht und dann zu Jakob, der dann nach Ägypten geht und dann geht es weiter bis zur Zeit der Monarchie und der beiden hebräischen Königreiche. Die historisch-kritische Bibelwissenschaft ist nicht an die biblische Chronologie gebunden sind, weil diese zeitliche Anordnung spätere Ideologien widerspiegelt. Zu Beginn der Forschung war dies anders. Viele Gelehrte haben die biblischen Vorgaben akzeptiert und suchten nach der historischen Realität der Patriarchen im zweiten Jt. vC oder sogar noch davor. All das ist in der heutigen Forschung eigentlich kein Thema mehr. Stattdessen schließt sich der Kreis gewissermaßen dadurch, dass man mittlerweile zu den Ideen zurückgekehrt ist, die Wellhausen[309] bereits im 19. Jahrhundert vorschlug. Beispielsweise, dass die Geschichten der Patriarchen durch die Realitäten betrachtet werden müssen, die aus der Zeit der beiden hebräischen Königreiche stammen.

Aus den biblischen Texten geht hervor, dass es Informationen in der Bibel gibt, die nicht mit der biblischen Chronologie in Einklang zu bringen sind. Die Tatsache, dass die Philister schon im Buch Genesis erwähnt werden, aber es definitiv vor dem späten 12. Jh. vC keine Philister in Kanaan gab. Des Weiteren gab es vor dem Beginn der Eisenzeit keine Aramäer in dieser Region. Domestizierte Kamele gab es zumindest in dieser Region erst zu Beginn des 1. Jt.s vC. Eine These besagt, dies seien alles Anachronismen, die später in die Geschichten eingefügt wurden. Aber eigentlich sind diese Anachronismen die Säulen, auf denen die Datierung der patriarchalen Geschichten beruht. Also muss auch hier festgestellt werden, dass die patriarchalen

Geschichten, zumindest deren Realität, in der Zeit der beiden hebräischen Königreiche zu verorten sind. Biblische Texte, sowohl die alt- wie auch die neutestamentlichen, weisen allesamt verschiedene Entstehungsschichten auf. Es handelt sich um Erzählungen, die wahrscheinlich im Verlauf von Jahrhunderten immer wieder von den Theologen im Gebet geprüft wurden und immer wieder Ergänzungen und Kürzungen erfahren haben. Die komplexe Herausforderung besteht darin, die Kontinuität zu entschlüsseln, vom Beginn der Niederschrift bis hin zum heute vorliegenden kanonischen Text.

Der erste Schritt zum Verständnis dürfte darin bestehen, zuerst einmal zu nachzuvollziehen, dass wir es ursprünglich mit lokalen Traditionen zu tun haben. Denn wenn wir uns tatsächlich die Details der Jakobsgeschichte anschauen, dann spielt sie im nördlichen Gilead, in Beth El, in Penuel und vielleicht in Schechem. Wenn wir uns Abraham zuwenden, wird im Hintergrund die Geschichte des südlichen Königreiches erzählt, wobei übrigens Jerusalem keine Rolle spielt. Der Kern der Abraham-Tradition liegt in der Gegend von Hebron und Mamre, einem Ort im Hochland, südlich von Jerusalem. Die Geschichte von Isaak dagegen spielt eher im Tal von

Be'er Scheba, in der südlichen Schefela. Das sind alles lokale Traditionen mit ihrer jeweils eigenen Geographie, die ursprünglich auch so verstanden werden sollten. Die erste Aufgabe besteht also darin, die früheste Tradition zu identifizieren und auf dieser Basis die Ergänzungen oder Kürzungen zu identifizieren. Die Identifizierung der frühen Tradition und deren Geographie ist natürlich nicht so eindeutig, denn selbst Abraham mit dem Schwerpunkt Hebron, reist an andere Orte, beispielsweise nach Beth El und Schechem. Und das Gleiche gilt auch für mit Jakob, der im Süden unterwegs ist. Das ist gleichzeitig das Problem, aber in gewisser Weise auch auf die Lösung. Thomas Römer und Israel Finkelstein[310] haben deshalb zuerst die frühe Schicht identifiziert. Dann die Ergänzungen, die interessanterweise bereits aus der ersten Schicht stammen. Also in jener Phase, in der, vorausgesetzt es gibt diesen Autor oder diese Autoren, diese[r] die lokalen Traditionen nimmt und sie zu einer Geschichte verwebt, die mit Abraham beginnt und über Isaak bis Jakob reicht. Und er gibt Ihnen eine »pan-israelitische« Atmosphäre, denn Abraham besucht tatsächlich Orte im Norden und Jakob im Süden. Hier wird also bereits ein Teil der Ideologie der späteren Autoren sichtbar. Und da diese Darstellung nicht allzu weit von der »panisraelitischen« Ideologie entfernt ist, spricht vieles dafür, dass sie als Ausdruck einer Zeit nach dem Untergang des Nordreiches verstanden werden muss. Vielleicht in der sehr späten monarchischen Zeit in Juda oder möglicherweise sogar noch später. In Bezug auf den Jakobzyklus sollte vorab noch erwähnt werden, dass ein späterer Autor diese Triade aus Abraham, Isaak und Jakob, gestaltete und die drei, ursprünglich unabhängigen, Überlieferungen zu einer Geschichte der Patriarchen verknüpfte. Dabei muss es sich um einen judäischen Autor gehandelt haben, deshalb steht Abraham an erster Stelle. Abraham ist der Wichtigste, er ist der Vater der Familie und des Volkes Israel. Wäre der Autor der letzten Etappe ein Israelit gewesen, darf vermutet werden, dass stattdessen Jakob der erste und wichtigste Patriarch war.

Der Jakobzyklus

Mit dem Jakobzyklus haben wir eine der beiden Gründungsväter-Traditionen des Nordreiches vor uns, die zweite ist der Exoduszyklus, das Thema des nächsten Kapitels. Dies sind die beiden großen Gründungsmythen des Nordens. Im nächsten Schritt geht es nun darum, sich vom »Moment der Komposition« zu lösen und sich dem »Moment der Realität« zuzuwenden. Was ist die Realität hinter dem Jakobzyklus? Zunächst einmal bleibt festzustellen, dass Jakob Hosea bekannt ist. Hosea, Sohn des Beeri [הוֹשֵׁעַ בֶּן־בְּאֵרִי] ist ein Prophet im 8. Jh. vC, vor dem Zusammenbruch des Nordreiches. Hosea schreibt über Jakob und dies nicht sehr positiv. Obwohl im großen Wettstreit der beiden Gründungsmythen des Nordens Hosea nicht auf der Seite Jakobs steht, erwähnt er Jakob und bezieht sich auf viele Episoden, was durchaus wichtig ist. Im Prinzip lässt sich der Jakobzyklus aus historische Sicht auf eine Art Gründungsgeschichte zweier Tempel verdichten. Es handelt um die beiden El-Tempel, der Tempel von Penuel in Gilead und der Tempel von Beth El, nördlich von Jerusalem, ebenfalls auf dem Gebiet des Nordreiches. Beth El wird in der Bibel übrigens als der königliche Tempel des Nordens bezeichnet.

Zu beachten ist die Geschichte in Gen 31, in der Jakob eine Art von Grenze zwischen ihm und den Aramäern errichtet. In der Jakobstradition gibt es die Erzählung von Jakob und dem Aramäer Laban irgendwo im Nordosten, aber dann taucht urplötzlich Haran in der Geschichte auf. Und das ist ein Widerspruch, denn Haran[311] ist ein Ort in Mesopotamien, weit weg im Norden. Bei Haran dürfte es sich um die Einfügung einer späteren Phase handeln, denn die ursprüngliche Geschichte Jakobs spielt tatsächlich in Gilead. In der ursprünglichen, authentischen Erzählung ging es um eine Grenze zwischen den Israeliten und Aramäern in Gilead. Denn Gilead war genau die Region, in der eine solche Grenze gezogen werden konnte oder musste. Passiert sein muss das Ganze am Vorabend des Aufstiegs des Nordreichs und Damaskus' oder möglicherweise noch in der Zeit früherer Unstimmigkeiten. Die historische Realität im Hintergrund ist dafür das späte 10. Jh. oder das 9. Jh. vC. Man könnte die Geschichte sogar noch ein wenig weiter zurückverlegen, denn es geht um mehr als nur die Geschichte einer Grenze zwischen Aram und Israel. Es ist die Geschichte eines Friedensschlusses. Vielleicht handelt es sich auch um den Zeitraum vor den aramäisch-israelitischen Kriegen? Zunächst einmal gilt es festzuhalten, dass die Israeliten nach etwa 750 vC keine Kontrolle über Transjordanien mehr hatten. Selbst das Nordreich verlor diese Gebiete an Damaskus und danach an Assyrien, während Juda zu keiner Zeit Gebiete östlich des Jordans kontrolliert hat.

Die Angelegenheit mit der Grenzziehung zu den Aramäern muss also vorher stattgefunden haben. Deshalb erscheint es plausible weiter zurückzugehen und zwar in die Zeit vor den großen

Auseinandersetzungen zwischen Aram-Damaskus und Israel. Diese Auseinandersetzungen begannen in den 840er Jahren vC, an deren Anfang die Niederlage Israels gegen Hasael, den König von Damaskus, im Jahr 841 vC in der Schlacht von Ramot-Gilead[312], steht. Später bekam wieder Israel Oberwasser und in der Zeit von König Rezin[313] wieder Damaskus. Möglich wäre es tatsächlich in der ersten Hälfte des 9. Jh.s oder sogar ein bisschen früher. Dafür spräche auch diese Kooperation, dieses Bündnis zwischen den Aramäern und Israel bei dem gemeinsamen Versuch die assyrische Expansion in der Mitte des 9. Jh.s vC zu stoppen. Ein weiterer Aspekt bei der Bestimmung der Realität ist Beth El und der Gründungsmythos des Tempels in Penuel. Für Penuel

haben wir nicht genügend archäologische Informationen, aber es hat dort einen Tempel gegeben, möglicherweise als alleinstehendes Gebäude. Mahanajim, die Stadt am Fluss Jabbok ganz in der Nähe, stammt aber nicht aus dem späten 10. Jh. vC. Wahrscheinlich war sie erst später, im 9. oder vielleicht sogar im 8. Jh. vC, bewohnt. Anders dagegen Beth El. Jakob hält sich nicht nur in Transjordanien auf, er »wandert« auch in Cisjordanien, zwischen Bethel und Schechem, umher. Es gibt eine Überlieferung über die Begräbnisstätte in Schechem, vor Machpelah[314]. Beth El ist wichtig, denn es ist gut ausgegraben worden und wir wissen eine ganze Menge darüber. Betrachtet man die Archäologie von Beth El ist vor dem heutigen Wissen über antike Keramik klar, dass Beth El im 11. Jh. vC ein wichtiger Ort war. Danach, in der späteren Phase des 10. Jh.s und zu Beginn des 9. Jh.s war es nur sehr schwach, vielleicht sogar überhaupt nicht und im späten 9. Jh. vC vielleicht sehr dünn besiedelt. Beth El wird erneut im 8. Jh. vC wichtig und der der Hintergrund der Geschichte liegt ebenso im 8. Jh. vC. Der Traum Jakobs in Bethel dürfte Erinnerungen an die mesopotamischen Traditionen der Zikkurate[315] widerspiegeln: *„Und ihm träumte, und siehe, eine Leiter stand auf Erden, die rührte mit der Spitze an den Himmel, und siehe, die Engel Gottes stiegen daran auf und nieder.“* (Gen 28,12). Zusammenfassend, die Realität liegt irgendwo im späten 10. bis zum Beginn 9. Jh., die bis zum Beginn des 8. Jh.s vC reicht.

Eigentlich wäre nun die nächste Frage: was ist mit der Abraham-Tradition? Denn um Jakob zu verstehen, muss auch Abraham separat entschlüsselt werden, um dann kurz auf Isaak einzugehen, über den im Buch Genesis nur sehr wenige verwertbare Informationen vorhanden sind. Abschließend ginge es dann darum, die beiden Traditionen zusammenzubringen. Abraham ist aber ein »Held des Südens«, ein Patriarch des Südens, und soll deshalb in einem der nächsten Kapitel besprochen werden, wenn es um die Abfassung judäischer Texte gehen wird.

Kapitel 19: Das vielschichtige Buch Exodus

„Moses führt das Volk Israel durch das Rote Meer" – Darstellung aus dem Hortus Deliciarum der Herrad von Landsberg (um 1180)

Im letzten Kapitel wurde bereits erwähnt, dass für das Nordreich zwei Gründungsmythen existieren. Da gibt es den Jakobszyklus, also die Patriarchen-geschichte und dann gibt es auch noch den Exodus als weitere Gründungsgeschichte aus dem Norden. Und es gab offensichtlich im Norden auch eine Art von Wettbewerb zwischen diesen beiden Erzählungen, was u.a. daran erkennbar ist, dass Hosea, ein Prophet im 8. Jh. vC, Jakob nicht sonderlich schätzt und ihn sogar als eine Art Betrüger darstellt. *„Mit Lüge hat mich Ephraim umzingelt, mit Betrug das Haus Israel. Aber Juda hält noch fest an Gott und ist dem Heiligen treu. Ephraim weidet*

Wind, es läuft dem Ostwind nach. Täglich mehrt es Lüge und Gewalt. Sie schließen mit Assur einen Bund und bringen Öl nach Ägypten. Darum rechtet der HERR mit Juda; er wird Jakob heimsuchen nach seinem Wandel und ihm vergelten nach seinem Tun. Schon im Mutterleib hat er seinen Bruder gepackt und im Mannesalter mit Gott gekämpft [...] Ein Kanaanäer ist Ephraim: Er hat eine falsche Waage in der Hand und liebt den Betrug [...] Jakob floh in die Gegend von Aram, und Israel diente um eine Frau; um einer Frau willen hütete er Schafe. Aber durch einen Propheten führte der HERR Israel aus Ägypten, und durch einen Propheten ließ er sie hüten. Nun aber hat ihn Ephraim bitter erzürnt; seine Blutschuld lässt er auf ihm lasten, und seine Schmähung vergilt ihm sein Herr.“

Auf jeden Fall sind die beiden Gründungsmythen heute natürlich miteinander verbunden. Auch mit dem südlichen Text, denn Jakob Teil der patriarchalischen Triade: Abraham, der Südliche aus der Gegend von Hebron und Isaak und Jakob aus dem Norden. Das Jakob dennoch ein Enkel Abrahams war, ist die Hinzufügung späterer Autoren, welche die verschiedenen lokalen Überlieferungen zu einer Geschichte der Patriarchen zusammenfügten. Und dann haben wir den Exodus, der natürlich auch in

Juda, aber erst nach dem Fall des Nordens wichtig wird. Am Ende des 8. Jh.s vC wird der eigentlich nördliche Exodusmythos nach Juda gebracht und dient dort auch der Ideologie und Theologie der judäischen Autoren 7. Jh. vC. Am Anfang waren es unterschiedliche Traditionen, am Ende ein kanonisierter großer Gründungsmythos des gesamten alten Israels. Wenn man umfassendere Erzählung des Exodus betrachtet, so besteht dieser aus einer Menge verschiedener Teile: den eigentlichen Auszug, die Erzählung von der Wüstenwanderung, die Landnahme Josuas aber auch die Josefsgeschichte. Letztere soll an dieser Stelle nicht näher behandelt werden, denn sie ist zunächst einmal ein ganz unabhängiger Block, dessen Hintergrund heute in der Bibelwissenschaft kontrovers diskutiert wird. So steht die These, die Josefsgeschichte sei vor dem Hintergrund der Realität des Nordreichs Israel im 8. Jh. vC zu verstehen der Ansicht gegenüber, es handele sich dabei eher um eine Art »Diaspora-Novelle« aus der hellenistischen Zeit. Dieses Kapitel wird sich also hauptsächlich auf das Buch Exodus und insbesondere auf den Weg der Wüstenwanderung konzentrieren. Hier sind vor allem die Ortsnamen wichtig, denn wenn die Orte identifiziert werden können, kann die Archäologie dieser Orte Licht auf den Hintergrund der Geschichte werfen. Die geographische Entschlüsselung der Reisewegen, besonders im Buch Numeri, ist daher von besonderem Interesse. Der Vollständigkeit halber soll nicht unerwähnt bleiben, dass einige Forscher gerne nach Beweisen für den Exodus in der späten Bronzezeit suchen. Das sind Gelehrte, die der Logik des biblischen Textes folgen, was bedeutet, dass sie die Idee einer Abfolge von Ereignissen und Geschichten über das antike Israel von den Patriarchen über Ägypten und den Exodus bis hin zur Eroberung akzeptieren.

Die Theologie des Buches Exodus

Israel ist in Ägypten geworden, nicht in Kanaan, so erzählt es die Theologie des Pentateuchs, als ein Volk von Unterdrückten, die gehalten wurden als seien sie Sklaven. So eine Geschichte erfindet sich nicht, eine solche Herkunft will man loswerden, nicht noch bestätigen. Theologisch gilt: Gott erwählt ein Sklavenvolk, seine Erwählung gilt auch hier denen, die »am Rande« leben. ER erwählt Abraham, nicht Nimrod, ER erwählt Israel, nicht Ägypten. Gott hat eine Vorliebe für die Übersehenen. Aber Israel ist nicht da, wo es sein sollte. ER hat Abraham nach Kanaan gerufen, nicht nach Ägypten. Der Hunger war es, der Jakob und seine Söhne ins Ausland gehen ließ. Hunger ist eines der großen Themen in der ganzen

Schrift - und wird es auch bleiben und das in dreifacher Gestalt: Erstens als Hunger nach Brot, zweitens als Hunger nach Freiheit und drittens als Hunger nach Gottes Wort.

Den Hunger nach Brot hat Israel gestillt - aber das ist nicht genug: der Mensch lebt nicht vom Brot allein. Mit dem Tode Josefs beginnt eine neue, die »andere Geschichte vom Hunger«. Der Tod ist ein Ende und ein Anfang zugleich. Josef stirbt und seine Brüder auch. Zunächst lebt das werdende Volk in der Verheißung der Schöpfung: sie sind fruchtbar und mehren sich; es könnte gut sein. Aber da erstand ein neuer König, der »von Joseph nichts wusste«. Nun wird alles anders, nichts ist mehr so wie es war und wird nie wieder so sein. Mit dem Vergessen bricht die Tradition des Lebens ab, das Vergessen ist eine Gestalt des Todes. Aus der Begegnung Israels mit Ägypten entsteht die Gegnerschaft der Völker. Am Anfang steht das Unverstehen.

Der Beginn des Buches Exodus hat eine literarische Klammerfunktion zu Gen 3 indem betont wird, dass die Schutzfunktion für das in Ägypten im Status des Fremdlings wohnende Volk durch den Tod Josefs und des gastfreundlichen Pharaos weggefallen ist (Ex 1,8–10). Zudem wird in Erfüllung. des Schöpfungsauftrags betont, dass Israel in Ägypten von einer Sippe zu einem Volk angewachsen ist (Gen 1,28; Ex 1,7). Genau dies aber führt zu Überfremdungs- und Umsturzängsten des regierenden Herrschers, der daraufhin für diese Bevölkerungsgruppe Zwangsarbeit unter der Aufsicht von Fronvögten verfügt. Man will diese Zuwanderer unter Kontrolle halten und meint, deren Geburtenrate durch zu leistende Schwerstarbeit herab setzen zu können. Als diese Maßnahmen den gegenteiligen Effekt erzielen, beschließt man am Pharaonenhof, Israel zu versklaven, die auferlegte Arbeit noch zu erweitern und zu erschweren. Der Pharao initiiert zudem einen schleichenden Genozid: Er spricht selbst mit den Hebammen der Hebräerinnen und weist sie an, die Knaben bei der Geburt sterben zu lassen. In patrilinearen Gesellschaften bedeutet der Mangel an Männern langfristig das Aussterben einer sozialen Einheit; Frauen sind jedoch in fremde Genealogien integrierbar, sind allein nicht in der Lage, die Identität einer Ethnie zu erhalten. Schifra [שִׁפְרָה] und Pua [פּוּעָה] jedoch verweigern sich der Selektion aufgrund des Geschlechts, was eine zweifache Reaktion bewirkt: Gott belohnt sie, der Pharao hingegen gibt nun den Befehl zum direkten Genozid, nach dem nun alle neugeborenen Knaben in den Nil geworfen werden müssen.

Die paradigmatische Exodus-Erzählung beschreibt damit die kollektive Not in ihren Extremen: Entmenschlichung durch Verlust der Personenrechte und Genozid. Der ägyptische Herrscher entwickelt sich in Ex 1–14 immer mehr zum Despoten, der keinerlei Respekt vor dem Leben zeigt. Obwohl er sich als gottgleich hochstilisiert (Ex 5,1f.), gerät er in den Plagen-Erzählungen immer mehr in Bedrängnis, auf sein Wort ist kein Verlass mehr. Das zeigen in der Folge die Zugeständnisse, die er immer wieder zurücknimmt, sobald der Druck auf ihn nachlässt (Ex 5–14). Man könnte den ersten Teil des Exodusbuches heute also durchaus auch als Befreiung von einer ungerechten Regierung verstehen. Der Anfang der Befreiung wird durch das Sehen der Not und das Hören der Klage über das Unrecht durch Gott gesetzt (Ex 3,7). Solche göttlichen Sinneswahrnehmungen verweisen in der Bibel nie auf teilnahmslose Eindrücke, sondern erzeugen immer Resonanz auf göttlicher Seite. Der Rückblick auf das Exodusgeschehen im Volksklagelied von Jes 63,9 stellt nach dem Masoretentext[316] sogar einen mitleidenden Gott vor, den die Bedrängnis des Volkes selbst bedrängt. Nach biblischem Zeugnis ist es freilich nicht nur die Not allein, die die Gottheit Israels zum Handeln bewegt, sondern der Ruf der Unterdrückten nach Rettung. Befreiung wird also durch ein

Resonanzgeschehen in Gang gesetzt, nicht durch ein Eingreifen Gottes wie ein *deus ex machina*. Menschen müssen sich ihrer Hilfsbedürftigkeit gewahr werden und auf göttliche Rettung hoffen, um göttliche Hilfe zu erhalten. In den Klagepsalmen entspricht dieser Zusammenhang der meist ausführlichen Schilderung der Not, die von Bitten um Erhörung gefolgt wird (Ps 22,1–22a).

In der Exoduserzählung reagiert Gott auf das Klagegeschrei vorerst nicht durch direktes Eingreifen, wie das häufig auch in den Erzählungen über den sogenannten Heiligen Krieg der Fall ist, den Gott für das Volk bei Feindes übermacht und Unterlegenheit der eigenen Truppe und deren Ausrüstung führt. Zuerst wird jeweils ein Mensch berufen, dem die Leitung des Geschehens aufgetragen wird. Mose, der »aus dem Wasser Gezogene« (Ex 2,10) und vor dem Genozid Gerettete (2,1–9), soll die Herausführung aus Ägypten übernehmen. Dies wird in Ex 3 in Form einer prophetischen Berufungserzählung kommuniziert, so dass durch die literarisch fest geprägte Gattung deutlich wird, dass kein selbsternannter Heißsporn die Sklaverei beenden soll, sondern einer mit göttlicher Rückendeckung. Israel soll daran erkennen, dass sein Gott sich seiner annimmt. Wenn in dem hochkarätigen Text von Ex 3 Mose beauftragt wird, Israel aus Ägypten zu führen, dann tut er dies nicht im Namen irgendeines Gottes, sondern - so will es der biblische Geschichtsaufriss – er ist erstmals in der Lage, den geoffenbarten Eigennamen dieser Gottheit zu benennen: Es ist JHWH, der Mit-Seiende Gott, der bereits den Erzeltern die doppelte Israelverheißung, jene von Volk und Land, gab und der seine Resonanzfähigkeit bereits im sprechenden Namen trägt. Sowohl für das eigene Volk (Ex 4,1) als auch für den Pharao (5,2) braucht Mose eine Legitimierung. Die resonante vertikale Achse zwischen Gott, seinem Volk und dessen berufenem Retter braucht, um befreiend wirksam zu werden, auch eine funktionierende horizontale Achse: Mose muss sowohl zum unterdrückten Volk als auch zu dessen Sklavenhalter eine resonante Beziehung aufbauen, damit sein Auftrag gelingen kann. Um diese horizontale Achse zu aktivieren, braucht es einerseits vertrauensbildende Maß nahmen für das durch das göttliche Ansinnen noch stärker unterdrückte Volk (4,20–23) und andererseits den Zugang zum Königshof, um endlose Verhandlungen mit dem sich immer deutlicher zum sadistischen Despot (5,4–19) entwickelnden Herrscher zu initiieren. Sie werden im Kontext der Plagen-Erzählungen vor Augen geführt, die immer mit demselben Resultat enden: Der König lässt sich nicht beeindrucken und bleibt hart. Erst ab der achten Plage schwenkt der Pharao jeweils um und ist bereit, im Götterkampf zwischen ihm und JHWH die Niederlage zu akzeptieren. Als allerdings die jeweilige Plage aufgrund der Fürbitte von Mose und Aaron zu Ende geht, bricht er wiederum sein Wort (9,8–10,29).

Nicht sieben, sondern zehn Mal lässt sich JHWH mit seinem Vorsatz, das Volk aus der Hand seiner Peiniger zu befreien, an der Nase herumführen. Um Befreiung zu erwirken schlägt er nicht einfach drein, sondern erweist selbst bei repulsiver Resonanz noch seine Langmut. Erst die zehnte Plage wird den Erfolg bringen. Sie bildet literarisch eine Inklusion zum geplanten Genozid von Ex 1 und ist als Folge des Tun-Ergehen-Zusammenhangs zu verstehen: Der Pharao ließ allen männlichen Nachwuchs töten, JHWH reagiert nach langem mit der Tötung der männlichen Erstgeborenen der Ägypter (Ex 11–13). Seine Vergeltung ist damit wesentlich weniger grausam als das, was der Herrscher an seinem Volk verbrochen hatte. Dennoch gibt es heute in Europa viele Menschen, die mit einer Vorstellung, dass Gott bei der Befreiung seines Volkes Mensch und Vieh töten könnte, gravierende Probleme haben.

Ein Gott, der stark genug für eine Rettung ist, muss sich nach altorientalischer Vorstellung aber auch durchsetzen können. Ein Ausweichen in eine Erlösung im Jenseits war religionsgeschichtlich zu jener Zeit, als diese Texte entstanden, noch nicht denkbar. Also musste die Befreiung im Diesseits geschehen, oder sie geschah gar nicht. Menschen in Ländern ohne Demokratie oder gar im Kriegszustand haben mit einem Gottesbild, das auch Gewalt miteinschließt, in der Regel weniger Probleme. Ein Gott, der das Recht durchsetzt, muss sich gegen gewalttätige Unrechttäter behaupten können, wenn es eine Rettung geben soll.

Die Exoduserzählungen handeln von zweifacher Migration. Das Volk findet sich in Ägypten, da es aufgrund einer Hungersnot in dieses klassische, weil vom Regen in der Region unabhängige Ausweichland für Hungerflüchtlinge zog (Gen 12,10ff.; 42,1f.; 43,1f.; 46,1–27). Israel kam also als Wirtschaftsflüchtling ins Land am Nil und will es als politischer Flüchtling, der ums nackte Überleben kämpft, wieder verlassen. Soweit eine aktuelle theologische Sicht[317].

Akzeptiert man die Idee einer Abfolge von Ereignissen und Geschichten von den Patriarchen über Ägypten und den Exodus bis hin zur Eroberung, folgt also der inneren Logik des biblischen Textes, dann stößt man unweigerlich auf eine ganze Reihe von Problemen. Das erste Problem besteht darin, dass der besagte Pharao nicht namentlich genannt wird. Die Bibel weiß aber sehr wohl um die Namen der Pharaonen. Im Buch Könige zum Beispiel wird nach dem Tod von König Salomo in der Zeit von Rehabeam von Schischak gesprochen, gemeint ist Scheschonq, der Pharao der 22. Dynastie. In 2.Kön findet sich im Zusammenhang mit der Geschichte König Josias ein Bezug auf Necho, Pharao der 26. Dynastie. Im Buch Exodus ist die Angabe vage, der Autor kennt den Namen des Pharaos offensichtlich nicht. Viel wichtiger wiegt die Tatsache, dass es keinerlei Hinweise auf Israeliten in Ägypten gibt. Man könnte sagen, die Israeliten waren damals nicht so wichtig, es lebten sehr viele unterschiedliche Ethnien im ägyptischen Reich. Allerdings können darüber hinaus viele der im Buch Exodus genannten Orte vor dem Hintergrund späterer Perioden in der Geschichte Ägyptens verstanden werden; d.h. zur Zeit späterer Dynastien, nicht unbedingt nur bis zu den Tagen von Ramses, was viele Dinge erklaren könnte. Außerdem gibt es auf der Sinai-Halbinsel keine Hinweise auf spätbronzezeitliche Überreste, außer der internationalen Straße, die das Nildelta mit Kanaan verbindet, aber das ist eine andere Geschichte. Eine große Bewegung von Menschen über die Sinai-Halbinsel nach Kanaan im 13. Jh. vC ist kaum nachvollziehbar. Noch wichtiger als das Vorgenannte ist aber die Situation in Kanaan selbst. Wir wissen, dass seit den Tagen von Thutmosis III. aus der 18. Dynastie im 15. Jh. vC, Ägypten Kanaan kontrolliert. Kanaan war eine Provinz, ein Teil Ägyptens, es gibt eine ägyptische Verwaltung und Garnisonen mit ägyptische Soldaten an bestimmten Orten in Kanaan. Die Amarna-Tafeln aus dem 14. Jh. vC belegen hinreichend diverse Vorfälle, in denen verschiedene kanaanitische Stadtstaaten in Problemsituationen militärische Hilfe aus Ägypten anfordern. In der Regel schienen aber 50-100 gut ausgerüstete und ausgebildete ägyptische Soldaten ausgereicht zu haben, die lokalen Konflikte zu beenden. Das ist keine historische Situation, in der massenhaft Menschen nach Kanaan ziehen und die dortigen Städte zerstören. Bezeichnend ist überdies, dass es in der gesamten Bibel keine Erinnerung an die unstrittige Präsenz und Suprematie Ägyptens in Kanaan gibt. Die biblischen Texte weisen also keine Erinnerung an die historisch wichtigste Gesamtsituation Kanaans 13. Jh. vC auf. Betrachtet man die Wüstenerzählung, so enthält diese viele geographische Details. Aber diese geographischen Beschreibungen sind schlicht nicht mit der spätbronzezeitlichen Realität Kanaans vereinbar.

Das Gegenteil ist der Fall, wenn wir uns die Reiseroute im Buch Numeri genau ansehen. In den geschilderten Wanderrouten gibt es nur vier Orte, die belastbar identifiziert werden können, wovon drei von besonderem Interesse sind. Das sind Kadesch-Barnea[318] an der Grenze zu Kanaan, Ezion-geber an der Spitze des Golfs von Akaba und Edom.

Hinzu kommt noch die Erzählung von der Überquerung der Königreiche in Transjordanien. Mit Hilfe der archäologischen Befunde können wir also sagen, dass die historische Realität dieser Lokationen in der Eisenzeit und nicht in der späten Bronzezeit zu verorten ist. Die Festung Kadesch-Barnea war durch aus ein wichtiger Ort, der keinerlei spätbronzezeitliche Merkmale aufweist, aber auf die eine oder andere Weise mit dem spätmonarchischen Juda, im 8. und 7. Jh. vC verbunden war. Gleiches gilt für Ezion-geber an der Spitze des Golfs von Akaba. Am Kopf des Golfs von Akaba gibt es ebenfalls nichts aus der späten Bronzezeit, Weder unter Akaba noch in Tell el-Kheleifeh zwischen Eilat und Akaba. Unter Akaba ist nicht einmal etwas aus der Eisenzeit bekannt, obwohl es dort zahlreiche Untersuchungen und Ausgrabungen gegeben hat. In Tell el-Kheleifeh können die frühesten Überreste möglicherweise auf die erste Hälfte des 8. Jh.s datiert werden, aber die meisten Überreste stammen aus dem späten 8. Jh. vC oder noch später. Wir befinden uns also nicht mehr in der Spätbronzezeit, sondern der Schauplatz liegt in der Eisenzeit. Und das Wissen Autoren ist sozusagen »eisenzeitliches Wissen«. Das Gleiche gilt für Edom. Edom ist im Alten Orient in den Texten vor der Zeit von Adad-nirari III., also etwa 800 vC, nicht als territoriale Einheit bekannt. Edom wird hauptsächlich nach der assyrischen Übernahme ab dem späten 8. Jh. vC hinzugefügt, wenn die Edomiter

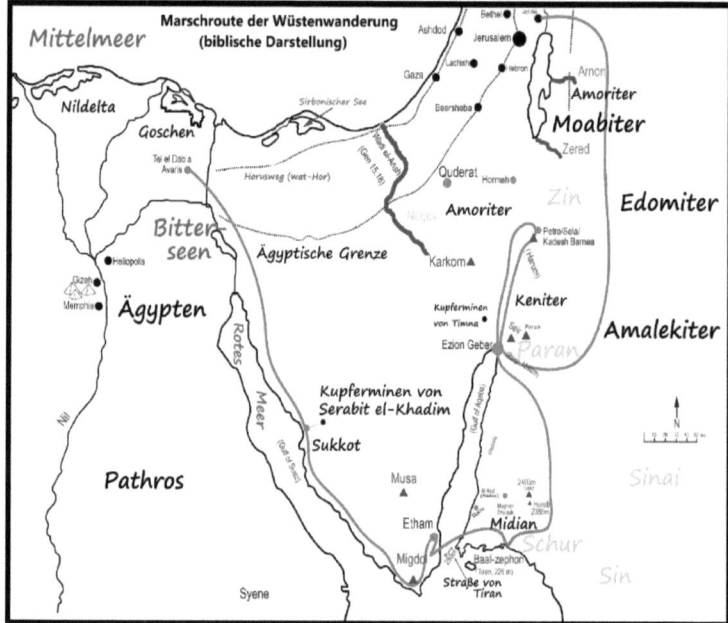

Assyrien Dienste entlang der arabischen Handelsroute erweisen. Die ganze Geschichte, in der die Israeliten Transjordanien durchqueren und dort

auf Königreiche trafen - gleiches gilt für das weiter nördlich liegende Heschbon - entspricht nicht der Realität der späten Bronzezeit, sondern eher dem Zeitraum der territorialen Königreiche in der Eisenzeit.

Wenn wir versuchen, die Zeit der Abfassung des Buches Exodus genauer zu bestimmen, dann setzt dieses die Akzeptanz voraus, dass viele der Namen und Gegenstände im Bereich des Deltas, der Grenze Ägyptens zur Wüste, zur Sinai-Halbinsel, auch vor dem Hintergrund späterer Perioden und späterer Phasen verstanden werden können. Desgleichen auch die Beziehungen Ägyptens zu den östlich gelegenen Gebieten, dem Sinai und Kanaan. Der Ägyptologe Donald Redford schlug bereits vor 25-30 Jahren vor, sorgfältig das Nildelta im 7. und 6. Jh. vC zu betrachten, insbesondere zur Zeit der Saiten-Dynastie. Für die Saiten, die 26. Dynastie in Ägypten, war es auch wichtig, im Delta aktiv zu sein, denn sie hatten Bedenken wegen der Grenze zur Wüste in Kanaan, da sich Assyrien sich zu diesem Zeitpunkt aus Kanaan zurückzog. Und in der Tat löst Ägypten Assyrien auf geordnete Weise ab, denn Ägypten ist jetzt auf der Seite Assyriens, weil es sich im Norden einer anderen Bedrohung ausgesetzt sieht: Babylon. Die geopolitischen Verhältnisse verschieben sich also und Ägypten und Assyrien bilden eine Allianz. Die 26. Dynastie errichtet ihre Hauptstadt im Nildelta in Sais, der Grund warum sie als Saiten-Dynastie bezeichnet werden. Sie beschäftigten sich aber auch mit dem Bau von Festungen und anderen Projekten im östlichen Teil des Deltas an der Grenze zur Sinai-Halbinsel. Redford zeigte überzeugend, dass viele der Namen und Orte sich sehr gut vor dem Hintergrund der Zeit der Saiten-Dynastie und nicht der späten Bronzezeit verstehen lassen.

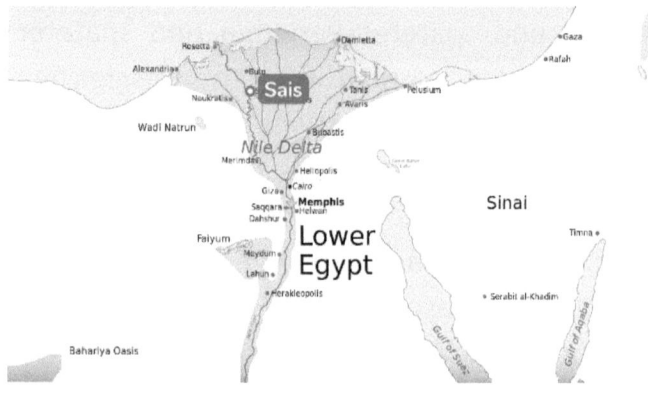

Wenn man von der späten Bronzezeit bis in das 7. und 6. Jh. vC in die Zeit der Saiten-Dynastie zurückgeht, dann sind auch die beschriebenen Wanderrouten nachvollziehbar. Denn ein eisenzeitlicher Hintergrund von Orten wie Kadesch-Barnea, Ezion-Geber und der Situation in Transjordanien, ist plausibel. Hinzu kommt, dass dadurch eine zeitliche Nähe zur Periode der

Entstehung biblischer und historiographischer Texte im Juda des späten 7. Jh. vC, hergestellt wäre. Die Zeit der Saiten-Dynastie ist wahrscheinlich der stärkste Kandidat für das Verständnis der Situation im Nildelta und damit auch für den Hintergrund der Exodus-Geschichte. Zu erwähnen wäre auch noch, dass einige der biblischen Texte von Judäern im Delta sprechen. Der Prophet Jeremia selbst ging nach Ägypten und erwähnt an zwei Stellen, dass Judäer in Memphis und Tahpanhes lebten. Die Judäer im Delta wären dann durchaus in der Lage gewesen, die dortigen Realitäten den Menschen in Juda mitzuteilen, sei es im sehr späten 7. Jh. vC oder nach der Zerstörung Jerusalems durch die Babylonier. Die Exodus-Überlieferung passt also durchaus in die Geographie des 7. Jh.s vC und nicht in die späte Bronzezeit.

Dennoch gilt es zu berücksichtigen, dass Propheten des 8. Jh.s etwas über die Exodus-Tradition zu wissen scheinen. In der Tat wird der Exodus und die Wanderschaft vor der Zerstörung des Nordreiches in den prophetischen Werken von Hosea und Amos erwähnt. Das ist einer der Gründe, warum der Exodus als eine Tradition des Nordens und nicht des Südens betrachtet werden sollte. Das sorgt immer wieder für Überraschung, weil sowohl Juda als auch der Sinai und Ägypten im Süden liegen. Es gibt drei veritable Hinweise darauf, dass wir es dennoch mit einer nördlichen Tradition zu tun haben. Erstens die von den Exegeten festgestellte starke Beziehung zwischen der Geschichte Moses und der von Jerobeam I. Jerobeam I. ist nach kanonischer Lesung der »bad guy«. Löst man sich von dieser ideologisch motivierten judäischen Sichtweise ist eher wahrscheinlich, dass Jerobeam I. als Gründer des Nordreiches und große Persönlichkeit im Norden verehrt wurde. Betrachtet man die Details bei der Viten, sowohl im masoretischen Text als auch in der Septuaginta, erkennt man eine ähnliche Struktur: beide fliehen, beide finden Zuflucht und beide kehren zurück. Die persönliche Geschichte Jerobeams I. unterscheidet sich in der Grundstruktur nicht besonders von der Moses'.

Zweitens ist Elia, ein Prophet aus dem Norden, der laut biblischer Darstellung in der Zeit der späteren Omriden tätig ist, zu beachten. Der Elia/Elischa-Zyklus wurde wahrscheinlich in der Zeit der Nimschiden-Dynastie verfasst, also nach dem Sturz der Omriden in den 840er Jahren vC. Aber Elia geht zum Berg Horeb auf dem Sinai, um zu meditieren. Für einen nördlichen Propheten eine interessante Verbindung zum Süden. Drittens die Hinweise aus der Mescha-Stele, gegen Ende des 9. Jh.s vC vom moabitischen König verfasst. Dieser beschreibt dort seine Siege über Israel und den Fall der Omriden und spricht über die Eroberung des Tempels JHWHs in Nebo, ein Ort, der ebenfalls mit Mose in Verbindung gebracht wird. Nebo könnte ein Tempel gewesen sein, der auf die eine oder andere Weise an die Exodus-Tradition erinnern sollte. Das alles weist darauf hin, dass vor der Migration der Israeliten nach Juda, welche nach dem Fall des Nordens im Jahr 720 vC einsetzte, die Exodus-Tradition eine der beiden wichtigen Gründungsmythen des Nordreiches bildete.

Wie lässt sich in einem weiteren Schritt die Wüstenwanderung mit dem Nordreich verbinden? Bevor eine Verbindung zum Nordreich hergestellt werden kann, muss die folgende Frage beantwortet werden: Wie konnten die Autoren der Bibel in Jerusalem oder sogar im nördlichen Königreich von den weit entfernten Orten in der Wüste wissen? Die Bibel ist immer sehr genau, wenn es um das Gebiet in der Nähe Jerusalems geht. Die Bibel kennt die Schefela gut, das Hochland von Hebron-Bethlehem oder auch die Hochebene von Benjamin sehr gut. Aber wenn die Entfernungen grösser werden, wie zum Beispiel nach Galiläa, ist das geographische

Wissen der Bibel nicht mehr sehr solide. Das Buch Numeri, welches die meisten geographischen Informationen über die Wüstenwanderung enthält, ist etwa um 400 vC, wenn nicht noch später, entstanden. Also gilt es auch die persische, nachexilische Periode zu berücksichtigen. Es ist nicht wirklich vorstellbar, dass die Menschen in Juda und Jerusalem Kenntnisse über Orte auf dem Sinai besaßen, als ihr eigenes Gebiet 20 Kilometer südlich von Jerusalem endete und nicht einmal bis Hebron reichte. Das ändert sich in der spätmonarchischen Periode, weil Juda sich an der Verteidigung der

Grenze zur Wüste beteiligte und den Assyrern half, die arabischen Handelsrouten zu sichern. Juda ist geostrategisch also im Be'er Scheba-Tal bestens positioniert und es gibt Belege wie zum Beispiel in den Inschriften von Arad, für Vorräte der Einheiten, die mehrere Tage lang im Süden operierten.

Es konnte also mehrere Tage dauern, bis eine Einheit zum Beispiel in Kadesch-Barnea ankam. Die hebräischen Inschriften in Kadesch-Barnea aus dem 7. Jh. vC beweisen, dass die Judäer im Gebiet von Be'er Scheba und zumindest im nördlichen Teil der Wüste aktiv waren; möglicherweise kannten sie auch Teile von Edom und die Spitze des Golfs von Akaba, da die Assyrer die »einheimischen Judäer« als Garnison in ihren Festungen einsetzten. Assyrische Festungen wie En Hazeva südlich von Be'er Scheba oder die Festung in Tell el-Kheleifeh am Golf von Akaba werden nicht von 50, 100 oder 500 Assyrern bewacht. Vielleicht war ein assyrischer Reichsbeamter als »Aufpasser« vor Ort, aber bemannt waren die Festungen mit lokalen Kräften. Da die Judäer in dieser Phase dort waren und demzufolge auch die Geographie der kannten, wäre dies eine Möglichkeit, ihre Kenntnis der Wüste im 7. Jh. vC zu verstehen. Soweit zu Juda, aber es geht ja eigentlich um das Nordreich.

Die Verbindung mit dem Norden stellte eine ebenso überraschende wie und dramatische Entdeckung in den 1970er Jahren im nordöstlichen Teil der Sinai-Halbinsel in Kuntillet Ajrud dar, das von Zeev Meshel von der Universität Tel Aviv ausgegraben wurde. Dort gibt dort eine kleine Stätte in der Wüste, etwa 50

Kilometer südlich von Kadesch-Barnea, mit einem kleinen Hügel in der Nähe eines Brunnens. Der kleine Hügel befindet sich an einer der Straßen, welche die Spitze des Golfs von Akaba mit dem Mittelmeer verbanden und im Arabischen als Darb-el-Ghaza bekannt ist, „die nach Gaza führende Straße". Bei den Grabungen wurden viele Inschriften gefunden, und zwar auf Gips, auf Stein und auf Keramikgefäßen. Die Radiokarbondaten und die geborgene materielle Kultur datieren die Stätte eindeutig in die erste Hälfte des 8. Jh.s. vC, also in die Zeit Jerobeams II. Die Details der Inschriften offenbaren, dass es

En Hazeva

Verbindungen zum Norden, nicht zu Juda, gab, obwohl der Ort näher an Juda liegt, gibt es Verbindungen nach Samaria. Das ist auch nicht weiter verwunderlich, denn zur Zeit Jerobeams II.

war Juda offenbar ein Vasall des Nordreiches. Jerobeam II. schafft es überdies, aktiv entlang der Wüstenrouten zu sein und profitiert deshalb vom lukrativen arabischen Handel. Vermutlich hat er deshalb diesen Ort errichtet. Zuallererst wird der Gott Israels in den Texten mit zwei Titeln erwähnt: JHWH von Samaria und JHWH von Teman. JHWH von Samaria bezieht sich sehr wahrscheinlich auf den dynastischen Tempel des Gottes Israels in Samaria. Aus diesen Funden lässt sich schließen, dass es dort Israeliten und möglicherweise auch israelitische Schriftgelehrte gab. Gebildete Leute aus Samaria kamen nach Kuntillet Ajrud und verfassten dort Segenssprüche und Texte, darunter auch einen Text, der wie ein literarischer Text aussieht.

Und nun bedarf es ein wenig »begründeter Phantasie«. Die Männer sitzen in den kalten Nächten gemeinsam mit den Einheimischen, den »Beduinen« der damaligen Zeit, an den Lagerfeuern. Und die Beduinen erzählen ihnen Geschichten von den Orten und geben ihnen nach und nach die Namen. Und sie werden zunehmend mit der Wüste vertrauter, weil sie eben diese Kontakte zu den Einheimischen in und um Kuntillet Ajrud pflegen. Das ist übrigens auch genau die Zeit der Propheten Hosea und Amos, die sich bereits auf Exodus und die Wanderschaft in der

Wüste beziehen. Mit dieser Annahme lässt sich die ganze Sache in die erste Hälfte des 8. Jh.s einordnen und die Verbindung zum Nordreich wäre ebenfalls hergestellt. Es gibt aber durchaus plausible Überlegungen, noch weiter als bis zum 8. Jh. vC zurückzugehen. Es ist kaum vorstellbar, dass die Schriftgelehrten in Ajrud oder Hosea und Amos diese Geschichte erfunden haben. Es handelt sich um eine starke Tradition, die aus der weiter zurückliegenden Vergangenheit stammen muss. Donald Redford vermutete, dass die Idee von Menschen aus dem Nildelta nach Kanaan zu wandern, mit einem historischen Prozess oder Ereignis in der mittleren Bronzezeit zusammenhing. Die archäologischen Befunde zeigen, dass Kanaaniter in der Mittleren Bronzezeit, also ab dem 19. oder 18. Jh. vC, im Delta siedelten und dort eine Dynastie gründeten. Irgendwann gelang es den Ägyptern, sich mit ihrer eigenen Dynastie durchzusetzen und sie übernahmen das Delta von den dort sesshaften einheimischen Kanaanitern und vertrieben sie. Das ist die sogenannte „Vertreibung der Hyksos", die aus den Schriften des Ägypters Manetho aus hellenistischer Zeit bekannt ist. Vielleicht gab es also nur eine sehr vage Erinnerung an diese Ereignisse am Rande der Wüste und sie wurden dort von der einheimischen Bevölkerung gesammelt und an die in der Gegend tätigen Nordländer tradiert.

Aber das ist noch nicht das Ende der Geschichte, denn was passierte in den acht oder sieben Jahrhunderten zwischen der »Vertreibung« der Hyksos aus dem Delta und der Zeit von Kuntillet Ajrud, Hosea, Amos und Jeroboam II.? Hier muss noch einmal die Beziehung, die Bibelwissenschaftler zwischen der Figur des Mose und Jerobeam I. festgestellt haben, betrachtet werden. Jerobeam I. hatte einen starken Bezug zu Ägypten, was sowohl im masoretischen Text als auch in der Septuaginta belegt ist. Er floh unter Umständen, die nicht ganz klar sind, die spätere Version der Jerusalemer Autoren ist mit Vorsicht zu genießen. Vor der »Anpassung« durch die deuteronomistischen Autoren war zu lesen, dass er nach Ägypten geflohen sei und bei Scheschonq I. verblieb. Seine Rückkehr erfolgte möglicherweise auch deshalb, weil ihm Scheschonq I. bei seiner Einsetzung als Herrscher des Nordreiches mitgewirkt haben könnte. Dies hieße dann zwangsläufig auch, das Ägypten mittelbar am Aufstieg des Nordreiches Israel beteiligt gewesen wäre, wenngleich wir nicht wissen, wie lange die Ägypter das Nordreich kontrollieren konnten. In der Zeit Scheschonqs I. sicherlich, dies belegt u.a. dessen

Inschrift in Megiddo. Der Zeitraum dürfte nicht allzu lang gewesen sein, vielleicht einige Jahrzehnte, bis zum Höhepunkt der Stärke der Omriden-Dynastie. Und vielleicht haben wir vor dem Hintergrund der dortigen Tradition seit dem zweiten Jahrtausend, vor dem Hintergrund der Verbindung mit Ägypten in der Zeit von Jerobeam I. und vor dem Hintergrund einer möglichen »Befreiung« des Nordreichs von Ägypten, als die Macht der Pharaonen schwand, die gesuchte Realität, und zwar vor Hosea, vor Amos und vor Jerobeam II. In mancher Hinsicht ist die Exodus-Tradition das Ergebnis einer sehr langen Beziehung zwischen Kanaan und Ägypten. Unabhängig davon ist jedoch festzustellen, dass in die Komposition und Niederschrift der Exoduserzählung spezifische Details aus dem 8. Jh. vC in die Geschichte einflossen und sie strukturierten.

Zusammenfassung

Die Exodusgeschichte ist wahrscheinlich die komplexeste Geschichte in der Geschichtsschreibung des alten Israel. Sie ist am schwierigsten zu entschlüsseln. Sie hat vielleicht die längste (Vor)Geschichte und beginnt möglicherweise mit den Erinnerungen im zweiten Jahrtausend und entwickelt sich *peu à peu* viele Jahrhunderte lang bis in die persische Zeit. Es gab vermutlich eine Erinnerung an

Migrationen von Kanaanitern oder Menschen aus dem Delta irgendwann im 16. Jh. vC, aber es handelt sich dabei nur um vage Erinnerungen. Diese vagen Erinnerungen blieben allerdings in der Wüstenregion, an der südlichen Grenze zu Kanaan, erhalten. Eine weitere Schicht hat mit der Gründung des Nordreiches zu tun und auch in dieser ist eine Beziehung zu Ägypten erkennbar, definitiv in der Beziehung zwischen Jerobeam I. und Scheschonq I.

Und dies könnte der erste wirklich nachweisbare »Moment« in der Überlieferung sein, in der zweiten Hälfte des 10. Jh.s vC, also mit dem Aufstieg des Nordreiches Israel. Noch wichtiger wird er dann in Samaria in der ersten Hälfte des 8. Jh.s vC in der Zeit

Jerobeams II, der einerseits ein Bewunderer von Jerobeam I. war und an die Traditionen von Jerobeam I. anknüpfte, andererseits aber ist auch derjenige war, der entlang der Handelsrouten in der Wüste aktiv war. Und vermutlich gelangten während seines Regnums die Informationen aus der Wüstenregion nach Samaria, was wiederum die Verbindung an die Erinnerungen in der Zeit von Hosea und Amos erklären könnte. Schließlich findet diese nördliche Tradition nach dem Fall des Nordreiches im Jahr 722 vC, zusammen mit anderen Traditionen wie die von Jakob, ihren Weg nach Juda. Sie könnte an mehreren Orten im Norden erhalten geblieben sein, vielleicht wegen des Hinweises auf JHWH von Samaria in Kuntillet Ajrud auch im Tempel von Nebo, der im 9. Jh. vC verloren ging.

Auch im 7. Jh. vC kennen die Judäer die Wüste noch, weil sie mit Assyrien verbunden sind. Dennoch muss sich auch die Frage stellen, warum diese Traditionen für die panisraelitische Ideologie der Autoren in Jerusalem im späten 7. Jh. vC wichtig war. Die Antwort könnte in der damaligen geopolitischen Situation liegen. Es bestand die Gefahr eines Zusammenstoßes zwischen Juda und Ägypten, aufgrund der unterschiedlichen Bestrebungen der beiden Reiche. Juda zur Zeit Josias könnte nach dem

Abzug der Assyrer eine Chance gesehen haben, ihre panisraelitische Ideologie Wirklichkeit werden zu lassen. Aber dann kommt Ägypten, ersetzt sozusagen Assyrien und beansprucht zum zweiten Mal die Suprematie in der Levante. Dies könnte am Ende auch der Hintergrund für das durch Necho in Megiddo herbeigeführte Ende Josias im Jahr 609 vC sein. Falls die Konstellation tatsächlich als Bedrohung empfunden wurde, könnte die Botschaft der biblischen Autoren wie folgt konnotiert sein: Das ist alles schon einmal passiert. Schon einmal haben wir mit den Ägyptern gekämpft und dank der Macht des Gottes Israels ist es uns gelungen, den Pharao zu besiegen und wurden aus Ägypten befreit. Das wird auch jetzt wieder geschehen, dank unseres frommen Königs Josia und der Macht des Gottes Israels.

Diese Botschaft wurde nach 586 vC noch wichtiger, wenn man an die exilierten Judäer denkt, die auf der anderen Seite der Wüste saßen, in Babylon. Sie denken an Zion, sehnen sich nach Zion, nach Jerusalem und auch sie mögen sich mit dem Gedanken getröstet haben, das dies alles schon einmal erfolgreich durchgestanden wurde und sich die Israeliten am Ende mit der Macht Gottes befreien, eine schreckliche Wüste durchqueren, nach

Kanaan kommen und sich im gelobten Land niederlassen konnten. uns dort niederzulassen.

Ex 16,13-22

Das .XVI. Capitel. wie
ſy got ſpeyſet in der wüſte mit fleyſch. vnd mit
bꝛot des hymels. vnd wie ſy des miſpꝛauchten.

von dem lande egipt vnd an dē moꝛgen geſeht
ir die gſon des herren. Wann ich hab gehoꝛet
ewer murmeln wid den herren. Was ſey wir ds
ir habt gemurmelt wid vnß. Dñ morſes ſpꝛach

Kapitel 20: Die Heldengeschichten im Buch der Richter

Das Richterbuch schildert die Situation der zwölf Stämme Israels nach der Landnahme und vor dem Beginn einer Königsherrschaft in Israel. Die Stämme Juda, Simeon und Benjamin erobern die Gebiete westlich des Toten Meeres, darunter die Städte Jerusalem und Hebron. Einige der Völker in den eroberten Gebieten können jedoch nicht ganz vernichtet werden. Das Gebiet von Gaza bleibt von den Philistern besetzt (1,1-21).Es handelt sich um die vorstaatliche Zeit, die oft als »Richterzeit« benannt wird. Die Phase der Landnahme gilt als abgeschlossen, nun muss das Land gegen äußere Feinde gesichert werden. Dafür sind im Erzählverlauf die Richter [שֹׁפְטִים, schofetim] zuständig, daher der in jüdischer und christlicher Tradition gleichlautende Name des Buches.

Das Kapitel 2 beginnt mit einer Drohung durch den Engel Gottes, da die Israeliten nicht, wie von JHWH gefordert, die Bewohner des Landes vertrieben oder umbrachten und die Altäre der fremden Gottheiten niederrissen: *„Deshalb sage ich euch jetzt: Ich werde [die fremden Völker] nicht vor euren Augen vertreiben, sondern sie sollen euch Widerstand leisten, und ihre Götter sollen euch zu Fall bringen."*

(2,3) Nachdem die ganze Generation Josuas, die mit ihm über den Jordan geschritten war, gestorben war, erinnerte sich Israel nicht mehr an die Taten JHWHs und diente anderen Göttern (2,6-10). In 2,11-3,6 folgt dann eine erklärende Zusammenfassung zu den folgenden Abschnitten der einzelnen Richter. Wegen der Verfehlungen des Volkes wird es große Not leiden müssen, dann wird Gott einen Richter schicken, um das Volk zu erlösen. Zeit seines Lebens wird dann Friede herrschen, danach verfällt das Volk wieder zu bösem Treiben. *„Schlimmer als ihre Väter"* trieben sie es und *„ließen nicht ab von ihrem bösen Treiben und ihrem störrischen Verhalten."* (2,19) Insgesamt erwecken die Kapitel 1-3 den Eindruck, als reflektierten sie die Sesshaftwerdung der Israeliten und schilderten die sie begleitenden Auseinandersetzungen mit der bereits ansässigen kanaanäischen Bevölkerung. Allerdings führt diese Sicht zu einer monokausalen Deutung der protostaatlichen Zeit und die folgende Entstehung Israels, denn auch das Richterbuch weist eine komplexe Schichtung in Bezug auf Komposition, Tradition und historische Realität auf

Die einzelnen Richtererzählungen

Es folgen die Erzählungen der vierzehn wichtigsten Richter. Bei den Richtern unterscheidet die

Forschung die kleinen von den großen Richtern. Zu den großen Richtern zählen Otniel [עָתְנִיאֵל] 3,7-11, Ehud ben Gera [אֵהוּד בֶּן־גֵּרָא] 3,12-30, Schamgar [שַׁמְגַּר] 3,31, Debora [דְּבוֹרָה] und Barak [בָּרָק] 4-5, Gideon [גִּדְעוֹן] 6-8, Jiftach [יִפְתָּח] 10,17-12,7 und Schimschon [שִׁמְשׁוֹן] 13-16; zu den kleinen Richtern Tola [תּוֹלָע] 3,7-11, Jaïr [יָאִיר] 10,3-5, Ibzan [אִבְצָן] 12,8-10, Elon [אֵילוֹן] 12,11f. und Abdon ben Hillel [עַבְדּוֹן בֶּן הִלֵּל] 12,13-15. Damit wird nicht auf den deutlich unter-schiedlichen Umfang der Berichte hingewiesen, mit dem von den verschiedenen Gruppen oder Personen erzählt wird. Es scheint so, als hätten die großen Richter als charismatische Heerführer gegen Israels Feinde gekämpft, die kleinen Richter gelten dagegen als tatsächliche Richter oder lokale Fürsten. Gelegentlich wird Schamgar auch als kleiner Richter gewertet, weil von ihm nur in zwei Versen (3,31 und 5,6) erzählt wird; seine Ruhmestat ist aber mit der von Simson vergleichbar.

In den Gründungsmythen des alttestamentarischen Israels stellte sich der Krieg stets als etwas von Gott Befohlenes dar, und denen, die auf ihn bauten, denen fiel der Sieg zu. Dabei werden ausgedehnte »Gewaltexzesse« sowohl den Feinden gegenüber als auch untereinander deutlich beschrieben. Otniël gegen Kuschan-Rischatajim [כּוּשַן רִשְׁעָתַיִם], Ehud gegen Eglon [עֶגְלוֹן] von Moab, Schamgar gegen die Philister, Debora und Barak gegen Sisera und Jabin, Gideon gegen die Midianiter, Abimelech gegen Schechem und Tebez (9), Jiftach gegen die Ammoniter und Simson im Kampf gegen die Philister.

Die Theologie des Richterbuches

Theologisch lassen sich fünf Hauptgründe für die sich wiederholenden Phasen des moralischen und geistlichen Niedergangs Israels ausmachen: Der Ungehorsam, die Kanaaniter aus dem Land zu vertreiben (1,19.21.35); der Götzendienst und die Verehrung lokaler Deitäten (2,12); die Mischehen, mit den »gottlosen Kanaanitern« gegen die Anordnungen Gottes (3,1-6); die Missach-

Richter Jehud tötet König Eglon, um 1360

tung der Richter (2,17) und das Abwenden von Gott nach dem Tod der Richter (2,19). Diese sich wiederholenden Phasen des Abfalls von Gott ziehen wiederum dessen wiederholtes Eingreifen in das Leben Israels in Form einer sich ebenfalls stets wiederholenden vierteiligen Abfolge nach sich: 1. Israel wendet sich von Gott ab. 2. Gott züchtigt Israel, indem er militärische Niederlagen und ihre Unterwerfung zulässt. 3. Israel bittet Gott um Rettung und Gott gibt »Richter«, entweder zivile Richter oder örtliche Heerführer, die das Volk anführten, um sich ihrer Unterdrücker zu entledigen. 4. Das Volk fällt erneut von Gott ab und es folgt die Wiederholung des gleichen Procederes.

Das Buch der Richter ist ein Paradebeispiel für das alttestamentarische theologische Prinzip des Tun-Ergehen-Zusammenhangs oder auch Tat-Folge-Zusammenhangs. Dieser Begriff aus der Bibel-wissenschaft wurde 1955 in einem Aufsatz des evangelischen Theologen Klaus Koch geprägt[319]. Er bezeichnet die namentlich im Tanach anzutreffende Annahme, dass Gott der Garant dafür ist, dass es jenen im diesseitigen Leben gut ergeht, die seinen Willen tun, und jene sich selbst schaden, die ihn nicht tun (also sündigen). Koch stellte diesen Begriff der verbreiteten antijudäischen Vorstellung entgegen, der jüdische JHWH sei im Unterschied zum »lieben Gott« des Neuen Testaments ein ungnädiger, rächender Gott. In der hebräischen Bibel wird dieses Gut-Gehen oder Sich-Schaden sehr materiell geschildert, etwa durch die Länge des Lebens, die Zahl der Kinder und die Größe der Viehherden. Eine Belohnung oder Bestrafung nach dem Tod kam nicht in Frage, da sich die Vorstellung eines Ewigen Lebens noch nicht durchgesetzt hatte. Um die Folge negativer Taten abzuwenden, sind vor allem Gebete und Umkehr nötig, für seltene unabsichtliche Sünden waren in den Zeiten des Tempels auch Opfer nötig. Der Zusammenhang wird aber nicht namentlich benannt, sondern in Bildern von »Saat und Ernte«, »Samen und Frucht« u. ä. beschrieben.

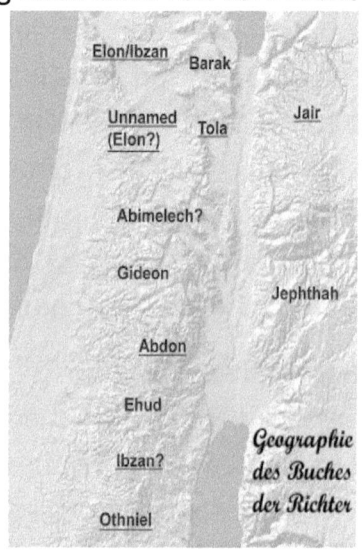

Die Nachträge

Die Nachträge in den Kapiteln 17-18 und 19-21 haben die schrecklichen Ereignisse der königslosen Zeit vor Augen. In der ersten Erzählung rauben Daniten das Gottesbild samt Levit/Priester des Efraimiten Micha und gründen die Stadt Dan. Im zweiten Bericht verüben Benjaminiten eine Gräueltat, ihr Stamm verweigert dann aber die Auslieferung der Schuldigen. Daraufhin wird der Stamm in einer Strafaktion beinahe ausgerottet. Die restlichen Stämme sorgen sich später doch wieder um Benjamin und beschaffen, damit der Stamm nicht untergeht, den übriggebliebenen Männern Frauen aus Schilo. Der letzte Satz des Buches bildet dann den Kern der Botschaft, der die nachfolgende Einsetzung der Monarchie begründen bzw. rechtfertigen sollte: *„Zu der Zeit war kein König in Israel; jeder tat, was ihn recht dünkte."* (21,25)

Jede Heldenerzählung hat eine eigene Geschichte und diverse Schichten

Das Buch der Richter ist Teil der deuteronomistischen Geschichte der Bibel, welche die Geschichte Israels von den Tagen der Eroberung Kanaans (Buch Joschua) - das Deuteronomium dabei natürlich im Hintergrund - über die »Periode der Richter«, die Entstehung der Monarchie bis zu den beiden hebräischen Königreichen und schließlich bis zur Zerstörung Jerusalems chronologisch schildert. Demzufolge weist das Buch der Richter auch einen deuteronomistischen Duktus aus. Vieles aus dem kanonisierten Text ist deuteronomistisch bzw. post-deuteronomistisch. Das Buch bildet keine inhaltliche Einheit, es lässt sich in zwei Teile unterteilen. Der erste Teil besteht aus den Heldengeschichten der

Retter, die einer nach dem andere auftreten, um das Volk Israel vor seinen Feinden zu retten. Dieser Teil wird in den Kapiteln 3-12 geschildert. Der zweite Teil des Buches der Richter besteht im Wesentlichen aus chronologisch späteren Ereignissen, wie zum Beispiel die sehr bekannte Geschichte von Samson. Der erste Teil hat eine sehr klare Struktur, die das Ziel der deuteronomistischen Autoren im Jerusalem des 7. Jh.s vC offenbart. Das ist der sich in jeder Heldengeschichte wiederholende Zyklus: Sünde des Volkes; Gott wird zornig; Gott bestraft das Volk Israel mit einer Art von Unglück oder einem Feind, der es bedrängt; das Volk ruft Gott um Hilfe an; Gott schickt einen Retter, einen Helden, der es rettet; es gibt eine Befreiung aus der Not, vom Feind, aber das Volk Israel verstrickt sich wieder in Sünde und Strafe und das Ganze Procedere beginnt beim nächsten Richter wieder von vorne. Alle Zyklen bereiten auf den entscheidenden letzten Vers des Buches Richter vor: *„In jenen Tagen gab es keinen König in Israel. Jeder Mensch konnte tun, was in seinen Augen gut war".* Der ganze Zyklus diente also dazu aufzuzeigen, dass sich etwas ändern musste. Er ist eine Promotion für die Notwendigkeit einer zentralisierten Monarchie, eine Werbung für die Person Davids und die davidische Dynastie.

Der deuteronomistischen Geschichte liegt, wenn man sich die Geographie der Geschichten und vielleicht auch den historischen Hintergrund betrachtet, eine ältere Schicht zugrunde. Und diese ältere Schicht stammt aus dem Nordreich und liegt vor der deuteronomistischen Geschichte, möglicherweise sogar vor der Zerstörung des Nordreiches. Deshalb können wir nicht der biblischen Chronologie der Geschichte des alten Israel folgen, denn es hat kein »Periode der Richter« gegeben. Das ist der Grund, warum die komplexe Aufgabe darin besteht, die Zeit hinter jeder einzelnen Geschichte zu identifizieren. Möglicherweise sprechen wir nicht einmal von einer einheitlichen Situation. Eine bestimmte Phase in einer Heldengeschichte muss nicht der Phase einer anderen entsprechen. Weder die Komposition, noch die historische Realität dahinter. Denn jede einzelne dieser Erzählungen ist vielschichtig. Man kann beispielsweise nicht Kapitel 4 aufschlagen, und die Geschichte über Barak oder das Lied der Debora in einem Rutsch durchlesen und davon ausgehen, dass es sich um die gleiche historische Phase handelt. Hinzu kommt, dass es spätere Hinzufügungen und Kürzungen, zumindest in der persischen Periode, wenn nicht sogar etwas später, gab.

Die Aufgabe bei der historisch-kritischen Analyse des Richterbuches besteht darin, zunächst einmal die alten Schichten zu identifizieren, dann in jeder einzelnen Geschichte zu erkennen, dann die historische Realität, sofern es eine gibt, zu suchen und dann die Geographie zu verstehen. Im Allgemeinen befinden wir uns in der Geographie des Nordreiches. Die Richter sind Repräsentanten des Nordreiches, weil die Arena immer im Norden liegt.

Von Ehud im südlichen Teil des Hochlands von Samaria bis hin zu Barak und Deborah im Jesreel-Tal, über Gideon in der Gegend von Schechem bis hin zu Jiftach in Gilead. Alle befinden agieren im Gebiet des Nordreiches.

Beginnen wir mit Ehud. Der Schauplatz der Geschichte Ehuds westlich und östlich des Jordans. Ehud stammt also aus einer Benjaminitenfamilie westlich des Jordans. Und der Schauplatz der Geschichte westlich des Jordans liegt vermutlich irgendwo im südlichen Teil des Nordreichs, im Hochland, nicht weit nördlich von Jerusalem und gegenüber Moab. Und Moab liegt nicht weit entfernt um die nördliche Spitze des Toten Meeres herum. Noch komplizierter wird es, wenn wir versuchen, die

Situation östlich des Jordans zu bestimmen. Denn die Geschichte ist in gewisser Weise eine Verhöhnung des adipösen Königs von Moab und wie Ehud es schaffte, ihn und seine Wachen auszutricksen und ihn zu töten. Dabei muss beachtet werden, das die historische Realität Moabs erst nach der Expedition Meschas Expansion liegt, also in der zweiten Hälfte des 9. Jh. vC. Vielleicht ist Moab auch ein sekundärer Einschub eines späteren Autors, der sich über Moab lustig machen wollte. Und stammt noch aus der Zeit, in der die Beziehungen zwischen Israel und Moab nach der Ausdehnung von Mescha nach Norden nicht die besten waren.

Geographie der Ehud-Geschichte

Doch wie lautete die ursprüngliche Geschichte? Vielleicht handelte sie von Heschbon, ein relativ später kanaanitischer »Stadtstaat« im Norden Moabs, das heißt östlich des Toten Meeres, aber im nördlichen Teil. Es gibt eine Überlieferung über die Eroberung von Heschbon durch die Omriden-Dynastie: „*Und Israel sandte Boten zu Sihon, dem König der Amoriter, und ließ ihm sagen: Lass mich durch dein Land ziehen. Wir wollen nicht abbiegen in die Äcker noch in die Weingärten, wollen auch vom Brunnenwasser nicht trin-ken; die Königsstraße wollen wir ziehen, bis wir durch dein Gebiet hindurchgekommen sind. Aber Sihon gestattete den Israeliten nicht den Zug durch sein Gebiet, sondern sammelte sein ganzes Kriegsvolk und zog aus, Israel entgegen in die Wüste. Und als er nach Jahaz kam, kämpfte er gegen Israel. Israel aber schlug ihn mit der Schärfe des Schwerts und nahm sein Land ein vom Arnon bis an den Jabbok und bis zu den Ammonitern; das Gebiet der Ammoniter aber reichte bis Jaser. So nahm Israel alle diese Städte ein und wohnte in allen Städten der Amoriter, in Heschbon und in allen seinen Ortschaften. Denn Heschbon war die Stadt Sihons, des Königs der Amoriter. Er hatte mit dem früheren König der Moabiter gekämpft und ihm all sein Land bis zum Arnon weggenommen. Daher sagen die Spruchdichter: Kommt nach Heschbon, dass man die*

Stadt Sihons baue und aufrichte. Ja, Feuer ist aus Heschbon gefahren, eine Flamme von der Stadt Sihons; die hat gefressen Ar in Moab und verzehrt die Höhen am Arnon. Weh dir, Moab! Du Volk des Kemosch bist verloren!" (Num 21,21-29). Vielleicht gibt es hier eine Verbindung. Auch wenn keine endgültige Klarheit herrscht, gibt es gute Gründe für die Annahme, dass die Erzählung im nördlichen Moab und dem südlichen Teil des Hochlandes des

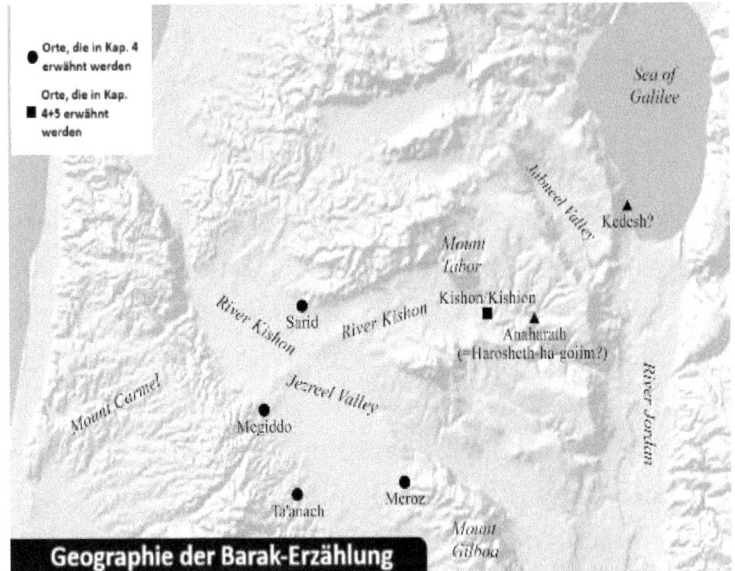

Geographie der Barak-Erzählung

Nordreiches zu verorten ist. Um die Erzählung mit Moab in Verbindung zu bringen, kann man nur argumentieren, dass die Geschichte die Situation in der ersten Hälfte des 8. Jh.s vC widerspiegelt. Die erste Hälfte des 8. Jh.s dürfte der Zeitraum sein, in dem die Geschichte verfasst wurde. Die erste Hälfte des 8. Jh.s ist aber für die Realität hinter der Tradition zu spät. Denn die Überlieferung brauchte eine gewisse Zeit, bis sie verschriftlicht wurde.

Barak und Debora in den Kapiteln 4-5 sind besonders interessant, weil sie in der Bibelwissenschaft normalerweise als eine Geschichte mit zwei Abschnitten betrachtet wurden: die Prosa in Kapitel 4 und der Gesang in Kapitel 5. Wenn man sich aber hinreichend mit der Geographie beschäftigt, wird die Antwort eigentlich offenkundig: wir haben es mit zwei verschiedenen Geschichten zu tun. Denn die Erzählung in Kapitel 4 spielt im östlichen Teil Untergaliläas, nördlich des östlichen Teils des Jesreel-Tals. Der Berg Tabor liegt dort in der Mitte und ein Teil der Geschichte spielt weiter östlich des Berges Tabor. Wir befinden uns also im östlichen Teil im Südosten des unteren Galiläas. Welche Orte werden dagegen im Lied der Debora erwähnt? Vor allem Megiddo und Taanach[320], die beide im westlichen Teil des Jesreel-Tals liegen. Zwei weitere Namen, die man identifizieren kann, die aber nicht sehr bekannt sind, befinden sich ebenfalls in der westlichen oder südwestlichen Ecke des Jesreel-Tals. Es handelt sich also um zwei verschiedene Gebiete: das eine ist das südöstliche Untergaliläa, das andere das südwestliche Jesreel-Tal. Es handelt sich also um zwei verschiedene Traditionen.

Die sich stets wiederholende Fragen in allen Heldengeschichten ist: „Wer ist der Feind?" In Kapitel 4 ist es der König von Hazor. Aber es gibt gute Gründe für die Annahme, dass der König von Hazor wahrscheinlich aus dem Buch Joschua importiert wurde, denn das Zentrum der Handlung ist ein Stadtstaat namens Haroschet-hagoiim[321]. Über diesen Namen gab es einen heftigen Streit, da Haroschet-hagoiim nicht wie ein Toponym, sondern eher eine Art von Polemik konnotiert. Denn im Hebräischen gibt es mehr als eine Lösung für die Bedeutung des Namens. Der einfachste Weg ist, diese Stadt mit Anaharath (אֲנָחֲרַת, Tell el-Mukharkhash) zu identifizieren, das sowohl in der Bibel als auch in der spätbronzezeitlichen Korrespondenz der Amarna-Tafeln erwähnt oder zumindest angedeutet wird. Und eben dieses Anaharath könnte im Zentrum des Geschehens von Baraks Streit gestanden haben. Das eigentliche Zentrum liegt in westlicher Richtung: Megiddo, auch aus der Sicht der Archäologie. Im Hintergrund der Erzählung liegt der Aufruhr im Tal in den späteren Phasen der Eisenzeit, welcher mit der endgültigen Zerstörung der späten kanaanitischen Städte im Tal und die Übernahme des Tals durch die Hochlandbewohner endet. Das sind die allerersten Schritte in Richtung dessen, was später das Nordreich Israel werden sollte. Wenn diese Annahmen und das auf Basis der Radiokohlenstoffdatierung ermittelte Datum der Zerstörungen stimmen, dann befinden wir uns im 10. Jh. vC. Und das würde diese Geschichte zu einer der ältesten Überlieferungen im biblischen Text machen. So wie die Erzählung von Sisera[322] und Jael[323] im Deboralied. Jael gelingt es, den Kanaanäer Sisera mit einer List zu töten und so wesentlich zum Sieg israelitischer Stämme über Kanaan beizutragen. Sie nahm Sisera auf dessen Flucht in ihr Zelt auf, reichte ihm Milch und Sahne und tötete ihn, indem sie einen Zeltpflock durch seine Schläfe bohrte (5,24-27) Vielleicht war es ein Freundschaftsvertrag zwischen Kenitern und Israeliten, der Jael, die *„Frau des Keniters Heber"* (5,24), dazu veranlasste, Sisera als

Feind des Bundespartners zu töten (4,17b). Sisera könnte, in der Erinnerung an die Stadt in Untergaliläa, die das Epizentrum der Ereignisse in Kapitel 4 im Buch der Richter ist, der legendäre Herrscher gewesen sein. Die Episode von Sisera und Jael ist als Teil der alten Geschichte zu betrachten.

Schauplatz der Erzählung vom Richter Gideon ist das Erbe des Clans von Abiezer [אֲבִיעֶזְר], der im Hochland, ein wenig westlich oder südwestlich von Schechem, beheimatet war. Aber das eigentliche Zentrum ist Schechem und möglicherweise auch »der Feind«. In der Geschichte gibt es einen Abschnitt, in dem Gideon seine Feinde jagt, den Jordan überquert und nach Transjordanien geht. Ob dies ein Teil der alten Geschichte ist, wird in der Forschung kontrovers diskutiert. Eines ist allerdings sicher: Wenn man heute die Geschichte liest, wird von Tabor, das im Jesreel-Tal liegt, gesprochen. Und deshalb finden sich auch auf modernen israelischen Landkarten Namen für Orte im Jesreel-Tal vergeben, die mit der Geschichte im Buch der Richter in Verbindung stehen. Zweifelsfrei ist Tabor aber eine spätere Einfügung in die Geschichte ist, während die ursprüngliche Geschichte von Gideon irgendwo in der Gegend von Schechem, im Erbteil des Stammes Manasse, spielt. Die Datierung ist schwierig. Aus den archäologischen Befunden ergibt sich, dass Schechem in der späten Bronzezeit ein sehr wichtiger Ort war, das Zentrum eines großen Stadtstaates. Und offenbar auch noch in der Eisenzeit. Des Weiteren gibt es belastbare archäologische Beweise für die Zerstörung Schechems um 1.000 vC, zeitgleich mit der Zerstörung von Schilo.

Es gibt eine weitere Geschichte im Buch der Richter, die Geschichte von Abimelech, wobei sich die Bibelwissenschaftler uneins sind, ob diese Erzählung zu den »Erlösergeschichten« gehört oder nicht. In der Abimelech-Erzählung gibt es eine Schicht im Hintergrund, die zu den Erlösergeschichten gehört und auf den Stadtstaat von Schechem gerichtet ist. Es gibt also plausible Gründe für die Annahme, dass es sich um Schechem-Traditionen handelt, die aus der Realität des sehr späten 11. Jh.s oder Beginn des 10. Jh.s stammen. Denn die Zerstörung von Schechem kann nicht später erfolgt sein als Mitte des 10. Jh.s vC. Die Midianiter, die scheinbar fehl am Platze sind, verbinden die Geschichte unmittelbar mit den Gebieten im Osten, sofern der Teil Transjordaniens in der Erzählung ein Teil der ursprünglichen Überlieferung war.

Von besonderen Interesse ist auch der Richter Jiftach, der in Gilead, südlich des Flusses Jabbok in

Transjordanien lebt. Die Erzählung spielt in einer Stadt namens Gilead, die den gleichen Namen trägt wie das sie umgebende Land. Die Geschichte von Jiftach weist ebenfalls verschiedene Schichten mit einer Geographie auf, die nicht zur ursprünglichen Geschichte gehört. Und interessant ist die spürbare »Apiru-Atmosphäre«, die deutlicher zu Tage tritt als in den anderen Geschichten im Buch der Richter. Die Situation erscheint unberechenbar, ein Held kommt und rettet das an der Grenze zwischen den Israeliten und Ammonitern lebende Volk. Die Einwohner Gileads schicken Hilferufe in Richtung Jiftach, der aus einem eher vagen und problematischen Umfeld stammt, aber die Stadt rettet. Also eine klassische »Apiru-Geschichte«, in einer unruhigen Situation vor der Konsolidierung der Königreiche in der südlichen Levante. Die geographische Lage ist mit Gilead eindeutig geklärt und der Zeitraum muss entweder eine Weile vor der Konsolidierung oder in der Frühzeit des nördlichen Königreiches mit seinem Teil in Gilead liegen. Auf jeden Fall ist es höchst unwahrscheinlich, dass zur Zeit der stabilen Omriden-Dynastie Apiru-Gruppen durch das Land ziehen und Städte überfallen konnten. Kombiniert man die geographischen Daten aus den Richtergeschichten mit der Historie des Nordreichs, soweit sie sich uns erschließt, ergibt sich daraus ein

Gebiet im Hochland westlich des Jordans zwischen dem Stamm Benjamin bis hin zum Jesreel-Tal, ein Teil des Gebietes von Untergaliläa und ein Teil von Gilead. Aber die Realität zusammenzufassen ist nicht so einfach. Erstellt man eine Landkarte mit Ehud, Heschbon, Schechem, Megiddo und Anaharath, so ergibt

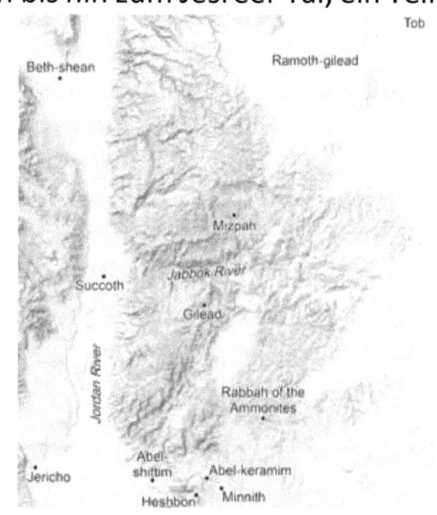

sich keine vollständige Karte dieser Gebiete. Es gibt leere Stellen und wir müssen die Frage stellen, was die Lösung der biblischen Autoren war und wie diese die Geographie mit fehlenden Teilen des Territoriums betrachtet haben. Die Autoren des »Buches der Retter«, die vermutlich in der ersten Hälfte des 8. Jh.s lebten, haben verschiedene Überlieferungen und Tradition in dem o.a. Gebiet gesammelt. Und als sie alle Überlieferungen auf eine Landkarte projizierten, stellten sie fest, dass wichtige Teile in diesem historischen Puzzle fehlten. Zwei Beispiele: Der israelische nördliche Teil von Gilead fehlte ebenso wie der südliche Teil des Hochlandes, das Gebiet von Ephraim.

Also haben die Autoren weitergesucht, auch nach kürzeren Überlieferungen oder Fragmente von Traditionen. Und was sie zusammentrugen befindet sich heute in den Kapitel 10 und 12 unter dem Stichwort »Kleine Richter«. Wenn die Geographie dieser »Kleinen Richter« richtig identifiziert wird, dann ist es möglich, sie genau in die fehlenden Teile der Landkarte der »Großen Retter« einzuordnen. Drei Beispiele: Abdon, der als einer der »Kleinen Richter« erwähnt wird, kann man dem Gebiet des Stammes Ephraim zuordnen. Ein weiterer kann möglicherweise im östlichen Teil des Jesreel-Tals verortet werden. Und dann noch den »Kleinen Richter«, dessen Wirken zum nördlichen Teil von Gilead passt. Der Duktus der »Kleinen Richter« in beiden Kapiteln ist deuteronomistisch. Die Geschichten sind aber sehr wahrscheinlich früher entstanden und wurden in einer späteren Phase in den Dienst der deuteronomistischen Autoren gestellt. Die wichtigste Erkenntnis ist aber, dass sie in Verbindung mit dem Buch der Richter eine Landkarte liefern, einschließlich des Hochlandes zwischen Benjamin und dem Jesreel-Tal und die zwei Teile von Gilead in Transjordanien, südlich und nördlich des

Flusses Jabbok. Die Autoren hatten bei der Erstellung dieser zusammenführenden Komposition natürlich ein bestimmtes Ziel vor Augen.

Die Frage nach der Entstehungszeit ist dabei sehr wichtig, denn sie kann auch viel über die Autoren verraten. Sicher ist eine Verschriftlichung in der vordeuteronomistischen Zeit, da es sich um eine Schicht vor der deuteronomistischen Geschichte handelt. Die deuteronomistische Geschichte ist bereits die Reduktion der ursprünglichen Geschichte. Wir befinden uns also davor, vor der zweiten Hälfte des 7. Jh.s und wir befinden uns im Norden. Das eröffnet zwei Optionen: entweder entstanden diese Geschichten nach dem Untergang des Nordreichs um an die Heldengeschichten des Nordreichs zu erinnern. Oder man geht noch ein Stück weiter zurück, weil die Botschaft nicht so recht in eine Zeit nach dem Fall des Nordreichs passt. Die Autoren mussten die Dinge innerhalb der Geschichte des Nordreiches erklären. Und ein Teil davon, in der ersten Hälfte des 8. Jh.s vC, vor dem Zusammenbruch des Nordreiches, ereignet sich während der Phase eines beispiellosen Wohlstands. Des Weiteren war zu dieser Zeit das Verfassen literarischer Texte keine Herausforderung mehr. Fasst man all dies zusammen, so spricht vieles für die erste Hälfte des

8. Jh.s vC, also die Zeit Jerobeams II., als dem Zeitpunkt der Komposition, aber nicht für den Hintergrund der Geschichten. Es gilt hier zwischen den Überlieferungen, die etwas Früheres widerspiegeln, und dem Zeitpunkt der Komposition zu unterscheiden.

Mit welchem Ziel sammelten Autoren zur Zeit Jerobeams II. diese alten Geschichten aus dem ganzen Reich? Die Geographie ist auch hier von entscheidender Bedeutung, weil es kein Zufall sein kann, dass die Teile des Nordreichs, welche seine Ausdehnung in späteren Phasen seiner Geschichte widerspiegeln, nicht erwähnt werden. Wir haben keinen Richter für Galiläa, keinen Retter für das Jordantal, für den oberen Teil um Hazor und Dan, keine Geschichte über Baschan oder über die Küste. Der Grund dafür lag möglicherweise darin, dass die Autoren versucht haben, das ursprüngliche Gebiet, das Kerngebiet des israelitischen Nordreiches zu beschreiben. Die Autoren waren vielleicht um »ethnische Diversifikation« bemüht und haben aus ihrer Sicht beschrieben, wer die »echten Israeliten« waren. Träfe diese Annahme zu, worin bestünde dann die Motivation der Autoren? Wenn sie in der ersten Hälfte des 8. Jh.s, zur Zeit der Dynastie der Nimschiden, tätig waren, dann hatten sie in der Tat gute Gründe für ihr Handeln. Die Nimschiden kamen nach dem Sturz der Omriden an die Macht. Im Gegensatz zu den Omriden, die eigentlich aus dem Kernland stammten, kamen die Nimschiden aber offenbar aus dem östlichen Teil des Jesreel-Tals. Es wäre den Autoren demzufolge darum gegangen aufzuzeigen, dass sie ebenfalls zum Kernland Israels gehören, also Teil des »echten Israels« waren. Die Ausdehnung des Nordreichs wird auf eine andere Weise betrachtet.

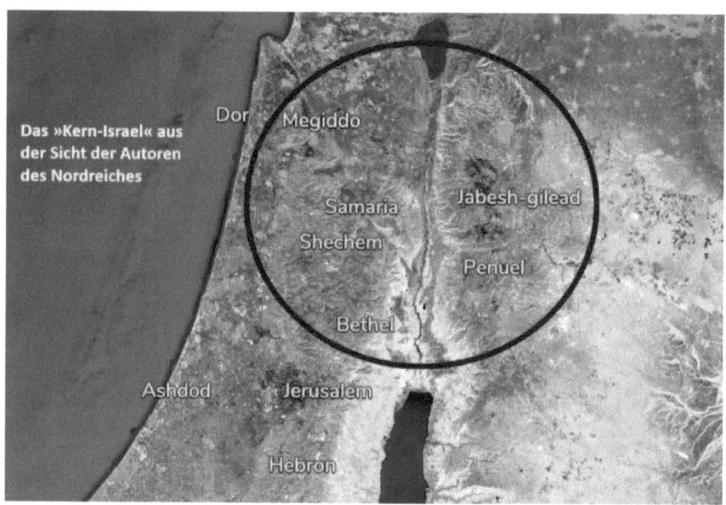

Das »Kern-Israel« aus der Sicht der Autoren des Nordreiches

In einem der vorangegangenen Kapitel wurde bereits geschildert, dass hinter der eindeutig deuteronomistischen Eroberungstradition im Buch Joschua noch eine weitere Schicht, die einer nördlichen Eroberungstradition, liegt. Nimmt man die Karte des Kerngebietes Israels nach den Vorstellungen der Verfasser des Richterbuches und fügen diese Eroberungen hinzu, stellt man fest, es gibt keine Überschneidungen! Die regionalen Eroberungsgeschichten, die nördlichen Eroberungsgeschichten, sollten mit der Kerntradition Israels verbunden werden, um die Expansion des Nordreichs zu zeigen. Denn in den regionalen Eroberungsgeschichten geht es um die Eroberung von Galiläa und des Jordantals, über Hazor, über die Eroberung der Schefela und des judäischen Hochlandes. Tatsächlich werden in der Konzeption der Autoren die Traditionen übergreifend verstanden: sie schildern uns ihre Darstellung des »Kern-Israels« und der Vereinigte Monarchie, die gewissermaßen von »Kern-Israel« regiert wird. Es schein also alles in allem primär eine Frage der Geographie zu sein. Die Autoren schreiben im frühen 8. Jh. vC und versuchen, das eine wahre »Kern-Israel« hervorzuheben, um eine Art ethnischer Unterscheidung zu den eroberten Gebieten zu treffen. Sie machen einen Unterschied zwischen dem »Kern-Israel« und den eroberten Gebieten, weil sie es mit Menschen und Ethnien an verschiedenen Grenzen zu tun haben. Mit Populationen zwischen Israel und dem aramäischen Aram, Menschen zwischen Israel und den Phöniziern, Menschen oder auch Menschen an der Grenze zwischen Israel und den Philistern und so weiter. Für sie schien es wichtig zu sein, sich abzugrenzen und eine Unterscheidung zu treffen. Sie alle gehörten zwar zum Nordreich und waren Teil der großen Vereinigten Monarchie, die von Jerobeam II. aus Samaria heraus regiert wurde. Aber auch innerhalb dieser großen Vereinigten Monarchie differenzieren sie zwischen dem Kerngebiet, den »echten Israeliten« und all jenen, die in das »Mini-Empire« inkorporiert wurden, aber dennoch vom Kernland zu unterscheiden waren.

Zusammenfassung

Die Richtergeschichten stammen aus dem Nordreich und beschreiben wahrscheinlich die Situation in diesem Gebiet, entweder vor dem Aufstieg oder in der Frühphase des Nordreiches. Ein wichtiges Indiz ist vielleicht die Instabilität im Jesreel-Tal und dessen Umgebung in den Kapiteln 4 und 5 des Richterbuches. Die Geographie ist sehr wichtig, denn die Autoren der Erzählungen versuchen, eine Karte des »Kern-Israels« oder der »Kern-Israeliten« zu erstellen. Das heißt, das Gebiet des Nordreiches im Hochland, nördlich von Jerusalem, bis zum Jesreel-Tal. Zum Jesreel-Tal gehörte natürlich auch Transjordanien, das, wie es scheint, von Anfang an zum Nordreich gehörte. Wenn die Autoren, wie hier angenommen, in der ersten Hälfte des 8. Jh.s vC tätig waren, gilt es, den Zeitpunkt der Komposition von der Erinnerung hinter der Geschichte zu unterscheiden. Und möglicherweise bestand die Motivation der Autoren darin, um zu zeigen, dass die Nimschiden ebenfalls Teil des »echten Israels« waren. Sie stammten aus dem östlichen Jesreel-Tal, also musste die Geschichte zeigen, dass dieses Teil des »wirklichen Israels« war. Es gibt keine Möglichkeit, diese Traditionen zu verstehen, ohne die Eroberungstraditionen des Nordens zu berücksichtigen, die dem Buch Joschua zugrunde liegen. Wir sprechen also von den Geschichten hinter den Richtern und den Geschichten hinter Joschua. Die Eroberungstraditionen des Nordens vervollständigen augenscheinlich die Karte der großen Vereinigten Monarchie, die nach der Ideologie des Nordens von Samaria aus regiert wurde. Die übernommenen Territorien vervollständigen demzufolge die Karte von »Kernisrael«. In jedem Fall weisen beide Überlieferungen - die Heilsgeschichten und die Richter und die Eroberungs-traditionen im Buch Joschua - eine sehr starke deuteronomistische redaktionelle Bearbeitung auf. In der Art, wie sie uns dann im Buch der Richter und im Buch Josua präsentiert werden, dienen sie der judäischen und nicht mehr der israelitischen Ideologie. Sie wurden von den judäischen Autoren übernommen, um sie der judäischen territorialen Ideologie und auch Theologie dienstbar zu machen. Die im Buch Joschua propagierte Eroberung Kanaans war in Wirklichkeit eine »Eroberung im Werden«, eine Wunschvorstellung des großen judäischen Königs Josia im 7. Jh. vC. Es geht also immer auch darum, sich bewusst zu machen, dass es einen Unterschied zwischen den ursprünglichen Überlieferungen, den nördlichen Traditionen des 8. Jh.s und der späteren deuteronomistischen Schicht aus dem 7. Jh. vC gibt. Darüber hinaus sind in beiden Büchern noch weitere, spätere Schichten auszumachen.

Tel Hazor

Kapitel 21: Kiriat-Jearim und die Geschichte der Bundeslade

Mose und Aaron vor der Bundestruhe, Gemälde von James Tissot (1900)

Die Bundeslade oder Bundestruhe [אֲרוֹן הַבְּרִית, *aron habrit*], auch [אֲרוֹן הָעֵדוּת, *aron ha'edut*], „Lade des Zeugnisses" oder [אֲרוֹן הָאֱלֹהִים, *aron ha'elohim*], „Gotteslade" genannt, war gemäß der Tora ein heiliger Kultgegenstand der Israeliten, der nach Anweisung Gottes entworfen und hergestellt wurde, um unter anderem die zwei Steintafeln mit den Zehn Geboten aufzunehmen, die er Mose auf dem Berg Sinai übergeben hatte. Die Bundeslade galt nach dem Auszug aus Ägypten und während Israels Wüstenwanderung und der sogenannten Landnahme als Garant für Gottes Gegenwart inmitten des Volkes. Sie ist bis heute das Symbol für den Bund Gottes mit dem Volk Israel. Berührt werden durfte sie nur von den Würdigsten und Hohepriestern. Jede unbefugte Berührung stellte ein Sakrileg dar und führte laut Überlieferung zum sofortigen Tod des Frevlers. Die in der Bibel angegebenen Maße von umgerechnet 1,25 x 0,75 x 0,75 Meter werden in etwa zutreffen. Dagegen entspricht die Beschreibung der Lade als außen und innen mit Gold überzogen der Vorliebe der Priesterschrift für eine besonders wertvolle Ausstattung des Heiligtums. Allerdings war die Lade gewiss nicht ganz schmucklos. Die an den Längsseiten durch je zwei Ringe gesteckten hölzernen Tragestangen erweisen die Lade als tragbares und transportables Heiligtum. Während die Lade gewiss einen Deckel hatte, ist dessen Ausgestaltung zu einer goldenen bzw. vergoldeten Platte mit darauf stehenden Cheruben wiederum eine Vorstellung der Priesterschrift. Auch wenn die Lade ein transportables Heiligtum war, wurde sie gewiss geschützt aufbewahrt. Insofern ist die Verbindung mit einem Zelt (2.Sam 6,17; 7,6), das durch die Lade eine besondere Würde und

Bedeutung erhielt, auch für die früheste Zeit durchaus wahrscheinlich.

Die Herkunft der Lade

Nach dem Tanach wurde die Lade, zusammen mit den anderen Kult- und Einrichtungsgegenständen der sogenannten „Stiftshütte" (Luther), am Sinai angefertigt. Allerdings entstand dieser Exodusbericht (25,10-22; 37,1-9) relativ spät und gehört zur Priesterschrift, in der alle späteren Gegebenheiten des Jerusalemer Tempels vom Sinai her erklärt werden. Für die historische Herkunft und den religionsgeschichtlichen Hintergrund der Lade gibt es verschiedene Erklärungsansätze: Für den nomadischen Bereich wird zum Vergleich auf *qubba'at* [קֻבְּעַת] hingewiesen. Dabei handelt es sich um verschiedene Ausführungen eines meist mit einem kleinen Zelt geschützten Korbs oder Behälters, der auf Tieren transportiert werden konnte und in dem heilige Steine liegen oder eine die Kämpfer anfeuernde Frau sitzen konnte. Tragbare Objekte ähnlicher Form und Größe wie die Lade und mit langen Tragestangen finden sich auch im ägyptischen Bereich. Diese tragbaren Kästen sind auf der Deckplatte mit der Symbolik beschützender göttlicher Wesen verbunden. Solche Kästen sind nicht nur aus Gräbern bekannt, sondern auch aus Darstellungen der Lebenswelt, z.B. der Darstellung von Prozessionen, wo Götterthrone mitgetragen werden. Angesichts der Bekanntheit ägyptischer Verhältnisse und ägyptischer Heiligtümer nicht nur in Kanaan, sondern auch im Negev und Sinai, ist jedoch ein eventueller Einfluss ägyptischer Vorbilder für die Frage der Herkunft der Lade weder geographisch noch für die Alternative sesshaft oder nomadisch auswertbar. Es bleibt die Beobachtung, dass die Lade ein bewegliches Symbol göttlicher Macht und Präsenz darstellt, das auf Grund seiner ursprünglichen Fremdheit gegenüber dem Jerusalemer Tempel in der vorstaatlichen Frühzeit Israels anzusetzen ist. Während der einzige Text, der die Herkunft der Lade beschreibt, nämlich Ex 25, idealisierend ist, setzen die älteren Texte die Lade einfach voraus und beschreiben ihre Funktion.

Die Funktionen der Lade

Die wohl älteste Erwähnung der Lade findet sich in den Ladesprüchen von Num 10,35-36. In diesen wird JHWH als mit und bei der Lade präsent gedacht, von wo er sich erhebt, um Israel voranzuziehen, und zwar insbesondere zum Kampf gegen Feinde. Im Sinn dieser machtvollen Gegenwart JHWHs, durch die der Gottesschrecken auf die Feinde fällt, wird die Lade nach 1.Sam 4 in den Kampf gegen die Philister geholt. Während die Ladesprüche wie auch ihr Kontext in Num 10 den Eindruck eines häufigeren Geschehens erwecken, ist die Entsendung der Lade auf das Schlachtfeld eine letzte Notmaßnahme, die dennoch nicht zum Erfolg, sondern zum Verlust der Lade an die Philister führt. Während in diesen beiden Erzählungen die alte Führungs- und Kriegsfunktion der Lade deutlich werden, sind die Erzählungen von der Durchquerung des Jordan und der Eroberung Jerichos (Jos 3; 6) als Prozessionen dargestellt und damit von späteren Perspektiven geprägt. Die Erzählung von der Rückkehr der Lade (1.Sam 6) ist dagegen weder als Prozession noch als Ladewanderung zu verstehen, sondern vom Motiv der Auffindung eines heiligen Ortes durch die göttliche Lenkung der Zugtiere geprägt. Das David sie nach Jerusalem holte (2.Sam 6), stärkte nicht nur die israelitisch-jahwistische Präsenz in der Hauptstadt, sondern erneuerte und erweiterte auch die Bedeutung der Lade. Mit der, offensichtlich auf Initiative der Ältesten Israels erfolgten, Überführung der Lade in den neu erbauten Salomonischen Tempel (1.Kön 8,1-2) und mit ihrer Aufstellung unter den Cheruben im Allerheiligsten (1.Kön 8,6-7) trat die Lade jedoch hinter den wesentlich größeren Cheruben zurück.

Wie lange die Lade existierte, ist ungewiss. Ausdrücklich erwähnt wird sie zuletzt in 1.Kön 8, d.h. zur Zeit Salomos. Trotzdem hat sie wahrscheinlich wesentlich länger existiert. Die in Jer 3,16-17 thematisierte, wenn auch abgelehnte Frage einer Wiederherstellung lässt, ebenso wie die Beschreibung und große Bedeutung der Lade in der Priesterschrift, vermuten, dass sie erst gegen oder am Ende der Königszeit verloren ging bzw. zerstört wurde und dass sie bis dahin durchaus von Bedeutung war.

Die Präsenz JHWHs bei der Lade

In welcher Weise JHWH bei oder über der Lade gegenwärtig war, ist im Tanach in verschiedener Weise ausgedrückt. Ob die Präsenz JHWHs mit und bei der Lade in früher Zeit etwa durch eine Massebe[324] symbolisiert und wie sie gedacht war, ist nicht mehr zu erschließen. Für das Heiligtum in Schilo ist eine Thronvorstellung, etwa in Verbindung mit dem Zebaoth-Titel (ägyptisch „der Thronende") sehr wahrscheinlich. Der Titel »Cherubenthroner« entstand dagegen möglicher Weise erst in Jerusalem durch die Verbindung mit den Cheruben des salomonischen Tempels. Das Verhältnis dieser beiden Thronvorstellungen - die Lade als Thron und die Cheruben als Thronsitz - blieb wohl in der

Schwebe. Wo von der Lade als Thronschemel die Rede ist, ist wohl daran gedacht, dass JHWH über den Cheruben thront (Ps 132,7b; 1.Chr 28,2; Ps 99,5). Mit der priesterschriftlichen Vorstellung von den Cheruben als Wächtergestalten auf und für die Lade (Ex 25,18-20; 37,7-9) erhielt die Lade für die weitere Tradition wieder Vorrang.

Wo blieb die Lade?

Wie weiter oben bereits erwähnt, existierte die Lade wahrscheinlich die ganze Königszeit hindurch im Jerusalemer Tempel. Es gibt aber keine Nachricht über ihr Ende, auch nicht im Zusammenhang des Berichtes von der Plünderung und Zerstörung des Tempels durch die Babylonier (2.Kön 24,13; 25,9-17). Das spurlose Verschwinden der Lade erlaubte die Entstehung der Legende, dass Jeremia sie in einer Höhle versteckt hatte (2.Makk 2,5). Dies und die Vorstellung vom himmlischen Heiligtum führte zur Vorstellung von der Anwesenheit der Lade im himmlischen Heiligtum (Apk 11,19).

Die Deckplatte der Lade als Sühneort

Von besonderer Bedeutung wurde die Deckplatte, auf der nach der Beschreibung in Ex 25 Cheruben befestigt waren. Deren Name *kaporet* [כַּפֹּרֶת] wurde wohl ursprünglich aus der hebräischen

Wurzel für „bedecken" gebildet, aber von der Priesterschrift ab zunehmend im Sinn von „die Sünde bedecken, sühnen" als Ort der Sühne bzw. der Versöhnung zwischen JHWH und Israel verstanden. Der Doppelaspekt („bedecken" im wörtlichen Sinn und „bedecken der Sünden") ist in der Doppelübersetzung von Ex 25,17 in der Septuaginta mit ἱλαστήριον ἐπίθεμα (hilasterion epithema) aufgenommen. Die Verbindung der kaporet mit dem Versöhnungsgeschehen wird besonders in Lev 16 beim Ritual des großen Versöhnungstages deutlich angesprochen. Indem an der kaporet die versöhnende Präsenz JHWHs und das an sie gesprengte Sühneblut des Opfertieres zusammenkommen, wurde sie zum zentralen Ort des Sühnegeschehens, und hilasterion wurde zum Synonym für Sühne schlechthin.

So ist es verständlich, dass in der urchristlichen Tradition das Sühnegeschehen an der kaporet zur Entsprechung für die Sühne durch den Opfertod Jesu werden konnte; eine Tradition die auf je ihre Art zum Zentrum der soteriologischen Argumentation des Paulus (Röm 3,25) wie des Hebräerbriefes (Hebr 9,1ff.) wurde.

Die Geschichte von der Bundeslade erscheint in zwei Blöcken in den Samuelbüchern. Der erste Block erzählt die Reise von Schilo nach Kiriat-Jearim und erstreckt sich von 1.Sam 4-7,1. Der zweite Teil findet sich im zweiten Buch Samuel und erzählt, wie David nach Kiriat-Jearim kam und die Lade nach Jerusalem brachte. Eine Kurzfassung der Geschichte für diejenigen, die sich nicht mehr an die Einzelheiten erinnern können, könnte so aussehen. Vor vielen Jahren befand sich die Lade JHWHs in einem Tempel in Schilo. Der grosse Feind des Volkes Israel waren die Philister. Die Philister sammelten ihre Streitkräfte und als die Israeliten die mächtige Streitmacht der Philister sahen, bekamen sie es mit der Angst zu tun und entschieden, die Bundeslade ins Heerlager zu bringen, damit der Gott Israels ihnen beistehen möge. In der Schlacht von Eben-Ezer, irgendwo westlich von Schilo in Richtung der Küstenebene wurden die Kinder Israels besiegt und die Bundeslade von den Philistern nach Aschdod gebracht. In Aschdod stellen sie die Lade in den Tempel von Dagon, dem Gott der Philister. Doch dies zog einige katastrophale Folgen nach sich. So lag eines Morgens die Statue Dagons auf dem Boden und nachdem die wieder aufgestellt wurde, fehlte ihr am nächsten Tag eine Hand. Die Philister in Aschdod begreifen, das ihnen die Lade nur Unglück bringt und sie wird an zwei weitere Städte der Philister weitergereicht, die das gleiche Schicksal erreicht. Deshalb fasste man den Beschluss, die Lade in eine israelitische Stadt zu bringen und zwar nach Beth-Schemesch[325]. Israelitisch verstanden vor der Zeit der Monarchie. Doch als die Lade Beth-Schemesch erreichte, geschieht etwas sehr Merkwürdiges: Der Gott Israels straft nun auch die Bewohner von Beth-Schemesch. Die Einwohner müssen JHWHs Unmut erregt haben, warum, geht aus der Geschichte nicht ganz klar hervor. Die Menschen in Beth-Schemesch schickten die Bundeslade daraufhin nach Kiriat-Jearim. Als die Lade dort eintrifft und alles ist friedlich bleibt, ist der perfekte Ort für die Lade endlich gefunden. In der Erzählung heißt es weiter, dass die Lade im Haus von Abinadab [אֲבִינָדָב], einem Tempel, untergebracht wurde. In diesem Tempel lebt ein Priester namens Eleazar, der sich um die Bundeslade kümmert. Interessanterweise lautet der heutige arabische Name Kiriat-Jearims Deir el Azar, das „Kloster von Eleazar". Das griechisch-byzantinische Kloster, das sich hier befand, wurde offenbar bewahrt und erhalten, wie die archäologischen Funde belegen. Wie lange die Lade in Kiriat-Jearim verblieb ist nicht ganz klar. Im zweiten Teil der Erzählung kommt David nach Kiriat-Jearim und nimmt die Bundeslade mit nach Jerusalem. Auf dem Weg dorthin kommt es zu einem Missverständnis und einer weiteren Katastrophe, aber letztlich erreicht die Bundeslade

Jerusalem. Erwähnenswert ist auch noch die berühmte biblische Szene, in der David vor der Lade tanzt und die Frau Michals ihn verspottet, wofür dieser vom Gott Israels gestraft wird. Soweit die biblische Erzählung.

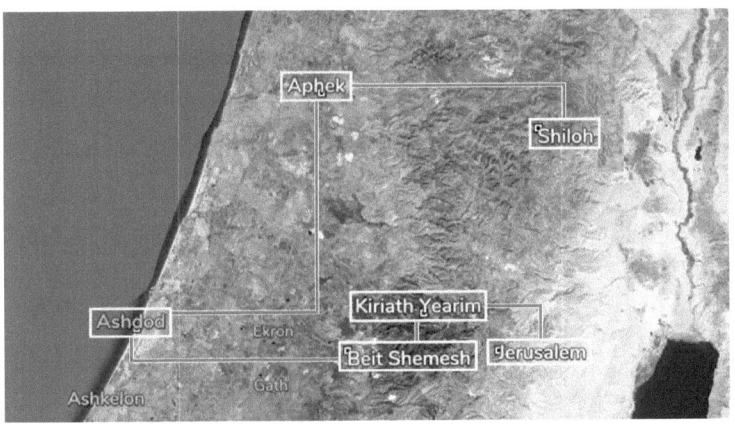

1926 publizierte der protestantische Bibelwissenschaftler Leonhard Rost ein Buch mit dem Titel „Die Überlieferung von der Thronnachfolge Davids". Darin vertrat er die Auffassung, dass wir es mit einer einzigen, zusammenhängenden Geschichte zu tun haben und er gab ihr den Titel The Ark Narrative. Ob es sich tatsächlich, wie Leonhard Rost vorschlug, um eine Geschichte handelt, deren Ziel es war zu zeigen, dass Jerusalem und nicht Schilo der richtige Ort für die Lade war und folgerichtig Schilo auch nicht mehr die legitime Heimstatt des Heiligtums war, ist eher fraglich. Laut Israel

Finkelstein und Thomas Römer haben wir es mit zwei unterschiedlichen Blöcken zu tun. Der wahrscheinlich ältere der beiden beschreibt die Reise der Bundeslade von Schilo nach Kiriat- Jearim, mit der Vorstellung, dass Kiriat-Jearim der richtige Ort für die Bundeslade ist. Die Geschichte gibt also den Hintergrund für den Bau eines dortigen Tempels für die Lade vor. Und weiterer Block erzählt dann die Geschichte von David, der die Lade von Kiriat-Jearim nach Jerusalem bringt. Dann wird natürlich gezeigt, dass Jerusalem der wichtigste Ort ist.

Der ältere Block repräsentiert dabei eine nördliche Tradition, denn die Geschichte beginnt in Schilo, das im Norden liegt und sie endet in Kiriat-Jearim, das wohl ebenfalls zum Nordreich gezählt werden muss. Der zweite Teil, der natürlich mit dem ersten zusammenhängt, stammt aber aus einer späteren Zeit. Die beiden Blöcke stammen also weder aus der gleichen Phase der Geschichte des alten Israels noch wurden die Texte in der gleichen Phase abgefasst. Die Geschichte von der Reise der Lade nach Jerusalem ist eine spätere Komposition.

Bei der älteren Erzählung müssen wir davon ausgehen, dass es sich dabei um eine Gründungsgeschichte des Tempelbaus in Kiriat-Jearim handelt. Sie stammt aus dem Norden, dafür steht die Assoziation mit Schilo. Wichtig ist auch, sich von der biblischen Chronologie zu lösen, denn die Bibel verortet die Erzählung von der Bundeslade irgendwo zwischen dem Schilo zur Zeit Joschuas und der Zeit Samuels vor Beginn der Monarchie. Die biblische Darstellung ist eine Zusammenstellung dieser alten Texte durch die deuteronomistischen Historiker. Der alte Text hingegen ist von diesen Annahmen befreit. Wie lassen sich nun Zeitpunkt der Komposition und Hintergrund der Geschichte bestimmen? Wer hat die Geschichte geschrieben, wann genau und warum? Was war das Ziel der Geschichte und was war die Funktion des Tempels der Lade? Die einzige Möglichkeit diese Fragen zu beantworten ist die Betrachtung der Geographie und der Realität.

Die Geographie ist in dieser Erzählung besonders wichtig. Denn in der Geschichte werden Orte genannt und diese Orte helfen, den Fokus auf das Wesentliche zu legen. Die Geschichte nennt Schilo, (Tel) Afek in der Nähe von Eben-Ezer, die bedeutende Philisterstadt Aschdod, Beth-Schemesch und schließlich Kiriat-Jearim. Bevor man sich der Archäologie und Geschichte der einzelnen Stätten zu zuwendet, ist es wichtig zu erwähnen, dass die Geschichte nicht frei von späteren Ergänzungen ist und dadurch in die Irre führen kann. So werden in der Erzählung beispielsweise die Seranim, die Herrscher der Philisterstädte, erwähnt. Dies ist kein semitischer Terminus, sondern stammt vermutlich vom griechischen Wort *tyrannos,* dessen Hintergrund irgendwann im 7.-6. Jh. vC liegt. Von signifikanter Bedeutung ist, die alte Schicht aus dem Textkorpus zu isolieren und die späteren Ergänzungen wie die Seranim beiseite zu legen. So stammen die Hinweise auf Gath und Ekron der Philister in der Geschichte vermutlich aus späteren Überlegungen der deuteronomistischen Geschichtsschreiber, so dass eigentlich nur Aschdod als Vertreter der Philisterstädte übrig bleibt.

Kiriat-Jearim ist der richtige Ort für den Anfang, weil dort erst kürzlich Ausgrabungen von Israel Finkelstein durchgeführt wurden. Kiriat-Jearim ist eine sehr eigenartige Stätte und wird in der Bibel als an der Grenze zwischen Benjamin und Juda liegend erwähnt. Und da Benjamin als ein nördlicher Stamm gilt, der zum Haus Josef gehört, liegt Kiriat-Jearim in biblischen Zeiten an der Grenze zwischen Israel und Juda. Das ist für den weiteren Verlauf der Geschichte von Bedeutung. Die Identifizierung ist aus vielen Gründen sicher, unter anderem durch die Überreste des byzantinischen Klosters belegt. Die Topographie

des Ortes hat etwas Besonderes, nämlich die flache Spitze des Hügels. Die Hügel im Hochland sind an der Spitze nicht flach, sondern eher rund mit Abhängen. Daraus resultiert, dass es sich hier um einen menschengemachten Hügel mit großen Terrassenlinien handelt, die vermutlich diese Art von Hügeln stützten. Die ausgegrabenen Stützmauern sind massiv und bilden eine Art von Rechteck, 150 auf 110 Meter von Ost nach West. Dies dürfte wahrscheinlich die Form des Gipfelgeländes im Altertum gewesen sein. Die Datierung erfolgte nach der Freilegung mittels OSL (Optisch Stimulierte Lumineszenz)[326]. Kombiniert man alle gewonnenen Erkenntnisse, dann ergibt sich, dass der Gipfelkomplex in der Eisenzeit, genauer gesagt, in der ersten Hälfte des 8. Jh.s vC errichtet wurde.
Also während des Regnums Jerobeams II., innerhalb dessen großer Wohlstand im Nordreich herrschte und die Fähigkeit zum Verfassen literarischer Texte vorhanden war.

Kiriat-Jearim kann in der ersten Hälfte des 8. Jh.s vC nicht von Juda erbaut worden sein. Denn erstens war Juda zu diesem Zeitpunkt ein Vasall des Nordrei-ches und zweitens hatte Juda weder die humanen noch materiellen Ressourcen, um etwas derartig Monumentales zu errichten. Auch der

Hinweis auf ein mögliches assyrisches Engagement muss negativ beschieden werden, zumindest vor der Zeit des assyrischen Königs Sin-ahhe-eriba [סַנְחֵרִיב, *Sanherib*] und dessen dritten Feldzug 702-701 vC, der sich u.a. gegen Aschkalon und Juda richtete.

Kiriat-Jearim

Kiriat-Jearim liegt unmittelbar an der an der Grenze zwischen Nordreich und Südreich. Dennoch ist es eine »nördliche Stadt« weil dies einerseits in die chronologische Ordnung passt und auch bauseitig Konstruktionen vorhanden sind, die eher denen im Gebiet des Nordreiches entsprechen. Ein weiteres Ergebnis der Ausgrabungen war, dass vor der ersten Hälfte des 8. Jh.s vC der Ort zwar in der Bronzezeit bereits bewohnt, aber nicht besonders wichtig war. Daher liegt es nahe, den Bau eines Tempels für die Bundeslade in Kiriat-Jearim mit dem Bau der Gipfelanlage in Verbindung zu bringen. Diese wurde in der ersten Hälfte des 8. Jh.s vC an der Grenze zwischen Israel und Juda errichtet wurde, aber vom

Nordreich Israel. Der Ort hatte überdies eine signifikante geostrategische Bedeutung. Wer in Kiriat-Jearim das sagen hatte, beherrschte auch eine der Hauptstraßen nach Jerusalem und konnte so den Weg von Jerusalem zur Küstenebene sperren. Kiriat-Jearim war also laut dem ersten Block der biblischen Darstellung der endgültige Bestimmungsort für die Lade, begonnen hatte diese Odyssee aber in Schilo.

Schilo hat eine nahezu unendliche Geschichte und war ein Kultort, eine heilige Stätte. Der Tempel dort war von monumentaler Architektur und stammt aus der Mittleren Bronzezeit. Schilo wurde in der Spätbronzezeit verlassen, wurde aber immer noch als Kultstätte benutzt. Zu Beginn der Eisenzeit lässt sich wiederum monumentale Architektur nachweisen, bevor am Ende der Eisenzeit I im späten

11. Jh. vC heftige Zerstörungen stattfanden. Die Bibel besagt, dass Schilo der Ort war, an dem die Bundeslade stand. Die Frage ist, welche Bundeslade? Die Lade von El oder die Lade JHWHs, denn von einem flächendeckenden Monotheismus kann um 1.000 vC noch keine Rede sein. Laut dem Propheten Jeremia war dies der Ort, an dem die Lade JHWHs stand. Denn Jeremia verkündet JHWH wie folgt: *„Geht hin an meine Stätte zu Silo, wo früher mein Name gewohnt hat, und schaut, was ich dort getan habe wegen der Bosheit meines Volks Israel."* (Jos 18,1; 1.Sam 4,4; 4,12; Ps 78,60; Jer 26,6) Die Worte des Propheten sind eindeutig, doch die Frage bleibt, ob Jeremia sich wirklich an etwas erinnerte, das im 11. Jh. vC geschah: die Zerstörung Schilos. Jeremia wirkte um 600 vC herum, die Zerstörung von Schilo geschah um 1000 vC. Das sind vier Jahrhunderte Differenz ohne die Fähigkeit zur kontinuierlichen Verschriftlichung literarischer Texte. Noch immer wird von verschiedenen Gruppen in Schilo gegraben und vor kurzem wurden dort zwei zerbrochene Steinaltäre entdeckt, die es in dieser Form in der Eisenzeit I nicht gegeben hat. Diese in Schilo gefundenen und an anderen Orten im Land sehr bekannten Altäre sind typisch für das 9. und 8. Jh. vC und beweisen, dass es eine Art Wiederaufnahme der kultischen Aktivitäten zu dieser Zeit in Schilo gab.

Der alte Tempel aus der Eisenzeit I wurde zerstört, aber nach einer Weile wurde der Kultort wieder benutzt. Es ist also deutlich plausibler, die Geschichte im Buch Jeremia mit den Aktivitäten in Schilo im 9. bzw. 8. Jh. vC in Verbindung zu bringen. Ergo spricht einiges für die Tradition der Bundeslade JHWHs im Schilo des Nordreiches, bevor sie nach Kiriat-Jearim verbracht wurde. Womit die ebenfalls die Verbindung zwischen Schilo und Kiriat hergestellt wäre.

Afek, Aschdod und Beth-Schemesch

Tel Beit Shemesh

Afek [אֲפֵק] ist der Ort, der im Zusammenhang mit der Schlacht von Eben-Eser[327] erwähnt wird. Eben-Eser selbst ist nicht ganz einfach zu identifizieren, bei Afek handelt sich um Tel Afek an der Quelle des Flusses Jarkon [נחל הירקון, *Nahal ha'Jarkon*], , westlich von

Schilo. Afek ein relativ wichtiger Ort und definitiv im 9. Jh. vC bewohnt, aber irgend-wann im späten 9. Jh. vC ging die Bedeutung des Ortes zurück. Aschdod wurde im 8. Jh. vC zu einer der wichtigsten Städte der Philister und weist eine lange Besiedlungsgeschichte und Archäologiegeschichte auf. Sie hatte Gath abgelöst, welches im 9. Jh. vC die bedeutendste Stadt in Philistia war. Aschdod lag in der Nähe der südwestlichen Ecke des Nordreiches und blockierte so den Weg und vor allem die ökonomischen Expansionsbestrebungen des Nordreiches in die Küstenebene. Möglicherweise gab es Unruhen in Aschdod um 800 vC herum, in jedem Fall wird es im späten 8. Jh. vC von den Assyrern zerstört. Beth-Schemesch ist bis zum Feldzug Senharibs gegen Juda im Jahr 701 vC eine judäische Stadt. Es gab dort auch noch eine spätere Siedlung in der Eisenzeit, östlich des Haupthügels. Kombiniert man den Haupthügel von Beth-Schemesch mit der Siedlung unmittelbar östlich davon, erhält man eine Siedlungskontinuität während der gesamten Eisenzeit.

Wir befinden uns also im Kiriat-Jearim der ersten Hälfte des 8. Jh.s vC und auch hier spielt die Geopolitik eine Rolle. Wir müssen ein wenig herauszoomen, um zu sehen, was vor sich geht und wie wir die Geschichte verstehen können. Was ist die

Bedeutung der Geschichte? Nehmen wir also an, die Geschichte wurde tatsächlich in der ersten Hälfte des 8. Jh.s vC verfasst, dann kennen wir das „wann". Aber von wem? Vieles spricht für einen Autor aus dem Nordreich. Wir wüssten also auch, von wem. Aber warum? Was ist das Ziel des Autors, der uns diese Geschichte erzählt?

Die Antwort liegt vermutlich in zwei Orten, die in der Geschichte erwähnt werden, Aschdod und Beth-Schemesch. Das erste, was auffällt, ist der Verspottung Aschdods. Das Aschdod dem Gott Israels nicht wirklich gewachsen war und der Gott von Aschdod zu nichts tauge. Der Gott Israels macht im Tempel des Gottes Dagon was er will, das ist eine wirkliche Verhöhnung von Aschdods. Die Botschaft über Beth-Schemesch ist ein bisschen schwieriger zu verstehen. Denn Beth-Schemesch ist israelitisch im Sinne der Zugehörigkeit zu den Kindern Israels und sie ist judäisch im Sinne der Zugehörigkeit zum Königreich Juda. Warum also straft der Gott Israels Beth-Schemesch? Offenbar, so erzählt die Geschichte, wusste das Volk von Juda nicht so recht, wie man mit der heiligen Lade JHWHs umzugehen hatte. Etwas musste sich übersehen, nicht beachtet oder falsch gemacht haben und JHWHs Strafe folgt auf dem Fuss. Dann kommt die Lade nach Kirjat-

Jearim und alles bleibt friedlich und ist in seiner Ordnung. Die Moral von der Geschichte lautet also: die israelitischen Bewohner von Kirjat-Jearim sind gut, die judäischen Bewohner von Beth-Schemesch sind es nicht. Das konnotiert eindeutig, das Juda als legitimer Standort der Bundeslade abgelehnt wird.

In der ersten Hälfte des 8. Jahrhunderts gab es zwei weitere interessante Vorgänge. Der erste ist die Expansion des Nordreiches entlang der Küstenebene nach Süden. Die Anwesenheit des Nordreiches zur Zeit Jerobeams II. in der weitentfernten Wüstenregion des nordöstlichen Sinais, vielleicht auch in Edom auf der anderen Seite der Wüste, entlang der Wüstenrouten des lukrativen arabischen Fernhandels. Das war, aus wirtschaftlicher Sicht, das ultimative Vorhaben des Nordreiches. Und Aschdod ist die Stadt, die das Nordreich daran hindert, entlang der Küste weiter nach Süden zu expandieren. Die Ursache des finalen Schicksals Aschdods sind nicht bekannt. Es gab Unruhen, gleich zu Beginn des 8. Jh.s. vC. Wurde es von Israel bedrängt, stand es in der ersten Hälfte des 8. Jh.s unter einer Art von israelischer Herrschaft?
Was Juda betrifft, so herrscht einigermaßen Klarheit. Denn es gibt Beweise für den Sieg Joaschs, des Vaters von Jerobeam II., über Amazja, den König von Juda,

ein paar Jahre vor der Zeit, über die wir hier sprechen. ein paar Jahre vorher. Joasch machte Juda zu einem Vasallen des Nordreiches. So liegen sich Beth-Schemesch und Aschdod gegenüber und blockieren das Nordreich in dieser Region, das für Israel in der ersten Hälfte des 8. Jh.s vC so wichtig ist. Kirjat-Jearim wird in dieser Phase zu einem geopolitischen Brennpunkt.

Nicht zuletzt deshalb wurde hier eine große Tempelanlage als Heimstatt der lade JHWHs gebaut. Und das ist der Kern der Geschichte: der Grund und der Hintergrund für den Bau dieses Tempels für die Bundeslade. Geopolitisch wichtig ist dieser Ort in Bezug auf Jerusalem. Der Tempel in Kiriat-Jearim war Teil eines anderen, sehr wichtigen nördlichen Konzepts. Die Geschichte der »Großen Vereinigten Monarchie«, die von Jerusalem aus regiert wurde, ist nicht historisch zu nennen. Es ist eher die »Grosse Vereinigte Monarchie, die da kommen soll«. Aber es gibt einen historischen Hintergrund davor. Die Idee der Vereinigten Monarchie stammt aus dem Norden. Und es gab diese echte Vereinigte Monarchie, die von Samaria aus regiert wurde, vielleicht sogar zweimal. Zu erinnern wäre da an die Möglichkeit einer Herrschaft des Nordens über Juda im 9. Jh. vC, als die Omriden versuchten, die Dynastie in

Jerusalem zu übernehmen. In der ersten Hälfte des 8. Jh.s vC ist die Situation vergleichbar, denn nach der Schlacht von Beth-Schemesch beherrscht Israel den Süden und damit Juda. In der Bibel gibt es mehrere Hinweise darauf. Zunächst einmal eine klare chronistische Beschreibung der Schlacht von Beth-Schemesch in den Königsbüchern. Des Weiteren die Beschreibungen der Bezirke von Salomo in 1.Kön 4, welche vermutlich die Situation zur Zeit Jerobeams II. wiedergeben. Es gibt also Anhaltspunkte für eine Vereinigte Monarchie in der Zeit Jerobeams II., die von Samaria aus regiert wurde. Vielleicht war der Bau des Tempels für die Gotteslade an diesem Ort auch als Symbol der Vereinigten Monarchie beider hebräischen Königreiche gedacht. Und natürlich gleichzeitig als Ausdruck der Herrschaft des Nordreiches auch über Jerusalem. Der Tempel steht nicht nur auf einem hohen Hügel, er steht auf einem Grenzberg in der Mitte zwischen Israel und Juda.

Die Geschichte endet nicht mit der Vereinigten Monarchie Jerobeams II. Natürlich wird diese Geschichte, genauso wie die Bundeslade, in späteren Perioden von Juda übernommen. Der zweite Teil der Erzählung in 2.Kön 6 gehörte vermutlich nicht zur ursprünglichen Komposition. Natürlich wird hier nicht wirklich beschrieben, wie König David kommt und die Bundeslade holt. Denn zur Zeit Davids gab es in Kiriat-Jearim noch keinen Tempel und der Ort war vergleichsweise bedeutungslos. David wirkte im 10. Jh., Kiriat-Jearim wird erst in der ersten Hälfte des 8. Jh.s vC wichtig, 200 Jahre nach König David. Was ist also das Ziel der Komposition des zweiten Teils? Hier bieten sich zwei Möglichkeiten an. Eine lautet, dass die Geschichte von der Überführung der Bundeslade aus Kiriat-Jearim nach Jerusalem aus der Feder der deuteronomistischen Geschichtsschreiber stammt, d.h. aus der Zeit König Josias. In dieser Zeit schreiben sie die Geschichte auf und diesmal ist es in der Tat »die künftige Vereinigte Monarchie«, das Ergebnis der Schriftstellertätigkeit und Komposition im Jerusalem Josias. Allerdings muss folgende Frage gestellt werden: Wäre der zweite Teil wirklich in der Zeit König Josias geschrieben worden, hätten sich die Schreiber an Josias Hof sowohl an den Moment erinnern müssen, als die Bundeslade nach Jerusalem gebracht wurde und den Ort Kiriat-Jearim kennen müssen. Vielleicht stammt diese Geschichte etwas früher, aus der Zeit von König Hiskia. Denn König Hiskia war der erste, der vermutlich die ersten Ideen bzw. Visionen von einem panisraelitischen Königreich hatte, welches von Jerusalem aus regiert würde. Das macht u.a. auch deshalb Sinn, weil zu seiner Zeit das Nordreich bereits nicht mehr existierte. Dann wäre der zweite Teil der Lade-Erzählung in der Zeit Hiskias, um 700 vC herum oder noch ein bisschen später, geschrieben worden. Das ergäbe einen zeitlichen Abstand, der die Glaubwürdigkeit der Geschichte erhöhte.

Auf jeden Fall ist das Hauptziel des zweiten Teils, dass Juda das Erbe der Bundeslade JHWHs antritt, welche die große Vereinigte Monarchie symbolisiert, aber nun in Jerusalem beheimatet ist. Ergo wird diese große Vereinigte Monarchie in Zukunft auch von Jerusalem aus regiert werden. Die Zerstörung des Nordreiches durch Assyrien im späten 8. Jh. vC noch vor dem Regnum Hiskias passt da perfekt ins Bild. Das weitere Schicksal von Kiriat-Jearim ist siedlungsgeschichtlich bekannt, das Schicksal der Bundeslade hingegen nicht. Aus archäologischer Sicht gibt es hinreichende Beweise dafür, dass Kiriat-Jearim auch nach dem Untergang des Nordreiches ein relativ wichtiger Ort war. Beweise für eine blühende Stadt im 7. Jh. vC und im biblischen Text finden sich Hinweise auf Propheten, die von diesem Ort kommen, was als Anspielung auf eine gewisse Bedeutung des späteren Kiriat-Jearim gedeutet werden kann. Des Weiteren war Kiriat-Jearim auch in hellenistischer und römischer Zeit wichtig, es gibt Hinweise auf einen Militärstützpunkt, der vielleicht zu einer römischen Legion gehörte. Und dann erneut byzantinischer Zeit mit dem Bau des Klosters Eleazars.

Zusammenfassung

Die erste Hälfte, der erste Teil der Lade-Erzählung ist eine nördliche Überlieferung über den Ortswechsel der Bundeslade von Schilo nach Kiriat-Jearim. Die ursprünglichen Ziele der aus der ersten Hälfte des 8. Jh.s vC stammenden Erzählung waren: Erstens, die Verhöhnung der Philisterstadt Aschdod, einem damaligen Feind Israels. Zweitens, Juda und die Stadt Beth-Schemesch als einen Ort abzutun, der nicht würdig war, die Lade JHWHs zu beherbergen. Drittens, die Tradition für den Bau des Tempels zu liefern. Aus der Archäologie wissen wir, dass der Gipfelkomplex in der ersten Hälfte des 8. Jh.s vC errichtet wurde. Und schließlich erklärt diese Tradition nicht nur den Bau des Lade-Tempels, sondern diente zugleich auch als Symbol der Macht einer großen Vereinigten Monarchie, die von Jerobeam II. von Samaria aus regiert wurde. Die Bundeslade JHWHs ist das Symbol dieser großen Vereinigten Monarchie und deshalb wurde der Tempel genau an der Grenze zwischen Israel und Juda errichtet. Das ist eine nördliche Tradition und sollte deshalb auch als Teil der Traditions-Sammlung des Nordreiches verstanden werden. Die verschiedenen Gründungstraditionen, königlichen Traditionen oder auch heroische Traditionen wurden vermutlich lokal in bestimmten Tempeln Israels zu jener Zeit aufbewahrt. Beispielsweise gibt es Gründe für die Annahme, dass es eine Verbindung zwischen der Exodus-Tradition und dem Tempel in Samaria gab. Einen Zusammenhang zwischen dem Jakobszyklus, dem Patriarchen des Nordens, mit den Tempeln in Penuel und Beth El. Es könnte auch eine Verbindung zwischen der nördlichen Expansionstradition und dem Tempel in Gilgal gegeben haben. Und schließlich die Verbindung der nördlichen Tradition der Bundeslade mit dem Tempel in Kiriat-Jearim. Und damit wäre das Kapitel über die Traditionen des Nordreiches in diesem Buch abgeschlossen.

Kapitel 22: Die späte Monarchie Judas

The Flight of the Prisoners (1896) von James Tissot

Die Geschichte der beiden Staaten Israel und Juda verlief unterschiedlich, wenn gleich nicht unabhängig voneinander. Entgegen der tendenziösen Darstellung der judäischen Historiographie (1.Kön 12 - 2.Kön 17) lag die politische und öko-nomische Vormachtstellung zweifellos im Norden. Spätestens unter den Omriden, in der ersten Hälfte des 9. Jh.s vC, hat sich in Israel ein voll entwickelter Staat mit Samaria als Residenzstadt (1.Kön 16,24) gebildet, der im politischen Verbund der syro-palästinischen Kleinstaaten eine führende Rolle innehatte. Das demographisch und ökonomisch schwächere Juda, das lange Zeit in politischer Abhängigkeit zum

Norden stand, gelangte erst im 8. Jh. vC zu voller Staatlichkeit und erlebte seine Blütezeit nach dem Untergang des Nordreichs Israel 722/20 vC im Gefolge der neuassyrischen Westexpansion. Das Königtum selbst war in beiden Staaten dynastisch konzipiert, selbst wenn divergierende politische Interessen und Konstellationen in Israel zu einem häufigen Wechsel der Dynastien führten, während in Jerusalem über vier Jahrhunderte ungebrochen die Davididen residierten (Ausnahme: Herrschaft Ataljas, 2.Kön 11). Nachdem die Assyrer den Reststaat Samaria bereits Ende des 8. Jh.s vC zerschlagen und in ihr Provinzsystem überführt hatten, ereilte Juda knapp 150 Jahre später das gleiche Geschick, als der babylonische Großkönig Nebukadnezar II. Jerusalem eroberte, Stadt und Tempel zerstören und die Königsfamilie nach Babylon deportieren ließ. Damit endet die Geschichte des Königtums in Israel für lange Zeit. Bestrebungen zur Restauration der politischen Souveränität Judas scheiterten, bis es unter den Hasmonäern im 2./1. Jh. vC noch einmal zu einer kurzen Phase der staatlichen Selbstständigkeit kam, die jedoch mit der Eroberung Jerusalems durch die Römer 63 vC bald zu ihrem Ende gelangte.

Die monarchische Staatlichkeit in Israel und Juda[328]

Die Königreiche Israel und Juda waren staatstypologisch Monarchien mit dynastischer Thronfolge und verkörpern damit einen Typus von Staat, der im Alten Orient mit einer gewissen Variationsbreite der Normalfall war. Das besondere Merkmal dieser Staaten war ihre theoretische Konzentration auf den König, die sog. altorientalische Königsideologie. Der König war nach ägyptischer Auffassung ein immanenter Teil der von den Göttern am Anfang begründeten und durch ihren Spruch geschaffenen Weltordnung, die die Welt der Natur und die menschliche Welt mit ihren Ordnungen als einheitlichen, in sich zusammenhängenden Kosmos auffasst und in der der König die Aufgabe hat, diese von den Göttern gesetzte Weltordnung, die *Ma'at*, die Wahrheit, Recht und Ordnung in einem ist, auf Erden zu gewährleisten und für ihre stets richtige Erfüllung zu sorgen. Der ägyptische Staat war ein »Einpersonenstaat« Das Königtum, d.h. das königliche Amt, getragen von einer Einzelperson, war der Staat, während sämtliche Beauftragte, gleich, aus welchem Verwaltungszweig sie stammten, nur Helfer waren. In den mesopotamischen Reichen war die mythische Einordnung des Königtums in die göttliche Weltordnung weniger ausgeprägt. Der mesopotamische König war nicht mythischer Teil der Weltordnung, sondern »Hüter der Weltordnung«, in ihm waren Recht und Ordnung nicht inkarniert, vielmehr war jeder Herrscher aufgefordert, sich stets aufs Neue mit der Schaffung und Wahrung von Recht und Gerechtigkeit als Herrschaftsauftrag zu befassen und diese im Rahmen der ihm gegebenen Möglichkeiten zu verwirklichen. Recht und Gerechtigkeit werden im staatstheoretischen Paradigma des Alten Orients weder durch eine Verfassung gewährleistet noch durch Inhaber von Wahlämtern umgesetzt, sondern allein durch das Recht setzende und Recht schaffende Herrschaftshandeln des Königs und seiner ihm persönlich verantwortlichen Offiziellen.

Für die Königtümer der Levante und die mit ihnen verbundenen Staatswesen ist die Quellenlage weitaus schlechter als für die beiden großen Flusskulturen, die wenigen Zeugnisse deuten jedoch auf eine weitgehende Übereinstimmung. Auch in den Zeugnissen über die Monarchien in Israel und Juda finden sich zahlreiche Elemente der altorientalischen Königsideologie, die Unterschiede waren »eher fließend«.

Auch in Juda galt der König als Sohn Gottes (2.Sam 7,14; Ps 2,7; Ps 45,7; Ps 89,27-28) und Gott rüstete den König mit den Fähigkeiten zur Amtsführung aus (1.Kön 3,12-14; 1.Kön 5,9; Ps 72,1-2; Spr 16,10). Gott erwählt den König und die Dynastie (1.Sam 9f.; 1.Sam 16,1-13; 2.Sam 7,8-16; 2.Sam 12,24-25; 1.Kön 11,29-39; Ps 89,20-21) und bewirkt seinen Sieg über innere wie äußere Feinde (2.Sam 8,14; Ps 2,8-9; Ps 20; Ps 72,11; Ps 89,22-24; Ps 110,2-3.5-6; Spr 20,8), an seinem Wohl hängt das Wohl des ganzen Volkes (Klgl 4,20). Der König tritt für die Schwachen ein und sorgt für Recht und Ordnung im Land (2.Sam 8,15; 2.Sam 14,4-17; Ps 72; Spr 29,14). Zugleich ist er als oberster Kultherr verantwortlich für die rechte Gottesverehrung (2.Sam 6; 2.Sam 7,2-3; 1.Kön 8; Ps 132,1-5). Die Loyalität zum König ist der eherne Grundsatz der Herrschaftsausübung (1.Sam 19,4-7; 1.Sam 26,23; 2.Sam 15,17-17,29; 2.Sam 19,10-44; Spr 14,35; Spr 20,2; Spr 22,11; Spr 24,21), die wenigen »Ämter« werden vom König mit Personen aus seiner Umgebung besetzt (2.Sam 8,16-18; 2.Sam 20,23-26; 1.Kön 4,1-19). Im Regelfall folgt stets ein Sohn dem Vater auf dem Thron nach, wo dies nicht der Fall ist, handelt es sich um eine »Verschwörung« (1.Kön 15,27 und weitere 15 Belege in den Königsbüchern). Im Übrigen ist schon die bloße Existenz der ausführlichen und stark auf den Legitimationsaspekt konzentrierten Erzählungen der Samuelbücher über den Beginn des Königtums und der davidischen Dynastie ein beredtes Zeugnis für die allem gesellschaftlichen Leben zugrunde liegende Funktion des Königtums.

Das dynastische Grundprinzip wird auch dadurch nicht in Frage gestellt, dass im Königreich Israel die Dynastien mehrfach wechselten. Die in den Samuel- und dann in den Königsbüchern berichteten Einsetzungen und Absetzungen beziehen sich (mit einer gewissen Einschränkung bei Saul) stets auf Dynastien. Sie bilden ein durchdachtes System von Dynastieorakeln, das die Delegitimation der israelitischen Königshäuser und die fortdauernde Legitimation des judäischen Königshauses zum Ziel hat. Erwählung und Verwerfung durch Propheten gehören zum Standardrepertoire altorientalischer Königsideologie und deuten nicht auf eine Sonderform von Monarchie. Schließlich zeigen die stereotypen Formeln in den Dynastieorakeln und in den dazu gehörigen Erfüllungsvermerken, dass diese Elemente von einer Hand literarisch gestaltet und somit keine Elemente der Überlieferung sind, sondern Ausdruck der Programmatik der Samuel- und Königsbücher.

Beide Königreiche gerieten im Laufe ihrer Geschichte unter die Hegemonie von Großmächten, sodass der jeweilige Monarch zum Vasallen des Großkönigs wurde. Herbert Donner[329] hat für die Herrschaft des neuassyrischen Königs Tiglat-Pileser III. (745-727 vC) drei Stadien der Vasallität unterschieden, die jedoch *cum grano salis* für alle weiteren Herrscher gelten, die Israel bzw. Juda unterworfen haben:

1. Unterwerfung des regierenden Königs zum Vasallen; Verpflichtung zu jährlichen Tributleistungen; Beistand bei Kriegszügen.

2. Bei Unbotmäßigkeit des Vasallen: Militärische Intervention; Absetzung des abtrünnigen Königs und Einsetzung eines anderen Abkömmlings der lokalen Elite; Deportation von illoyalen Personen; Gebietsabtretungen; verstärkte Tributpflicht.

3. Bei abermaliger Unbotmäßigkeit: Militärische Intervention; Absetzung des abtrünnigen Königs; Umwandlung in eine Provinz; Einsetzung eines Statthalters; Deportation der Oberschicht.

Die judäische Königsideologie[330]

Das religiöse und politische Selbstverständnis des judäischen Königtums - die israelitische Königsideologie kann aus den literarischen Quellen nur unzureichend rekonstruiert werden, dürfte jedoch in den gemeinorientalischen Grundlagen mit ihrer judäischen Variante übereingestimmt haben - spiegelt sich vor allem in den sog.

Königspsalmen (Ps 2; Ps 72; Ps 89; Ps 110), in der höfischen Historiographie und in der prophetischen Kritik am zeitgenössischen Königtum wieder (Jer 22f.). Ein gemeinsames *divine kingship pattern*, in dem der König als Protagonist eines mythisch-kultischen Dramas agierte, das den Bestand der kosmischen und sozialen Ordnung garantieren sollte, ist für den Jerusalemer Kult zwar nicht nachweisbar, die davididische Königsideologie partizipierte jedoch an gemeinsamen vorderorientalischen Vorstellungen über das Wesen des Königtums. Sie besitzt legitimierende und identitätsstiftende Funktion für das Königshaus und findet ihren Ausdruck vor allem im Kult am königlichen Heiligtum in Jerusalem.

Das judäische Königsritual

Eine Rekonstruktion des Inthronisationsprotokolls des Jerusalemer Königs-hauses bleibt notwendig hypothetisch, da seine Versatzstücke aus unterschiedlichen, teils späten, literarischen Zusammenhängen extrahiert und sekundär wieder zusammengesetzt werden müssen. Unter diesem Vorbehalt können folgende Elemente des judäischen Königsrituals identifiziert werden: Ein konstitutiver

Bestandteil der Zeremonie, in den der gesamte Vorgang terminologisch zusammengefasst werden kann, ist der Akt der Salbung [מָשַׁח *mascha*, „salben"] (1.Kön 1,34.39), der die Übereignung der Königswürde symbolisiert. Der regierende König ist nach altorientalischer Vorstellung der Repräsentant der universalen Königsherrschaft Gottes und setzt

Die judäische Königsideologie am Beispiel von Psalm 72,1–17

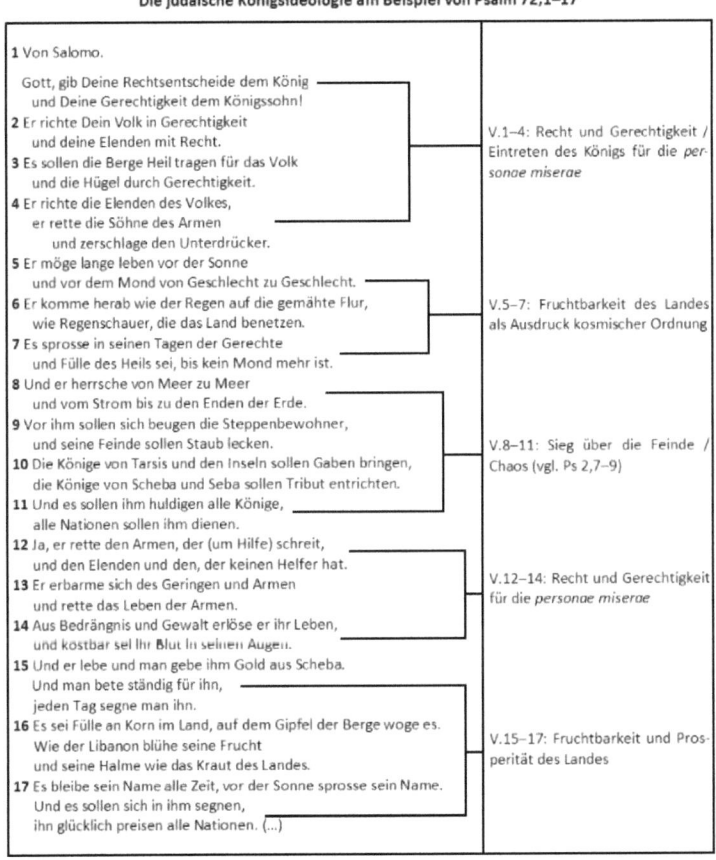

1 Von Salomo.

Gott, gib Deine Rechtsentscheide dem König
und Deine Gerechtigkeit dem Königssohn!
2 Er richte Dein Volk in Gerechtigkeit
und deine Elenden mit Recht.
3 Es sollen die Berge Heil tragen für das Volk
und die Hügel durch Gerechtigkeit.
4 Er richte die Elenden des Volkes,
er rette die Söhne des Armen
und zerschlage den Unterdrücker.

V.1–4: Recht und Gerechtigkeit / Eintreten des Königs für die *personae miserae*

5 Er möge lange leben vor der Sonne
und vor dem Mond von Geschlecht zu Geschlecht.
6 Er komme herab wie der Regen auf die gemähte Flur,
wie Regenschauer, die das Land benetzen.
7 Es sprosse in seinen Tagen der Gerechte
und Fülle des Heils sei, bis kein Mond mehr ist.

V.5–7: Fruchtbarkeit des Landes als Ausdruck kosmischer Ordnung

8 Und er herrsche von Meer zu Meer
und vom Strom bis zu den Enden der Erde.
9 Vor ihm sollen sich beugen die Steppenbewohner,
und seine Feinde sollen Staub lecken.
10 Die Könige von Tarsis und den Inseln sollen Gaben bringen,
die Könige von Scheba und Seba sollen Tribut entrichten.
11 Und es sollen ihm huldigen alle Könige,
alle Nationen sollen ihm dienen.

V.8–11: Sieg über die Feinde / Chaos (vgl. Ps 2,7–9)

12 Ja, er rette den Armen, der (um Hilfe) schreit,
und den Elenden und den, der keinen Helfer hat.
13 Er erbarme sich des Geringen und Armen
und rette das Leben der Armen.
14 Aus Bedrängnis und Gewalt erlöse er ihr Leben,
und kostbar sei ihr Blut in seinen Augen.

V.12–14: Recht und Gerechtigkeit für die *personae miserae*

15 Und er lebe und man gebe ihm Gold aus Scheba.
Und man bete ständig für ihn,
jeden Tag segne man ihn.
16 Es sei Fülle an Korn im Land, auf dem Gipfel der Berge woge es.
Wie der Libanon blühe seine Frucht
und seine Halme wie das Kraut des Landes.
17 Es bleibe sein Name alle Zeit, vor der Sonne sprosse sein Name.
Und es sollen sich in ihm segnen,
ihn glücklich preisen alle Nationen. (...)

V.15–17: Fruchtbarkeit und Prosperität des Landes

diese in seiner Regentschaft durch. Die Sonderstellung des Königs illustriert die Adoptionsformel *„Mein Sohn bist du, heute habe ich dich gezeugt."* (Ps 2,7; 2.Sam 7,14), die vermutlich in Anlehnung an ägyptische Vorbilder in das Jerusalemer Königsritual übernommen worden ist. Darüber hinaus werden dem neuen Herrscher verschiedene Thronnamen beigegeben, wie sie ebenfalls aus Ägypten bekannt sind (Jes 9,5; Jer 23,6). Die Inthronisation erfolgte auf dem Zion, dem Gottesberg, auf dem der Tempel JHWHs und der königliche Palast in unmittelbarer Nachbarschaft zueinander standen (Ps 2,6), worin die göttliche Legitimation des Königtums noch einmal sichtbar wurde (Ps 110,1). Dabei wurden dem König die Insignien seiner Herrschaft, Szepter oder Stab und Diadem (Ps 89,40), überreicht und der neue Herrscher vom Volk per Akklamation begrüßt (1.Kön 1,39f.). Unsicher ist, ob dem König ein Protokoll überreicht wurde, in dem seine göttliche Erwählung und Einsetzung in das Königsamt dokumentiert waren (Ps 2,7).

Prophetische Kritik am Königtum und Messiaserwartung

Die prophetische Kritik am Königtum in Israel und Juda hat viele Gesichter. Im Hoseabuch wird das politische Machtstreben, das zu den häufigen Thronwechseln in der zweiten Hälfte des 8. Jh.s vC geführt hat, scharf kritisiert. Die prophetische Sozialkritik des 8./7. Jh.s vC brandmarkt die Willkür, mit der die Oberschicht das Recht der *personae miserae* zu ihrem eigenen Vorteil beugt, dessen Schutz das Königtum nach seinem eigenen Anspruch hätte garantieren sollen. Die Kritik am davididischen Königtum im Jeremiabuch schließlich hält den Königen vor, ihre Prunkbauten mit Ausbeutung und unter Beugung des Rechts errichtet zu haben, und fordert von ihnen die Durchsetzung der Gerechtigkeit, von der in Ps 72 die Rede ist (Jer 22,1-19). Es bleibt jedoch nicht bei der Kritik an den bestehenden Verhältnissen und der Ankündigung des Untergangs des Königshauses. An ihre Seite tritt die Erwartung eines künftigen Herrschers, der Recht und Gerechtigkeit übt, dessen Herrschaft der Ideologie des davididischen Königtums entspricht und der das Königtum JHWHs vollgültig repräsentiert (Jer 23,1-6). Diese Herrscherweissagungen, die oft als messianische Texte bezeichnet werden, atmen noch ganz den Geist der judäischen Königsideologie, in deren Konzeption sie beheimatet sind. Sie erwarten einen Herrscher, der die Idee des Königtums verwirklicht und darin die Durchsetzung der Gottesherrschaft herbeiführt. Die einschlägigen

Texte betonen in Übereinstimmung mit der prophetischen Sozialkritik den Aspekt der Gerechtigkeit des erwarteten Königs, dessen Sieg über die äußeren Feinde – selbst wenn dieses Motiv gelegentlich zurücktritt (Sach 9,9f.) – und erwarten die Wiederherstellung der kosmischen Ordnung (Jes 9,1-6; 11,1-9).

Juda in der Eisenzeit vor 732/720 vC

Es ist sinnvoll, die Geschichte Judas während der Eisenzeit in mehrere Phasen zu unterteilen. Und zwar von Anfang an, befreit von der deuteronomistischen Ideologie einer judäischen »Vereinigten Monarchie«, also vom parallelen Aufstieg Judas zu Israel bis hinunter zum Jahr 586 vC, der babylonischen Eroberung und Zerstörung Jerusalems. Am sichersten erscheint eine grobe Einteilung in zwei Perioden: die erste ist die Geschichte Judas von den Anfängen bis zur assyrischen Machtübernahme. Und die zweite nach der assyrischen Machtübernahme, bis zum babylonischen Ende. Im Zuge der Übernahme durch die Assyrer vollzogen sich zwei Ereignisse, die für Juda, Jerusalem und für die Abfassung der biblischen Texte, für den Aufstieg der biblischen Ideologie, absolut wichtig waren. Erstens wurde Juda um 732 vC ein Vasall des assyrischen Reiches und zweitens vollzog sich etwa 10 Jahre später der Untergang des Nordreiches mit weitreichenden Folgen für Juda und die Judäer. Die Assyrer sind also der Dreh- und Angelpunkt für die späte Entwicklung der judäischen Monarchie. Bis 732 vC war Juda ein kleines, vergleichsweise unbedeutendes Königreich, das am Rande der südlichen Levante ein eher beschauliches und weitgehend unbeachtetes Dasein fristete. Wenn wir über die regionalen wichtigen Königreiche und deren hegemoniale Bestrebungen über die südliche Levante in der Eisenzeit sprechen, dann sind dies das Nordreich Israel und Aram-Damaskus, die miteinander konkurrierten. Die weiter südlich gelegenen kleineren Reiche spielten geopolitisch keine tragende Rolle.

Juda ist nicht zuletzt auch deshalb bis 732 vC von geringerer Bedeutung, weil es eher spärlich besiedelt war und selbst die Kapitale Jerusalem bis dahin eine Kleinstadt war. In der Eisenzeit, bis zur Mitte des 10. Jh.s vC, ergibt sich aus dem gegenwärtigen Wissen in Bezug auf Siedlungen und Bevölkerung im Hochland, das man, einschließlich Jerusalem und südlich von Jerusalem gelegen Gebiete, in etwa von einer Bevölkerung zwischen 2.000-5.000 Bewohner ausgehen muss. Juda befindet sich also nicht nur am geographischen, sondern auch am demographischen

Rand der südlichen Levante. Deutlich wird dies auch indirekt über ausserbiblischen Quellen. Die Ortsnamenliste Scheschonqs, die während seines, wahrscheinlich in der zweiten Hälfte des 10. Jh.s vC. stattgefundenen Feldzuges nach Kanaan, erstellt wurde, weist weder Jerusalem selbst noch irgendeine andere Stadt in Juda, weder im Hochland noch in der Schefela, auf. Selbst die Hauptstadt Judas war in dieser Phase der Eisenzeit offensichtlich nicht wichtig genug.

In der Zeit nach Scheschonq, zu Beginn des 9. Jh.s vC, sollten Juda und Jerusalem nicht mehr als Stadtstaat im Hochland betrachtet werden. Denn die wesentlichen Merkmale - Siedlungen, Demographie, Größe Jerusalems, Kontrolle bzw. Herrschaft über benachbarte Regionen - diese Merkmale ähneln denen, die wir aus dem spätbronzezeitlichen Jerusalem in der Amarna-Periode kennen. Man kann Jerusalem in dieser Phase am besten als einen Stadtstaat betrachten, der über das Umland von Juda herrscht. Allerdings, zumindest bis zur Mitte des 9. Jh.s, nur über die Gebiete im Hochland von Juda, nicht auf die in der Schefela oder im Tal von Be'er Scheba gelegenen. Aus der Kombination der archäologischen Erkenntnisse und dem historischen Hintergrund der Levante zu dieser Zeit, ergibt sich die erste große Veränderung, der erste Sprung nach vorn, in der Mitte des 9. Jh.s vC. In dieser Zeit begann Juda damit, nach Westen und in südlicher Richtung zu expandieren. Ursache hierfür war die sich verändernde geopolitische Lage. Zu Beginn des 9. Jh.s, während der Omriden-Dynastie, war Juda höchstwahrscheinlich ein Vasall Israels. In der Bibel finden sich sogar Andeutungen, dass die Omriden versucht haben, die Dynastie in Jerusalem zu übernehmen. Parallel zum Aufstieg des »Mini-Empires« von Aram-Damaskus erfolgte der Niedergang der Omriden in den 840er-Jahren. Deutlicher Ausdruck dafür ist die Niederlage Israel in der Schlacht von Ramot-Gilead[331] im Jahr 841 vC.

Infolgedessen wurde Juda zwar vom nördlichen Druck »befreit«, geriet aber nun unter den Einfluss von Damaskus. Im Rahmen des gleichzeitigen Vorstoßes von Damaskus nach Westen und Süden wurde Gath, damals die wichtigste Großstadt in der Schefela, zerstört. Juda nutzte die Option, die sich durch den Fall von Gath ergab und drängte in der zweiten Hälfte des 9. Jh.s vC in die Schefela. Das Gleiche gilt für den Süden, bis Hasael von Damaskus dort eingriff. im Süden. Der Wohlstand im Süden hing vom ägyptischen Interesse am Kupferhandel ab. Die Produktionszentren in der Arava[332] bildeten eine Art von antikem Wüstenstaat, der das Kupfer in den dortigen Kupferzentren produzierte und dann durch die Wüste in die städtischen Zentren der Küstenebene, nach Ägypten und weiter nach Norden transportierte. Aufgrund der Expansion Hasaels änderte sich die Situation jedoch und es

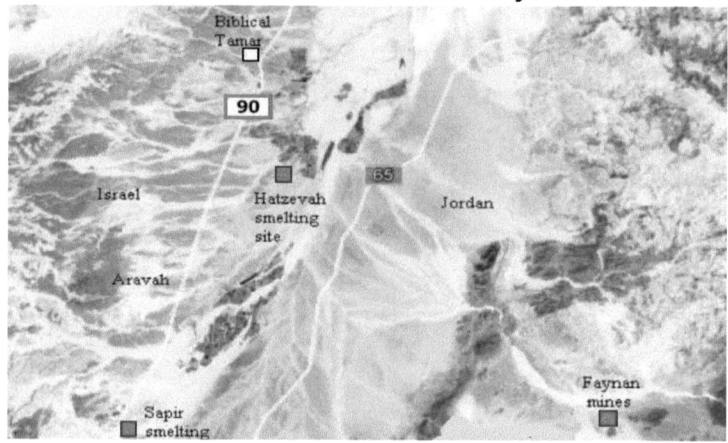

kam zu einer Wiederbelebung der Kupferlieferungen von Zypern nach Phönizien. Offenbar hatte Hasael ein gewisses Interesse daran, die Kupferproduktion im Süden zu stoppen und stattdessen das Kupfer aus Zypern nach Phönizien zu befördern. Vielleicht ging es ihm aber auch darum, Juda in das Be'er Scheba-Tal expandieren zu lassen, damit Juda sich an den Plänen des Damaszener »Mini-Empires« in der zweiten Hälfte des 9. Jh.s vC beteiligen konnte.

Aus den vielen Radiokarbondatierungen die im Aravah-Tal und im Negev-Hochland vorgenommen wurden, ergibt sich eindeutig ein dramatischer Rückgang der Kupferproduktion auf der Arabischen Halbinsel gegen Ende des 9. Jh.s vC Hand in Hand ging damit auch der Niedergang des Wüstenvolkes, welches an der Produktion und dem Transport des Kupfers beteiligt war. Juda dehnt sich in der Folge nach Süden, in das Tal von Be'er Scheba, aus. So entstanden dann die ersten judäischen Zentren im Be'er Scheba-Tal, beispielsweise die Festung Arad oder auch die befestigte Stadt Be'er Scheba. Parallel dazu vollzog sich die noch wichtigere erste bedeutende Ausdehnung Judas in die Schefela.

Die Geschichte Judas vor 732 vC lässt sich in vier kleinere Phasen unterteilen. Da ist der Anfang, über den sehr wenig bekannt ist. Dann folgt die Zeit der Omriden, als Juda unter dem Einfluss und vielleicht sogar der Herrschaft der Omriden steht. Es schließt sich die Phase des Damaszener »Mini-Empires« an, in der Juda sich von einem Vasallen des Nordreichs zum Vasallen von Damaskus wandelt. Und schließlich der »Wiederaufstieg« des Nordreiches in der ersten Hälfte des 8. Jh.s, in der Juda erneut unter der Herrschaft Israels stand. Zusammenfassend lässt sich feststellen, das im gesamten Zeitraum zwischen

940/930 vC, dem Aufstieg des Königreiches von Juda, bis 730 vC, Juda unter einer Art Vorherrschaft einer stärkeren Macht im Norden steht. Dabei spielt die Demographie eine wichtige Rolle. Im Vergleich mit Israel war Juda als Region deutlich dünner besiedelt. Im Nordreich dürften etwa 350-400.000 Menschen westlich und östlich des Jordans gelebt haben. Im Südreich hingegen dürften es nicht mehr wie 100-120.000 gewesen sein. Ein Verhältnis von 3:1 oder 4:1 hat natürlich signifikanten Auswirkungen auf die Anzahl der Arbeitskräfte für die Wirtschaft, die Monumentalarchitektur aber auch für die militärische Stärke. Einer der Gründe, warum sich die Superpower Assyrien das Israel und nicht Juda 720 vC einverleibte, dürfte darin gelegen haben, das das Nordreich wirtschaftlich deutlich interessanter war.

Juda in der Eisenzeit nach 732/720 vC

Nachdem Juda ein Vasall Assyriens wurde, folgten, aus jeder Perspektive betrachtet, dramatische Veränderungen, die Anzahl der Siedlungen, die Größe und das Wachstum Jerusalems, die Monumentalarchitektur, die Handelsbeziehungen betreffend. Auf Grundlage der Kontrolle über die Keramiktypologie der verschiedenen Epochen in der modernen Archäologie, lässt sich die grosse demographische Expansion in Jerusalem und Juda auf einen relativ kurzen Zeitraums in der zweiten Hälfte des 8.Jh.s vC datieren. Die Eingliederung in die assyrische Wirtschaft, in den globalen assyrischen Handel in der Zeit von Tiglatpileser III. in den 830er Jahren hatte bereits positive Auswirkungen auf die Entwicklung Judas. Es gibt jedoch gute Gründe für die Annahme, dass die Hauptphase nach dem Fall des Nordreiches folgte. Denn plötzlich entwickelt sich auch Jerusalem auf sehr dramatische Weise.

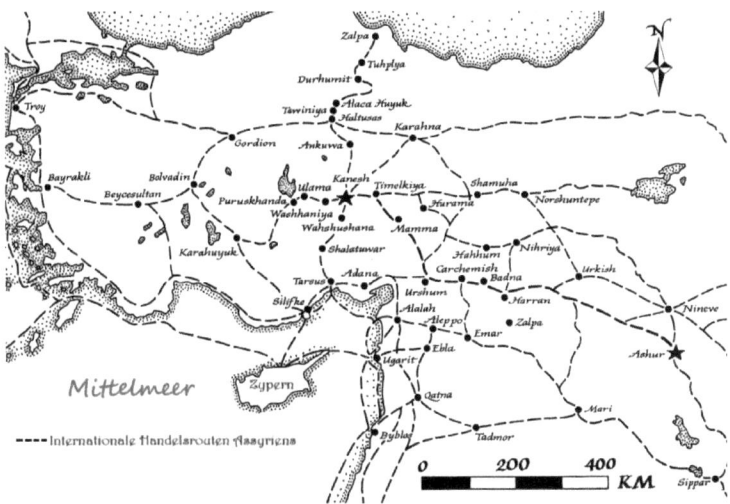

Vormals etwa 9 Hektar groß, wuchs sie rasant auf eine Größe von auf 60 Hektar an. Das ist kein »natürliches demographisches Wachstum«, weil das südliche Hochland keine große wirtschaftliche Anziehungskraft besitzt. Die

Zuwanderung nach Juda muss also im Zuge des Niedergangs von Israel erfolgt sein. Man kann die Menschen, die aus dem Norden nach Jerusalem ziehen, »Flüchtlinge« oder auch »Migranten« nennen. Die meisten dieser Einwanderer dürften Menschen mit speziellen Fähigkeiten und Kenntnissen gewesen sein, Literaten und Intellektuelle. Denn diese Gruppe war unmittelbar dem Risiko einer Deportation ausgesetzt. Dieser enorme demographische Wandel in der Region wird erkennbar am Wachstum Jerusalems, dem Bevölkerungszuwachs im südlichen Hochland und der Schefela, aber auch an der materiellen Kultur. So gibt es Gegenstände aus der materiellen Kulturmit Merkmalen, die im 9. Jh. vC in Israel weit verbreitet waren und in Juda erst nach 720 vC infolge der Migrationswelle auftauchen.

Ein weiterer Aspekt ist die schnelle Verbreitung der Schrift sowie die in den vorangegangenen Kapiteln besprochene Aufnahme von Texten aus dem Norden in das judäische biblische Kompositionswerk des 7. Jh.s vC. Diese Texte, die nach Juda kamen, spiegeln die Stücke der materiellen Kultur des Nordens wider, die nach Juda »migriert« sind. Es gibt keine plausible andere Erklärung für die Inkorporation dieser Erzählungen in den biblischen Text, von denen einige

der davidischen Dynastie feindlich gesinnt oder
zumindest nicht sehr freundlich gegenüberstehen.

Die Eingliederung Judas als Vasall in den assyrischen
Kosmos beginnt mit Tiglatpileser III. im Jahr 732 vC
und setzt sich etwa ein Jahrhundert lang fort. Man
könnte diesen Zeitraum auch als »das assyrische
Jahrhundert« in der Geschichte Judas bezeichnen.
Innerhalb des »assyrischen Jahrhunderts« fanden
mehrere dramatische Ereignisse statt. Das erste ist
der Feldzug Sanheribs gegen den judäischen König
Hiskia, der sich gegen Assyrien auflehnte. Für
das Königreich Juda war die Eroberung der
judäischen Stadt Lachisch [לכיש] im Jahr 701 vC eine
folgenschwere Niederlage. Es erfolgte eine

Über dem Kopf Sanheribs findet sich folgende Inskription:

𒁹 𒀭𒌍 𒀸 𒌋 𒈗 𒐊 𒐊 𒍝 𒈾

„Sennacherib, der mächtige König, König des Landes
Assyrien, auf dem Thron des Gerichts sitzend vor der
Stadt Lachisch. Ich gebe die Erlaubnis für ihr Schlachten."

---

umfangreiche Deportation von Mitgliedern des
Königshauses, Teilen der Bevölkerung und des
Viehbestandes nach Assyrien. *„Im vierzehnten Jahr*

des Königs Hiskia zog herauf Sanherib, der König von Assyrien, gegen alle festen Städte Judas und nahm sie ein. Da sandte Hiskia, der König von Juda, zum König von Assyrien nach Lachisch und ließ ihm sagen: Ich habe Unrecht getan, zieh weg von mir. Was du mir auferlegst, will ich tragen. Da legte der König von Assyrien Hiskia, dem König von Juda, dreihundert Zentner Silber auf und dreißig Zentner Gold." (2.Kön 18,13-14). Außerdem wurden weite Teile des Landes Juda den Stadtstaaten Aschdod, Ekron und Gaza gegeben. Das Königreich Juda blieb nur noch in seinem Kernland bestehen. In der Folgezeit wurde die Oberherrschaft Assyriens von Hiskia anerkannt und Tributzahlungen nach Ninive erbracht. Neben den biblischen Stellen liefern auch das berühmte Relief der Eroberung von Lachisch, seinerzeit die zweitwichtigste Stadt Judas und die Annalen von Sanherib wertvolle Informationen. Hiskia starb einige Jahre später und sein Sohn Manasse wurde der erste judäische Vasallenkönig Assyriens. Manasse regierte etwa ein halbes Jahrhundert lang und war vielleicht der einflussreichste König von Juda im 7. Jh. vC, vielleicht sogar in der gesamten Geschichte des Königreichs Juda. Dessen ungeachtet wird er in der deuteronomistischen Geschichtsschreibung negativ dargestellt. Nach dem Tod Manasses folge eine kurze Periode der Instabilität, bevor Josia inthronisiert wurde. Nach der Hälfte der Regierungszeit Josias zogen die Assyrer ab. Josia wurde Opfer eines Missverständnisses mit dem ägyptischen König Necho und wurde offenbar 609 vC in Megiddo hingerichtet. Dann folgte der Untergang Judas mittels zweier babylonischer Feldzüge gegen Jerusalem in den Jahren 597 und 586 vC.

Obwohl aus archäologischer Sicht Juda nicht für seine herausragende materielle Kultur bekannt ist, gibt es zwei Dinge, die besonders für Juda charakteristisch sind, und deshalb beachtet werden sollten. Sie sind wichtig, weil sie etwas über Bürokratie, Verwaltung und die Macht der königlichen Elite in Jerusalem, die Beziehungen zu Assyrien, die Rolle der Judäer in der Region und die Möglichkeiten der Komposition biblischer Texte aussagen. Das erste sind die Siegelabdrücke auf Vorratsgefäßen. Das klingt zunächst wie ein zweitrangiges Artefakt der materiellen Kultur, ist es aber beileibe nicht. Etwa im letzten Drittel des 8. Jh.s vC, nach der assyrischen Übernahme, beginnt die judäische Verwaltung, Wein und Öl zu sammeln, sie in Vorratsgefäßen zu lagern, diese zu prägen und danach an zentralen Stellen unter königlicher Verwaltung vorzuhalten. Dieses Procedere beginnt im späten 8. Jh. und setzt sich dann der persischen Periode über die Zeit der

Ptolemäer und Seleukiden bis zu den Hasmonäern fort. Natürlich mit wechselnden Prägungen und verschiedenen Symbolen, aber dieses Verfahren wurde etwa 600 Jahren lang angewendet. Auffällig dabei ist die Beziehung zwischen dem Auftauchen der Siegelabdrücke und der Übernahme Judas durch Assyrien. Die nächste Frage sollte lauten: Warum Juda? Warum Juda, warum nicht Moab? Warum nicht Ammon? Warum nicht Edom? Diese Königreiche standen ebenfalls unter assyrischer Schirmherrschaft und unter assyrischem Einfluss. Die

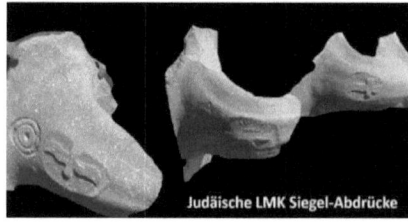

Judäische LMK Siegel-Abdrücke

zweite Besonderheit der materiellen Kultur ist die dramatische Verbreitung der Schrift im Königreich Juda. Die Schrift in Juda verbreitete sich im späten 8. Jh. vC, aber zunächst nur in einer sehr kleinen Anzahl von Inschriften. Die Hauptphase liegt ein Jahrhundert später und die Schrift und die Schreibfähigkeit erreicht auch die kleinen Städte auf dem Land; sie erreicht sogar das Tal von Be'er Scheba oder die Festung von Arad. Das ist eine Besonderheit in Juda, denn man findet nicht die gleiche Anzahl von Inschriften in Moab oder Ammon.

Diese beiden Besonderheiten in der materiellen Kultur Judas müssen auf der einen Seite vor dem Hintergrund des »assyrischen Jahrhunderts« verstanden werden. Dennoch ist es notwendig zu klären, warum gerade Juda und nicht die anderen Königreiche in der Region? Die Antwort liegt wie so häufig in der Geographie. Juda hat eine ganz besondere geographische Eigenschaft, die spezifisch für das Südreich ist und in keinem der anderen Königreiche der Region zu finden ist. Juda ist im Wesentlichen in vier Unterregionen aufgeteilt und auch in der Bibel zu identifizieren sind: auf Hebräisch von *Har* [הַר] „Hochland", *Schefela* [שְׁפֵלָה] „Tiefland"," Midbar, „Wüste, Wildnis" [מדבר] und Negev [נֶגֶב] „Süden, Südland", im Zusammenhang dieses Buches das Tal von Be'er Scheba. Und jede dieser Region weist spezifische Merkmale auf. Diese Vierteilung gibt es in keinem der anderen Königreiche. Moab ist im Grunde der südliche Rand, es gibt mehr oder weniger Wüste, aber keine Schefela und kein Hochland wie im südlichen Teil Judas. Auch nicht in Ammon. Die besondere Geographie Judas erleichterte oder ermöglichte die Entwicklung einer spezialisierten Wirtschaft. Die spezialisierte Wirtschaft, die sich in Juda in spätmonarchischer Zeit nachweisen lässt, gestaltete

sich wie folgt: Weinproduktion und Weinanbau im Hochland, besonders westlich, aber auch südlich von Jerusalem. Das zeigt sich sehr deutlich in der materiellen Kultur, beispielsweise in der Menge der geborgenen antiken Weinpressen. Die Olivenölproduktion fand in der Schefela statt. Die geborgene materielle Kultur an Stätten wie Tel Beit Mirsim [תֵל בֵּית מִירְסִים] und Beth-Schemesch in Juda und später in Ekron sprechen eine deutliche Sprache. Das dritte Gebiet ist die judäische Wüste und das Ufer des Toten Meeres, etwas weiter nördlich die Stadt Jericho in spätmonarchischer Zeit. Hier geht es um die Oasen im Grabenbruch, welche die benötigten tierischen Produkte für das Königreich lieferten. Darüber hinaus gibt es Grund zu der Annahme, dass Juda während des »assyrischen Jahrhunderts« besondere landwirtschaftliche Produktionsmöglichkeiten entwickelte. Erstens die Palmenzucht mit ihren zahlreichen verwertbaren Komponenten und zweitens möglicherweise auch Balsam. Schließlich noch das Tal von Be'er Scheba. Das Tal von Be'er Scheba war eine der wichtigsten Unternehmungen des assyrischen Reiches, da es als »antikes Logistikzentrum« für den Transport der gehandelten arabischen Waren aus dem Süden an die Küste und in das gesamte assyrische Reichsgebiet sowie darüber hinaus. Juda hatte also vier verschiedene Regionen mit vier spezialisierten Produktionen und das erwies sich als Segen für die mediterrane Landwirtschaft. Üblicherweise hatte ein antiker mediterraner Landwirt ein kleines Stück Land für Weinbäume, vielleicht ein kleines Stück Land für Olivenbäume, er baute natürlich Getreide und hatte vielleicht noch 10 oder 20 Schafe oder Ziegen. Sofern es keine Dürreperioden oder Plünderungen gab, ging es ihm zeitgemäß »gut«. Er hatte sein Auskommen, aber Geld verdienen konnte er auf diese Art und Weise nicht. Ein hinreichender Profit konnte erst im Rahmen einer spezialisierten Wirtschaft generiert werden. Sich darauf einzulassen bedeutete aber auch, ein großes Risiko einzugehen. Denn im Falle negativer geopolitischer Veränderung oder länger anhaltende Dürreperioden konnten die Auswirkungen für das Königreich katastrophal sein.

Wenn man also die politische Entscheidung zur Spezialisierung der Wirtschaft trifft, setzt dies eine sehr starke und gut ausgebildete Bürokratie mit einer Verwaltung voraus, welche die Logistik an den zentralen Lagerplätzen und zu den diversen Märkten professionell managen konnte. Es spricht vieles dafür, dass in spätmonarchischer Zeit Juda vom assyrischen Reich zur Spezialisierung gedrängt wurde, um die Waren für den internationalen assyrischen Handel zu liefern. Deshalb erfolgte die Spezialisierung auf den Anbau und die Produktion von Wein, Oliven und natürlich Getreide, was auch die Teilnahme am lukrativen arabischen Handel zur Folge hatte. Ein Nachweis für die Existenz und das Wirken einer funktionierenden Bürokratie und Verwaltung sind die o.a. Stempelabdrücke auf den Vorratsgefäßen. Selbstredend benötigte das bürokratische Räderwerk mit seiner Spezialisierung und Kontrolle über die landwirtschaftliche Produktion, ein Schriftsystem als Basis für die Aufzeichnungen, was wiederum die rasante Verbreitung der Schrift im 7. Jh. vC in Juda erklärt.

Olivenpresse im Tiefland   Weinpresse im Hochland   Palmenplantage im Jordangraben

Die beginnende Kultzentralisation in Juda

Über die kultischen Aktivitäten im Juda der Eisenzeit liegen eine ganze Reihe von Erkenntnissen durch archäologische Ausgrabungen vor, die mit dem verglichen werden können, was wir in der Bibel über die Kultreformen zur Zeit Hiskias oder Josias im späten 8. und 7. Jh. vC lesen. An mehreren antiken Orten wurden Heiligtümer entdeckt und ausgegraben Heiligtümer. Einer davon ist der Tempel von Moza [מוֹצָא], etwas westlich von Jerusalem, der aus dem 9. Jh. vC stammt. Dann gibt es natürlich noch den Tempel von Arad, den man auf die Eisenzeit datiert. Die berühmten Altarsteinblöcke in Be'er Scheba und es gibt auch mehrere Hinweise auf eine Kultstätte in Lachisch. Das sind also die Kultorte in den späteren Phasen der Eisenzeit. Die Datierung ist hier von besonderer Bedeutung, denn es handelt sich um lokale Kultstätten, am kann von einem »ruralen Kult« sprechen. Ländliche und regionale Kultstätten bedeuten aber zwingend eine geringere Macht der zentralen Autorität in Jerusalem und eine zunehmende wirtschaftliche Macht jener Familienclans, welche diese lokalen Kultstätten betreiben. Fragt man also nach der Kultreform, nach der Zentralisierung des Kultes im spätmonarchischen Juda, muss man herausfinden, wie lange diese regionalen Kultstätten aktiv betrieben wurden. Es ist ziemlich schwierig, eine genaue Antwort zu geben, aber es spricht einiges für und wenig gegen die Annahme, das eine Beendigung dieser lokalen Heiligtümer im späten 8. Jh. vC zu verorten ist. So greift dann ein Rad in das andere: der assyrische Einfluss auf die Wirtschaft, die sich anschließende Diversifizierung und Spezialisierung der Wirtschaft, die Herausbildung der dazu benötigten Zentralverwaltung, die alles, einschließlich des Kults, regelt und die Alphabetisierung dazu nutzt, um alles zu kontrollieren.

Tel Moza

Altar in Be'er Scheba

Kapitel 23: Die deuteronomistische Geschichtsschreibung und die Archäologie

Das Thema dieses Kapitels stand in vielen der vorangegangenen Kapiteln immer im Hintergrund zieht sich auf die eine oder andere Weise durch das gesamte Buch. Die deuteronomistische Geschichte ist ein sehr wichtiger Teil der Bibel, wie wir sie heute kennen. Es macht also Sinn, zunächst einmal zu klären, was genau deuteronomistische Geschichte eigentlich ist.

Zur Terminologie[333]

In der deutschsprachigen Forschung wird oft zwischen „deuteronomisch" und „deuteronomistisch" unterschieden. Als „deuteronomisch" bezeichnet man Texte, die zu vorexilischen Redaktionsschichten des Deuteronomiums gehören oder deren sprachliche und gedankliche Eigenart aufweisen, als „deuteronomistisch" dagegen Texte, die zu Redaktionsschichten des deuteronomistischen Geschichtswerkes gehören oder deren sprachliche und gedankliche Eigenart aufweisen und sich z.B. auch im Deuteronomium und in manchen Prophetenbüchern (insbesondere im Jeremiabuch) finden. International hat sich diese Unterscheidung jedoch nicht durchgesetzt. Der Begriff post-deuteronomistisch wird in der Regel für nachexilische Texte gebraucht, jedoch sehr unterschiedlich. Er kann zum einen Texte bezeichnen, die sekundär in einen deuterono-mistischen Kontext eingefügt worden sind, ohne dass sie selbst deuteronomistisch sein müssen, zum anderen Texte, welche neben deuteronomistischen Eigenarten auch eine andere Prägung aufweisen, z.B. priesterschriftlichen Einfluss. Man sollte nur dann von post-deuteronomistisch Sprechen, wenn es sich um Textabschnitte handelt, die zwar in einen deuteronomistischen Kontext eingefügt wurden, aber nicht mehr zu der (letzten) deuterono-mistischen Redaktion eines Buches oder Textzusammenhangs gehören.

Merkmale des Deuteronomismus

Als typisch deuteronomistisch gelten gewisse theologische Vorstellungen, insbesondere eine bestimmte Geschichtskonzeption, und geprägte sprachliche Wendungen. Beide bilden die Kriterien, die nötig sind, um einen Text als deuteronomistisch zu bezeichnen.

Charakteristika deuteronomistischer Theologie

Theologisch ist für den Deuteronomismus kennzeichnend, dass er das Ende Israels 722 vC und das Ende Judas 587 vC nach dem Tun-Ergehen-Zusammenhang mit der Schuld des Volkes bzw. dessen Königen erklären will, um so auch angesichts des Untergangs an der Macht sowie der Gerechtigkeit JHWHs festhalten zu können. Die deuteronomistisch Geschichtsdarstellung im Buch der Könige und in Texten des Jeremiabuches soll zeigen, dass das Volk und seine Könige ständig gegen Gottes Willen verstoßen haben. Insbesondere wird ihnen vorgeworfen, das Erste Gebot missachtet und fremden Göttern gedient sowie JHWH auch außerhalb Jerusalems verehrt zu haben, und das, obwohl dieser immer wieder seine Knechte, die Propheten, geschickt hat, um sein Volk an seinen Willen zu erinnern. Sofern eine künftige

Heilsmöglichkeit ins Auge gefasst ist, wird diese an Konditionen gebunden, insbesondere an die Umkehr zu JHWH und das Halten seiner Gebote. Für die deuteronomistisch Theologie ist das Verhältnis zwischen JHWH und seinem Volk durch einen Bund [בְּרִית, *berit*) bestimmt, in welchem JHWH seinen Willen durch Gebote festlegt, von deren Halten bzw. Nichthalten das Glück bzw. Unglück Israels abhängen.

Typischer deuteronomistischer Stil und deuteronomistische Wendungen

Ein typisch deuteronomistischer Satz findet sich zum Beispiel in Dtn 6,1: *„Dies sind die Gesetze und Gebote und Rechte, die JHWH, euer Gott, geboten hat, dass ihr sie lernen und tun sollt in dem Lande, in das ihr zieht, es einzunehmen, damit du dein Leben lang JHWH, deinen Gott, fürchtest und alle seine Rechte und Gebote hältst, die ich dir gebiete, du und deine Kinder und deine Kindeskinder, auf dass du lange lebest.*" Dieser Satz zeigt folgende Besonderheiten: Grammatikalisch kann man die deuteronomistisch Sprache als »barock« bezeichnen. Viele Aufforderungen zum Gesetzesgehorsam werden mit Synonymen bzw. einem Hendiadyoin[334] zum Ausdruck gebracht, wie z.B. hier „Gesetze, Gebote und Rechte". Ferner bevorzugt der deuteronomistische Stil verschachtelte Relativsätze. Typisch deuteronomistisch ist im obigen Beispiel auch die Motivation zum Einhalten der Gebote: ein langes Leben in dem von Gott verheißenen Land. Weiter typisch deuteronomistisch Ausdrücke, die auch die deuteronomistische Theologie reflektieren, sind z.B.:

● Die Bezeichnung JHWHs als „dein/euer Gott" bzw. „Gott eurer/ihrer Väter";

● „keinen anderen Göttern nachfolgen" (hauptsächlich in Deuteronomium, den Königsbüchern und im Jeremiabuch);

● das Land, das JHWH den Vätern geschworen (eidlich verheißen) hat, ihnen bzw. den Nachkommen zu geben (sehr oft im Deuteronomium, auch im Joschua- und im Jeremiabuch);

● JHWHs unerlässliches Senden seiner Knechte, der Propheten (hauptsächlich in den Königsbüchern und im Jeremiabuch);

● „seit dem Tag, an dem ihre/eure Väter aus dem Land Ägypten herausgezogen seid, bis auf den heutigen Tag" (Deuteronomium, Königsbücher und Jeremiabuch).

Das deuteronomistische Geschichtswerk

Exodus bis Deuteronomium

In der Hebräischen Bibel ist das Deuteronomium das letzte Buch des Pentateuchs, das mit dem Tod des Mose (Dtn 34) endet. Die Erzählung bildet einen perfekten Abschluss zu diesem ersten Teil der Hebräischen Bibel, der sich als »Biographie des Mose« lesen lässt: Die Bücher Exodus, Leviticus, Numeri und Deuteronomium umfassen sein ganzes Leben von seiner Geburt (Ex 2) bis hin zu seinem Tod, während die Genesis eine Art Prolog zur Geschichte Moses und des Exodus bildet.

Deuteronomium bis 2.Könige

Das Deuteronomium ist jedoch nicht nur einfach ein Testament, das die vorangehenden Erzählungen und Gesetzessammlungen abschließt. Es fungiert ebenso als Einleitung zu den folgenden »historischen« Büchern der Hebräischen Bibel (Joschua → Richter → Samuel- und → Königsbücher), die den ersten Teil der prophetischen Bücher bilden, die sogenannten »Vorderen Propheten[335]«. Es gibt jedoch noch weitere Verbindungslinien zwischen dem letzten Buch des Pentateuchs und den »Vorderen Propheten«: Im Deuteronomium bezieht sich Mose wiederholt auf die Überquerung des Jordan und die bevorstehende Landnahme (Dtn 4,1.14; Dtn 7,1; Dtn 9,1 etc.), also auf Ereignisse, von denen das Buch Joschua berichtet. Aufgrund dieser engen Bezüge zwischen Deuteronomium und Joschua haben Forscher wiederholt vorgeschlagen, den Pentateuch durch einen Hexateuch („Sechsbuch") zu ersetzen, der auch das Buch Joschua umfasst, gewissermaßen als den Schlusspunkt einer Erzählung, die mit Gottes Verheißungen an die Erzväter im Buch Genesis beginnt.

Das Deuteronomium bereitet den Leser jedoch nicht nur auf die Landnahmeerzählungen im Buch Joschua vor, sondern auch auf die folgenden Bücher. So enthält etwa Dtn 6,12-15 die Ermahnung, keine anderen Gottheiten anzubeten: *„dann hüte dich, dass du nicht JHWH vergisst, der dich herausgeführt hat aus dem Land Ägypten, aus dem Sklavenhaus. [...] Ihr sollt nicht anderen Göttern folgen von den Göttern der Völker rings um euch her, denn ein eifersüchtiger Gott ist JHWH, dein Gott, in deiner Mitte. Sonst entflammt der Zorn JHWHs, deines Gottes, gegen dich, und er vertilgt dich von der Erde."* Das Buch der Richter öffnet mit der Feststellung, dass dieser Mahnung nicht Folge geleistet wurde. Ri 2,12-14 ist eine deutliche Anspielung auf Dtn 6,12-15: *„[Sie] verließen JHWH, den Gott ihrer Väter, der sie* *herausgeführt hatte aus dem Land Ägypten, und sie liefen anderen Göttern nach, Göttern der Völker rings um sie her [...]. Und der Zorn JHWHs entbrannte über Israel [...] Und er verkaufte sie in die Hand ihrer Feinde ringsum, und sie konnten nicht mehr bestehen vor ihren Feinden."*

Damit wird die Anarchie der Richterzeit in Moses letzter Ansprache im Deuteronomium bereits vorausgesagt. Das Deuteronomium spielt jedoch auch auf die Schlussereignisse der »Vorderen Propheten« an, die Zerstörung Jerusalems und das Exil (Dtn 6,15). Die Flüche nehmen bereits die Katastrophe in den Blick: *„Und wie JHWH seine Freude daran hatte, euch Gutes zu tun und euch zu mehren, so wird JHWH dann seine Freude daran haben, euch zu vernichten und euch zu vertilgen, und ihr werdet herausgerissen werden aus dem Boden, auf den du ziehst, um ihn in Besitz zu nehmen"* (Dtn 28,63). Genau dies geschieht am Ende des zweiten Buches der Könige: *„Und so führte man Juda von seinem Boden fort in die Verbannung"* (2.Kön 25,21). Die Ähnlichkeiten in Stil, Ausdruck und Inhalt zwischen den Büchern Deuteronomium, Joschua, Richter, Samuel und Könige haben Forscher zu der Annahme geführt, dass diese Bücher gemeinsam ein deuteronomistisches Geschichtswerk« bildeten, das die Bücher Deuteronomium bis Könige umfasste.

Anders als die Tora wird das »deuteronomistisches Geschichtswerk« in der jüdischen und christlichen Tradition nicht als eine spezifische Einheit anerkannt; die Bezeichnung entstammt erst der modernen Bibelexegese. Als »Vater« des »deuteronomistischen Geschichtswerkes« gilt Martin Noth, der 1943 seine *Überlieferungsgeschichtlichen Studien*[336] vorlegte. Er war zwar nicht der Erste, der von deuteronomistischen Redaktionen sprach, neu war aber seine Annahme der kompositionellen Einheit der Bücher Deuteronomium bis Könige, die er als sorgfältig ausgearbeitetes Geschichtswerk beschrieb, welches auf einen einzelnen »Autor« („Redaktor"), nämlich den »Deuteronomisten« zurückgehe.

Frank Moore Cross' Hypothese einer doppelten Redaktion

Noth zufolge hatte der »Deuteronomist« eine höchst pessimistische Sicht der Geschichte Israels, weshalb er sich für Texte, die mit einem solchen Pessimismus schwer in Einklang zu bringen sind, wenig interessierte, wie zum Beispiel die Verheißung einer ewigen Dynastie an David in 2.Sam 7. Auch die

Wendung „*bis auf den heutigen Tag*" scheint an vielen Stellen die Existenz der Monarchie vorauszusetzen (1.Kön 8,8; 9,21). Und bildet 2.Kön 25,27-30 tatsächlich einen angemessenen Abschluss des »deuteronomistischen Geschichtswerkes«? In diesem Abschnitt findet sich keinerlei theologischer Kommentar, der den Aufstieg Jojachins[337] in der babylonischen Gefangenschaft interpretiert.

Auf der Grundlage solcher und anderer Beobachtungen verteidigte Frank Moore Cross in einem Artikel von 1968 die Existenz einer ersten Ausgabe des »deuteronomistischen Geschichtswerkes«, die in die Zeit Josias zu datieren sei, und kehrte damit im Grunde zu Wellhausen zurück. In seiner Analyse der Bücher Samuel und Könige macht Cross zwei große Themen des »deuteronomistischen Geschichtswerkes« aus: die enge Verbindung zwischen JHWH und der Dynastie Davids sowie die »Sünde Jerobeams«, d.h. den Bau von jahwistischen Heiligtümern in Dan und Beth El, nach der Trennung Israels vom Hause Davids (1.Kön 12). Diese beiden Themen laufen in der Erzählung von der Herrschaft Josias zusammen. In 2.Kön 23,15 heißt es: „*Und auch den Altar, der in Bethel stand, die Kulthöhe, die Jerobeam gemacht hatte, der Sohn von Nebat, der Israel zur Sünde verführt hatte, auch jenen Altar und die Kulthöhe riss er* [Josia] *nieder"*. Daneben bezeichnet 2.Kön 22,2 Josia explizit als würdigen Nachfolger Davids.

Die Edition des »deuteronomistischen Geschichtswerkes« unter Josia schloss mit 2.Kön 23,25a: *„Und kein König vor ihm war ihm gleich, ihm, der zurückgekehrt ist zu JHWH von seinem ganzen Herzen, von seiner ganzen Seele und mit all seiner Kraft, ganz nach der Weisung des Mose"*. Dieser Vers verweist auf Dtn 6,4-5, ein Aufruf, der oft als Anfang des Urdeuteronomiums angesehen wurde. Nach dem Fall Jerusalems wurde das »deuterono-mistischen Geschichtswerk« aus der Zeit Josias durch einen zweiten Redaktor vervollständigt, der die Erzählung in den Königsbüchern um 2.Kön 23,25b-25,30 ergänzte; er interpolierte auch jene Texte, die an anderer Stelle auf das Exil anspielen (Dtn 28,36-37.64-68; Jos 23,11-16; 1.Sam 12,25 etc.).

Die Auflösung des »deuteronomistischen Geschichtswerkes«

Das »deuteronomistischen Geschichtswerk« wurde schließlich um 400-350 vC »aufgelöst«, als das Buch Deuteronomium zum letzten Buch der Tora wurde und die Diskussion um Hexa- oder Pentateuch zugunsten des Pentateuchs entschieden wurde. In diesem Kontext wurde das Deuteronomium von einer Pentateuchredaktion dahingehend überarbeitet, dass die Trennung zwischen Deuteronomium und Josua deutlich wird und dass das Deuteronomium nun vor allem als Abschluss des Pentateuchs erscheint. Dies ist in Dtn 34,10-12 der Fall: *„Und es stand kein Prophet mehr auf in Israel wie Mose, den er [JHWH] von Angesicht zu Angesicht gekannt hat …"*. Dieser Vers zeigt, dass die ganze folgende Geschichte nicht mehr auf demselben Niveau stehen wird. Die Aussage von Dtn 34,10 korrigiert im Übrigen das deuteronomistische Prophetenbild, das in Dtn 18,15 zum Ausdruck kommt: *„Einen Propheten wie mich wird dir JHWH, dein Gott, erstehen lassen (יָקִים jakim) aus der Mitte deiner Brüder, auf den sollt ihr hören"*. Gegen die deuteronomistische Idee, nach der Mose der erste einer langen Reihe von Propheten war, stellt die Pentateuchredaktion die Unvergleichlichkeit Moses, den einzigen Mittler des göttlichen Gesetzes.

Die Zugehörigkeit des Deuteronomiums zu den vorangehenden Büchern wird ebenfalls durch die Einfügung der Patriarchennamen an strategisch wichtigen Stellen des Deuteronomiums bewerkstelligt, so z.B. ganz zu Anfang (Dtn 1,8) und am Ende des Buches (Dtn 34,4). Dass es sich dabei um eine Pentateuchredaktion handelt, geht schon daraus hervor, dass eine solche Gleichsetzung der deuteronomistischen Väter mit den Patriarchen in den »Vorderen Propheten« nicht stattfindet. Diese Patriarchenredaktion, die mit der Pentateuch-redaktion gleichzusetzen ist, durchzieht sämtliche Bücher der Tora und unterstreicht auch damit deren Kohärenz: Gen 50,24; Ex 3,15-16; Ex 4,5; Ex 32,13; Ex 33,1; Lev 26,42; Num 32,11; Dtn 1,8; Dtn 9,27; Dtn 34,4.

Ist das »deuteronomistischen Geschichtswerk« historisch?

Es ist definitiv keine Geschichtsschreibung, wie wir sie heute verstehen. Den Redaktoren ging es nicht darum, zu erzählen, was genau passiert ist. Es ging ihnen um die Vermittlung einer Ideologie, einer Theologie. Sie erzählen die Beziehung zwischen dem Gott Israels und dem Volk Israel, die Geschichte und den Glauben Israels. Es ging ihnen darum, die grosse Bedeutung der davidischen Dynastie für das Leben des Volkes Israel zu verdeutlichen. Es ging ihnen um die Vermittlung der zentralen Bedeutung Jerusalems und die Bedeutung des Tempels in Jerusalem. Unter diesem Gesichtspunkt handelt es sich beim »deuteronomistischen Ge-schichtswerk« also nicht wirklich um Geschichts-schreibung im heutigen Sinn.

Nicht einmal um ein Geschichtsverständnis, wie es Herodot besaß. Aber es ist Geschichte in dem Sinne, dass es die Vorstellungen der Redaktoren, zuerst in der spätmonarchischen Zeit aufzeigt, was in der Vergangenheit passiert ist, wie die Vergangenheit zu ihrer erlebten Gegenwart passt und welche Vorstellungen sie von der Zukunft hatten. Die Verfasser des »deuteronomistischen Geschichtswerkes« benutzen zwei Plattformen, um ihre Ideen zu vermitteln. Die eine Plattform war natürlich das Gesetz im Deuteronomium. Die andere ihre Art, Geschichte zu verstehen.

Die deuteronomistische Geschichte wurde in Jerusalem vermutlich zur Zeit von König Josia verfasst. Auf jeden Fall stammt die erste Fassung aus der Zeit der späten Monarchie. Aber die Geschichte erzählt auch, was danach geschah, nämlich die Zerstörung Jerusalems. Es muss also eine weitere Gruppe von Redaktoren gegeben haben, die nach der Zerstörung Jerusalems tätig wurden, um diese zu erklären. Es spricht also vieles dafür, von einem ersten frühen und einem zweiten späteren Autorenkollektiv auszugehen. Das erste in spätmonarchischer Zeit, das zweite nach der Zerstörung Jerusalems. Hinzu kommen dann natürlich auch noch spätere Ergänzungen. Das ist natürlich nicht das, was wir heute in der Bibel sehen. Denn heute sehen wir das Endprodukt mit seinen vielen verschiedenen Schichten.

Während des Regnums von König Josia wird der Tempel renoviert und dabei wird eine Schrift entdeckt. Nachdem Josia den Inhalt erfährt, ist er sehr besorgt und stellt fest: wir verhalten uns nicht nach der Tora, dem Buch des Gesetzes. Nicht wenige gehen davon aus, dass es sich bei diesem Schriftfund um das Buch Deuteronomium handelt. Andere davon, dass das Buch Deuteronomium nicht gefunden, sondern geschrieben wurde, und zwar als »Gesetzkodex« zur Zeit König Josias. Das Buch Deuteronomium muss in die spätmonarchische Zeit eingeordnet werden, um den Wohlstand und die daraus erwachsenden Ambitionen und Hoffnungen Judas zu erklären. Und es handelt sich eindeutig um eine jerusalemische Komposition. An einigen Stellen lassen sich Ähnlichkeiten zwischen Josia und dem Buch der Könige und früheren Persönlichkeiten in der Bibel feststellen. Ähnlichkeiten zwischen Josia und Joschua oder die Konnotation von Josia als den neuen König David. Dieses Hin und Her zwischen Josia und früheren Persönlichkeiten der biblischen Geschichte ergibt nur Sinn, wenn man erklären muss, was in der Zeit nach der Zerstörung geschah. Und schließlich gibt es noch einen weiteren Punkt, der wichtig ist. Alles läuft auf die Beschreibung von Josia als dem ultimativen frommen, rechtschaffenen König aus dem Geschlecht Davids hinaus und gipfelt schließlich im ultimativen Lobpreis Josias in 2.Kön 23: Vor ihm gab es keinen König, und nach ihm wird es keinen König wie ihn geben. Des Weiteren muss man sich vergegenwärtigen, dass Josia in einer Zeit lebte, in der die Assyrer abzogen. In dieser Atmosphäre entstand am Hof Judas das Gefühl nun sei Gelegenheit, die territoriale Ideologie, die in Juda nach dem Fall des Nordreiches Israel entstanden war, in die Tat umzusetzen. All dies zusammengenommen liefert plausible Argumente für die These, dass die erste Komposition aus der Zeit König Josias stammt.

Das zweite deuteronomistische Autorenkollektiv setzte an dem Punkt an, an dem Josia große Hoffnungen in Juda hegte, die aber mit seiner Hinrichtung im Jahr 609 vC durch den ägyptischen König Necho ein jähes Ende fanden. Und 25 Jahre später nach dem Tod von Josias fällt auch Juda und wird von den Babyloniern verwüstet. Die deuteronomistischen Redaktoren der zweiten Phase erzählten die Geschichte der Blütezeit und den großen judäischen Hoffnungen zur Zeit Josias bis zur Zerstörung Jerusalems. Am Ende des zweiten Buches der Könige wird in einigen Versen die Geschichte nach dem Fall Jerusalems erzählen, wobei unter Bibelwissenschaftlern umstritten ist, ob sie zum »deuteronomistischen Geschichtswerk« im zweiten Buch Könige gehören, oder eine spätere Hinzufügung betrachtet werden müssen. In jedem Fall haben die späteren deuteronomistischen Geschichtsschreiber den Auftrag, nicht nur das Ende der Geschichte zu erzählen, sondern auch zu erklären, wie es weitergehen würde. Wäre die Geschichte nur mit der Darstellung der großen Zeit König Josias beendet worden, hätte man ein Problem gehabt zu erklären, was genau den Gott Israels bewogen hat, sein Volk Israel im Stich und Jerusalem zerstören zu lassen.

Um dieser schwierigen Aufgabe gerecht zu werden, machten die deuteronomistischen Autoren beispielsweise König Manasse für die Zerstörung Jerusalems verantwortlich. König Manasse regierte aber vor Josia. Wenn Josia also so gottesfürchtig war, wie kam es dann dennoch zur Zerstörung Jerusalems? Die einfache Erklärung der »Deuteronomisten«: König Manasse war dermaßen sündhaft und verdorben, dass selbst die große Frömmigkeit Josias nicht ausreichte, um Jerusalem vor der Zerstörung durch den Zorn des Gottes Israels zu bewahren. Man fügte also nicht einfach den Rest der Geschichte hinzu, sondern man musste auf die vorherigen Versionen zurückgreifen, um eine theologisch akzeptable Erklärung zu geben.

Wir müssen an dieser Stelle noch einmal zurück zur ersten Version und die Frage stellen: woher hatten die ersten deuteronomistischen Historiker ihr Material? Wir wissen heute, dass es keine Geschichtsschreibung in Israel und Juda vor 800 vC gab, in Juda offenbar nicht vor dem Regnum Hiskias im späten 8. Jh. vC. Woher kam also das Wissen der deuteronomistische Geschichtsschreiber von den frühen Anfängen? Eine plausible Antwort auf diese komplizierte Frage wäre, dass sie zuallererst Zugang zu den nördlichen Traditionen hatten. Im Nordreich gibt es Hinweise für eine mögliche Abfassung in der ersten Hälfte des 8. Jh.s vC, was deutlich näher am Beginn liegt 700 vC. Des Weiteren gibt es Grund zu der Annahme, dass es in Israel nicht nur die Zusammensetzung von Zyklen gab, wie dem Jakobszyklus im Pentateuch, eine sehr frühe Beschreibung von Exodus oder königliche Traditionen wie die von Saul oder Jerobeam I. gab. Sondern zumindest der Versuch unternommen wurde, eine Art von »Geschichte« zu schreiben. Dargestellt wurde die »Kontinuität« der hebräischen Monarchen in beiden Königreichen, mit der Dauer ihrer jeweiligen Regierungszeit und den Querverweisen zwischen ihnen. Dies könnte geschehen sein, um zu zeigen, dass Israel über Juda herrschte. Dies könnte in der Zeit von Jerobeam II. geschehen sein und als eine Art Informationsgrundlage für die deuteronomistischen Historiker des ersten Entwurfes gewesen sein, die ebenfalls aus dem Norden kamen und in der ersten Hälfte des 8. Jh.s zum ersten Mal tätig wurden.

Darüber hinaus gibt es die Überlieferungen aus Juda selbst, beispielsweise die Geschichte aus der Frühzeit König Davids am südlichen Rand von Juda, als Anführer einer Gruppe von Söldnern oder auch die Geschichte von Davids Aufstieg zur Macht im 1.Sam. Es gibt im ersten Entwurf mehrere Stimmen, aber darunter ist definitiv auch eine Stimme, die aus Juda, aus Jerusalem, kommt. Von den darin enthaltenen theologischen und ideologischen Idealen sind zwei besonders hervorzuheben. Das ist erstens die offensichtlich hohe Bedeutung der Kultzentralisation auf den Tempel in Jerusalem. Die zweite Komponente ist die immer wichtige territoriale Ideologie, weil sie sich direkt auf die Geschichte und die geopolitische Situation bezieht. Die territoriale Ideologie ist hier sehr einfach. Die deuteronomistischen »Historiker« erkennen natürlich an, dass es zwei hebräische Königreiche gab. Und in ihrer Ideologie, stehen die Gebiete und Menschen der beiden hebräischen Königreiche unter der Herrschaft des Königs von Juda und des Tempels in Jerusalem. Das ist der Urquell der Idee der »Großen Vereinigten Monarchie«, in der ein König in Jerusalem über die gesamte Bevölkerung von Israel und Juda herrscht. Das Königreich Israel war demnach unrechtmäßig, seine Könige allesamt illegitim, wobei die meisten von ihnen auch noch schlechte Herrscher gewesen seien. Sie haben sich nicht an die Gebote des Gottes Israels gehalten und mussten zwangsläufig dafür mit dem Untergang ihres Königreiches bestraft werden. Alle anderen aber, welche die zentrale Bedeutung des Tempels in Jerusalem akzeptieren und die Herrschaft der davidischen Dynastie anerkennen, sind ein Teil der Nation.

Was war der Auslöser für diese territoriale Ideologie, denn Juda wurde von Israel beherrscht? Nach dem Fall Israels war der Moment für einen entgegengesetzten Anspruch gekommen, dass die beiden Königreiche von Jerusalem und nicht von Samaria aus regiert werden sollten, und zwar von einem davidischen König und nicht von einem König Israels. Allerdings war es nicht ganz einfach, diese

Ideologie »zu verkaufen«, solange die Assyrer noch im Lande waren. Das legt die Vermutung nahe, dass es zwei Phasen gegeben hat, die auch im Text fühlbar sind. Eine frühe territoriale Ideologie, die begann, diese Ideen zu fördern, die sich aber primär an die Bevölkerung von Juda zur Zeit Hiskias richtete, die sich zur Zeit Hiskias nach dem Fall des Nordreiches bereits aus Israeliten und Judäern zusammensetzte. Es handelt sich also um eine übergreifende territoriale Ideologie, richtete sich aber an das Volk von Juda. Erst nach dem Abzug der Assyrer, also zur Zeit König Josias, öffnete sich der Vorhang auf der ideologischen Bühne und die judäisch-deuteronomistisch geprägte Territorialideologie richtete sich fortan auch an Menschen aus dem ehemaligen Nordreich. Und genau das könnte einer, wenn nicht der entscheidende, Faktor für das bittere Ende Josias gewesen sein, denn diese Territorialideologie gefährdete die geopolitischen Ambitionen Ägyptens in der Levante nach dem Abzug Assyriens. Dies lässt sich an zwei Beispielen einfach verdeutlichen. Erstens, die Eroberung des Landes ist die Idee der Eroberung des gesamten Gebietes der beiden hebräischen Königreiche. Josia wird in gewisser Weise als Joschua und Joschua als Josia dargestellt. Hinzu kommt, dass die früheste Eroberungstradition aus dem Norden kommt und sich auch in der Geographie der Erzählungen aus dem Norden, wie zum Beispiel im Richterbuch widerspiegelt. Eine weitere starke Ideologie ist natürlich die der »Großen Vereinigten Monarchie«. Beide Ideologien sind miteinander verwandt, die »Landnahme« und die »Vereinigte Monarchie«. Sie sind Teil der gleichen Geschichte in den frühen Tagen.

Beschrieben wird das Ideal einer »Großen Vereinigten Monarchie«, die über riesige Territorien herrscht und von der wunderbaren Stadt Jerusalem mit Palast und Tempel, seit den Tagen Davids und Salomos aus regiert wird. Josia wird als derjenige beschrieben, der dieses Ideal wieder erfüllen wird, wobei die dahinterliegende Ideologie einfach zu erklären ist. Es gab diese große Einheitsmonarchie, aber das Volk Israel sündigte, insbesondere Salomo in den späteren Tagen seiner Herrschaft. Daraufhin beschloss der Gott Israels, den Untergang der »Vereinigten Monarchie«. Er zwang Israel, die Einheit der Monarchie zu verlassen, um im Norden ein eigenes Königreich zu errichten. Doch nun sei die Zeit gekommen, in der Josia das Reich wiederherstellen und den endgültigen Wohlstand unter der Herrschaft und dem Gesetz des Gottes

Israels herbeiführen könne. Die zentrale Idee dieser Ideologie dürfte ebenfalls aus dem Norden stammen.

Wie bereits in den vorangegangenen Kapiteln beschrieben, gab es einen Moment in der Geschichte der beiden Königreiche, als Israel über Juda herrschte, wo in der Tat eine Art »Großer Vereinigter Monarchie« existierte. Allerdings nicht im 10. Jh. vC zur Zeit Davids und Salomos, sondern in der ersten Hälfte des 8. Jh.s vC. Und das dieses gemeinsame Reich von Samaria und nicht von Jerusalem aus regiert wurde, dürfte auch den deuteronomistischen Skribenten sehr wohl bekannt gewesen sein. Sie nahmen die nördlichen Tradition auf, schrieben sie schlicht um und beförderten so die Ideologie einer vereinigten Monarchie, die von Jerusalem aus von einem davidischen König regiert worden sei.

Betrachtet man das »deuteronomistische Geschichtswerk« als Ganzes, finden sich einige dieser deuteronomistischen Ideale auch im Pentateuch als Teil der Gesamtgeschichte wieder. Im Wesentlichen geht es dabei um die judäische, die südlich-patriarchalische Tradition von Abraham und in gewisser Weise auch von Isaak. In der Bibelwissenschaft gibt es unterschiedliche Auffassungen über die Entstehung der Figur Abrahams. Bei Jakob ist man sich einig, dass es sich um eine Figur aus dem Norden handelt, die aus dem 8. Jh. vC stammt. Aber was ist mit Abraham, dem Patriarchen aus dem südlichen Hochland, nicht aus Jerusalem, sondern aus der Gegend von Hebron und Mamre. Das zentrale Heiligtum befand sich zu seiner Zeit wahrscheinlich in Mamre, wo auch das ursprüngliche Grab des Patriarchen lag, bevor in exilischer oder nachexilischer Zeit die Idee der Machpelah in Hebron entstand. Der Kern der Geschichte dürfte aber aus Juda stammen. Es dürfte Schwierigkeiten bereiten, die hebräischen Königreiche mit patriarchalischen Traditionen nur in einem der beiden zu beschreiben, weil es einen Wettbewerb zwischen den beiden gab. Wenn es die patriarchalische Tradition Jakobs im Norden gab, muss es auch im Süden eine Art patriarchalische Tradition gegeben haben. Es spricht also einiges dafür, dass der Charakter Abrahams und die frühe Erzählung aus dem spätmonarchischen Juda stammen. Das wird auch dadurch deutlich, dass die Autoren Abraham zu den Heiligtümern im Norden und Jakob zu den Orten im Süden gehen lassen. Es stellt sich noch die Frage nach dem Zeitpunkt der Abfassung der patriarchalischen Triade: Abraham, Isaak, Jakob. Sie stammt aus der Zeit des spätmonarchischen Juda und ist Teil der Dominanz, der Zentralität und der Wichtigkeit von Juda in den alten hebräischen Traditionen.

Wo ist die Schnittmenge zwischen der Geschichte der Zeit der deuteronomistischen Redaktoren und dieser territorialen Ideologie? Das ist der Moment, in dem Ideologie mit Geschichte verglichen werden muss, um den Unterschied zwischen den beiden Gattungen erkennen zu können. Da sie aber völlig verschieden sind, gibt keine Möglichkeit, zwischen den beiden zu unterscheiden. Ein alternativer Weg besteht darin, das Ganze vor dem Hintergrund des »assyrischen Jahrhundert, in der Geschichte Judas zu betrachten. Zu dieser Zeit agieren drei Monarchen in Juda: Ahas, dann Hiskia und dann Manasse. Ahas ist der König von Juda zu der Zeit, als Juda in das assyrische Reich eingegliedert wird. Hiskia rebelliert später gegen Sanherib und Manasse ist derjenige, der Juda nach den großen Zerstörungen im Königreich durch Sanherib im Jahr 701 vC wieder zum Leben erweckt. Die Bibel beschreibt Ahas als Sünder, Hiskia als frommen König und Manasse als wiederum als Sünder. Aber das ist judäische Theologie. Wenn wir uns die Geschichte anschauen, sehen wir genau das Gegenteil. Ahas erwies sich als weiser Herrscher, indem er sich nicht gegen Assyrien auflehnte und dank ihm konnte Juda überleben. Hiskia traf eine schicksalhafte Entscheidung, die den Untergang des Königreichs im Jahr 701 vC durch Sanherib herbeiführte. Manasse, der als der ultimative Schurke beschrieben wird, ist derjenige, der Juda wieder zum Leben erweckte und die große Wende durch die Eingliederung Judas in das assyrische Wirtschaftssystem herbeiführte. Hier stehen judäische Ideologie oder judäische Theologie im Widerspruch zu den historischen Fakten.

Die kultischen Reformen

In der späten Phase des »assyrischen Jahrhunderts« gibt es biblisch-theologische Aussagen über die Kultreform in den Tagen Hiskias und über Kultreformen in den Tagen Josias, die mit dem archäologischen Kontext verglichen werden müssen. Dabei handelt sich um einen der Hauptpfeiler der deuteronomistischen Ideologie: die zentrale Bedeutung Jerusalems und die Kultzentralisation im dortigen Tempel. Die Bibel beschreibt zwei Kultreformen zur Zeit Hiskias und Josias, über die in der Forschung seit Jahrzehnten ein reger Meinungsstreit geführt wird. Laut Israel Finkelstein gibt es für Hiskia Hinweise auf eine Zentralisierung, allerdings handelte es sich dabei nicht um eine plumpe Zentralisierung. Denn es ist die Phase nach dem Fall Israels und der Eingliederung der Israeliten in die Bevölkerung Judas und die Notwendigkeit, die Herrschaft der davidischen Dynastie auch mittels Herrschaft über die Heiligtümer auf dem Land zu stärken. Es geht hier also eher um machtpolitische Überlegungen als um eine Kultreform an sich. Betrachtet man die Situation in den ländlichen Tempeln von Arad, Be'er Scheba und in gewisser Weise auch Lachisch, der wichtigsten Stadt in der Schefela, gibt es an allen drei Orten Hinweise darauf, dass die kultischen Aktivitäten in diesen Heiligtümern im späten 8. Jh. vC eingestellt wurden. Hiskia bestieg den Thron Judas ebenfalls im späten 8. Jh. vC. Aber auch handelt es sich nicht um eine Kultreform, sondern um einen machtpolitischen Schachzug, um die Kontrolle über die Wirtschaft der lokalen Heiligtümer zu erlangen. Für Josiah ist die Situation noch komplizierter, weil uns die notwendigen Informationen vom Tempelberg in Jerusalem fehlen. Gleiches gilt für Beth El. Eines der Hauptziele der Kultzentralisation Josias war eben dieser verhasste Tempel Beth El, der in Jerusalem als eine permanente Bedrohung und Provokation für die kultischen Traditionen Judas wahrgenommen wurde.

Die Ruinen von Beitin, Stätte des antiken Beth El, im 19. Jh.

Das deuteronomistische Ideal endet nicht mit der Zerstörung Jerusalems. Eine zweite Generation deuteronomistischer »Historiker« schrieb ihre Sicht der Geschichte weiter. Deren Ideen entwickelten sich weiter bis in die persische Zeit und darüber hinaus. Das folgende Kapitel wird sich daher mit der späten biblischen Geschichtsschreibung von Esra, Nehemia und den Chronikbüchern befassen.

Kapitel 24: Das persische und frühhellenistische Jerusalem

Das Gelände des antiken Jerusalem (Dalman, 1930)

Biblische Retrospektiven und archäologische Befunde in Achämenidischer Zeit[338] (539-332 vC)

Der Untergang des neubabylonischen Reiches und die achämenidische Machtübernahme durch Kyros II. (ca. 559-530 vC) im Herbst 539 vC brachten für Jerusalem eine Wende. Doch sind die zur Verfügung stehenden Quellen schwach, denn die biblischen Texte vermitteln zeitferne verzeichnende Rückblicke, und die archäologischen Befunde sind äußerst spärlich.

Laut Esr 1-6 habe Kyros II. den Deportierten gestattet, nach Jerusalem zurückzukehren und den Tempel wieder aufzubauen, und sie seien auch sogleich aufgebrochen und hätten den Wiederaufbau unter Leitung von Serubbabel[339] unverzüglich in Angriff genommen; sie seien aber vom „Volk des Landes" derart behindert worden, dass sie den Tempel erst nach einer Bauzeit von 118 Jahren im sechsten Jahr unter Darius II. (424-405 vC) vollenden konnten. Diese Erzählung enthält so grobe Anachronismen, dass sie erst in frühhellenistischer Zeit als redaktionelle Brücke zwischen 2.Chr 36 und Esr 7 verfasst worden sein kann, als direkte Quelle zur Rekonstruktion der historischen Ereignisse aber ausscheiden muss. So scheint Esr 3,1-3 davon auszugehen, dass in Jerusalem seit der Zerstörung des Tempels 587 vC keine Opfer mehr dargebracht wurden, doch gibt Jer 41,5 klar zu erkennen, dass der Opferkult auch nach Zerstörung des Tempelgebäudes weiterging, und vielleicht hat die in Juda verbliebene Bevölkerung darum auch keinen Grund gesehen, die Bauarbeiten sogleich zu beginnen. „ [...] *kamen achtzig Männer von Schechem, von Schilo und von Samaria und hatten die*

Bärte abgeschoren und ihre Kleider zerrissen und sich wund geritzt und trugen Speisopfer und Weihrauch mit, um es zum Hause des Herrn zu bringen". Erst als Haggai unter Darius I. im Spätsommer 520 vC das „Volk des Landes" (Hag 2,4; Sach 7,5) aufrief und eine Heilszeit verhieß, die anbrechen werde, wenn der Tempel wiederhergestellt werde, wurde der Wiederaufbau am 21. September 520 vC in Angriff genommen (Hag 1,15), am 18. Dezember 520 vC der Grundstein gelegt (Hag 2,10.18) und der Bau in nur fünf Jahren im sechsten Jahr unter Darius I. am 12. März 515 (Esr 6,15) oder wahrscheinlicher erst am 1. April 515 (1.Esdr 7,5) vollendet.

Dass von diesem Tempel keine archäologischen Befunde bekannt sind, erklärt sich angesichts seiner späteren Überbauung durch die Tempelplattform Herodes des Großen von selbst. Die archäologische Beobachtungen deuten darauf hin, dass der in Hes 41-42 beschriebene quadratische Tempelplatz von 500 x 500 Ellen (Hes 42,16-19) infolge der Rezeption des Entwurfs in achämenidischer oder frühhellenistischer Zeit tatsächlich realisiert worden sein könnte und der östliche Rand der quadratischen Plattform dem östlichen Rand der herodianischen Plattform entsprach.

Mauerbau unter Nehemia. Biblische Retrospektiven und archäologische Befunde

Ebenso schwierig ist der Wiederaufbau der Stadtmauer zu rekonstruieren. Esr 4,11-16 überliefert ein Beschwerdeschreiben an einen König namens Artaxerxes gegen den Wiederaufbau der Stadtmauer Jerusalems und Esr 4,17-22 ein Antwortschreiben desselben, wonach der Stadtmauerbau zu unterbinden sei. Demnach scheint es schon vor Nehemia einen Versuch zum Wiederaufbau der Stadtmauer gegeben zu haben. Dieser Faden wird in Neh 1,1-4 wieder aufgenommen, wo Nehemia erzählt, am Hof von Artaxerxes in Susa[340] von der Zerstörung der Stadtmauer erfahren und daraufhin geweint und getrauert zu haben, was sich schwerlich auf die Zerstörung der Stadtmauer 587 vC bezogen haben kann, sondern auf ein neuerliches Ereignis bezogen haben muss. Daraufhin ist er laut Neh 2,1-8 von Artaxerxes nach Jerusalem entsandt worden, um die Stadtmauer wiederherzustellen. Nach Neh 2,11-20 hat er drei Tage nach seiner Ankunft nachts die Stadtmauer inspiziert und anschließend die »Judäer« zur Mitarbeit gewonnen. Anschließend wird in Neh 3,1-32 eine Liste der Bauabschnitte überliefert, die im Nordwesten der Stadt ansetzt, sie lückenlos im

Gegenuhrzeigersinn umschreitet und Abschnitt für Abschnitt die zuständigen Bauleute nennt. Nach Störungsversuchen durch Sanballat (der Horoniter) [סַנְבַלַּט הַחֹרֹנִי], den Statthalter von Samaria, in Neh 3,33-4,17 und Neh 6,1-6,14 wird die Stadtmauer nach 52 Tagen in Neh 6,15-16 vollendet, und laut Neh 7,1-3 werden Torwächter eingesetzt.

Erst nach einer anschließenden Unterbrechung durch die Esra-Erzählung kommt Nehemia wieder zu Wort, um in Neh 12,27-43 von der Einweihung der Stadtmauer, in Neh 12,44-47 von der Bestellung von Amtsleuten und in Neh 13,1-3 von der Vertreibung von ammonitischen und moabitischen Mischlingen zu berichten. Abschließend erzählt Nehemia in Neh 13,6-28 weiter, er sei im 32. Jahr des Artaxerxes zum König zurückgekehrt, nach einiger Zeit aber wieder nach Jerusalem gekommen, habe allerlei Missstände vorgefunden, den Schabbat durchgesetzt und sei gegen Mischehen vorgegangen. So wird Nehemias erste Mission zwar ins 20. bis 32. Jahr des Artaxerxes datiert (Neh 1,1; Neh 5,14; Neh 13,6), doch ist dem Bericht nicht zu entnehmen, ob er sich auf Artaxerxes I. oder II. bezieht. Artaxerxes III. und Artaxerxes IV. scheiden aus, denn sie haben keine 32 Jahre regiert.

Für eine Ansetzung schon unter Artaxerxes I. sprechen Papyrusfunde aus Elephantine in

Oberägypten. Dabei handelt es sich um die Korrespondenz einer judäischen Kolonie. Einer der Briefe stammt vom 25. November 407, er wendet sich an Bagoas, den Statthalter von Juda, erwähnt den Hohenpriester Jochanan [יוֹחָנָן] von Jerusalem sowie Delaja [דְּלָיָה] und Schemaja [שמעיה] und bezeichnet beide als Söhne Sanballats. Der Hohepriester Jochanan aber war ein Enkel des Hohenpriesters Eljaschib [אֶלְיָשִׁיב] (Neh 12,22-23), eines Zeitgenossen Nehemias (Neh 3,1), und Sanballat der wichtigste Gegenspieler Nehemias (Neh 2,10.19; Neh 3,33; Neh 4,1; Neh 6,1.2.5.12.14; Neh 13,28). Daher legt dieser Brief nahe, Nehemia unter Artaxerxes I. anzusetzen, den ersten, gescheiterten Mauerbauversuch (Esr 4,11-22) zwischen 465-445 vC Nehemias ersten Aufenthalt in Jerusalem auf 445-433 vC und seinen erfolgreichen Mauerbau auf 445 vC zu datieren.

Bilanz

Trotz der ungewöhnlich breiten Darstellung der Heimkehr unter Serubbabel, des Tempelbaus unter Scheschbazar[341] und des Stadtmauerbaus unter Nehemia in den Büchern Esra und Nehemia ist unser Wissen von der Entwicklung Jerusalems in achämenidischer Zeit bescheiden, denn die

Darstellungen in Esra und Nehemia bieten teilweise sehr zeitferne und tendenziöse Rekonstruktionen, und die archäologischen Befunde sind äußerst gering. Zwar lassen sich der Wiederaufbau des Tempels relativ sicher auf 520-515 vC und die Wiederherstellung der 587 vC zerstörten Stadtmauer zwischen 465-445 vC datieren, doch dürfte Jerusalem in jener Zeit nur eine kleine, um den Tempel gescharte Siedlung gewesen sein, deren Einwohnerzahl aufgrund fehlender Befunde kaum verlässlich zu schätzen ist, und das weite Gelände innerhalb des nur provisorisch wiederhergestellten Stadtmauerringes dürfte auf dem Südosthügel nur spärlich besiedelt und auf dem Südwesthügel fast unbesiedelt gewesen sein.

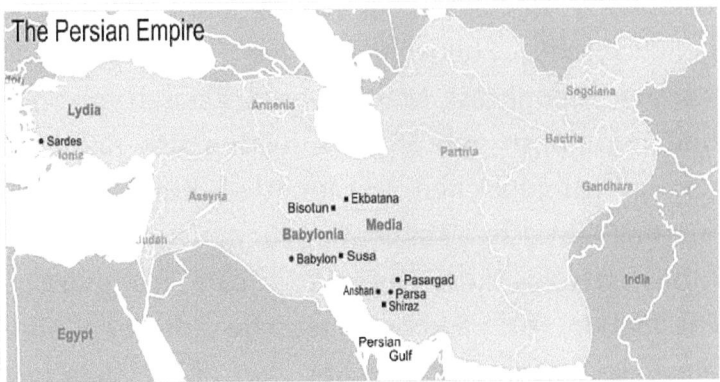

Das Achämenidenreich zur Zeit des Kyros II.

Die hellenistisch-hasmonäische Zeit (332-63 vC): Langsame Rückkehr zu alter Größe

Jerusalem war zwar schon in achämenidischer Zeit in einem engen Austausch mit der griechischen Welt, doch trat dieser mit dem Eroberungszug Alexanders des Großen in ein neues Stadium. Dieser errichtete mit seinen Kriegszügen innerhalb weniger Jahre ein Großreich, das von Ägypten bis nach Indien reichte, nach seinem Tod 323 vC aber in vier Teile zerbrach. Nach zähen Diadochen-kriegen kam Judäa 301 vC zunächst zum Machtbereich der ägyptischen Dynastie der Ptolemäer und nach der Schlacht von Paneas[342] 200 vC zum Machtbereich der syrischen Dynastie der Seleukiden.

Schon im 3. Jh. vC wurde in der judäischen Gemeinde in Alexandria ein Großteil der hebräischen Bibel ins Griechische übersetzt, die Septuaginta entstand und hellenistische Philosophen wie Hekataios von Abdera, Theophrast, Megasthenes, Klearch von Soloi und Hermippos von Smyrna zeigten sich fasziniert vom frühjüdischen Monotheismus. Dieser frühhellenistischen Faszination für den frühjüdischen Monotheismus korrespondierte eine frühjüdische Faszination für frühhellenistische Ideale. Daher ersuchte Jason als Sprecher der philhellenischen Aristokratie von Jerusalem Antiochus IV. Epiphanes (175-164 vC) anlässlich seiner Thronbesteigung um die Erlaubnis, in Jerusalem ein Gymnasium und eine Ephebie einrichten zu dürfen (1.Makk 1,15; 2.Makk 4,9.12; 4.Makk 4,20), was vermutlich zumindest mittelfristig die Gründung einer Polis vorbereiteten sollte.

Als in einem konsequent integrierenden Monotheismus in Samaria JHWH mit Zeus Xenos identifiziert und der JHWH-Tempel auf dem Garizim [גְּרִזִים][343] Zeus Xenos gewidmet wurde, wurde dies von der samarischen Bevölkerung als Integration in die hellenistische *Oikumene*[344] begrüßt. Doch als 167 vC auf seleukidischen Druck auch der JHWH-Tempel von Jerusalem Zeus Olympios geweiht und weitere Repressalien verfügt wurden (1.Makk 1,43-68; 2.Makk 6,1-7,42), erhob sich der Widerstand der traditionalistischen judäischen Opposition unter Führung der Familie der Makkabäer aus Modeïn [מוֹדִיעִין] (1.Makk 2,1-4,35; 2.Makk 8,1-9,29). Nach einem dreieinhalbjährigen Kampf gegen die seleukidische Besatzung zog Judas Makkabäus 164 vC in Jerusalem ein und stellte den traditionellen Tempelkult wieder her (1.Makk 4,36-61; 2.Makk 10,1-8), doch gelang es erst seinem Bruder und zweiten Nachfolger Simon im Sommer 141 vC, die seleukidische Besatzung aus der

Stadtburg Akra [חקרה] zu vertreiben (1.Makk 13,49-51). So errang die traditionalistische Opposition nach Jahrhunderten der Fremdherrschaft über Judäa erstmals wieder eine umfassende politische Souveränität – eine Zäsur, die man auch mit einer neuen Zeitzählung zu markieren suchte.

Dabei gelang es der Familie der Makkabäer, sich als Dynastie zu etablieren, die von Flavius Josephus nach einem ihrer Ahnen namens Hasmon als Hasmonäer [חַשְׁמוֹנָאִים] bezeichnet wurde. Seit sich Jonathan 153 vC zusätzlich zu seiner politischen Funktion zum Hohenpriester ernennen ließ (1.Makk 10,20-21), verband sie erstmals in Judas Geschichte die politische und priesterliche Führung in einer Person. Zudem nahm Aristobul 104-103 vC wieder den Königstitel an, der seit Alexander Jannai (103-76 vC) auch auf Münzen bezeugt ist. So mutierten die ehemals antihellenistischen Kämpfer Zug um Zug zu einer hellenistischen Dynastie, was ehemalige antihellenistische Mitkämpfer in die antihasmonäische Opposition trieb.

Zu Beginn der frühhellenistischen Zeit war Jerusalem vermutlich nur eine kleine, um den Tempel gescharte und von der späteren herodianischen Tempelplattform überbaute Siedlung mit einem viel zu weiten und von Nehemia vermutlich nur notdürftig wiederhergestellten Mauerring, die erst im Horizont der hellenistischen *Oikumene* langsam aufzublühen begann. Zwar schien die Hellenisierung Jerusalems unter Antiochus IV. Epiphanes zunächst gescheitert zu sein, doch entwickelte sich unter der Dynastie der Hasmonäer ein frühjüdisch-hellenistisches Kleinkönigtum, das in Jerusalem mit der Sanierung der Stadtmauern und drei königlichen Palästen zuerst südlich, dann nördlich und schließlich westlich des Tempelplatzes einen repräsentativen baulichen Ausdruck fand.

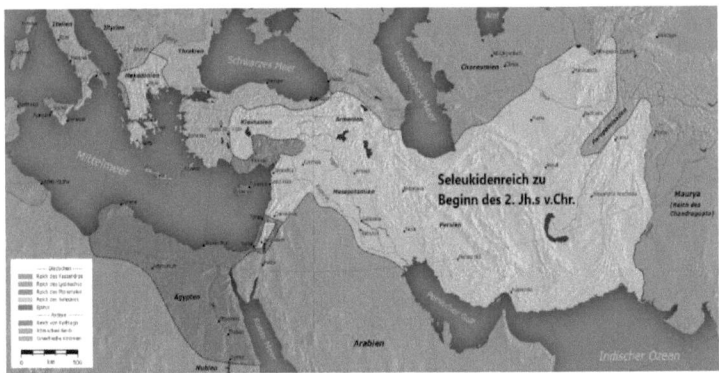

Kapitel 25: Späte biblische Geschichtsschreibung in Esra, Nehemia und den Chronikbüchern

Das »Chronistischen Geschichtswerk«

Beim Chronistischen Geschichtswerk handelt es sich um ein angenommenes Werk, das als ein Werk von einem Verfasser die biblischen Chronikbücher sowie das Esra-Nehemia-Buch umfasst. Dieses sei erst im Zuge der Kanonisierung in zwei, später vier Bücher getrennt worden. Die Existenz eines solchen Werkes gilt heute als umstritten. In spätpersischer und hellenistischer Zeit entstand im Zusammenhang mit der fortschreitenden Kanonisierung biblischer Schriften die neue Literaturform der *„Rewritten Bible"*-Literatur. Dabei wird die eigene theologische Position nicht in Form von Redaktionsarbeit in bestehende Texte eingeschrieben, sondern nach dem Vorbild bereits existierender Schriften bzw. Schriftfolgen die betreffenden Ereignisse in eigenen Schriften nacherzählt. Der Grund dafür liegt vermutlich darin, dass *Tora* und *Nevi'im* bereits als so verbindlich angesehen wurden, dass größere Hinzufügungen nicht ohne Weiteres geschehen konnten. Darüber hinaus waren die konzeptionellen Eigenheiten der Werke bereits so stark, dass sie über die redaktionellen Bearbeitungen bereits bestehender Schriften hinausgingen. Die Chronikbücher stellen auch unabhängig von der Existenz eines Chronistischen Geschichtswerks ein frühes Beispiel für diese Literaturform dar. Bereits die rabbinische Tradition verstand die zeitliche und geistige Nähe zwischen der Chronik und Esra-Nehemia als literarische Einheit. Die wissenschaftliche These eines Chronistischen Geschichtswerks, das die Bücher Chronik und Esra-Nehemia umfasste und das von einem Chronisten verfasst worden sei, wurde erstmals im Jahr 1832 von Leopold Zunz vertreten. Er stellte einige Gemeinsamkeiten beider Bücher fest, sein Ausgangspunkt waren die inneren Gegensätze im Esrabuch. Die These gewann rasch an Zustimmung. Die literarische Zusammengehörigkeit galt als unanzweifelbar und musste nicht weiter begründet werden. Auch Theologen, die von mehreren

Bearbeitern ausgingen, hielten daran fest. Wurde der Fokus seit Zunz einseitig auf die Gemeinsamkeiten beider Werke gelegt, traten in jüngerer Forschung die Unterschiede deutlicher hervor, zumal Chronik und Esra-Nehemia als zwei getrennte Werke angesehen wurden. Heute wurde die These eines größeren Chronistischen Geschichtswerkes weitgehend aufgegeben. Inhaltlich stellt es eine Ereigniserzählung dar, die ganz auf die nachexilische Tempeltheokratie in Jerusalem orientiert ist und die nachexilische Kultgemeinde miteinschließt. Das Werk beginnt mit der Darstellung von der Schöpfung bis zu König Saul in Form einer »genealogischen Vorhalle«, wodurch die Mose-, Exodus - und Wüstenüberlieferung gar nicht erscheinen. Die priesterliche Perspektive wird im Gegensatz zum »Deuteronomistischen Geschichtswerk« stark hervorgehoben. Es erfolgt eine ausführliche Darstellung des Tempelbaus und eine starke religiöse Idealisierung der Könige David und Salomo, wobei negative und zweifelhafte Züge ausgelassen werden. Die weitere judäische Königszeit wird unter dem Aspekt der Verschuldung geschildert, Nord-israel durch die Perspektive auf Jerusalem und den Tempel übergangen. Esra-Nehemia beschreibt die Rückkehr aus dem babylonischen Exil sowie die politische, bauliche und religiöse Neuordnung

Jerusalems unter persischer Oberherrschaft. Es dominiert die theologische Deutung der vorliegenden Geschichtsüberlieferung. Ursprungsmythos und Zeitgeschichte werden verbunden. Ein souveräner Umgang mit den vorliegenden Quellen zum Zwecke der theologischen Interessen wird deutlich.

Die Chronikbücher

Der Name „Chronik" stammt von Martin Luther, der damit das griechische *chronikon* (der ganzen heiligen Geschichte) des Hieronymus verdeutscht hat. Die hebräische Überschrift lautet דִּבְרֵי הַיָּמִים, *dibre hajjamim,* „Ereignisse der Tage, Denkwürdigkeiten". Der Titel in der Septuaginta lautet παραλιπόμενα, *paralipomena,* „Übriggelassenes" (aus den Büchern Samuel und Könige). Dem Kanon der Septuaginta folgend, finden sich die Chronikbücher in christlichen Bibeln direkt nach den Königsbüchern, gefolgt von den Büchern Esra und Nehemia. Im hebräischen Kanon sind Esra/Nehemia in der Regel vorangestellt, die vier Bücher beschließen meist den Teil „Schriften".

Entstehungszeit

Die Entstehungszeit der Chronik ist nicht ganz sicher anzugeben, verschiedene Hinweise deuten auf das späte vierte oder das frühe dritte vorchristliche Jahrhundert. Inhaltlich will das Werk die Geschichte Israels von der Erschaffung der Welt bis zum Kyros-Edikt[345] darstellen, weil mit ihm der Neubeginn nach dem Exil verbunden ist. Dabei spielt die Gründung und Legitimation der Kultgemeinde in Jerusalem eine besondere Rolle. Sehr oft wird bei der Darstellung auf überliefertes Material zurückgegriffen, auf Annalen, Geschichten von Königen oder Propheten. Das soll wohl die Autorität der Darstellung steigern. Es ist aber umstritten, inwieweit die Texte authentisch sind, zu denen es in den Samuel- und Königsbüchern keine Parallelen gibt.

Theologie

Ziel der Chronik ist es, die bekannte Geschichte Israels neu auf die eigene Gegenwart hin zu deuten, sie korrigiert geradezu die bisherige Geschichtsschreibung. Aus dem Schicksal der Früheren lässt sich lernen, dass Gehorsam gegen Gott, Gotteslob und ein angemessen durchgeführter Kultus im Jerusalemer Tempel das Heil für Israel verbürgen, Gott werde dann seine Barmherzigkeit zeigen. Dies gilt für jede einzelne Generation, jede Zeit steht allein vor Gott, und in jeder Zeit ist Gottes Heilshandeln möglich. Damit ist das zum Beispiel in Hes 18 belegbare individualistische Denken gegen die bisherigen Kollektivvorstellungen, wenn auch an dem prinzipiellen Schema von Tun und Ergehen festgehalten wurde.

Gliederung

Es empfiehlt sich, parallel zu den Chronik-Passagen die entsprechenden Stücke aus den Büchern Samuel oder Könige zu lesen, um so einen Eindruck von der Neuinterpretation zu erhalten. Beispielsweise fehlen die meisten Abschnitte über das Nordreich, denn die Chronik ist nur an Juda interessiert. Wie in den späteren Prophetenbüchern lässt sich auch in der Chronik feststellen, dass schon vorhandene biblische Texte neu gedeutet werden. Damit teilt die Chronik ein Merkmal der Literatur der Spätzeit des Alten Testaments, wie es auch bei der Schriftauslegung der Apokalyptik festzustellen ist.

»Genealogische Vorhalle«

Bereits die erste Übersicht zeigt, dass für die Chronik der Tempel in Jerusalem im Mittelpunkt steht, dazu David und Salomo, die beiden Könige, die mit dem Tempelbau verbunden werden. Die restliche Geschichte Israels wird dem klar untergeordnet, an die Zeit bis zu Beginn des Königtums wird gar nur durch Genealogien erinnert. Diese »Genealogische Vorhalle« soll in eindrucksvoller Weise zeigen, wie groß Israel ist und wer in Israel Bürgerrecht hat. Innerhalb dieser Bürgerlisten ist die besondere Wertschätzung interessant, die die Leviten oder andere Gilden am Tempel erfahren (1.Chr 6,24-28). Mose wird nur einmal erwähnt (1.Chr 5,29), Exodusereignis, Sinaioffenbarung und Landnahme fehlen. Dagegen wird Samuel zum Leviten erklärt (1.Chr 6,12), David soll neben seinen Kriegern auch Leviten und Priester beschäftigt haben.

Leviten

Die Leviten gelten in der Chronik als Hüter wahrer israelitischer Traditionen, damit sollte wohl ein Gegengewicht zu dem priesterlich orientierten Pentateuch geschaffen werden. Dies deutet darauf hin, dass die Redaktoren/Autoren der Chronik aus dem Kreis der Tempelbediensteten unterhalb der Priesterebene stammen.

Tempelbau

Ohne Parallelen in den erhaltenen Geschichtsbüchern ist die breite Schilderung, nach der David alles für den Tempelbau Nötige veranlasst hatte, dann aber wegen seiner Kriege den Bau nicht habe beginnen können (1.Chr 22,8). Dagegen fehlen negative Details aus Davids Leben. Möglicherweise gehört dieser Bericht teilweise einer

nachchronistischen Überarbeitung an. Manche Elemente der Darstellung lassen gar David als einen
zweiten Mose erscheinen, wie beispielsweise 1.Chr
28,11f. und Ex 25,9, hier hat David, dort Mose das
Modell des Tempels. Auch wenn Mose selbst den
Chronisten nicht so bedeutsam zu sein scheint, wird
doch sein Bild zur Aufwertung Davids verwendet. Am
Ende der Chronik finden sich die Verse Esr 1,1-3 in
wörtlicher Wiedergabe, so wird der Anschluss der
beiden Bücher hergestellt.

Das Buch Esra/Nehemia

Die Bücher Esra und Nehemia gehörten ursprünglich
zusammen, wurden später aber geteilt. Zudem sind
sie nur dann richtig zu verstehen, wenn man die
heutige Abfolge der Kapitel verändert. In der
Septuaginta werden die beiden Bücher gemeinsam
als (2.) Esra bezeichnet, in hebräischen Bibeln
erfolgte erst seit 1448 eine Trennung der Bücher.

Geschichtlicher Hintergrund

Das Esra/Nehemia-Buch ist die einzige biblische
Quelle für die frühe nachexilische Zeit und daher von
hoher historischer Bedeutung, zumal auch alte
Textstücke verarbeitet wurden. Doch ist nicht zu
verkennen, dass die Darstellung

oft typisiert. So ist beispielsweise der Konflikt mit den Samaritanern über-zeichnet worden (Esr 4). Die Darstellung der inneren Konflikte der Gemeinde in Jerusalem, so die Stellung der Rückwanderer, die Frage der Mischehen und die ökonomischen Probleme, ist im Grundsatz sicher historisch zutreffend. Auch im Esrabuch finden sich aramäische Textstücke (Esr 4,8-6,18. 7,12-26), die wohl älter sind als die hebräischen Texte, selbst wenn dieser Komplex bereits überarbeitet wurde.

Die Entstehung des Buches ist nicht sicher datierbar, man nimmt das 4. vorchristliche Jahrhundert an. Im Esra/Nehemia-Buch wurden verschiedene Listen (Esr 2) und Urkunden (Esr 6,3-5.7,12-26) verarbeitet, dazu Stoffe, die mit Serubbabel und Scheschbazar verbunden waren, Esra-Stoffe und die sog. Nehemia-Denkschrift (Neh 1-7.12-13), die in Form einer

Rechtfertigung an Gott gerichtet ist. Wichtige Einzeltexte sind auch die bekenntnishaften Bußgebete in Esr 9 und Neh 9.

Datierung Esras

Voraussetzung für diese Anordnung ist die Annahme, dass Esra unter dem Perserkönig Artaxerxes I. (464–425/4 vC) tätig war, seine Mission also vor der des Nehemia stattgefunden hat. Danach entsteht das Bild, dass zunächst das Kyros-Edikt von Darius in Kraft gesetzt und der Tempel erbaut wurde (Esr 1-6). Darauf wird der Priester Esra mit dem Gesetz nach Jerusalem gesandt, dies wird geschildert wie ein zweiter Exodus (Esr 7f.). Das Volk wird auf dieses Gesetz verpflichtet. Esra wird daher im Judentum mit Mose verglichen (Esr 7,1-5: Esra gilt als Nachkomme Aarons); durch die Einführung der Tora habe er die Religion des Judentums begründet.

Nehemia

Nach dieser Sicherstellung von Kultus und Tora kommt dann Nehemia nach Israel, um die äußere Sicherheit Jerusalems durch den Mauerbau zu erreichen (Neh 1-7) und um kultische und soziale Missstände zu beheben (Neh 11-13). Nehemia war ursprünglich Mundschenk des Perserkönigs

Artaxerxes I. in Susa, in Jerusalem stellt er sich als Statthalter vor (Neh 5,14).

Perser

Die Geschichtsdarstellung wird demnach auf die zwei Personen Esra („Hilfe") und Nehemia („JHWH hat getröstet") konzentriert. Im Hintergrund steht aber immer auch die wohlwollende persische Großmacht, die der Jerusalemer Gemeinde Schutz bietet. Das Kyros-Edikt wird zweimal angeführt (Esr 1,1-3. 6,3-5), der Erlass des Artaxerxes, mit dem Esra legitimiert wird, erscheint als Originaldokument (Esr 7,12ff.), allerdings ist strittig, ob das Edikt des Kyros tatsächlich so erlassen worden ist. Charakteristisch ist zudem die in diesen Büchern häufige Gottesbezeichnung „Gott des Himmels" für JHWH. Diese Benennung konnten auch die Perser für ihre oberste Gottheit Ahura Mazda verwenden. Selbst wenn man gewiss immer wusste, dass iranische und israelitische Religion nicht deckungsgleich waren, hat man doch die Nähen betont, um die Situation der israelitischen Gemeinde zu verbessern.

Im vorangegangenen Kapitel haben wir uns mit der biblischen und archäologischen Historie der persischen und frühhellenistischen Periode befasst. Im letzten Kapitel dieses Buches geht es darum, diese mit den späteren biblischen Texten in den Büchern Esra, Nehemia und Chronik abzugleichen. Das Hauptproblem mit diesen Quellen besteht darin, dass wir im Grunde genommen keinen Anker für die Datierung dieser Kompositionen haben. Esra, Nehemia und die Chroniken sind sehr wichtige Kompositionen, weil es sich um die späteren historiographischen Kompositionen in der Bibel handelt und Historiographie ist immer von besonderem Interesse, weil sie etwas über die Gesellschaft oder auch die geopolitische Situation erzählt. Von daher ist es wichtig, Esra, Nehemia und die Chronik trotz aller Schwierigkeiten chronologisch richtig einzuordnen.

Beispielsweise gibt es in der Forschungsgeschichte Vorschläge, die Chronik irgendwo zwischen dem 6.- 3. Jh. vC anzusiedeln, einige datieren sie sogar bis in die Zeit von Baruch Spinoza[346] ins 17. Jahrhundert zurück. Spinoza war der erste, der auf die Möglichkeit hinwies, dass die Chronik von den Hasmonäern verfasst wurde, um deren Ideologie in der zweiten Hälfte des 2.Jh.s vC zu proklamieren. Da kein Ankerdatum fixiert werden kann und auch die zusätzlichen ausserbiblischen Quellen, zumindest für die Perserzeit und die frühe hellenistische Periode, nicht ausreichen, wird die Archäologie umso wichtiger. Der Mainstream der Forschung jüngeren Datums lief darauf hinaus, Esra, Nehemia, die Chroniken aber auch die Priesterschrift und die postpriesterlichen Kompositionen, in die persische und frühe hellenistische Periode, ins 3.-4. Jh. vC zu schieben. Die Frage ist natürlich, ob diese Ansicht durch die Fakten vor Ort gestützt werden kann. Insbesondere wenn man die Situation in Jerusalem und in Judäa auf dem Lande bedenkt mit überwiegend kleinen und armen Siedlungsstätten und minimaler Bevölkerung. Natürlich kann man argumentieren, dass viele dieser Texte in Ägypten oder in Babylonien verfasst wurden, was durchaus denkbar ist. Davon abgesehen stößt man unweigerlich zum wiederholten Male auf die Frage: wie war der Stand der Alphabetisierung und die Fähigkeit zur Abfassung literarischer Texte in Jerusalem nach 586 vC?

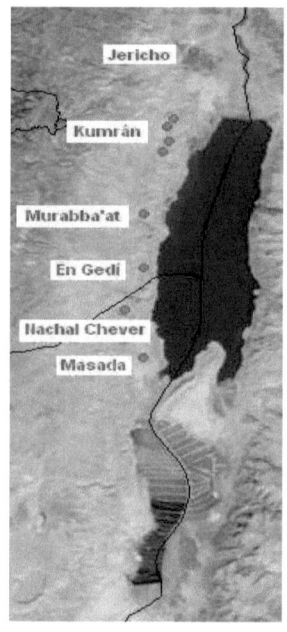

Man kann eine Menge über die Alphabetisierung und schriftstellerischen Tätigkeiten in Jerusalem im 3. oder 4. Jh. vC theoretisieren, aber am Ende gilt es,

Beweise vor Ort für diese Thesen zu finden. Und hier sehen sich die Forscher mit einer sehr problematischen Situation konfrontiert. In spätmonarchischer Zeit ist eine signifikante Verbreitung der Verschriftlichung im ganzen Königreich Juda, besonders in der Verwaltung und im Militärsystem des Königreichs Juda bis 586 nachweisbar. Die babylonische Eroberung und die sich anschließende Deportation großer Teile der judäischen Elite dürfte ein schwerer Schlag für die gesamte bürokratische Verwaltung Judas gewesen sein. Im 2. Jh. vC wiederholt sich das Phänomen der spätmonarchischen Zeit und es gibt erneut starke Hinweise auf die Verbreitung der Schrift. Dazu zählen zahlreiche Texte aus der hasmonäischen Periode aber natürlich auch die Funde in Qumran[347], die zwischen dem 2. Jh. vC und dem 1. nachchristlichen Jahrhundert datiert werden. Bleibt die Frage: was passiert zwischen 586-200 vC? Es geht immerhin um einen Zeitraum von vier Jahrhunderten in der es erstaunlicherweise nahezu keine Beweise für das Verfassen von Texten in hebräische Schrift, weder in Jerusalem noch in Jehud gibt. Abgesehen von wenigen Zeichen auf den Münzen des 4. Jh.s vC gibt es nichts, was seriös auf größere Kompositionsaktivitäten in Jerusalem schließen ließe. Bibelforscher, die versuchen, dennoch so viele

Kompositionen wie möglich in das 4. Jh. vC zu verlegen, argumentieren, dass man die Beweise für ihre Thesen auf dem Tempelberg finden würde. Archäologisch ist der Tempelberg in Jerusalem aber aus den hinreichend bekannten politischen und religiösen Gründen ein *lost case*. Aber selbst wenn die persischen, griechischen und jüdischen Gelehrten auf dem Tempelberg saßen und dort ihre Texte verfasst haben, dann ist es dennoch nur sehr schwer vorstellbar, dass absolut nichts zu anderen schriftlichen Medien durchgesickert ist. Zu erwarten wären doch bei dem umfangreichen Schriftgut, welches beim Verfassen komplexer literarischer biblischer Texte zwangsläufig entsteht, es zumindest Inschriften auf Siegeln, Abdrücken von Siegeln, Ostraka oder Bullae gibt.

Natürlich könnten viele der Kompositionen nach 586 vC in den jüdischen Gemeinden in Ägypten oder Babylonien entstanden sein. Auch in Jerusalem und Judäa mag es irgendeine Art schriftlicher Aktivität gegeben haben. Denn das es wirklich einen Bruch in der hebräischen Schrift zwischen 586-200 vC gegeben hat, klingt nicht sehr überzeugend; überdies wäre dann auch noch die Frage zu klären, wie das Hebräische im 2. Jh. vC auf einmal wieder auftauchte. Es spricht vieles dafür, dass man sich von der

Vorstellung einer umfangreichen Kompositions-
tätigkeit in Jerusalem oder Jehud zwischen 586-200
vC lösen sollte. Das Verfassen von biblischen Textens
in der hasmonäischen Zeit sollte keine Überraschung
darstellen, denn wir wissen, dass der biblische Codex
im 2. Jh. vC verfasst wurde, u.a. auch das Buch Daniel.
Des Weiteren gilt es zu beachten, dass die
Bibelwissenschaftler die biblischen Kompositionen in
zwei Bereiche unterteilt haben: nach der Sprache
zwischen dem klassischen biblischen Hebräisch zur
Zeit des Königreiches Juda und dem späten
biblischen Hebräisch bzw. dem »Hebräisch des
zweiten Tempels«. Eine solide Annahme, aber aus
den weiter oben beschriebenen Gründen haben wir
keinerlei Vorstellung von der genauen Verschiebung
zwischen dem klassischen biblischen Hebräisch. Man
kann also nicht sagen, ob es nach 586 vC noch eine
Zeitlang »überlebte« und man weiss nicht, wann
genau der Wechsel stattfand und wie der Wechsel
vonstattenging.

Wendet man sich der hasmonäischen Periode zu,
sind wir wieder bei der Frage, ob historiographische
Texte dieser Art hauptsächlich in Zeiten der Not und
des Zusammenbruchs geschrieben wurden oder in
Zeiten des Wohlstands, wenn man eine Legitimation
braucht, um die eigene Ideologie durchzusetzen. Es

gibt vieles, was dafür spricht, dass vielleicht nicht immer, aber in den meisten Fällen, diese Texte eher während einer Periode des Wohlstands entstehen. Königreiche bedienten sich immer auch der Schrift, um ihre jeweilige Ideologie durchzusetzen. Das gilt insbesondere für einen sehr kurzen Zeitraum nach der Revolte von Judas Makkabäus[348]. Von 152 vC, der Zeit Jonatans[349], bis in die Tage des Ethnarchen[350] Simeon[351] und dann des Johannes Hyrkanos I.[352], also in einem sehr kurzen Zeitraum von mehreren Jahrzehnten in der zweiten Hälfte des 2. Jh.s vC expandierte Juda von einem kleinen Gebiet im Hochland um Jerusalem herum, zu einem deutlich größeren und stärkeren Reich. Dieses Reichsgebiet erstreckte sich nun wieder über den größten Teil des Landes Israel, das gesamte Hochland von Juda, einschließlich Idumäa[353] im Süden. Im Westen reichte es bis an die Ränder der Küstenebene. Gezer und Jaffa wurden ebenso übernommen wie Samaria im Norden. Der Tempel der Samariter auf dem Berg Garizim wurde zerstört. Diese rasche und machtvolle Expansion spiegelt sich in verschiedenen Aspekten der materiellen Kultur wider und sollte auch auf die eine oder andere Weise in der Komposition von Texten reflektiert werden, da es einer Legitimation für die territoriale Ausdehnung bedurfte.

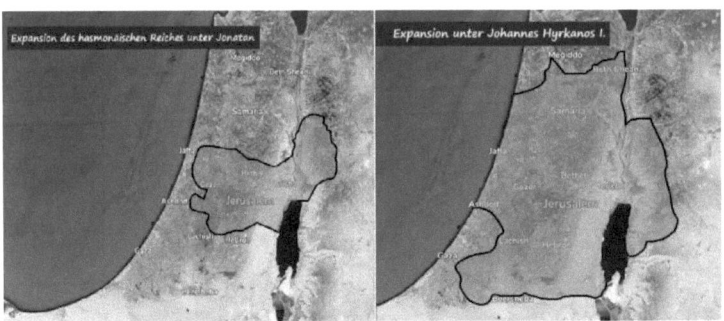

Wenn man sich dem biblischen Text zuwendet und sich hier vor allem auf Nehemia und die Chronik fokussiert, dann gilt es auch hier ein besonderes Augenmerk auf die Geographie zu legen. Orte können mittels archäologischer Techniken überprüft werden und bieten dadurch die Chance, etwas über den möglichen Hintergrund der jeweiligen Komposition zu erfahren.

Das Buch Nehemia kann im Grunde in zwei Teile geteilt werden. Kapitel 1-7 (ohne Kapitel 3) beinhalten die Memoiren Nehemias. Es handelt sich hierbei um eine eigentümliche Art der Komposition. Nehemia beschreibt darin der Ich-Form seine Mission und im Rest des Buches finden sich mehrere Kompositionen, die nicht Teil dieser Memoiren. Möglicherweise sind diese vor dem Hintergrund der hellenistischen Zeit oder sogar hasmonäischen Zeit entstanden. Auch lassen sich durchaus starke Motive für die Identifizierung der hasmonäischen

Bedürfnisse in den Memoiren Nehemias erkennen. Trifft das zu, dann zöge das der Datierung der traditionellen Bibelwissenschaft auf das fünfte oder vierte Jahrhundert vC den Boden unter den Füßen weg.

Kapitel 3 ist vor allem geographisch sehr detailliert gestaltet und beschreibt den Bau der Stadtmauer von Jerusalem. Erwähnt werden die Namen von Orten, insbesondere von Toren und Türmen und auch die verschiedenen Zentren der Bezirke innerhalb der Bezirke und Unterbezirke, so dass sich ein vollständiger Überblick über die Geographie Jerusalems und der umliegenden Provinzen ergibt. Die Idee des »Mauer-Problems« in Jerusalem steckt bereits in den Memoiren Nehemias, der beklagt, dass die Mauern zerstört sind und Jerusalem so arm und vernachlässigt auf ihn wirkt, wenn er die Kapitale besucht. Es geht hier aber nicht nur um das allgemeine Problem der Stadtmauer Jerusalems, sondern um die spezifische Beschreibung des Mauerbaus, die weder vom Stil noch im Hinblick auf die Kontinuität der Erzählung, in die Mitte passt. Es handelt sich also um eine sekundäre Einfügung und die Frage ist natürlich, wann diese erfolgte und was ist der Hintergrund für diese Art von sehr detaillierter historischer Beschreibung ist.

Die Topographie dieser Mauer beschreibt eine große Stadt und folgt man der Beschreibung mit den vielen Toren und Türmen, dann wird klar, dass dies nicht vergleichbar mit dem Bergrücken der »Stadt Davids« ist. Das erinnert an die Befestigungsanlagen Jerusalems in spätmonarchischer Zeit, welche das gesamte Stadtgebiet mit seinen drei Teilen umschlossen: Davidskamm, Tempelberg und Westhügel. Wenn wir vorerst die Frage überspringen, wann genau Kapitel 3 in die Memoiren eingefügt wurde und uns nur mit dem Kapitel befassen, dann ergeben sich drei Möglichkeiten: die, eher unwahrscheinliche, erste Möglichkeit ist, dass irgendwann in der persischen oder frühen hellenistischen Periode, ein Schreiber einen Text gefunden hat, der den Bau der Stadtmauer Jerusalems im späten 8. Jh. vC beschreibt und diesen dann in das Buch Nehemia eingefügt hat. Dagegen spricht, dass die Beschreibung und auch die Toponyme der Orte in Jerusalem in den Königbüchern oder den prophetischen Büchern in spätmonarchischer Zeit, nicht zu diesem Text passen. Ein weiterer Vorschlag sieht in Kapitel 3 eine »utopische Vision« eines großen Jerusalems in der Zukunft. Auch das ist eher kein realistischer Vorschlag, denn in Kapitel 3 handelt es sich um eine sehr genaue Beschreibung, die sich auf bestimmte

Orte bezieht. Man gewinnt den Eindruck, dass der Autor die Befestigungen entlanggeht und beschreibt, was er unterwegs sieht. Bliebe danach nur noch die dritte Option, welche die Beschreibung des Mauerbaus auf die Zeit der Hasmonäer in der zweiten Hälfte des 2.Jh.s vC datiert. Das würde auch erklären, warum andere Toponyme erwähnt werden, als die in der spätmonarchischen Zeit.

Es gibt also die einfache Möglichkeit zu sagen, dass es sich bei Kapitel 3 um eine Komposition aus dem 5. oder 4. Jh. vC handelt, welche die beklagenswerten Zustände in der zerstörten Stadt Jerusalem beschreibt. Dann kommt Nehemia und will die Stadtmauer Jerusalems wieder aufbauen, um die Stadt vor den Feinden in der Umgebung zu schützen. Folgerichtig wäre dann ein späterer Text in die Memoiren des Nehemia eingefügt worden. Das setzt aber voraus, dass die Memoiren Nehemias tatsächlich aus dem 4. Jh. vC stammen, was Stand heute nicht mit Sicherheit behauptet werden kann. Das wichtigste Argument in dieser Diskussion ist, dass es keinerlei Beweise für den Bau einer Stadtmauer in Jerusalem während der persischen Periode gibt. Die archäologischen Daten über Jerusalem besagen, dass es sehr überzeigende Beweise für Befestigungsanlagen für die mittlere

Bronzezeit, für die späteren Phasen der Eisenzeit und für die späten hellenistischen Perioden gibt. Aber es gibt keine einzige Stelle im östlichen Teil der Stadt aus der persischen Zeit, auch nicht die interessanten Entdeckungen oberhalb der Gihonquelle, da das dort verwendete Material aus der persischen Periode von unterhalb der Mauer stammt, also nichts über die Bauzeit des Gebäudes aussagt. Man muss sich also entweder für Befestigungen in spätmonarchischer Zeit oder für eine Mauer in hellenistisch-hasmonäischer Zeit aus dem 2.Jh. vC entscheiden.

So wie die Karte des spätmonarchischen Jerusalems erstellt werden kann, so verweis das Buch Nehemia auf die augenscheinlich wirklich dringende Notwendigkeit für den Bau der Stadtmauer, angesichts der von ihm namentlich genannten Feinde, die Jerusalem bedrohen. Bei der Liste der Widersacher von Nehemia sollte zwischen der bloßen Erwähnung der Feinde in den Memoiren Nehemias und den konkreten Namen, die in anderen Teilen angeführt werden, unterscheiden. Es schien so etwas wie eine »allgemeine Idee« von der Notwendigkeit des Mauerbaus gegeben zu haben. Die spezifischen Namen der potenziellen Feinde sind interessant, weil sie in alle Himmelsrichtungen weisen. Es gibt einen Feind im Norden, einen Feind im Osten, einen Feind im Westen und einen Feind im Süden. Wenn eine solche Situation geschildert wird, muss man in Bezug auf die dahinter stehende Ideologie sehr misstrauisch sein. , was die Ideologie dahinter angeht, auch weil die Makkabäerbücher die Vorstellung von Feinden ringsherum postulierten. Sanballat, der Horoniter[354] ist der Feind im Norden, Tobia, der Ammoniter [טוֹבִיָּה הָעַמּוֹנִי] der Feind im Osten, Gaschmu[355] oder Geschem, der Araber, ist der Feind im Süden und dann gibt es noch den namenlosen Feind von Aschdod.

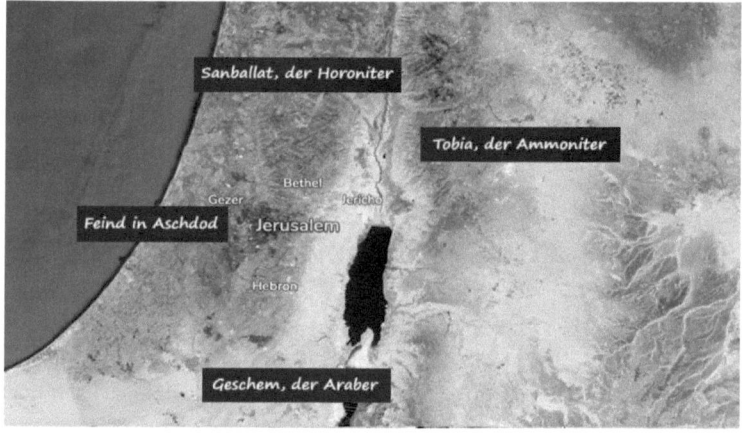

Es ist kaum realistisch, das ein Juda mit einigen tausend Bewohnern, dessen Gebiet sich maximal von Ramat Rachel [רָמַת רָחֵל] im Süden bis nach Mizpa im Norden erstreckte, besorgt über die vorgenannten Feinde gewesen sein soll. Aschdod lag weit weg an der Küste und es gab auch keine Feindschaft mit den Arabern im Süden oder den Ammonitern im Osten. Vermutlich handelt es sich bei diesen Namen nicht um Feinde aus der gleichen Zeit, sondern um eine Kollektion von Erinnerungen aus den Memoiren Nehemias plus jener, die später hinzugefügt wurden.

Die Erfahrungen des babylonischen Exils und der Rückkehr aus dem Exil spielen eine wichtige Rolle in der alttestamentlichen Literatur der nachexilischen Zeit. Die Heilsverkündigung des Deuterojesajabuches verheißt die Sammlung und Rückkehr der Exilierten nach Juda und Jerusalem (Jes 43,5-7; Jes 49,14ff; Jes 51,11) und ruft zum Auszug aus Babylon auf (Jes 48,20; Jes 52,11-12). Dabei wird die von JHWH geleitete Rückkehr durch die Wüste als neuer Exodus gedeutet (Jes 43,16-21; Jes 48,20f.; Jes 51,9-11; Jes 55,12f.). Auch in den Heilsverheißungen anderer Prophetenbücher spielt die Aussicht auf Rückkehr [שׁוּב, schuf kal] bzw. Rückführung durch JHWH [שׁוּב, schuf hif] eine Rolle (Sach 8,7-8; Jes 27,12f.), besonders in den jüngeren Texten des Jeremiabuches: Jer 16,14f.; Jer 23,3; Jer 24,4-7; Jer 29,10-14; Jer 30,3; Jer 30,1-10; Jer 31.

Die Liste der Rückkehrer eröffnet eine weitere Möglichkeit, die Archäologie einzubeziehen, weil sie eine Liste von Orten enthält, an denen mittels

Ausgrabungen nach Erkenntnissen gesucht werden kann. Diese Liste erscheint sowohl in Nehemia als auch in Esra mit den Orten, an denen sich die Menschen nach ihrer Rückkehr aus Babylonien niedergelassen haben. Auf Grundlage dieser Informationen ließe sich leicht eine Kategorisierung mittels einer Tabelle mit drei Spalten erstellen: Eisenzeit, Persische/Frühe Hellenistische Periode und Späte Hellenistische/Hasmonäische Periode. Dann wird sehr schnell deutlich, dass in der persisch-frühhellenistischen Periode einige Stätten gar nicht oder kaum bewohnt waren, während in der späthellenistisch-hasmonäischen Zeit das genaue Gegenteil der Fall ist.

Versucht man das Buch Nehemia zusammenzufassen, so geht der Mainstream der universitären Bibelforschung von zwei Möglichkeiten aus. Entweder handelt es sich um einen älteren Text mit den Memoiren des Propheten Nehemia, die möglicherweise aus dem 4. Jh. vC stammen und dann mit Texten aus der späteren hellenistisch-hasmonäischen Periode im 2. Jh. vC mit der dazugehörenden Ideologie der Feinde aus allen Himmelsrichtungen und den »Echtzeit-Beobachtungen« beim Mauerbau ergänzt wurden. Die andere Möglichkeit ist, dass das gesamte Buch Nehemia in

Wirklichkeit in hasmonäischer Zeit entstand. Diese Annahme basiert u.a. auf der Sicht, dass sich bereits in den Memoiren Nehemias Bestandteile der hasmonäischen Ideologie identifizieren lassen.

Wenden wir uns nun den Chronikbüchern zu, die deshalb besonders wichtig sind, weil sie die Geschichten erzählen, die bereits in den Büchern Samuel und Könige erzählt wurden. Das 2. Chronikbuch besteht aus zwei Arten von Texten: erstens aus den Texten, die sich im Buch der Könige wiederholen, insbesondere über die Könige von Juda nach der Teilung des Königreichs, beginnend mit Rehabeam und weiter bis zur Zerstörung, und zweitens aus den, was die Bibelforscher die unparallelen Texte nennen. Gemeint sind jene Einschübe in 2.Chr, die in den Königsbüchern nicht erwähnt werden und zusätzliche Informationen darüber liefern, was genau in der Zeit der Könige von Juda geschah. Die Frage drängt sich auf, warum die Autoren die Autorität der Königsbeschreibungen in den Samuelbüchern in Frage stellten. Worin bestand die Notwendigkeit, zu ergänzen, hinzuzufügen, auszuarbeiten? Und werden diese unparallelen Texte durch die Tatsachen vor Ort gestützt? Das führt unweigerlich erneut zu der Frage nach dem Entstehungsdatum der Chronikbücher. Das ist ein sehr kompliziertes Thema und die Bandbreite der vorgeschlagenen chronologischen Verortung

beginnt im 6. Jh. vC und reicht bis ins 3. Jh. oder im Falle Spinoza in das 2. Jh. vC. Allerdings basieren die Thesen, die davon ausgehen, dass die Chroniken vor 200 vC datiert werden müssen, auf zirkulären Argumentation und Texten, die wir nicht wirklich haben oder aus späteren Kompositionen stammen. Hingegen gibt es plausible Gründe für die Annahme, dass möglicherweise das erste Chronikbuch, aber sicher das zweite Chronikbuch auf die hasmonäische Periode im 2.Jh. vC zu datieren ist. Denn in dieser historischen Phase gibt es den ideologischen Bedarf, es gibt die historische Realität und es gibt die passende Geographie. Legt man den unparallelen Text auf eine Landkarte und verfolgt die allmähliche Ausdehnung von Juda von Anfang an über die Zeit von Asa und Joschafat bis hin zu den späteren Königen, und vergleicht dies mit den Angaben im ersten Makkabäerbuch haben, erhält man ein Spiegelbild der Ausdehnung des hasmonäischen Reiches parallel zur Ausdehnung der Könige von Juda, wie sie in den unparallelen Texten der Chronik beschrieben wird.

Was bedeutet das? Offensichtlich zielten die unparallelen Texte darauf ab, die Expansion des

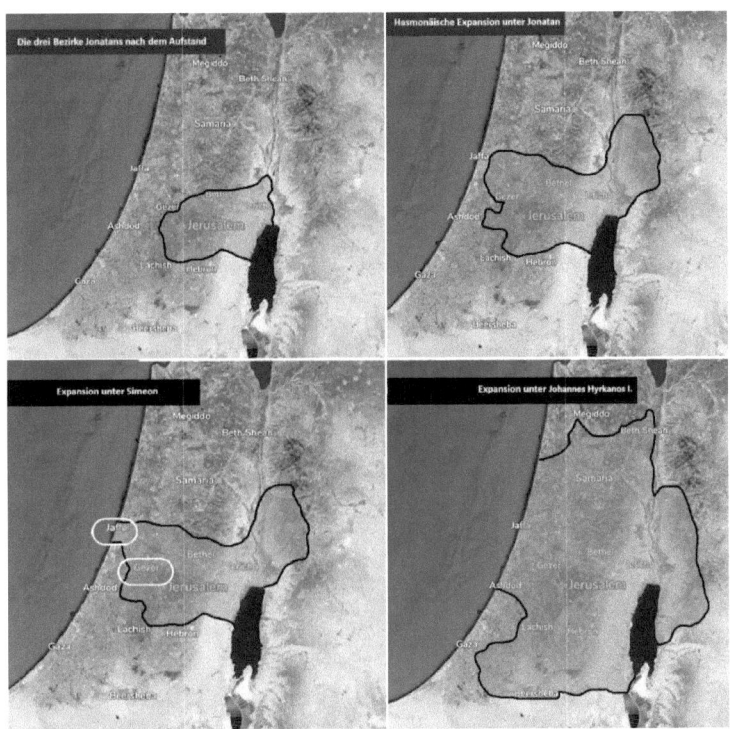

hasmonäischen Reiches in der zweiten Hälfte des 2.Jh. vC bis hinunter in die Zeit von Johannes Hyrkanos I., zu legitimieren. Mit dem 1.Makk lassen sich die Eroberungen und betreffenden Gebiete wirklich Schritt für Schritt nachvollziehen. Nach der Niederschlagung des Aufstandes liegt die Führung des besiegten Judas in den Händen von Jonatan, der sehr weise zwischen den seleukidischen Interessen und handelnden Personen laviert und bekommt die drei Bezirke, die im Norden an Juda grenzen und das stimmt interessanterweise mit einem der unparallelen Text überein. Auf ihn folgt sein Bruder Simon, der weiter expandiert und Gezer und vor allem Jaffa einnimmt, was den Hasmonäern den direkten Zugang zum Mittelmeer ermöglicht. Schließlich die gewaltige Ausdehnung während des dreißigjährigen Regnums von Johannes Hyrkanos I., der in alle Richtungen expandiert. Im Süden übernimmt er Idumäa, im Norden die Gebiete um Samaria und zerstört den Tempel der Samariter in Garizim und wir haben auch Informationen im Makkabäerbuch für die Ausbreitung der Hasmonäer bestimmten Teilen von Transjordanien an der Grenze zu Amon.

Wenn wir die Chronik als eine Art Versuch der Legitimierung der Hasmonäer-Dynastie verstehen, stellt sich die Frage, welche Motivation die Hasmonäer dazu getrieben haben dürfte, die »Geschichte umzuschreiben«. Eine Erklärung könnte sein, dass sie sich während der Zeit der seleukidischen Suprematie in einer sehr heiklen Situation befanden und klug manövrieren mussten. Die reale Unabhängigkeit eines hasmonäischen Staates ist eine Sache von mehreren Jahrzehnten im späten 2. Jh. und zu Beginn des 1.Jh.s. Offenbar gab es Probleme mit den Nachbarn, mit Feinden in der Umgebung oder auch mit den Seleukiden selbst. Die

Chroniken erschöpfen sich aber nicht in der Suche nach Legitimität, sondern sind Teil einer viel umfassenderen Literatur des Hasmonäerreiches im 2. Jh. vC, wie beispielsweise die Testamente der 12 Patriarchen[356]. Dabei ist ebenfalls zu beachten, dass die territoriale Ausdehnung der Hasmonäer in Gebiete erfolgt, die nicht von Judäern bewohnt waren. Exemplarisch dafür steht die Auseinandersetzung zwischen König Antiochus VII. Sidetes[357], der seinen Vertrauten Athenobius zu Simeon sandte, um seinen Unmut über die anhaltende Expansion deutlich zu machen. *„König Antiochus aber begann die Belagerung von Dor[358] [...] Und Simon schickte ihm zweitausend Mann zu Hilfe, gutes, auserlesenes Kriegsvolk, dazu viel Silber und Gold und genügend Waffen. Aber Antiochus wollte das nicht annehmen [...] und wandte sich von ihm ab und sandte einen seiner Freunde, der Athenobius hieß, zu ihm, um mit ihm zu verhandeln. Der sollte ihm sagen: Ihr habt Joppe und Geser und die Burg von Jerusalem eingenommen, Städte, die zu meinem Königreich gehören, und habt das Land ringsum verheert und großen Schaden in meinem Land angerichtet und viele Orte in meinem Königreich eingenommen. Darum gebt mir nun die Städte zurück, die ihr eingenommen habt, dazu den Tribut aus den Orten, die ihr außerhalb des Landes Judäa* *besetzt habt. Wenn ihr das nicht tun wollt, so gebt mir für die Städte fünfhundert Talente Silber und für den Schaden, den ihr angerichtet habt, und vom Tribut der Städte noch fünfhundert Talente dazu. Wenn ihr aber auch das nicht tut, so wollen wir kommen und gegen euch Krieg führen."* (1.Makk 16,25-31) Worauf Simeon wie folgt antwortete: *„Wir haben kein fremdes Land erobert noch fremde Güter geraubt, sondern nur das Erbe unserer Väter genommen. Unsre Feinde haben es aber eine Zeit lang mit Gewalt und zu Unrecht besetzt gehalten. Nun aber haben wir den Erbbesitz unserer Väter wieder an uns gebracht, als die Zeit für uns günstig war."* (1.Makk 16,33-34) Und dann macht er eine sehr interessante Unterscheidung zwischen dem hasmonäischen Kerngebiet und Randgebiet, zwischen Judäa und Gezer und Jaffa: *„Weil du aber Joppe* [Jaffa] *und Geser zurückverlangst: Diese Städte haben unserem Volk und unserem Land großen Schaden zugefügt. Doch wollen wir für beide Städte hundert Talente bezahlen."* (1.Makk 16,35) Grundsätzlich ist aber schon davon auszugehen, dass der Duktus der unparallelen Texte im 2.Chr die hasmonäische Expansion legitimiert und sich nicht wesentlich von der jüdischen Literatur im 2. Jh. vC, welche die Forschung als biblisch beschreibt, unterscheidet.

Es gibt einen weiteren Text, die Liste der Befestigungen Rehobeams in Juda: „*Rehabeam aber wohnte in Jerusalem und baute Städte in Juda zu Festungen aus, nämlich: Bethlehem, Etam[359], Tekoa[360], Beth-Zur[361], Socho[362], Adullam[363], Gath, Marescha[364], Sif[365], Adorajim[366], Lachisch, Aseka[367], Zora[368], Ajalon[369] und Hebron. Das waren die festen Städte in Juda und Benjamin.*" (2.Chr 11,5-10) Diese werden nur in der Chronik und nicht im Buch der Könige erwähnt. Das merkwürdige ist, dass es Forscher gibt, die dies als vollwertiges historisches Zeugnis ansehen, obwohl die Archäologie hinlänglich bewiesen hat, dass in der Zeit Jerobeams nicht eine einzige Befestigung im gesamten Territorium Judas existierte. Die Liste ist aber dennoch von Interesse, wenn man sich die dort genannten Namen aus zwei Perspektiven genauer ansieht. Geographisch gesehen können sich die genannten Fortifikationen nicht auf das Juda der spätmonarchischen Zeit beziehen. Betrachtet man die Toponyme unter archäologischen Gesichtspunkten, so wird deutlich, dass es sich hierbei um die Expansion der Hasmonäer handelt, denn Orte wie Beth-Zur [בֵּית צוּר] südlich von Jerusalem, der im 2. Jh. vC sehr wichtig war, oder auch Marescha und Adorajim. Hier wird die Strategie deutlich, das Hasmonäische Reich vor allem im

Westen zu schützen, weil von dort die meiste Gefahr drohte.

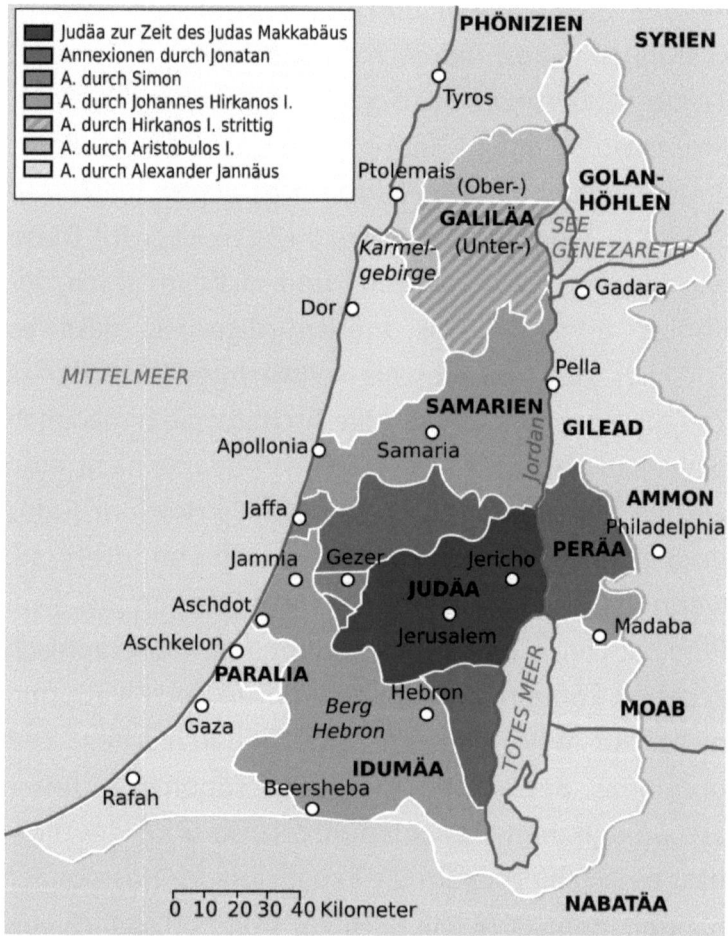

Der Angriff von Antiochus VII. Sidetes auf Juda im ersten Jahr seiner Macht-übernahme weist die hasmonäische Periode und auch die Archäologie liefert eindeutige Erkenntnisse. Einerseits gibt es keine Befestigungen im Juda des 3.-4. Jh. vC, andererseits stammen die ausgegrabenen Befestigungen in den leicht zu identifizierenden Orten aus der hellenistischen Zeit.

Am Ende dieses Buches angelangt haben wir rund 1.000 Jahre Geschichte des antiken Israels, von der späten Bronzezeit bis zum Hasmonäischen Reich im 2. Jh. vC besprochen. Die wichtigste Erkenntnis, wenn wir alles in einer Aussage über die Bibel und Archäologie zusammenfassen, ist die, das zwischen den dargestellten Perioden und der tatsächlichen Entstehungszeit zu unterscheiden ist. Bei der Betrachtung der Eroberung von Kanaan, der Archäologie der Eisenzeit, die »Grosse Vereinigte Monarchie im 10. Jh. vC« darf man nie außer Acht lassen, dass es kein Zeugnis, keine Beweise für die Komposition biblischer Texte vor 800 vC gibt. Eine allmähliche Verschriftlichung der biblischen Geschichtsschreibung beginnt im Nordreich erst in der ersten Hälfte des 8. Jh.s vC, also in dem dominierenden der beiden hebräischen Königreiche. Im Nordreich unter nicht unter den Davididen wurde die »Vereinigte Monarchie« realisiert. Nach der Eroberung des Nordreiches durch die Assyrer 722/720 vC gelangten die nördlichen Traditionen nach Juda und fanden Aufnahme in die judäischen

Kompositionen der spätmonarchischen Zeit im späten 8. bzw. in der ersten Hälfte des 7. Jh. vC. Die deuteronomistische Geschichtsschreibung vereinigte die nördlichen und die südlichen Traditionen im Sinne der judäischen Ideologie in spätmonarchischer Zeit. Die zweite Phase deuteronomistischer Geschichtsschreibung erfolgt dann in der persischen und frühen hellenistischen Periode, entweder in Jerusalem oder in Ägypten oder in Babylon. Der letzte Akt des wunderbaren historiographischen Überblicks in der Bibel erfolgt während der Expansion des Hasmonäischen Reiches in der zweiten Hälfte des 2. Jh.s vC. Das eigentlich faszinierende im Laufe dieser vielen Jahrhunderte ist, wie das Volk Israel ständig zu seiner eigenen Geschichte zurückkehrten, sie immer wieder aufs Neue betrachteten und über ihre eigene Geschichte nachdachten.

Epilog: Friede ist machbar, Nachbar!

Wer sich mit der vermeintlichen politischen Quadratur des Kreises im Heiligen Land wirklich befassen will, muss sich schon der Mühe unterziehen, die komplexe Geschichte mit ihren vielschichtigen Entwicklungen genauer unter die Lupe zu nehmen. Dieses kleine Stück Land im Nahen Osten ist im Laufe seiner Geschichte schon immer ein umkämpftes Gebiet gewesen, das verschiedene Völker und Mächte im Laufe der Jahrhunderte erobert, durchquert und ausgebeutet haben. Die von immenser geostrategischen, wirtschaftlichen und auch kulturellen Bedeutung dieser Landbrücke bildet den Schnittpunkt dreier Kontinente: Europa, Asien und Afrika.

Seit Jahrzehnten stehen sich nun dort Israelis und Palästinenser in einem territorialen Konflikt gegenüber. Die Vorschläge, wie er sich lösen ließe, werden seit Jahren diskutiert. Anspruchsvoll sind sie alle. Im Februar 2016 kam es in der jordanischen Hafenstadt Akaba zu einem denkwürdigen Treffen zwischen dem israelischen Premier Benjamin Netanjahu, dem jordanischen König Abdullah und dem damaligen US-amerikanischen Außenminister John Kerry. Dabei ging es um die mögliche Umsiedlung der in den Autonomiegebieten lebenden

Palästinenser auf den nördlichen Sinai. Bereits 2004 hatte ein israelischer Vertreter Ägypten vorgeschlagen, zu diesem Zweck 60.000 Quadratkilometer des nördlichen Sinai abzutreten. Im Sommer 2017 brachten der damalige US-Präsident Donald Trump und Benjamin Netanjahu eine weitere Variante dieses Vorschlags ins Spiel. Demnach würde Ägypten den Gazastreifen regieren, während Jordanien Teil der Westbank beaufsichtigen würde. Die übrige Westbank würde Israel kontrollieren und den dort lebenden Palästinensern die israelische Staatsbürgerschaft anbieten.

Der bekannteste Vorschlag ist die Zwei-Staatenlösung. Zu ihm bekennen sich unter anderem auch die Europäische Union und die Bundesrepublik Deutschland. Der Vorschlag ist fast so alt wie der Nahostkonflikt selbst. Erstmals kam er in der so genannten Peel-Kommission zur Sprache, die die britische Mandatsmacht 1937 eingesetzt hatte. Die Kommission kam zu einem ernüchternden Schluss: Zwischen den beiden auf engem Raum lebenden Gruppen bestehe ein "unüberwindbarer Konflikt." Die Gruppen hätten keinerlei Gemeinsamkeiten. "Ihre nationalen Hoffnungen sind nicht miteinander vereinbar." Darum müsse das Land in zwei Staaten aufgeteilt werden. Der Plan wurde immer wieder diskutiert. Neuen Schwung erfuhr er zu Beginn des neuen Jahrtausends - sowohl unter Israelis wie auch Palästinensern stieg die Zustimmung. Im Zuge des unausgesetzten Siedlungsbaus nahm die Zustimmung unter Palästinensern dann aber wieder ab. Viele Befragte erklären, angesichts der fortgeschrittenen Zersiedelung des Landes sei eine Zwei-Staaten-Lösung ohnehin nicht mehr umsetzbar. Umgekehrt bröckelte angesichts des palästinensischen Terrors auch in Israel die Zustimmung.

Eine Alternative zur Zwei-Staaten-Lösung wäre die Ein-Staat-Lösung: Israelis und Palästinenser würden gemeinsam in einem Staat leben. Die meisten Israelis lehnen diese Idee ab. Das gravierendste Problem: Die demographische Entwicklung würde mittel- bis langfristig die Identität Israels als jüdischer Staat untergraben. Denn nähme Israel die Palästinensergebiete in das eigene Staatsgebiet auf, müsste es den Palästinensern die vollen Bürgerrechte gewähren. Dann würde Israel aber de facto ein bi-nationaler Staat werden und folglich seinen Charakter als jüdischer Staat aufgeben. Das will die Mehrheit der Israelis nicht. Hinzu käme: Ein solcher Einheitsstaat müsste einvernehmlich begründet werden.

Einen weiteren Vorschlag präsentiert der Historiker Michael Wolffsohn. Er wirbt seit Jahren für eine konföderierte Bundesrepublik Jordanien-Palästina mit dem Bundesland Westjordan und gegebenenfalls dem Gazastreifen. Die Konföderation wäre grundsätzlich auch erweiterbar, und zwar in Richtung eines Staatenbundes "Palästina-Jordanien-Israel". Diese, so Wolffsohn, würde den demographischen Realitäten entsprechen: Im Westjordanland leben derzeit rund 22 Prozent Juden, während in Israel umgekehrt 23 Prozent der Bürger palästinensische Wurzeln haben.

Einen Bevölkerungsaustausch hält Wolffsohn angesichts dieser Zahlen für nicht mehr möglich. Stattdessen plädiert er für einen erweiterten Staatenbund. „Die Araber Israels, die bekanntermaßen Palästinenser sind, blieben in Israel und bekämen entweder das Wahlrecht fürs palästinensisch-jordanische oder, basierend auf individueller Entscheidung, fürs israelische Parlament", schreibt Wolffsohn. "Sowohl jüdisch-israelische als auch palästinensische und jordanische Selbstbestimmung wären gewährleistet. Ebenso die jeweilige Staatlichkeit."

Keine dieser Lösungen ist einfach. Alle setzen sie viel voraus. Grundbedingung ist die nachvollziehbare

Forderung Israels, das alle seine Nachbarn grundsätzlich das Existenzrecht Israel anerkennen. Solange dies nicht der Fall ist, fehlt die Grundvoraussetzung für eine nachhaltige und belastbare Lösung. Das Abrahamabkommen zwischen Israel, den Vereinigten Arabischen Emiraten (VAE) und Bahrein sowie die nachfolgenden Abkommen mit Marokko und dem Sudan, waren ein wichtiger und erfolgversprechender Anfang. Das der terroristische Angriff auf Israel durch die Hamas und weitere Proxies des Mullahregimes in Teheran unmittelbar nach der Initiative des saudischen Kronprinzen erfolgte, welche diplomatische Beziehungen und damit eine Normalisierung der Beziehungen zu Israel möglich zu machen schien, ist sicherlich kein Zufall.

Von grundsätzlicher Bedeutung für eine Lösung dürfte sein, dass sich alle Beteiligten ihrer jeweiligen historischen Mythen entledigen. Es gab weder Palästina noch Israel „schon immer". Bereits um 18.000 vC mehren sich Anzeichen für dauerhafteres Lagern in der Levante, welche selbst in der sogenannten Neolithischen Revolution zwischen 10.000–9.000 noch spärlich besiedelt war. Die urbane Entwicklung der Region erfolgte deutlich später als in Ägypten und Mesopotamien.

Ausnahmen waren Jericho und En Esur. Die ersten anderen Städte in der südlichen Levante dürften um 2100 vC gegründet und wieder aufgegeben worden sein, Handelsrouten zwischen den Hochkulturen blieben aber bestehen. Zu diesem Zeitpunkt werden in sumerischen Quellen die Amurriter (Kleinviehnomaden am mittleren Euphrat) als Bewohner der Levante genannt. Eine kürzlich, auf DNA-basierten Daten veröffentlichte Studie des Department für Evolutionäre Anthropologie der Universität Wien ergab, dass die sogenannten Kanaaniter erstaunliche Ähnlichkeiten mit Ethnien aus dem Kaukasus und dem Zagrosgebirge (Iran) aufweisen, deren Migration in die Levante zwischen 4.500-3.000 vC stattgefunden haben dürfte. Der älteste archäologische Fund, der Kanaan wortwörtlich erwähnt, ist die Statue von Idrimi, dem König von Alalach (heutige Südküste Türkei), der als politischer Flüchtling nach Kanaan zog. Der König und die Inschrift werden allgemein auf rund 1.450 vC datiert, wo auch die Apiru als Bewohner Kanaans erwähnt werden. Möglicherweise eine von mehreren sozialen oder ethnischen Gruppierungen, aus denen sich während der sogenannten Landnahmezeit das Volk Israels herausbildete. Flinders Petrie fand 1896 eine schwarze Granitstele in den Ruinen des Totentempels von Pharao Merenptah (regierte von

1213-1204 vC). „Israel ist verwüstet, seine Saat ist nicht mehr." Dies ist die früheste außerbiblische Quelle, die auf ein Volk namens Israel in der Levante hinweist.

Kommen wir zu den Philistern. Aufgrund ägyptischer Inschriften herrscht in der Forschung heute weitgehend Einigkeit, dass die Philister nicht ursprünglich aus der Levante stammten, sondern eines von mehreren der sogenannten Seevölker waren. Ihr Herkunftsgebiet war der westliche Mittelmeerraum und ihr Erscheinen in der Levante war dem globalen Kollaps der antiken Großreiche zwischen 1.250-1.100 vC geschuldet. Mit einigen tausend Philistern erfolgte die Besetzung der Schefela, das Tiefland und die Küstenregion im heutigen Israel, über einen geschätzten Zeitraum von etwa 100 Jahre. Bei den Vorfahren der heutigen Palästinenser handelte es sich ursprünglich also um keine lokale Ethnie, sondern um Migranten. „From the River to the Sea" ist ein faschistoider Slogan, der die Vernichtung und Vertreibung der Juden voraussetzt.

Es spricht also sehr viel dafür und wenig dagegen, dass weder Palästinenser noch Juden ein alleiniges Recht auf das Land zwischen dem Jordan und dem Mittelmeer haben. Möglicherweise liegt in dieser

Erkenntnis die einzige erfolgversprechende Lösung des Konfliktes. Erst wenn alle Beteiligten bereit sind, ihre politischen Ideologien und religiösen Vorbehalten zugunsten einer ergebnisoffenen Suche nach der Gestaltung eines friedlichen Mit- oder zumindest Nebeneinanders aufzugeben, haben alle Menschen im Heiligen Land die Chance auf ein Leben ohne Terror, Not und Angst.

Otto von Bismarck, der erste Kanzler des Zweiten Deutschen Reiches, sah die Politik, vor allem die große Macht- und Außenpolitik, als ein Reagieren auf Gottes Wirken in der Welt an. Die wesentliche Kompetenz des Staatsmanns bestehe laut Bismarck darin, „abzuwarten und zu lauschen, bis er den Schritt Gottes durch die Ereignisse hallen hört". Und dann käme es darauf an, „vorzuspringen und den Zipfel seines Mantels zu fassen". Den „Mantelzipfel Gottes" – mehr könne man vom Verlauf und dem Sinne geschichtlicher Ereignisse nicht erfassen, aber immerhin: diesen Zipfel können wir ergreifen, wenn sich der rechte Moment ergibt. Und so bleibt die Hoffnung, dass irgendwann die Mächtigen in der Region und der gerade wiedergewählte Präsident der USA, Donald J. Trump, den Schritt Gottes hören mögen und den Mut aufbringen, den „Mantelzipfel Gottes" auch zu ergreifen.

Denn »*wer das Leben lieben und gute Tage sehen will, der hüte seine Zunge, dass sie nichts Böses rede, und seine Lippen, dass sie nicht betrügen. Er wende sich ab vom Bösen und tue Gutes; er suche Frieden und jage ihm nach.*« (1.Petr 3,10-11)

Endnoten

[1] **Israel Finkelstein** [יִשְׂרָאֵל פינקלשטיין], geboren am 29.03.1949 in Tel Aviv ist Direktor des Archäologischen Instituts der Universität von Tel Aviv, hat als Gastprofessor in Harvard und an der Sorbonne gelehrt und zählt zu den führenden Archäologen in Israel. Seit 1992 leitet er die Augrabungen in Megiddo.

[2] **Tanach** oder Tenach [תנ״ך, *TaNaKh*] ist eine von mehreren Bezeichnungen für die Hebräische Bibel, im Christentum als Altes Testament bezeichnet. Der Tanach besteht aus den Hauptteilen Tora [תּוֹרָה, Weisung], Nevi'im [נְבוּאָה, Propheten] und Ketuvim [כְּתוּבִים, Schriften]. *TaNaKh* ist das Akronym der Anfangsbuchstaben dieser Hauptteile.

[3] **'Ubeidiya** [עובידיה] liegt rund drei Kilometer südlich des See Genezerath im mittleren Jordan-Tal, unweit des Kibbuz Beit Zera. Seit den frühen 1960er–Jahren wurden hier bei Ausgrabungen die – nach den Dmanissi–Schädeln aus Georgien – mit rund 1,5 Millionen Jahren zweitältesten, sicher datierten Fossilien der Gattung Homo außerhalb Afrikas geborgen. Vgl. hierzu Tchernov, Eitan: *The Age of 'Ubeidiya Formation (Jordan Valley, Israel) and the Earliest Hominids in the Levant.* In: Paléorient. 14 (2): 63–65, 1988.

[4] **Gesher Benot Ya'aqov** [גשר בנות יעקב], „Brücke der Töchter Jakobs", ist ein archäologischer Fundplatz im nördlichen Jordantal am Ufer eines ehemaligen Sees. Der Fundplatz wurde im Jahre 1999 im Zuge der Vertiefung des Jordans geflutet und damit zerstört. Vgl. hierzu Ronen, Avraham: The oldest human groups in the Levant. In: Comptes Rendus Palevol. 5 (1–2): 343–351, 2006.

[5] Der **Karmel** [כַּרְמֶל, *kerem 'el*], „Weinberg Gottes", ist ein Gebirgszug in Nordisrael im Bezirk Haifa.

---

[6] Die **Tabun–Höhle** [מערת תנור], „Backofen–Höhle", ist eine Höhle im Naturschutzgebiet Nahal Meárot im Karmelgebirge, knapp 20 Kilometer südlich von Haifa. Die Höhle ist ein bedeutender Fundplatz von Knochen und Werkzeugen der Neandertaler.

[7] Die **Skhul–Höhle** [מְעָרַת הַגְּדִי, Me'arat haGedi], „Höhle der Ziegenkitze", ist eine Fundstätte im heutigen Naturschutzgebiet Nachal Nahal Me'arot im Karmelgebirge bei Athlit, knapp 20 Kilometer südlich von Haifa.

[8] Die **Qesem–Höhle** [מְעָרַת קֶסֶם, Me'arat Qessem], „Zauber–Höhle", ist eine etwa zwölf Kilometer östlich von Tel Aviv gelegene, verschüttete Karsthöhle mit menschlichen Fossilfunden und Siedlungsresten aus der Altsteinzeit.

[9] Die **Manot–Höhle** [מְעָרַת מָנוֹת, Me'arat Manot] ist ein archäologischer Fundplatz im Moschav Ma–not in Westgaliläa.

[10] Die **Qafzeh–Höhle** [מערת קדומים] ist eine Fundstätte am südlichen Stadtrand von Nazareth.

[11] Das **Natufien** war eine Kultur des Proto–Neolithikums in der Levante. Vgl. hierzu Bar-Yosef, Ofer: *The Natufian culture in the Levant, threshold to the origins of agriculture*. In: Evolutionary Anthropology: Issues, News, and Reviews. 6 (5): 159–177, 1998.

[12] Als **Kupfersteinzeit** (χαλκός *chalkós*, „Erz, Kupfer, Bronze, Metall" und λίθος *líthos*, „Stein") wird der Zeitabschnitt zwischen der Jungsteinzeit und der Bronzezeit bezeichnet, in dem der Kupferbergbau und grundlegende Techniken der Kupfer-Metallurgie entwickelt wurden oder stark anwuchsen. Diese Epoche umfasst in Südosteuropa und dem Nahen Osten etwa den Zeitraum von 5.500-2.200 vC, wobei hier die wirtschaftliche Bedeutung des Kupfers zugrunde gelegt wird. Der Beginn der Kupferverarbeitung geht bis ins 8. Jh. vC zurück. Da die Einführung der Kupferverarbeitungstechnologie regional unterschiedlich Jh.e dauerte, muss der Begriff

»Kupferzeit« chronologisch in unterschiedlichen Gebieten anders angesetzt werden.

[13] Die kupferzeitliche **Ghassulien–Kultur (Be'er Scheba–Kultur)** blühte im vierten Jh. vC vor allem in der Levante. Der namensgebende Fundort ist Teleilat Ghassul nordöstlich vom Toten Meer gelegen. Die Träger der Kultur gelten auch als die Erbauer der Megalithanlagen auf dem Golan.

[14] Vgl. hierzu Steiglitz, Robert: *Migrations in the Ancient Near East*. In: Anthropological Science. 3 (101): 263, 1992.

[15] Die **Maikop–Kultur** [Майкóп] ist eine Kultur der Frühen Bronzezeit, deren Hinterlassenschaften auf dem Gebiet des heutigen Südrusslands und im nordwestlichen Kaukasus gefunden wurden.

[16] Das **Kambrium** ist eine Zeitspanne der Erdgeschichte, die dem Zeitraum von vor 541–485 Millionen Jahren entspricht. Diese Periode ist durch eine explosionsartige Zunahme der Lebensformen gekennzeichnet, die sogenannte Kambrische Explosion. Während dieser Zeit entstanden, vermutlich infolge veränderter Umweltbedingungen im Meer (Sauerstoff–Anteil im Wasser der Schelfmeere) fast alle heutigen Tierstämme.

[17] **Be'er Scheba** [שְׁ בֶּאֵר‎], „Brunnen des Schwurs" oder „Brunnen der Sieben", gilt als »Hauptstadt des Negev«, an dessen Rand sie liegt.

[18] **En Esur** bezeichnet eine Ausgrabungsstätte im nördlichen Israel sowie die dort entdeckte ehemalige Siedlung aus der Frühen Bronzezeit der Region Kanaan. Diese ist etwa 5000 Jahre alt und wurde schätzungsweise von 5.000-6.000 Menschen bewohnt. Zusätzlich fand man unterhalb dieser Siedlung Hinweise auf eine noch 2.000 Jahre ältere Siedlung aus der Kupferzeit. Hier gibt es Anzeichen für früheste Urbanisierungsprozesse.

[19] Vgl. hierzu Elad, Itai / Paz, Yitzhak: *En Esur (Asawir): Preliminary Report.* In: Hadashot Arkheologiyot. Excavations and Surveys in Israel. 130:2, 2018

[20] **Ebla** war eine antike Stadt im Norden Syriens, etwa 55 km südwestlich von Aleppo. Sie hatte während zweier Perioden, gegen Ende des 3. Jh.s vC und zwischen 1.800-1.650 vC, den Status eines Stadtstaates. Der Siedlungshügel der Ausgrabungsstätte, der vor allem für sein Archiv von über 20.000 Keilschrift-Tontafeln aus dem 3. Jt. vC bekannt ist, heißt Tell Mardikh.

[21] **Akkad** war im späten 3. Jt. vC eine Stadt in Mesopotamien und wurde unter Sargon von Akkad zum Zentrum seines Reiches erhoben. Dieses wird heute nach seiner Hauptstadt als Akkadisches Großreich bezeichnet, die entsprechende Periode der mesopotamischen Geschichte Akkadzeit (etwa 2.340–200 vC) genannt. Außerdem ist die in verschiedenen Sprachstufen und Dialekten bis ins 1. Jh. nC belegte semitische Sprache Mesopotamiens nach der Stadt benannt: Akkadisch. Die Lage der Stadt war noch in neubabylonischer und persischer Zeit (6.-5. Jh. vC) bekannt, geriet aber später in Vergessenheit. Bis heute konnten Archäologen nicht bestimmen, wo sie lag.

[22] Als **Sumer** bezeichnet man den südlichen Teil der Kulturlandschaft des unteren mesopotamischen Schwemmlandes, das sich zwischen dem antiken Nippur 180 km südlich der heutigen Stadt Bagdad und dem Persischen Golf erstreckte, dessen Küste damals etwas weiter nördlich lag als heute. In Sumer wurde erstmals in der Menschheitsgeschichte der Übergang zu einer Hochkultur vollzogen. Die Sumerer lebten in Stadtstaaten mit bis zu Zehntausenden von Einwohnern. Die ältesten Schriftstücke der Menschheit wurden in Sumer gefunden. Sie schrieben ihre keilschriftähnliche Bilderschrift zunächst auf Tontafeln, daraus

entwickelte sich später eine Silbenschrift, die Keilschrift. Träger dieser Kultur war die Ethnie der Sumerer.

[23] Die **Amoriter** waren ein antikes Volk semitischer Sprache aus Vorderasien. Sie sind vor allem im Gebiet des mittleren Euphrat nachweisbar. Bevor sie sich am Euphrat niederließen, waren sie Kleinviehnomaden.

[24] **Uruk**, das heutige Warka, liegt etwa 20 Kilometer östlich des Euphrats in der Nähe der antiken Stadt Ur im südlichen Irak. Im Altertum lag die mesopotamische Stadt direkt am Fluss. Uruk trug früher den Beinamen „Schafhürde". Die Stadt ist einer der bedeutendsten Fundorte im Zweistromland und ist namensgebend für die Uruk–Zeit (etwa 3.500-2.800 vC).

[25] **Hazor** [חָצֹר, *chasor*], war eine bronzezeitliche kanaanitische Metropole auf einem Hügel in Ober–Galiläa nördlich des Sees Genezareth. Sie war um 1.800 vC die größte Stadt in Kanaan.

[26] **Kadesch** war eine im Altertum bedeutsame Stadt am Fluss Orontes in Syrien. Der Grabungshügel (Tel) liegt etwa 25 km südwestlich der Stadt Homs und südwestlich von Katna.

[27] **Ugarit** war eine seit etwa 2.400 vC keilschriftlich bezeugte Stadt im Nordwesten des heutigen Syrien und während der Bronzezeit ein wichtiges Handels- und Kulturzentrum. Spätestens ab dem 14. Jh. vC war Ugarit Hauptstadt eines gleichnamigen Königreichs in Nordsyrien, das nördlich an Amurru angrenzte.

[28] Das **Zagros–Gebirge** ist das größte Gebirge Irans, wobei kleinere Teile sich auch auf dem Gebiet des Irak bzw. Kurdistans befinden.

[29] Vgl. hierzu Richard, Suzanne: *Archaeological Sources for the History of Palestine. The Early Bronze Age. The Rise and Collapse of Urbanism*. In: The Biblical Archaeologist. 50 (1):22–43, 1987

[30] **'Ein Esur** [עֵין אָסוּר], bezeichnet eine Ausgrabungsstätte im Wadi Ara im Norden Israels sowie die dort entdeckte ehemalige Siedlung aus der frühen Bronzezeit. Diese ist etwa

5.000 Jahre alt und wurde schätzungsweise von 5.000-6.000 Menschen bewohnt.

[31] **Megiddo** [מְגִדּוֹ] war in der Antike eine Stadt in der Jesreelebene im Norden Israels. Sie befand sich an der Kreuzung der alten Handelsstraße Via von Ägypten nach Syrien und der Route Akko –Sichem–Jerusalem, am Ausgang des Arunah Passes über das Karmel–Gebirge. Megiddo wird als wichtigste archäologische Stätte der biblischen Periode in Israel und als eine der bedeutendsten Forschungsstätten des Nahen Ostens angesehen.

[32] Vgl. hierzu Golden, Jonathan M.: *Ancient Canaan and Israel. An Introduction*. Oxford University Press. Seite 5, 2009.

[33] **Ugarit** (heute Ra's Schamra) war eine seit etwa 2.400 vC keilschriftlich bezeugte Stadt im Nordwesten des heutigen Syrien und während der Bronzezeit ein wichtiges Handels- und Kulturzentrum. Spätestens ab dem 14. Jh. vC war Ugarit Hauptstadt eines gleichnamigen Königreichs in Nordsyrien, das nördlich an Amurru angrenzte.

[34] Das Reich **Elam** mit der Hauptstadt Susa (Schusim) lag östlich des Tigris in einem Gebiet, das heute Chusistan (Iran) genannt wird. In seiner von 3.000-640 vC währenden wechselvollen Geschichte wurde es immer wieder von den Mächten des Zweistromlandes (Sumerer, Akkader, Babylonier, Assyrer) erobert und fiel seinerseits häufig in Mesopotamien ein.

[35] **Larsa** war ein Stadtstaat in Sumer, etwa 25 km südöstlich von Uruk. Der heutige Name von Larsa ist Tell as–Senkereh.

[36] **Isin** (heute: Išān al–Bahrīyāt im Irak) war eine Stadt in Mesopotamien, deren Überreste sich ca. 200 km südsüdöstlich von Bagdad und 35 km südsüdwestlich von Nippur befinden. Sie wird bereits in Keilschrifttexten aus dem 3. Jt.s vC erwähnt. Besonders prägend wirkte sie sich auf die mesopotamische Geschichte zu Beginn des 2. Jt.s vC aus.

[37] **Babylonien** bezeichnet eine Landschaft am Unterlauf der Flüsse Euphrat und Tigris, zwischen Bagdad und dem

Persischen Golf. Das kulturelle Zentrum dieser fruchtbaren Ebene im Altertum war die Stadt Babylon, die im Laufe ihrer Existenz von Herrschern aus zahlreichen Volksstämmen erobert und regiert wurde. Das erste babylonische Reich wurde 1894/1830 vC vom semitischen Stamm der Amoriter durch zahlreiche innere Unruhen und durch Angriffe von außen geschwächt, wurde es schließlich von dem Hethiterkönig Mursili I. 1595/1531 vC eingenommen. Das sogenannte Altbabylonische Reich fand damit sein Ende.

[38] Die **Hyksos**, „Herrscher der Fremdländer", waren eine Gruppe ausländischer Könige, die Ägypten für etwa 108 Jahre während der Zweiten Zwischenzeit regierten. Sie reichte von der 13. bis zum Ende der 17. Dynastie. Die angegebenen Zeiten schwanken etwas, aber im Allgemeinen gehen die Ägyptologen von ca. 1648-1550 vC aus.

[39] **Jamchad** war ein antiker Staat des Vorderen Orients, der laut Mittlerer Chronologie ab dem ausgehenden 19. Jh. vC quellenmäßig fassbar ist und mindestens bis in die zweite Hälfte des 17. Jh.s vC existierte. Seine Hauptstadt war Halab, das heutige Aleppo.

[40] **Qatna** war die Hauptstadt eines Stadtkönigreiches in Syrien. Sie befand sich auf dem Tell Mischrife in Westsyrien, ca. 18 km nordöstlich von Homs und ca. 180 km nordöstlich der syrischen Hauptstadt Damaskus, auf dem Gebiet der heutigen Stadt Muschrifa. Qatna war im 2. Jh. vC eine bedeutende Handelsmetropole; sie kontrollierte die wichtigsten Handelswege der Umgebung, vor allem zwischen Ägypten und Mesopotamien sowie vermutlich dem Hethiterreich. Qatna wurde 1340 vC von den Hethitern zerstört. In der Eisenzeit lag hier eine kleinere Siedlung, die bis in byzantinische Bestand hatte.

[41] **Manethos Werk**, die Geschichte Ägyptens, ist frühzeitig untergegangen und nur das Verzeichnis der Dynastien, ein Drittel der Königsnamen und einige Fragmente sind erhalten.

Aber auch diese Reste existieren nur in Auszügen aus zweiter und dritter Hand, die durch Flavius Josephus und die christlichen Geschichtsschreiber Iulius Africanus und Eusebius angefertigt worden sind und aus deren ebenfalls verlorenen Werken durch Georgios Synkellos (im 8. Jh.) überliefert.

[42] Der **Königspapyrus Turin** ist eine altägyptische Königsliste. Das stark fragmentiert Original befindet sich heute im Museo Egizio in Turin.

[43] Der **Palermostein** ist ein ägyptischer Annalenstein. Er enthält die Namen der Pharaonen aus prädynastischer Zeit bis zur 5. Dynastie. Seinen Namen erhielt er aufgrund seines jetzigen Aufbewahrungsortes in Palermo. Als ursprünglicher Aufstellungsort wird das Sonnenheiligtum des Pharao Niuserre (5.Dynastie) in Abusir vermutet.

[44] Die **Naqada–Kultur** ist eine kupfersteinzeitliche Kultur der prädynastischen Zeit Ägyptens. Die Naqada–Kultur entstand Anfang des vierten Jh. vC in Oberägypten und breitete sich im Laufe von 1.500 Jahren nordwärts nach Unterägypten aus.

[45] **Ai** [עי] ist der Name eines bis in die Mitte des 3. Jh.s vC in der Nähe von Beth El gelegenen Stadtstaates.

[46] Lag im östlichen Nildelta

[47] **Thutmosis III.** (1.486-1.425 vC) war der sechste altägyptische Pharao der 18. Dynastie. Er bestieg 1.479 vC den Thron und regierte bis zu seinem Tod 1.425 vC.

[48] **Mittani** war ein Staat in Nordsyrien. Im 15. und frühen 14. Jh. vC reichte er von der Grenze Nordmesopotamiens bis in den Norden Syriens. Von der Mitte des 14. Jh.s vC bis zu seinem Ende in der Mitte des 13. Jh.s vC umfasste er das Gebiet der Quellflüsse des Chabur. Mittani erstreckte sich zur Zeit seiner größten Ausdehnung von Nuzi (heute bei Kirkuk im Irak) im Osten über die Nordtigrisregion und Nordsyrien bis nach Kizzuwatna in Kleinasien im Westen. Sein Zentrum lag im Gebiet des Chabur und dessen Quellflüssen.

[49] **Arzawa** ist die hethitische Bezeichnung eines Reichs und einer Region in West-Kleinasien, die vermutlich von Luwiern bewohnt wurde. Im 15. und in der ersten Hälfte des 14. Jh.s vC hatte Arzawa seinen machtpolitischen Höhepunkt und war zeitweise - während einer Schwächeperiode des Hethiterreichs – die führende Macht in Kleinasien. Das Kerngebiet von Arzawa lag in der Region um und nördlich des Tals des Maiandros. Die Hauptstadt Apasa lag nach vorherrschender Forschungsmeinung bei Ephesos.

[50] **Alašija** war in der späten Bronzezeit der Name für Zypern oder ein Stadtkönigreich auf Zypern.

[51] **Amenophis II**. war der siebente altägyptische Pharao der 18. Dynastie und herrschte vermutlich von 1.428-1.397 vC.

[52] Die **Hurriter** waren im 3. und 2. Jh vC an der Grenze zu Nordmesopotamien ansässig. Von dort aus unternahmen sie Züge nach Assyrien, Kleinasien und in die Levante.

[53] Als **Semiten** werden (historische) Völker bezeichnet, die eine semitische Sprache sprachen. Der Sammelbegriff „Semiten" als Bezeichnung einer Völkerfamilie gilt als ungenau und überholt. Die Bibel führt die Abstammung Abrahams auf Sem, den Sohn Noachs, zurück. In Anlehnung daran bezeichnete man in biblischer Zeit alle Völker Vorderasiens, die sich als Nachkommen Abrahams betrachteten, als „Söhne des Sem". Zu den Semiten zählen die Amharen, Tiginya, Araber, Hyksos, Malteser, Minäer, Sabäer, Amoriter, Ammoniter, Akkader,Babylonier, Assyrer, Aramäer, Hebräer, Kanaaniter, Moabiter, Nabatäer, Phönizier und Samaritaner.

[54] Die **Kassiten** waren ein Volk im alten Mesopotamien. Nach dem hethitischen Überfall auf Babylon 1.595 oder 1.531 vC erlangten sie um 1.475 vC die Herrschaft in Babylonien, das sie bis zur Eroberung durch die Elamiter 1.155 vC, also für einen Zeitraum von über 300 Jahren, beherrschten.

[55] **Luwier** ist die moderne wissenschaftliche Bezeichnung einer Bevölkerungsgruppe, welche in der Bronzezeit und in der

Eisenzeit in Kleinasien und Nordsyrien lebte, wobei darunter Sprecher der luwischen Sprache verstanden werden.

[56] Die **Apiru** werden oft mit den Hebräern des Tanach in Verbindung gebracht und sind möglicherweise eine von mehreren sozialen oder ethnischen Gruppierungen, aus denen sich während der sogenannten Landnahmezeit das Volk Israel herausbildete. Sie setzten sich aus von der Gesellschaft auf Grund von Verschuldung, Verbrechen oder familiärer Probleme verstoßener Männer zusammen. Durch ihren Beitrag zur allgemeinen Verunsicherung im Gebiet der Levante um 1.200 vC waren sie ein wichtiger Faktor für die folgende bis 1000 vC andauernde Deurbanisierung (Zusammenbruch der Bronzezeit).

[57] Bereits im frühen 4. Jh. vC war der Standort von Sichem [שְׁכֶם, Schechem] besiedelt. In der Mittel- und Spätbronzezeit (etwa 2.000-1.200 vC) war Sichem eine bedeutende kanaanäische Stadt, die um 1.900 vC mit ihrem König Ibisch-Hadad in einem ägyptischen Ächtungstext erwähnt wurde. Im 16. bis 15. Jh. vC wurde es zerstört, dann aber wiederaufgebaut. In den Armana-Briefen erscheint Sichem mehrfach als *Schakmi*. Herrscher war zu diesem Zeitpunkt ein gewisser Labaju, der gegen den ägyptischen König rebellierte und schließlich von den Männern von Gila ermordet wurde.

[58] **Amenophis III.** War der neunte altägyptische Pharao der 18. Dynastie und herrschte vermutlich von 1388-1351 vC.

[59] **Ramses II.**, auch Ramses der Große genannt, (1.303-1.213 vC), war der dritte Pharao der 19. Dynastie den neuen Reichs. Er regierte nach antiken Quellen rund 66 Jahre von 1.279-1.213 vC und gilt als einer der bedeutendsten Herrscher des Alten Ägypten.

[60] Die Schlacht bei Kadesch zwischen den Ägyptern und den Hethitern   fand 1.274 vC bei der Festung Kadesch am Fluss Orontes, im westlichen Syrien nahe der heutigen syrisch-libanesischen

Grenze statt,. Sie ist nach der Schlacht bei Megiddo, die Thutmosis III. 1.457 vC bestritt, die zweite bekannte größere Schlacht im ägyptischen Altertum.

[61] Das Reich **Moab** lag östlich des Toten Meeres südlich von Ammon (Grenze Wadi el-Mudschib) und nördlich von Edom (Grenze Wadi el-Hesa) im heutigen Jordanien. Die nördliche Grenze am Wadi Mudschib wurde mehrmals durch Eroberungen überschritten.

[62] **Keilah** [קְעִילָה], "Zitadelle", war eine antike Stadt in der Schefela. Die früheste Erwähnung befindet sich den Armana– Briefen, wo Keilah und dessen König Shuwardatha erwähnt wird. Im Buch Samuel wird geschildert, wie David mit 600 Kriegern die Stadt vor den Überfallen uns Plünderungen der Philister rettet: *„Und man berichtete David und sprach: Siehe, die Philister kämpfen gegen Keilah, und sie plündern die Tennen. Und David befragte den HERRN und sprach: Soll ich hinziehen und diese Philister schlagen? Und der HERR sprach zu David: Zieh hin, und schlage die Philister und rette Keilah."* (1.Sam 23,1–2)

[63] Die **Annales–Schule** ist die wichtigste, mehrere Generationen umfassende Gruppe französischer Historiker im 20. Jh. Sie etablierte eine neue Methodologie und Praxis in der Geschichtswissenschaft (*nouvelle histoire*). Ihre drei wichtigsten Neuerungen waren die Hinwendung zu Wirtschaft und Gesellschaft, die Erschließung quantifizierbaren Materials und die Orientierung an langfristigen Entwicklungen.

[64] Die *Thèse d'Etat* ist eine nicht mehr bestehende Form der Abschlussarbeit in Frankreich und bezeichnete eine recht ausführliche wissenschaftliche Abschlussarbeit, die zwischen Dissertation und Habilitation anzusiedeln war.

[65] Fernand Braudel: *Das Mittelmeer und die mediterrane Welt in der Epoche Philipps II.* 3 Bände, Suhrkamp, Frankfurt am Main, 2001

---

[66] Vgl. hierzu Marc Bloch: *Les caractères originaux de l'histoire rurale française*. Aschehoug, Oslo 1931

[67] **Ramses III.**, um 1.221-1.156 vC, war ein altägyptischer Pharao der 20. Dynastie (Neues Reich). Er übernahm 1.188 vC die Regentschaft, die er bis zu seinem Tod behielt.

[68] Robert Drews: *The End of the Bronze Age: changes in warfare and the catastrophe ca. 1200 B.C.*, Princeton University Press, Princeton (N.J.) 1993.

[69] **Hesiod** (Ἡσίοδος *Hēsíodos*), geboren vor 700 vC, vermutlich in Askra in Böotien, war ein griechischer Dichter, der als Ackerbauer und Viehhalter lebte. Hesiods Werke sind, neben der Ilias und Odyssee von Homer, die Hauptquellen für unser heutiges Wissen über die griechische Mythologie sowie das Alltagsleben seiner Zeit. Er gilt als Begründer des didaktischen Epos, des Lehrgedichts.

[70] Vgl. hierzu Eric S. Cline, 2014.

[71] **JHWH** [יהוה] ist der unvokalisierte Eigenname des Gottes Israels im Tanach. Zu Beginn der *Zehn Gebote* stellt dieser Gott sich seinem Volk wie folgt vor:

Ex 20,2–3	Ex 20,2–3
Ich bin der HERR, dein Gott, der ich dich aus dem Land Ägypten, aus dem Sklavenhaus, herausgeführt habe. Du sollst keine andern Götter haben neben mir.	־ךְ מֵאֶרֶץ מִצְרַיִם מִבֵּית ־פָנָי

[72] Ein **Determinativ** (von lateinisch determinare, „abgrenzen, bestimmen") ist in antiken Schriftsyste-men ein stummes Zusatz- oder Deutzeichen, das der Kennzeichnung einer Begriffsklasse (etwa Götternamen, Städte, Flüsse, ethnische Gruppen) dient. Determinative stehen in der Keilschrift meist am Wortanfang, bei den Hieroglyphen meist am Wortende.

[73] Die **Ramessidenzeit** bezeichnet in der Ägyptologie den Zeitraum von ca. 1.292-1.070 vC, in dem elf Pharaonen aus der 19. und 20. Dynastie unter dem Eigennamen Ramses regierten.

[74] **Gezer** [גֶּזֶר , *gezer*], „Wurzel", war eine Stadt am Übergang der Schefela zum Judaäischen Berglandes. Sie wird heute überwiegend mit dem Tell Gezer identifiziert, der sich vier Kilometer südlich des gleichnamigen Kibbuzes, etwa auf halbem Weg zwischen Jerusalem und Tel Aviv befindet.

[75] Wolfgang Oswald ,Michael Tilly: *Geschichte Israels*. WBG, Darmstadt 2016.

[76] Der **Nahr ez-Zarqa**, „blauer Fluss", entspringt wenige Kilometer nordöstlich von Amman nahe der prähistorischen Siedlungsstätte Ain Ghazal und fließt zunächst in nördlicher Richtung, ehe er nach Westen abknickt und schließlich in den Jordan mündet.

[77] Der Name **Edom** [אֱדוֹם] bezeichnet sowohl einen Stammesverband, der seit der späten Eisenzeit östlich der ordansenke siedelte, als auch das von diesem bewohnte Land selbst (vgl. Idumäa) sowie dessen Stammvater Esau. Als Parallelbezeichnung wird *Seir* verwendet. Zusammen mit den Aramäern, Midianitern, Israeliten und Joktanitern werden die Edomiter zu den Hebräern gerechnet.

[78] **Ekron** [עֶקְרוֹן] wird heute mit Tel Miqnw auf dem Gebiet des Kibbuz Revadim gleichgesetzt.

[79] **Ammon** war ein von etwa 1.030-110 vC existierender Staat östlich des Jordan zwischen Gilead im Norden (die Grenze bildete meist der Fluss Nahr es-Zarqa) und Moab im Süden mit wechselnden Grenzverläufen zwischen Linien nördlich der Stadt Madaba und dem Wadi Mudschib. Hauptort des Landes war Rabba.

[80] **Aram-Damaskus** war ein aramäisches Königreich mit der Hauptstadt Damaskus. Es existierte vermutlich vom 13. Jh. vC bis 733 vC In der Bibel wird Aram auch als Name anderer aramäische Königreiche verwendet.

---

[81] Der biblische Ortsname **Schilo** [שִׁלֹה] wird mit der heutigen archäologischen Stätte Khirbet Sailun bzw. Tel Schilo [תֵּל שִׁילֹה], etwa 30 km von Jerusalem im Westjordanland, identifiziert.

[82] Der **Mischkan** [מִשְׁכָּן], „Wohnung, Wohnstatt", auch Stiftshütte, Offenbarungszelt oder Zelt der Begegnung [אֹהֶל מוֹעֵד, *ohel mo'ed*] genannt, ist ein in der Bibel beschriebenes transportables Heiligtum. Im Buch Exodus wird die Anfertigung des Mischkan in Kapitel 25 bis 31 erklärt. Zentral für das Verständnis des Mischkan ist die Anweisung JHWHs an die Israeliten in Ex 25,8: *„Sie sollen mir ein Heiligtum machen! Dann werde ich in ihrer Mitte wohnen."* Der Ausdruck „in ihrer Mitte" lässt nach der jüdischen Tradition darauf schließen, dass das Heiligtum nicht als Wohnsitz Gottes zu verstehen ist, sondern als ein Symbol für die Heiligkeit Gottes, dem das Volk nachzuleben hatte, wenn sein Geist in ihrer Gemeinschaft weilen sollte. Dort, wo das Zelt aufgebaut wird, entsteht heiliger Raum, aber einen heiligen Ort gibt es während Israels Wüstenwanderung nicht.

[83] **Sidon** ist heute die viertgrößte Stadt des Libanon. Sie liegt am Mittelmeer nördlich von Tyros und südlich der Hauptstadt Beirut. Der Name bedeutet so viel wie *Fischerstadt*.

[84] Albrecht Alt: *Der Gott der Väter. Ein Beitrag zur Vorgeschichte der israelitischen Religion* (Beiträge zur Wissenschaft vom Alten und Neuen Testament III 12). Kohlhammer, Stuttgart 1929.

[85] **Beth-El** [בֵּית אֵל] liegt 17 km nördlich von Jerusalem und 16 km südlich von Schilo.

[86] Als Ostrakon (ὄστρακον „Tonscherbe") werden beschriftete Scherben von Tongefäßen, seltener auch Muschelschalen, Eierschalen oder Kalkstein-Scherben, bezeichnet.

[87] Vgl. hierzu W.F. Albright: *The Archaeology of Palestine: From the Stone Age to Christianity*, 1940.

[88] **Transjordanien**, das auch als Ostjordanland oder Kerak bekannt wurde, bezeichnet seit der Antike das Gebiet östlich des Jordans.

[89] Als **Aitiologie** oder **Ätiologie** (αἰτιολογία, aus *aitía* „Ursache", und logie: etwa „Darlegung einer Ursache") bezeichnet ein Erzählprinzip (Narrativ). Sie setzt gegenwärtige Gegebenheiten in eine ursächliche Verbindung (αἴτιον *aítion*) zu einem ursprünglichen Zustand (ἀρχή *arche*) und erklärt diese so. Häufige Verwendung findet sie bei markanten Naturerscheinungen, Bräuchen oder Orts- und Eigennamen.

[90] **Joschija** oder **Josia** [יֹאשִׁיָּהוּ, *Joschijjahu*] lebte von 647-609 vC) und war von 640-609 vC König des Südreiches Juda aus der Dynastie der Davididen. Nach der Ermordung seines Vaters Amon wurde er im Alter von nur acht Jahren König.

[91] Die Lage der Stadt ist nicht bekannt.

[92] Dorf im Süden von Juda.

[93] Stadt im Süden Judas. Die genaue Lage dieser Stadt ist bis heute nicht bekannt.

[94] Stadt im Süden Judas. Die genaue Lage dieser Stadt ist bis heute nicht bekannt.

[95] Stadt im Süden Judas. Möglicherweise dieselbe Stadt wie Dibon Nr. 2.

[96] Stadt im südlichsten Teil von Judas Erbteil. Manchen glauben, dass es sich hierbei um das heutige Adada n der Wüste südöstlich von Beer Sheba handelt.

[97] **Gilead** [גִּלְעָד] bezeichnet ein biblisches Land östlich des Jordans zwischen dem Fluss Jarmuk im Norden an der Grenze zu Damaskus und dem Fluss Jabbok im Süden an der Grenze zu Ammon. Vom aramäischen König Hasael von Damaskus wurde es im 8. vC in seinen Machtbereich eingegliedert. Später war es eines der Hauptgebiete der Dekapolis.

[98] Hebräische Bezeichnung für den See Genezareth [ים כנרת, *Jam Kinneret*].

99 **Bet-Jeschimot** [בֵּית הַיְשִׁמֹת], eine Stadt Moabs in der Nähe eines der Lager der Israeliten. Sie wurde dem Stamm Ruben zugewiesen, aber letztendlich von den Moabitern zurückerobert. Es handelt sich um das heutige Sueimeh.

100 **Pisga** ist das Randgebirge der moabitischen Hochebene nordöstlich vom Toten Meer.

101 Der amoritische König von Basan, einer der riesigen Krieger (Rephaim). Er herrschte über 60 Städte, welche von einem kühnen und kriegerischen Volk bewohnt wurden. Er zog gegen Israel aus, aber er wurde von Mose geschlagen, und sein Land fiel an den halben Stamm Manasse.

102 **Basan** ist ein ausgedehntes Gebiet östlich des Jordans, das sich südwärts bis Gilead erstreckt, nordwärts bis zum Hermon, westwärts bis zum Jordantal und ostwärts bis fast 37° O.

103 Die **Refaiter** zählen zu einem biblischen Typus von sagenhaften Feinden aus der Frühzeit Israels, die zum Teil körperlich überlegen und als Riesen geschildert werden.

104 Stadt in Basan im Königreich Og, östlich des Jordan. Sie fiel dem halben Stamm Manasse zu und wurde dann den Leviten übergeben. Offenbar ist es der gleiche Ort wie Beeschtera in Jos 21,27. Die Stadt ist heute unter dem Namen Tell Ashtarah bekannt.

105 Eine der Hauptstädte von Basan, wo Og von den Israeliten geschlagen wurde. Sie wurde Manasse zugeteilt und kann mit dem heutigen ed Deraah gleichgesetzt werden.

106 Stadt und Landstrich an der Grenze Basans, der dem Stamm Gad zugeteilt wurde. Die Stadt ist heute unter dem Namen Salkhad bekannt.

107 **Geschur** [גְּשׁוּר, gescher], Stadt-Staat nordöstlich des Sees Genezareth. Im 10.-8. Jh. vC war Geschur ein aramäisches Fürstentum, das Beziehungen zum Hof von König David pflegte. Im 8. Jh. vC verlor Geschur durch Einfluss des Nordreiches Israel den aramäischen Charakter.

[108] Name eines Gebiets östlich von Argob und Basan. In 1.Chr 19,6 wird das Gebiet Aram-Maaka genannt.
[109] Hauptstadt von Sihon, dem König der Amoriter. Heute ist sie als Hesban bekannt. Dort gibt es große Ruinen, die die ursprüngliche Stärke dieser befestigten Stadt zeigen.
[110] Ort am Fuß des Berges Hermon in der Talebene des Libanon.
[111] Ein früher Name des ausgedehnten Gebirges, das sich von etwa 13 km südlich des Toten Meeres bis in die Nähe des Golfes von Akaba erstreckt. Es wird auch als „Land Seir" bezeichnet. Es wurde zuerst von den Horitern, später von den Nachkommen Esaus bewohnt und erhielt den Namen Edom.
[112] Eines der antiken Völker in Palästina. An mehreren Stellen ist es das einzige Volk, das zusammen mit den Kanaanitern genannt wird.
[113] Einer der Volksstämme, die schon sehr früh in Palästina zu finden waren. Sie waren Nachkommen Hams durch ihren Vater Kanaan. Als Jakob auf seinem Rückweg nach Palästina war, fand er Sichem von den Hewitern bewohnt (Gen 34,2). Sie besaßen außerdem Gibeon und scheinen eher ein Handels- als ein Kriegsvolk gewesen zu sein. Wir lesen auch, dass die Hewiter im Norden des Gebirges Libanon wohnten.
[114] Ein Volksstamm, Nachkommen Kanaans. Als Abraham das Land Kanaan versprochen wurde, lebte dieses Volk in Palästina (Gen 15,21). Dem Bericht der Kundschafter zufolge wohnten sie auf dem Gebirge (Num 13,29). Die Jebusiter waren auch dabei, als sich die Könige des Landes gegen die Gibeoniter verbündeten, weil diese einen Bund mit Israel geschlossen hatten. Aber sie wurden in einer großen Schlacht besiegt, und die Könige wurden getötet (Jos 10). Danach nahmen sie an einem weiteren Kriegsbündnis gegen Israel teil und wurden wieder geschlagen (Jos 11,3).
[115] **Jericho** [יְרִיחוֹ] liegt heute in den Palästinensischen Autonomiegebieten am Westufer des Jordans. Durch ihre Lage

im Jordangraben mit rund 250 Meter unter dem Meeresspiegel ist sie die tiefstgelegene Stadt der Welt. Die Stadtmitte liegt etwa sieben Kilometer westlich der Grenze zu Jordanien und etwa zehn Kilometer nördlich vom Toten Meer. Die Stadt trägt den Übernamen „Palmenstadt".

[116] **Hebron** חברון, Chewron, liegt im Westjordanland etwa 30 Kilometer südlich von Jerusalem. Hebron ist eine der vier Heiligen Städte im Judentum, zusammen mit Jerusalem, Tiberias und Safed.

[117] **Jarmut** [יַרְמוּת], Stadt von Juda, eingenommen von den Amoritern durch Joschua, mit el Yarmuk identifiziert.

[118] Eine amoritische Stadt in der Tiefebene Judas. **Lachisch** [לכיש], der heutige Tell ed-Duwer, lag rund 44 km südwestlich von Jerusalem.

[119] Eine der fünf verbündeten Städte, die Gibeon angriffen, aber durch Joschua eingenommen wurden. Die heutigen Ruinen bei Ajlian stammen von dieser Stadt.

[120] Stadt im Gebirge von Judäa nahe Hebron. Der frühere Name war Kirjat-Sepher. Die Stadt ist heute unter dem Namen ed Dhaheriyeh bekannt.

[121] Stadt im Süden Palästinas.

[122] Dieser Name, der „völlige Zerstörung" bedeutet, wurde Zephat im äußersten Süden gegeben, als es von Juda und Simeon erobert wurde. Man vermutet, dass es sich bei dieser Stadt um das heutige Chirbet el-Meschasch handelt.

[123] Eine königliche Stadt der Kanaaniter im Süden, nahe dem Berg Hor. Arad ist gleichzusetzen mit Tell Arad.

[124] Eine Stadt im Südwesten Kanaans, deren genaue Lage nicht bekannt ist.

[125] Eine der königlichen Städte Kanaans, die nachher zum Erbteil Judas gehörte. Sie wurde durch Rehabeam neu erbaut oder befestigt (2.Chr 11,7). Heute ist die Stadt unter dem Namen Aid-el-ma bekannt.

[126] Eine kanaanitische Stadt. Im Zusammenhang mit dieser Stadt wird eine Höhle erwähnt, in der die fünf Könige der Amoriter Zuflucht suchten an dem Tag, als Joschua in Gibeon und Beth-Horon siegte. Sie wurden an Bäumen aufgehängt und unter einem Steinhaufen in der Höhle begraben. Die Stadt wurde eingenommen und zerstört. Einige meinen, dass es sich dabei um el Mughar handelt.

[127] Stadt in der Niederung Judas. Über sie ist nichts Näheres bekannt.

[128] Die Lage der Stadt ist nicht bekannt.

[129] Südlich der Jarqonbahn befindet sich neben der Jarkonquelle Tel Afek [תֵּל אָפֵק], ein antiker Siedlungshügel mit einer Festung aus osmanischer Zeit, die den Übergang aus der Scharonebene in das judäische Hügelland sowie die antike Fernstraße Via Maris von Ägypten nach Norden kontrollierte. Ausgrabungen brachten Siedlungsüberreste ans Tageslicht, die bis in das vierte Jh. vC zurückreichen.

[130] In Nord-Süd-Richtung erstreckt sich die Scharonebene von den südlichen Ausläufern des Karmelgebirges über 50 Kilometer entlang des Mittelmeeres bis zum Fluss Jarkon.

[131] Kanaanitische Stadt im Norden. Ihr König verbündete sich mit vier weiteren Königen, um Joschua zu bekämpfen, und wurde geschlagen. Einige vertreten die Auffassung, dass die Ruinen bei *Madin* Überreste dieser Stadt sind.

[132] Stadt, deren König von Joschua getötet wurde (Jos 12,20). Sie konnte nicht identifiziert werden.

[133] Die Lage der Stadt ist nicht bekannt.

[134] Die Stadt trägt heute den Namen *Tannuk*.

[135] Stadt ganz im Süden Judas. Es wird von einigen angenommen, dass hiermit die Stadt *Kades-Barnea* gemeint ist.

[136] Levitische Stadt in Sebulon, heute unter dem Namen Tell Keimun bekannt.

[137] Altertümliche königliche Stadt von Kanaan, an der südlichsten Grenze der Küste von Phönizien. Mit *Tantura* identifiziert.

[138] Die Lage der Stadt ist nicht bekannt.

[139] Ort westlich des Jordan, an der Ostgrenze von Jericho. Hier wurden die zwölf Gedenksteine aufgestellt, die aus dem Jordan genommen worden waren.

[140] Die Stadt wird mit Teiasir gleichgesetzt.

[141] Der Begriff **Alija** [עֲלִיָּה], „Aufstieg", bezeichnet seit dem Babylonischen Exil die Rückkehr von Juden als Einzelne oder Gruppen ins Land Israel. Seit der Entstehung des politischen Zionismus im 19. Jh. bedeutet der Begriff allgemein „jüdische Einwanderung" nach Palästina bzw. seit 1948 nach Israel. Historisch bezeichnete das Wort Alija für „Aufsteigen, Hinaufziehen" im antiken Judentum eine Wallfahrt gläubiger Juden zum Jerusalemer Tempel an einem der drei jährlichen Wallfahrtsfeste Pessach, Schawuot und Sukkot. Das Aufsteigen bezog sich auf das hochgelegene Bergland Judäas und besonders auf den etwa 800 Meter hoch gelegenen Tempelberg Zion.

[142] Der Heerführer Barak rief die Männer der lose verbundenen Stämme Naftali und Sebulon zusammen und führte sie in Begleitung der Richterin Debora in den Kampf gegen ein von Jabin und dessen Feldherrn Sisera kommandiertes kanaanäisches Koalitionsheer. Die Schlacht endet siegreich.

[143] Die **Tora** besteht aus fünf Büchern, weshalb sie im Judentum auch *chamischa chumsche tora* [חמשה חומשי תורה], „Die fünf Fünftel der Tora" genannt wird. Die griechische Bezeichnung Πεντάτευχος *Pentáteuchos*, „Fünfbuch" ergab dann den in der Fachliteratur gängigen Begriff **Pentateuch**.

[144] **Hasaël** war von ca. 841-812 vC König von Aram. Der Name bedeutet „Gott sieht".

¹⁴⁵ Alternativname von **Tukulti-apil-Ešarra III.** (akkadisch) oder **Tiglat-Pileser III.** (biblisch) war von 745- 726 vC König des Assyrischen Reiches.

¹⁴⁶ Vermutlich handelt es sich um den heutigen Chabur (نهر الخابور Nahr al-Chābūr), den längsten Nebenfluss des Euphrat in Syrien.

¹⁴⁷ **Paran** [מִדְבַּר פָּארָן] ist der Name einer Wüste südlich von Beer Sheba in Richtung des heutigen Negev.

¹⁴⁸ Gemeint ist die Bundeslade oder Bundestruhe [אֲרוֹן הַבְּרִית, *aron habrit*].

¹⁴⁹ Ein **Kohen** [כֹּהֵן], ist ein Mitglied der jüdischen Priesterschaft.

¹⁵⁰ Die **Jebusiter** waren ein kanaanitischer Stamm die zur Zeit der Landnahme durch die Israeliten auf dem Gebirge Juda ansässig waren. Sie sollen von Joschua in einer Feldschlacht mit den anderen Stämmen bekämpft worden sein, behaupteten sich aber in der festen Stadt Jebus (dem nachmaligen Jerusalem) noch im Zeitalter der Richter.

¹⁵¹ **Baʿal** war eine Bezeichnung für verschiedene Gottheiten und bedeutet: „Herr, Meister, Besitzer, Ehemann, König oder Gott. Baʿal war ein Titel, der für jeden Gott verwendet werden konnte. Als Baal wird gewöhnlich der oberste Gott des lokalen Pantheons bezeichnet. Er ist meist ein Wetter-, Berg- und Fruchtbarkeitsgott. Mit Baʿal wird auch oft der babylonische Wettergott *Adad* gleichgesetzt.

¹⁵² **Gibeon** [גִּבְעוֹן, *Givʿon*], „Ort auf dem Hügel" war die große Stadt der Gibeoniter und wird mit *el-Dschib* im judäischen Bergland identifiziert. Es war bis in spätantike Zeit ein Zentrum des Weinbaus.

¹⁵³ Der Ort wird mit dem acht Kilometer nördlich von Jerusalem gelegenen *er-Rām* identifiziert.

¹⁵⁴ **Lajisch** [לַיִשׁ] wird im Buch Richter als alter Name des eisenzeitlichen Ortes Dan bezeichnet. Nach außerbiblischen

Quellen war Lajisch in der Mittelbronzezeit der Name der archäologischen Stätte *Tell el-Qadi*.

[155] **Akkon** [עַכּוֹ] ist eine alte Hafenstadt im Nordbezirk Israels in Galiläa.

[156] Die Lage der Stadt ist nicht bekannt.

[157] **Achsib**, möglicherweise *ez-Zib* an der Nordküste Israels.

[158] Die Lage der Stadt ist nicht bekannt.

[159] Vermutlich handelt es sich um Tel Afek [תֵּל אֲפֵק] in der Scharonebene am Oberlauf des Jarkon.

[160] Die Lage der Stadt ist nicht eindeutig zu identifizieren.

[161] Der **Garizim** [גְּרִזִים, *Grisim*] ist ein 881 Meter hoher Berg, an dessen Nordende Nablus (das biblische Schechem) liegt.

[162] Der **Ebal** [הר עיבל, *Har 'Eival*] ist ein 938 Meter hoher Berg nordwestlich der Stadt Nablus.

[163] Heute unter dem Namen *Tell el-Oreme* bekannt.

[164] Kaleb [כָּלֵב, *Kalev*], der Sohn Jefunnes [יְפֻנֶּה], ist in der Zeit der Wüstenwanderung der Israeliten zunächst Kundschafter des Stammes Juda und erhält später Erbbesitz in Hebron, dessen Eroberung ihm im hohen Alter gelang.

[165] **Otniel** [עָתְנִיאֵל] ist heute eine Siedlung orthodoxer Juden auf der Westbank, südwestlich von Hebron.

[166] Bei den *Kenitern* [קֵינִים] handelte es sich um einen nomadischen Stamm wahrscheinlich aus dem Ostjordanland und im Negev.

[167] Die **Jerachmeeliter** waren eine Ethnie im südlichen Negev, die auf den Ahnherrn Jerachmeel [יְרַחְמְאֵל] zurückgeht.

[168] Eine Stammeshälfte Manasses, die in Gilead und Baschan siedelte.

[169] **Jiftach** [יִפְתָּח], „Er wird öffnen", war sechs Jahre lang einer der Richter in Israel. Bekannt geworden ist er vor allem durch ein Gelübde gegenüber JHWH, durch das er sich, ohne es zu ahnen, zur Opferung seiner Tochter verpflichtete und dieser Verpflichtung auch nachkam.

[170] **Asarhaddon** (auch Aššur-aḫḫe-iddina), war von 680-669 vC assyrischer König. Sein Name Aššur-aḫḫe-iddina bedeutet: „Assur hat mir einen Bruder gegeben".

[171] Ein Kompendium mit Orts-, Landschafts- und Völkerschaftsnamen in einer ägyptischen Weisheitsschrift.

[172] **TUAT:** *Texte aus der Umwelt des Alten Testament 1982 bis 1995*, 2002.

[173] **TGI:** Elmar Edel, *Textbuch zur Geschichte Israels.* Mohr Siebeck, 1979.

[174] Online: https://www.mpg.de/14326456/shh_jb_2019.

[175] [אַשְׁקְלוֹן], liegt etwa 50 km südlich von Tel Aviv.

[176] [אַשְׁדּוֹד], das alte Aschdod lag ungefähr 4,5 Kilometer vom Mittelmeer entfernt, zwischen Gaza und Joppe.

[177] [גַּת] Archäologische Untersuchungen haben den Tel Zafit südwestlich der Stadt Beth Schemesch in der Schefela als Gath identifiziert, das um 830 vC von König Hasael von Damaskus erobert und zerstört (2.Kön 12,18) wurde.

[178] [עַזָּה] **Gaza** liegt 78 km südwestlich von Jerusalem, 71 km südlich von Tel Aviv und 30 km nördlich von Rafah.

[179] **Achisch** [אָכִישׁ], Sohn des Ma'och [מָעוֹךְ], nach der Bibel König von Gath zur Zeit Davids.

[180] [אֲחִינֹעַם], „Bruder ist Lieblichkeit".

[181] [אֲבִגַיִל] *'avigajil*], „Vater hat sich gefreut".

[182] [נָבָל], „edel, vornehm".

[183] **Ziklag** [צִקְלַג, *Sekela*], lag im Süden des heutigen Israel am Rande des Negev. Es wird von den meisten Forschern heute mit dem Tel Sera, etwa 3 km westlich des Ortsrandes von Rahat, identifiziert.

[184] **Geschur** [גְּשׁוּר], ist ein Gebiet oder ein Stadtstaat nordöstlich des Sees Genezareth. Vom 10.-8. Jh. vC war Geschur ein aramäisches Fürstentum, das Beziehungen zum Hof von König David pflegte. Im 8. Jh. vC verlor Geschur durch

den Einfluss des Nordreiches Israel seinen aramäischen Charakter.

[185] Die **Amalekiter** [עֲמָלֵק, a'malek] gelten im Tanach als räuberisches Nomadenvolk, das im Süden der Region Palästinas lebte, und Erbfeind der Israeliten. In Gen 36,12 werden sie durch die Nennung Amaleks als Enkel Esaus in die Nachkommenschaft Isaaks und den Konflikt mit Jakob als Stammvater der Israeliten gestellt. Historisch lässt sich über das Volk der Amalekiter wenig sagen.

[186] **Asarhaddon**, † 26. Oktober 669 vC, war von 680-669 vC assyrischer König.

[187] **Assurbanipal** war von 669-631/627 vC oder von 668-627 vC König des Assyrischen Reiches.

[188] Als **deuteronomistisches Geschichtswerk** (DtrG) bezeichnet die historisch-kritische Bibelwissen-schaft das Ergebnis einer angenommenen theologischen Redaktion, die einige Bücher der Bibel miteinander verband. Die Hauptbearbeitung fand demnach im 7.-6. Jh. vC statt, u.a. im Babylonischen Exil. Der Name Deuteronomisten bezieht sich auf das Deuteronomium (Dtn), das 5. Buch Mose. Julius Wellhausen vertrat erstmals die Ansicht, dass die Bücher vom Buch Josua bis zum 2. Buch Könige einer gemeinsamen Redaktion unterlagen, deren Theologie der des Deuteronomiums ähnelt. Der Alttestamentler Martin Noth wies in seinen „Überlieferungsgeschichtlichen Studien" 1943 innerhalb des literarischen Zusammenhangs mehrere verbindende Stilelemente und durchlaufende Themenkomplexe nach. Das redaktionelle Interesse an einer großen Geschichtsrückschau fand er besonders in den großen, rückblickenden Reden Moses (Dtn 32f.), Joschuas (Jos 23) und Davids (2.Sam 23) gebündelt. Den theologischen Ausgangspunkt der Redaktion fand er in der Forderung nach einer Kultzentralisation in Dtn 12 und im 1. Gebot (Ex 20,2/Dtn 6). Noth nannte den Redaktor, den er für die einheitliche Gestaltung der Buchgruppe verantwortlich

sah, „Deuteronomist". Dieser habe sein Geschichtswerk während des Exils (586-538 vC) konzipiert, um den Verlust der Eigenstaatlichkeit Israels sowie die Zerstörung des Jerusalemer Tempels durch die Babylonier theologisch zu verarbeiten.

[189] Die **26. Dynastie** wird in der Geschichtsforschung auch häufig als Zeit der ägyptischen Restauration bezeichnet. Der Grund dafür ist, dass zur Regierungszeit dieser Dynastie das Land zum letzten Mal in der Antike ein starkes und stabiles Staatswesen aufwies, das in der Lage war, Ägypten gegen seine äußeren Feinde zu verteidigen. Ihr Gründer Psammetich I., der von 664-610 vC regierte, wurde von den Assyrern als ägyptischer König eingesetzt, da er den Auftrag hatte, für Frieden unter den einzelnen assyrischen Fürstentümern im Nildelta zu sorgen. Ein halbes Jahr nach der Thronbesteigung von Psammetich III. im Jahr 526 vC ereignete sich 525 vC die Schlacht bei Pelusion zwischen Ägypten und dem Perserreich. Psammetich III. unterlag mit seinen Truppen und wurde vom persischen KönKambyses II. zunächst ehrenvoll behandelt, nach einem Aufstandsversuch jedoch hingerichtet. Mit ihm endete die 26. Dynastie.

[190] **Alyattes II.**, regierte 605-556 vC war ein König von Lydien aus der Mermnaden-Dynastie. Er ist der Vater und Vorgänger des berühmteren Krösus.

[191] **Sadyattes II.** ist laut Herodot König von Lydien von 629-618 vC.

[192] **Madduwatta** war ein westkleinasiatischer Fürst zur Zeit desHethitereiches.

[193] Pike, Dana M.: *Israelite Inscriptions from the Time of Jeremia and Levi*, online BYU Scholars Archive (February 4th, 2020).

[194] Die Bedeutung der beiden Namen Kereter und Peleter [הַכְּרֵתִי וְהַפְּלֵתִי, *hakkäreti wähappäleti*] ist unklar. An drei Stellen (1.Sam 30,16, Hes 25,16 und Zef 2,5) erscheinen die Namen im Zusammenhang mit den Philistern, daher wäre es möglich, dass es sich bei dem Begriff „Peleter" entweder um

ein Synonym für „Philister" handelt, oder damit eine Gruppe innerhalb der Philister bezeichnet wird. Der Name „Kereter" könnte auf die Insel Kreta verweisen. Die Septuaginta gibt die Namen als ὁ χελεθθι *ho cheleththi* und ὁ φελεττι *ho pheletti* wieder, die Vulgata als *Cherethi* und *Felethi*.

[195] **Keftiu** (Kaphtor) bezeichnete in altägyptischen Quellen Kreta und seine minoisch-mykenischen Bewohner.

[196] [שֹׂכֹה], zwischen Azekah und Adullam gelegen. Heute als Touristenattraktion Giv'at ha'Turmusim bekannt.

[197] **Aseka** [עֲזֵקָה], „Höhle", liegt in der Schefela zwischen dem Judäischen Bergland und dem Mittelmeer. Aseka wird heute mit der Grabungsstätte *Tell Zakariye* identifiziert.

[198] Elah ist ein Tal [עֵמֶק הָאֵלָה, *'Emeq ha'Elah*], welches die Schefela mit dem Judäischen Bergland verbindet. Bei archäologischen Ausgrabungen im Tal Elah wurde nahe der Festung Elah [מִבְצַר הָאֵלָה, *Mivtzar ha'Elah*], ein Ostrako mit der ältesten bekannten hebräischen Inschrift aus Tinte freigelegt. Das Alter der Tonscherbe wird in die davidische Zeit um 1.000 vC datiert.

[199] Psammetich III. (auch Psammenit, Psammenitus) war der letzte Pharao der 26. Dynastie und regierte von 526-525 vC.

[200] **Eben-Ezer** [אֶבֶן הָעֵזֶר], "der Stein der Hilfe", lag in der Nähe von Aphek, etwa einen Tagesmarsch von Schilo entfernt unweit des westlichen Zugangs zum Pass von Beth-Horon [בֵּית־חוֹרֹן].Die genaue Lokation ist umstritten, in der Forschung werden sowohl Beit Iksa als auch Dayr Aban diskutiert.

[201] [בֵּית שֶׁמֶשׁ], „Haus der Sonne", liegt etwa 30 km westlich von Jerusalem.

[202] **Kiryat Ye'arim** [קִרְיַת יְעָרִים] wird in der Bibel mehr als ein Dutzend Mal als judäische Stadt in der Nähe von Jerusalem zur Zeit der Richter und König Davids erwähnt - aus archäologischer Sicht die Eisenzeit. Die biblische Stadt wird mit dem Hügel in Verbindung gebracht, auf dem sich das Kloster

Deir El-Azar befindet, neben der modernen arabischen Stadt Abu Ghosh, 12 Kilometer westlich der Altstadt von Jerusalem. Eine in der Nähe gegründete moderne jüdische Stadt ist nach der antiken Stätte benannt.

[203] Vgl. hierzu den Artikel von Michael Pietsch. Permanenter Link zum Artikel: https://bibelwissenschaft.de/stichwort/23844/

[204] **Atalja** [עֲתַלְיָה], regierte sechs Jahre als Alleinherrscherin das Königreich Juda. Ihre Regierungszeit wird auf die Jahre 842/41-837/35 vC datiert. Die Herrschaft Ataljas fällt in die macht- und religions-politischen Auseinandersetzungen in den Königreichen Juda und Israel in den 840er und 830er Jahren des 9. Jh. vC: machtpolitisch zwischen dem Usurpator Jehu und der Dynastie der Omriden, religionspolitisch zwischen den Anhängern des Ba'als und JHWHs.

[205] Vgl. hierzu Ysrael Finkelstein: *Das vergessene Königreich*

[206] **Scheschonq I.** [שׁוּשַׁנק הראשון, *Schischak*] war der Begründer und 1. Pharao der 22. Dynastie (Dritte Zwischenzeit) und regierte um 946-924 vC.

[207] Die **Jotamfabel** wird Jotam in den Mund gelegt, der sie auf dem Berg Garizim den Bewohnern von Schechem und Bet-Millo vorträgt. Die Fabel thematisiert die Legitimität des Königtums und ist ein klassisches Beispiel für einen biblischen Apolog (lehrreiche Erzählungen, insbesondere solche moralisch-didaktischen Inhaltes). Die Fabel lautet: *„Einst machten sich die Bäume auf, um sich einen König zu salben, und sie sagten zum Ölbaum: Sei du unser König! Der Ölbaum sagte zu ihnen: Soll ich mein Fett aufgeben, mit dem man Götter und Menschen ehrt, und hingehen, um über den anderen Bäumen zu schwanken? Da sagten die Bäume zum Feigenbaum: Komm, sei du unser König! Der Feigenbaum sagte zu ihnen: Soll ich meine Süßigkeit aufgeben und meine guten Früchte und hingehen, um über den anderen Bäumen zu schwanken? Da sagten die Bäume zum Weinstock: Komm, sei*

du unser König! Der Weinstock sagte zu ihnen: Soll ich meinen Most aufgeben, der Götter und Menschen erfreut, und hingehen, um über den anderen Bäumen zu schwanken? Da sagten alle Bäume zum Dornenstrauch: Komm, sei du unser König! Der Dornenstrauch sagte zu den Bäumen: Wollt ihr mich wirklich zu eurem König salben? Kommt, findet Schutz in meinem Schatten! Wenn aber nicht, dann soll vom Dornenstrauch Feuer ausgehen und die Zedern des Libanon fressen." (Ri 9,8-15) Charakteristisch für diese Fabel ist, dass sie auf eine theologische Argumentation oder ein göttlich legitimiertes Urteil verzichtet und vielmehr »profan« argumentiert. JHWH kommt nicht vor, stattdessen werden – sehr ungewöhnlich im Tanach – „Götter und Menschen" mehrfach in einem Atemzug genannt.

[208] **Micha** [מִיכָה] war einer der ersten Schriftpropheten, seine nach ihm benannte Schrift gehört zum Zwölfprophetenbuch. Michas Anklagen gegen soziale Ungerechtigkeit und religiöse Verderbtheit lassen das Thema des Amos und das seiner Zeitgenossen wieder aufleben. Obwohl er als Prophet angesehen wurde, vermied er diesen Titel, denn er wollte sich stark von den Berufspropheten abgrenzen. Seine Prophezeiungen beklagen insbesondere die gesellschaftlich schlechte Stellung der Kleinbauern und Bürger, die durch den Staat und seinen bürokratischen Apparat unterdrückt wurden, um dessen Unterhalt zu sichern.

[209] **Ahab** [אַחְאָב], „Bruder des Vaters", war von etwa 871-852 vC seit dem Tod seines Vaters Omri, König des Nordreiches Israel.

[210] Schlacht zwischen dem assyrischen König Salmānu-ašarēd III. und einer Koalition von zwölf Staaten. Salmanassers Sieg wird auf der Kurkh-Stele beschrieben, die 1861 in der Türkei gefunden wurde

[211] **Salmanassar III.** (biblisch Salmanassar V.) war von 858-824 vC König des Assyrischen Reiches. Sein Name bedeutet: Salmanu ist der oberste Gott. Er folgte als zweiter König des

Neuassyrischen Reiches auf seinen Vater Assur-nasi-apli II. und führte dessen Eroberungspolitik fort.

[212] **Hasaël** war von ca. 841-bis etwa 812 vC König von Aram. Der Name bedeutet „Gott sieht".

[213] **Joram** [יְהוֹרָם], Sohn des Ahab, war König von Israel etwa 852-841 vC und der vierte und letzte König der Omri-Dynastie.

[214] **Ahasja** oder **Jeoahas** [יְהוֹאָחָז] war König von Juda. Seine nur wenige Monate dauernde Herrschaft wird auf das Jahr 842 oder 841 vC datiert.

[215] **Jiga͗el Jadin** 1917, [יִגְּאֵל יָדִין] bis 1984, war ein israelischer Archäologe, Politiker und der zweite Generalstabschef der israelischen Streitkräfte.

[216] Der Begriff **Millo** [מִלּוֹא] findet sich zehnmal im Tanach. Dabei reichte das Spektrum der Deutungs-vorschläge von einem Wasserbecken über eine Auffüllung und Bastion im Tyropoiontal, eine Norderweiterung der bronzezeitlichen Stadt durch David, die von David eingenommene und von Salomo nach Norden verlegte Akropolis oder eine Verbindung zwischen der von David eingenommenen Stadt und der von Salomo gegründeten Akropolis bis zu einem Turm am nordöstlichen Eck der von David eingenommenen Stadt oder einer Mauer an der östlichen Hangkante nordöstlich der von David eingenommenen Stadt.

[217] Vgl. hierzu Finkelstein, 2014.

[218] **Khirbet Qeiyafa** [חֻרְבַּת קַיָּאפָה, *Churvat Qajafah*], „Ruine Qajafahs", ist eine Ruinenstätte im Süd-westen innerhalb des Weichbilds der Stadt Beth Schemesch. Die Ruinenstätte befindet sich auf einer Anhöhe der Schefela, etwa 25 Kilometer südwestlich von Jerusalem.

[219] Vgl. hierzu den Online-Beitrag von A. Fischer: https://bibelwissenschaft.de/stichwort/16233/

[220] Finkelstein/Silberman, 2006:102-107

[221] Als **Sanherib-Prismen** werden zwei assyrische Tonprismen bezeichnet, die jeweils auf sechs Seiten

einen akkadischen historischen Text tragen. Sie datieren in die Regierungszeit des assyrischen Königs Sanherib und berichten von Ereignissen aus den Jahren 701-681 vC. Die Prismen wurden als »Grundstein-Urkunden« geschrieben, um die Taten von Sanherib vor den Göttern und der Nachwelt zu dokumentieren. Sie dienen heute als wichtige Zeugnisse für die assyrische Geschichte, aber auch für die jüdische Geschichte, da hier die Belagerung Jerusalems 701 vC während der Herrschaft König Hiskias beschrieben wird, die auch in der Bibel bezeugt ist.

222 Gibea-Saul [גִּבְעַת שָׁאוּל], in 1.Sam 11,4 und 15,34 sowie Jes 10,29. Gibea-Saul soll die Residenzstadt Sauls gewesen sein. Daneben gibt's es noch Gibeat-Elohim (גִּבְעַת הָאֱלֹהִים in 1.Sam10,5), Gibea-Benjamin (גִּבְעַת בְּנְיָמִן in 1.Sam 13,12.15 und 14,16 und Gibea ohne Namenszusatz in Ri 19-21. Da *gibea* die hebräische Bezeichnung für "Hügel" ist, und das israelische Hochland über weite Strecken hügelig ist, ist davon auszugehen, dass es sich um verschiedene Orte handelt und nicht alle Erwähnungen sich auf dieselbe Stadt beziehen.

223 **Mizpa** [מצפה], „Wachtturm", wird vielfach mit dem Tel en-Nasbe 12 km nordwestlich von Jerusalem unweit Ramallah identifiziert. Nach der Beschreibung des Gebietes des Stammes Benjamin in Jos 18,11-28 wird das benjaminitische Mizpa im Tanach vor allem mit Versammlungen der Israeliten bzw. Judäer, kriegerischen Auseinandersetzungen und administrativen Themen verknüpft. Die Versammlungen bis zur frühen Königszeit sind auf verschiedene Arten und Weisen mit JHWH verbunden.

224 **Jabesch-Gilead** [יָבֵשׁ גִּלְעָד]. Der Ortsname Jabesch von der Wurzel יבשׁ „trocken werden, vertrocknen" ab. Der Ortsname Jabesch „Trockenort" oder „trockener Ort" verrät also, dass bei der Besiedlung ein eher ungünstiges, trockenes Terrain gewählt wurde. Ein ostjordanisches Bachtal trägt heute noch

den Namen Wadi Jabis. Dieses Wadi kommt aus dem Bergland des Gebel Aglun und mündet etwa 2 km südlich von Tell Gamaʿin in den Jordan. Aufgrund der Namensgleichheit darf das biblische Jabesch berechtigterweise in der Nähe dieses Wadi gesucht werden.

[225] Stadt der Leviten im Gebiet des Stammes Benjamin.

[226] **Michmas** [מִכְמָשׁ / מִכְמָס] lag östlich von Beth El und südlich von Migron an der Straße nach Jerusalem.

[227] Der **Gilboa** [הַר הַגִּלְבֹּעַ, *Har haGilboʿa*], „Berg Gilboa", ist ein Höhenzug an der Grenze zum Westjordanland.

[228] Das **Tal von Elah** [עֵמֶק הָאֵלָה, *ʿEmeq haElah*] verbindet die Schefela mit dem Judäischen Bergland.

[229] [עֲדֻלָּם], „Ort der Abgeschlossenheit", 16 km nordwestlich von Hebron in der Schefela gelegen.

[230] Finkelstein, I. / Sass, B., The West Semitic Alphabet in the Early Iron Age. A New Hypothesis, in: Near Eastern Archaeology, Vol 86, No 1, March 2023

[231] **Thutmosis III.**, 1.486-1.425 vC, war der sechste altägyptische Pharao der 18. Dynastie (Neues Reich).

[232] [בֵּית שְׁאָן], „Haus der Gottheit Scheʾan", ca. 25 km südlich des Sees Genezareth nahe der jordanischen Grenze. Der sich über die antike Stadt erhebende Tel trägt den arabischen Namen Tel el-Hösn, d.h. „Hügel der Stärke".

[233] [רחוב], auf dem **Tel Rehob** wurde der älteste von Archäologen entdeckte Bienenstock mit organischen Überresten der Bienen selbst aus der Zeit zwischen der Mitte des 10. und dem frühen 9. Jh. vC entdeckt. In den nahegelegenen Ruinen des hauptsächlich aus byzantinischer Zeit stammenden Nachfolgers des eisenzeitlichen Rehov, einer jüdischen Stadt namens Rohob oder Roob, befindet sich eine Synagoge mit dem Mosaik von Rehob, das als eine der wichtigsten Entdeckungen aus der römisch-byzantinischen Zeit gilt und die längste bisher im Land Israel gefundene Mosaikinschrift darstellt.

²³⁴ **Deir Alla** ist eine antike Stadt im Gouvernement Balqa in Jordanien.

²³⁵ Für eine aktuelle Übersetzung siehe Erhard Blum: *Die altaramäischen Wandinschriften vom Tell Deir 'Alla und ihr institutioneller Kontext*. Online unter: https://www.academia.edu/27280750/Die_altaramäischen_Wandinschriften_vom_Tell_Deir_Alla_und_ihr_institutionelle r_Kontext_2016_

²³⁶ Der **Hiskija-Tunnel** [הַשִּׁלֹחַ נִקְבַּת, *nikbat haSchiloa*] ist eine von den Judäern erbaute unterirdische Wasserleitung aus dem 8. Jh. vC in Jerusalem. Der über 500 Meter lange Tunnel führt das Wasser der Gihonquelle in die Stadt, in den Teich von Schiloa. Der archäologisch erschlossene Tunnel führt bis in die Gegenwart Wasser und kann über den Großteil seiner Länge besichtigt werden.

²³⁷ **LMLK**: [לְמֶלֶךְ חׄותמות], *lamed* [ל], *mem* [מ], *lamed* [ל], *kap* [כ], "לְמֶלֶךְ", „dem König gehörend".

²³⁸ **Sin-ahhe-eriba** [סַנְחֵרִיב, *Senhacherib*], etwa 745-680 vC war als Sohn Sargons II. von 705/704-681/680 vC assyrischer König.

²³⁹ Finkelstein, I.: *Notes on the Date and Function of the Samaria Ostraca*, in: Israel Exploration Journal (IEJ), 71:162–179, 2021

²⁴⁰ **Tukulti-apil-Ešarra III.** war von 745-726 vC König des Assyrischen Reiches.

²⁴¹ **Abdi-Ḥepa** war ein Stadtfürst in Urusalim (späterer Name: Jerusalem), der um 1.350 vC regierte und aus sechs Armana-Briefen (EA 285-290) bekannt ist.

²⁴² Knauf, Ernst Axel: *Jerusalem in the Late Bronze and Early Iron Ages. A Proposal*. In: Journal of the Institute of Archaeology of Tel Aviv University, Volume 27, Issue 1:75-90, 2000

²⁴³ [מבנה האבן הגדול, *Mivne haEven haGadol*]

²⁴⁴ Shiloh, Yigal: *Excavations at the City of David , 1978-1982. Interim Report of the First Five Seasons*. Qedem19.

Monographs of the Institute of Archaeology, Hebrew University of Jerusalem, 1985

[245] **Ophel** [עוֹפֶל] bedeutet „befestigte Anhöhe" oder „ansteigender Bereich" und ist der biblische Begriff für einen erhöht liegenden Teil einer Siedlung oder Stadt. Von der heutigen Südmauer des Jerusalemer Tempelberges aus verläuft ein schmaler Höhenrücken nach Süden bis zum Teich von Schiloa. Der nördliche Teil dieses Höhenrückens im Judäischen Bergland ist der Jerusalemer Ophel, der südliche Teil die »Davidsstadt«.

[246] In: Ancient Jerusalem Revealed. Biblical Archaeology Society ; Israel Exploration Society, Washington, D.C., Jerusalem, 1994

[247] Uta Zwingenberger: Dorfkultur der frühen Eisenzeit in Mittelpalästina. In: Orbis Biblicus et Orienta-lis. Band 180. Vandenhoeck & Ruprecht, Göttingen 2001

[248] Geva, Hillel: *Jerusalem's Population in Antiquity: A Minimalist View.* In: Tel Aviv 41, 2014:131–160.

[249] Um den Inhalt eines literarischen Werkes zu verstehen benötigt man die Kenntnis der Sprache in dem das Werk verfasst worden ist. Um Geschichte zu verstehen benötigt man ein einheitliches System, mit dessen Hilfe man Ereignisse der Vergangenheit zeitlich chronologisch einordnen kann. Dabei unterscheidet man zwei Arten von Chronologie. Die Erste, die **relative Chronologie**, ordnet Ereignisse relativ zu einem anderen an. In der Geologie werden geologische Strukturen oder Ereignisse in geologischen Sequenzen eingeordnet (z.B. der Jura ist älter als die Kreide). Der Hintergrund ist der, dass die Schichten des Jura (gewöhnlich) unter den Schichten der Kreide liegen, man also davon ausgehen kann, dass sie älter sind. Die Archäologie hat dies System übernommen und ordnet die archäologischen Spuren, die Artefakte (vom Menschen Geschaffenes) ebenso Sequenzen zu (z.B. die

Bronzezeit ist älter als die Eisenzeit). Die zweite Art der Chronologie ist die **absolute Chronologie**. Diese verwendet eine absolute Zeitskala und benennt für jedes Ereignis den Punkt auf der Zeitskala, wann es stattgefunden hat. Für die westliche Welt spielt die Zeitrechnung mit dem Fixpunkt der Geburt Jesu Christi dabei eine zentrale Rolle, denn von dem Punkt ausgehend benennen wir heute Tage, Monate und Jahre und können uns damit zeitliche Abläufe vorstellen.

[250] Ein judäischer Grundbesitzer aus Bethlehem.

[251] **Schunem** [שׁוּנֵם] wird mit dem kleinen Siedlungshügel Tel Schunem / Sulam identifiziert. Der Siedlungshügel des biblischen Schunem liegt am östlichen Rand der Jesreelebene südlich der Hügel Givat-haMoreh, gegenüber dem Gilboa-Gebirge.

[252] [גִילֹה], das biblische **Gilo** wird bedeutend weiter südlich von Jerusalem vermutet und könnte mit Churbet Jala, nördlich von Hebron, identisch sein.

[253] [תְּרָפִים, *trafim*], Bild oder eine leicht transportable Figur eines Familiengottes semiti-scher Nomaden.

[254] τρίπτυχος *tríptychos*, „in drei Teile gefaltet, aus drei Lagen bestehend". Ein Altarbild mit zwei Seitenflügeln.

[255] **Hysteron-Proteron** (ὕστερον πρότερον *hýsteron próteron*), „das Spätere ist das Frühere", ist ein Beweisfehler, bei dem die Voraussetzungen des zu Beweisenden schon enthalten sind. Es wird also behauptet, eine Aussage durch Deduktion zu beweisen, indem die Aussage selbst als Voraussetzung verwendet wird.

[256] [רָמָה] Stadt Ephraims, in 1.Sam 1,1 wird die Stadt Ramatajim-Zophim [רָמָתַיִם צוֹפִים] genannt. Ihre Lage ist nicht bekannt. Möglicherweise ist sie mit der Stadt Arimathia des Neuen Testamentes identisch.

[257] [מִדְבַּר פָּארָן, *Midbar Pa'ran*], Name einer Wüste südlich von Be'er Scheba.

[258] [קְעִילָה], die Stadt ist heute unter dem Namen Kila bekannt.

[259] [אַכְזִיב] Stadt in Juda, heute unter dem Namen Ain Kezbeh bekannt.

[260] [מָרֵאשָׁה] Eine befestigte Stadt in dem Tiefland Juda, identisch mit den Ruinen bei Merash. Der heutige Ruinenhügel trägt die Bezeichnung Tell Sandahannah.

[261] Schuwardata, Sohn des Tagi, eines ägyptischen Vasallen und Herrscher von Ginti-kirmil, dessen genaue Lage unbekannt ist.

[262] [אַכְשָׁף] Es handelt sich wahrscheinlich um das heutige Tel Kison.

[263] [גֶּזֶר] Die Überreste des biblischen Geser befinden sich auf dem 8 km südsüdwestlich von Ramla gelegenen Ruinenhügel Tell el-Gazari am Eingang zum Ajalontal.

[264] [עֲדֻלָּם], liegt 16 km nordwestlich von Hebron.

[265] Das Tal von Elah, wird heute mit Wadi es Sunt gleichgesetzt.

[266] [זִיף] das heutige Zif liegt südwestlich von Hebron.

[267] [עֵין גֶּדִי] eine Oase am Westufer des Toten Meeres, südlich der Grenze zum Westjordanland.

[268] Hasael war von ca. 841- bis etwa 812 vC. König von Aram Damaskus. Sein Name bedeutet „Gott sieht".

[269] [הערבה] Die **Arava**, eine Steinwüste mit geringem Bewuchs, ist die Senke vom Toten Meer bis zum Golf von Akaba, die entlang der Grenze zwischen Israel und Jordanien verläuft.

[270] Vgl. hierzu Crüsemann, 1978

[271] Vgl. hierzu Kessler, 2009

[272] Vgl. hierzu Niemann, 1993

[273] Die Terebinthe ist in der Fachsprache unter dem lat. Namen *Pistacia terebinthus* bekannt.

[274] [בֵּית צֵידָה], „Haus des Fischfangs"oder „Haus der Jagd".

[275] Eine **Apologia**, ἀπολογία, "zur Verteidigung sprechen", ist eine formale Verteidigung einer Meinung, Position oder Handlung im Zusammenhang mit Religion, Theologie und Philosophie. Im modernen Sprachgebrauch sollte Apologie

nicht mit der Bedeutung des Wortes "Entschuldigung" als Ausdruck des Bedauerns verwechselt werden.

276 [בַּת־שֶׁבַע, *bat schewa*], „Tochter der Fülle", die untreue Frau des Hethiters Urija und Mutter Salomos.

277 Die **Septuaginta**, ἡ μετάφρασις τῶν ἑβδομήκοντα *he metaphrasis ton hebdomekonta*, „Die Übersetzung der Siebzig", Abkürzung LXX, auch Griechisches Altes Testament genannt, ist die älteste durchgehende Übersetzung der Bibel in die altgriechische Alltagssprache, die Koine. Die Übersetzung entstand ab etwa 250 vC im hellenistischen Judentum, vorwiegend in Alexandria. Die meisten Bücher waren bis etwa 100 vC übersetzt, die restlichen Bücher folgten bis 100 nC. Der Legende nach übersetzten 72 jüdische Gelehrte in Alexandria die Tora in 72 Tagen aus dem Hebräischen ins Griechische. Dabei soll jeder Übersetzer für sich selbst gearbeitet haben, am Ende aber seien alle 72 Übersetzungen absolut identisch gewesen. Der Heilige Geist habe allen dieselben Worte eingegeben. Die Zahl 72 wurde auf 70 abgerundet und erinnert an die siebzig Auserwählten, die mit Gottes Geist begabt wurden, um Mose bei der Rechtsprechung zu helfen (Num 11,24ff.). Damit wurde auch die Verbalinspiration dieser Übersetzung betont.

278 Die Königin von Saba [מַלְכַּת שְׁבָא, *Malkat Schewa*] erscheint als früheste schriftliche Erwähnung im Tanach, später dann auch im Koran und in äthiopischen Legenden, nicht jedoch in Quellen aus dem antiken Saba im heutigen Jemen. Ob ihr Reich tatsächlich dort oder in der Region um Aksum in Äthiopien gelegen hat, ist daher bis heute ebenso ungeklärt wie die Frage, ob die legendäre Königin eine historische Person zum Vorbild hatte.

279 **Ahija von Schilo** [אֲחִיָּה הַשִּׁילֹנִי] war ein früher biblischer Prophet. Ahija gab Salomos Gegnern in dessen Beamtenschaft

und Heer einen Anführer und ein Ziel, indem er den Königsbeamten Jerobeam zum künftigen König salbte. Die biblische Geschichtsschreiber glichen Ahijas Widerspruch zur davidischen Königsdynastie aus: Sie ließen Natans Dynastiezusage in Ahijas Botschaft weitergelten, begrenzten ihren Geltungsbereich aber auf das Südreich Juda.

[280] Von 721-705 vC König des neuassyrischen Reiches und Namensgeber der Sargoniden-Dynastie.

[281] **Aschschur-bani-apli** war von 669-627 vC oder von 668-627 vC König des Assyrischen Reich.

[282] Hiram, König von Tyros, 999-935 vC, war ein phönizischer König. Er vergrößerte und befestigte die Inselstadt Tyros an der Westküste Vorderasiens und stärkte ihre Mittlerrolle zwischen Orient und Abendland.

[283] **Apokryphen**, ἀπόκρυφος *apokryphos*, „verborgen, dunkel" sind religiöse Schriften jüdischer bzw. christlicher Herkunft aus der Zeit zwischen etwa 200 vor bis ca. 400 nach Christus, die nicht in einen `biblischen Kanon aufgenommen wurden oder über deren Zugehörigkeit Uneinigkeit besteht, sei es aus inhaltlichen oder religionspolitischen Gründen oder weil sie erst nach Abschluss des Kanons entstanden sind oder zur Zeit seiner Entstehung nicht allgemein bekannt waren.

[284] **Gnosis**, γνῶσις, „[Er-]Kenntnis", Wissen", bezeichnet religionswissenschaftlich verschiedene religiöse Lehren und Gruppierungen des 2. und 3. Jh. nC. Gnostische Positionen fassten teilweise auch in einigen Gemeinden des frühen Christentums Fuß. Die Gnosis entwickelte sich im 2. Jh. zum theologischen Hauptgegner der frühen christlichen Kirche. Trotz aller Verschiedenheiten zeigen die gnostischen Lehren eine gewisse Grundtendenz: Eine oberste, über alle irdische Wirklichkeit schlechthin erhabene »gute Gottheit« entfaltet sich in vielfachen Abstufungen und Ausströmungen (Emanationen). Die sichtbare Welt schuf ein „Demiurg", der

auch den »minderwertigen fleischlichen« Menschen bildete, indem er das zur göttlichen Oberwelt gehörende Pneuma mit der »bösen Materie« vermischte. Die Erlösung des Menschen liegt in der Gnosis, d. h. in der Erkenntnis seines kosmischen Geschicks und der Göttlichkeit seines eigenen Selbst.

[285] Στρωματεῖς, "Verschiedenes", das letzte Buch einer Trilogie Clements von Alexandrien (ca. 150-215) über das christliche Leben.

[286] **Flavius Josephus**, Φλαύιος Ἰώσηπος, geboren 37/38 nC in Jerusalem, gestorben um 100 vermutlich in Rom, war ein jüdisch-hellenistischer Historiker. Er verfasste eine Geschichte des Jüdischen Krieges [De bello Judaico, „Der Jüdische Krieg"], eine Geschichte des jüdischen Volkes von der Erschaffung der Welt bis zum Vorabend dieses Krieges [Antiquitates, „Jüdische Altertümer"], eine kurze Autobiografie als Anhang dazu [Vita, „Aus meinem Leben"] und als Spätwerk eine Verteidigung des Judentums gegen die Kritik zeitgenössischer Autoren [Contra Apionem, „Über die Ursprünglichkeit des Judentums"].

[287] Das Targum Scheni [לארמית מגילת אסתר תרגומי] ist eine ausgeschmückte, aramäische Übersetzung des Buches Esther.

[288] Das **Kebra Negest**, „Ruhm der Könige" ist ein in altäthiopischer Sprache verfasster Bericht der Herkunft der salomonischen Kaiser Äthiopiens. Der vorhandene Text wurde Ende des 13. Jh.s n.Chr. verfasst und wird von vielen äthiopischen Christen und Rastafari als gesicherte Darstellung angesehen. Das Buch berichtet nicht nur davon, wie die Königin von Saba König Salomo traf, mit ihm Menelik zeugte und wie die Bundeslade mit Menelik nach Äthiopien gelangte, sondern auch wie die Äthiopier von der Verehrung von Sonne, Mond und Sternen zur Anbetung des „Herrn, Gott von Israel" übertraten.

[289] In der islamischen Vorstellung ein Geistwesen, das aus „rauchlosem Feuer" erschaffen wur-de, über Verstand verfügt und neben den Menschen, Satanen und Engeln mit anderen Dschinn die Welt bevölkert.

[290] [גִּבְּתוֹן], Stadt in Dan, die den Kehatitern zugewiesen wurde, aber später von den Philistern eingenommen wurde. Die Stadt ist heute bekannt unter dem Namen Kibbije.

[291] Ben-Hadad (III.) [בנהדד], „Sohn des Hadad", war von etwa 805-773 vC Herrscher des Königreichs Aram-Damaskus.

[292] Die **Stele des Zakkur** (oder Zakir) ist eine königliche Stele des Königs Zakkur von Hamat und Luhuti (oder Lu'asch) in der Provinz Nuhašše in Syrien, der um 785 vC regierte.

[293] **Simri** [זִמְרִי] bedeutet „JHWH hat geholfen, JHWH ist mein Schutz oder Hilfe JHWHs". Die Septua-ginta gibt den Namen mit Ζαμβρι *Zambri* wieder.

[294] **Tirza** [תִּרְצָה] lag bei Samaria und wird heute meistens mit der archäologischen Fundstätte Tel el Far'a identifiziert. Die genaue Etymologie des Namens ist nicht geklärt, zur Disposition stehen „Gott hat Wohlgefallen" oder auch „Schönheit".

[295] Die Bedeutung des Namens [תִּבְנִי, *tivni*] ist ungeklärt. Die Septuaginta gibt den Namen als Θαμνι *Thamni* wieder.

[296] [רָמֹת גִּלְעָד], „Höhe von Gilead", ist das heutige Tell er-Rumeith in Jordanien.

[297] Gebildet nach der Form Prädikat + Subjekt aus der Verbalwurzel: אחז (ḥz: ergreifen, etwas halten, festhalten, verbinden) und dem theophoren Suffix יָהוּ *jahu* bzw. יָה *jah*. Die Bedeutung ist demnach: „JHWH hat (seine Hand) ergriffen".

[298] Setzt sich aus dem Gottesnamen יהוה *jhwh* sowie der Wurzel רום *rwm* „hoch sein" zusammen und bedeutet „JHWH ist erhaben".

[299] Gebildet aus dem theophoren Element JHWH und einem Verb von der Wurzel שׁפט *schpt* „richten, zum Recht verhelfen"

gebildet ist. Der Name bedeutet „JHWH hat Recht gesprochen, JHWH hat Recht verschafft, JHWH hat zum Recht verholfen".

300 [עֲתַלְיָה] Tochter Isebels und Ahabs, Enkelin Omris und Ehefrau Jorams, des Königs von Juda.

301 [אֶתְבַּעַל], Schwiegervater Ahabs.

302 **Adad-nīrārī III.** war König des Assyrischen Reiches in den Jahren 810-781 vC (alternative Datierung: 811-783 vC).

303 **Lebo-Hamat** wird als nördlichster Punkt des von Israel beanspruchten Siedlungsgebiets (1.Kön 8,65; 2.Kön 14,25; 1.Chr 13,5) genannt.

304 [נְהַר הַיַּרְמוּךְ, *nehar haj Jarmuk* / نهر اليرموك , *Nahr al-Yarmūk*]

305 **Nuzi** (auch Ga-Sur) war eine antike hurritische Kleinstadt im Königreich Arrapha, die heute den Siedlungshügel Tel Jorgan Tepe bildet, einen Teil Kirkuks. Sie liegt im heutigen Irak östlich des Tigris und südöstlich von Ninive.

306 **Mari** (heute *Tell Hariri*, Syrien) war ein mesopotamischer Stadtstaat und ein bedeutendes Kulturzentrum Vorderasiens, dessen Anfänge an das Ende des 3. Jt. vC zurückreichen.

307 **Cisjordanien:** Das heutige Westjordanland, [הגדה המערבית, *haGada haMa'arawit*], heute auch als Westbank bezeichnet, wird von Israel offiziell als „Judäa und Samaria"[יהודה ושומרון, *Jehuda we-Schomron*] bezeichnet.

308 Der Megalithkomplex Rujm el-Hiri oder hebräisch [גלגל רפאים, **Gilgal Refaim**, „Rad der Gespenster"] befindet sich im zentralen Golan, etwa 16 km östlich des Sees Genezareth. Die ersten Ausgräber gingen davon aus, dass die Kreise erheblich früher entstanden sind als der Grabhügel. Die konzentrischen Kreise könnten während der frühen Bronzezeit zwischen 3.000-2.700 vC als kultisch-zeremonielles Zentrum zuerst errichtet worden sein. Erst während der späten Bronzezeit (1.400-1.300 vC) wäre dann der nicht zentral gelegene Grabhügel mit der Kammer hinzugefügt worden.

[309] Vgl. hierzu Julius Wellhausen: *Geschichte Israels in zwei Bänden*. Reimer, Berlin 1878

[310] Finkelstein, I./Römer, Th.: *The Historical and Archaeological Background behind the Old Israelite Ark Narrative*. In: Biblica 101:161-185, 2020

[311] **Haran** wird in der Regel mit Harran identifiziert, heute ein Dorf in Şanlıurfa, Türkei.

[312] [רָמֹת גִּלְעָד], gelegentlich mit Reimun am Nordhang des Flusses Zarqa identifiziert, etwa acht Kilo-meter westlich von Jerash oder Gerasa, einer der Städte der antiken Dekapolis.

[313] **Rezin** († 732 vC), [רְצִין], „(Gott) gefällig", war der letzte aramäische König von Damaskus.

[314] Die **Machpela** [מערת המכפלה, *Me'arat haMachpela*], „Höhle der Doppelgräber", auch „Höhle der Patriarchen" genannt, ist nach dem Tanach, das Familiengrab der Erzeltern der Israeliten. Dort sollen Abraham und Sara, Isaak und Rebekka sowie Jakob und Lea bestattet worden sein. Der Ort liegt am Stadtrand von Hebron.

[315] Eine Zikkurat, babylonisch für „hoch aufragend/aufgetürmt, Himmelshügel, Götterberg", ist ein gestufter Tempelturm im antiken Mesopotamien.

[316] Der **masoretische Text** [מסורה, *masora*, "Überlieferung"] ist die im Judentum heute maßgeb-liche hebräische Textversion des Tanach. Der MT enthält neben dem seit dem 2. Jahrhundert feststehenden Konsonantentext (*Ketib*) auch genaue Angaben zu Vokalisation und Akzentuierung (*Qere*). Seinen Namen verdankt er den Masoreten, jüdischen Gelehrten, die ungefähr in den Jahren 700-1000 wirkten und in ihren Musterhandschriften nicht nur als *Nakdanim* oder Punktatoren erstmals Akzente und Vokalzeichen, sondern auch die eigentliche *Masora* in die hebräischen Bibelhandschriften einführten. Dabei handelt es sich um traditionelle Listen von seltenen Formen und anderen Besonderheiten des Textes, die der Bewahrung des Textes

---

dienen und durch ein differenziertes System von Anmerkungen (*Masora parva, Masora magna, Masora finalis*) mit dem Text verbunden werden.

[317] Vgl. hierzu Fischer:2009

[318] **Kadesch-Barnea** [ברנע קְדֵשׁ] ist eine der im Tanach erwähnten Stationen während der Wüstenwanderung und lag etwa acht Kilometer westlich der heutigen israelischen Grenze im nördlichen Sinai. Kadesch-Barnea wird von der Forschung mit der Region des heutigen En el-Quderat identifiziert.

[319] Klaus Koch: *Gibt es ein Vergeltungsdogma im Alten Testament?* In: Klaus Koch, *Gesammelte Aufsätze*. Band 1: *Spuren des hebräischen Denkens. Beiträge zur alttestamentlichen Theolo-gie*. Herausgegeben von Bernd Janowski und Martin Krause, Neukirchener Verlag, Neukirchen-Vluyn 1991

[320] [תַּעְנַךְ], Ti'inik liegt 13 km nordwestlich von Jenin.

[321] [הגויים חרושת], „die Schmiede der Nationen", möglicherweise das antike El-Ahwat.

[322] [סיסרא], ist im Alten Testament vor allem der Feldherr, der in der so genannten Deboraschlacht die feindlichen Verbände gegen die israelitischen Krieger ins Feld führt und von Jael getötet wird.

[323] [וַיָעֵל]

[324] Der Begriff **Massebe** [מַצֵּבָה, *massewa*], oft mit „Steinmal" übersetzt, ist von der hebräischen Wurzel „aufrichten, aufstellen" abzuleiten und bezeichnet einen willentlich aufgerichteten, naturbelassenen oder behauenen Stein mit einer auch im weiteren Sinne religiösen Funktion.

[325] **Beth Schemesch** [שֶׁמֶשׁ בֵּית], „Haus der Sonne", heute eine Stadt im Bezirk Jerusalem an der Bahnstrecke von Tel Aviv nach Jerusalem.

[326] **OSL** funktioniert mit Hilfe von Licht aus dem sichtbaren Bereich des Spektrums. Anwendbar bei ehemals dem Sonnenlicht oder einer Erhitzung ausgesetzten Gesteinen. Die

dabei betrachtete Energie wird schon durch Tageslicht freigesetzt, weswegen über die Menge an gespeicherter Energie bewertet werden kann, wie lange der letzte Kontakt zu Sonnenlicht und somit beispielsweise der Sedimentationsprozess zurückliegt. Geeignet zur Datierung von Proben, die bis zu 200.000 Jahre alt sind.

[327] [אֶבֶן עֵזֶר], „Stein der Hilfe [Gottes]".Möglicherweise handelt es sich bei Eben-Eser um den Tel en-Naṣbe an der Straße von Mizpa über Bet-Horon nach Schen oder nach Aschna.

[328] Vgl. hierzu Wolfgang Oswald, https://bibelwissenschaft.de/stichwort/30238/

[329] Vgl. hierzu Donner:2000/2001

[330] Vgl. hierzu Michael Pietsch, https://bibelwissenschaft.de/stichwort/23844/

[331] **Ramot-Gilead** [רָמֹת גִּלְעָד], „Höhe von Gilead", heute Tell er-Rumeith. Die Überreste befinden sich im heutigen Jordanien.

[332] Die **Arava** [הערבה], arabisch Wadi Araba, ist die Senke vom Toten Meer bis zum Golf von Akaba, in der die Grenze zwischen Israel und Jordanien verläuft.

[333] Vgl. hierzu Thomas Römer, https://bibelwissenschaft.de/stichwort/16353/

[334] Der Ausdruck **Hendiadyoin**, ἓν διὰ δυοῖν *hen dia dyoin*, „eins durch zwei", ist in der linguistischen Theorie nicht einheitlich definiert. In der antiken Stilistik handelt es sich um eine Umformung einer unterordnenden Substantiv-Adjektiv-Verbindung [oder Genitivkonstruktion], die [in gleicher Bedeutung] beiordnend mit „und" hergestellt wird. In den neueren Sprachen tendiert die Bedeutung des Begriffs [vielmehr] in Richtung Synonymverbindung: Als rhetorische Figur zur Intensivierung wird ein Gedanke durch zwei im selben Wortfeld liegende Wörter vermittelt, die durch „und" verknüpft sind. Beispiele: ab und zu (Gesamtbedeutung „manchmal"), mit Fug und Recht (Gesamtbedeutung „mit

voller Berechtigung"), gesund und munter (Gesamtbedeutung „körperlich und geistig fit") etc.

[335] Als Vordere Propheten bezeichnet man die Bücher *Jehoschua* [יְהוֹשֻׁעַ], *Schoftim* [שֹׁפְטִים], *Schmu'el* [שְׁמוּאֵל] und *Melachim* [מְלָכִים].

[336] Martin Noth: *Überlieferungsgeschichtliche Studien. Die sammelnden und bearbeitenden Geschichts-werke im Alten Testament.* Darmstadt, Wissenschaftliche Buchgesellschaft, 1967

[337] **Jojachin** [יְהוֹיָכִין], * um 616 vC; † nach 560 vC, war König von Juda als Nachfolger seines Vaters Jojakim. Jojachin wurde mit 18 Jahren neuer König. Seine Herrschaft währte nur drei Monate und zehn Tage. Er ergab sich Nebukadnezar und verhinderte so die Zerstörung Jerusalems, wurde jedoch mit der Oberschicht nach Babylon verschleppt.

[338] Vgl. hierzu Klaus Bieberstein, https://bibelwissenschaft.de/stichwort/22380/

[339] **Serubbabel** [זְרֻבָּבֶל], wohl „Spross Babels" da im Exil geboren, war Statthalter der Provinz Jehud zur Zeit des Perserkönigs Dareius I. (549-486 vC).

[340] **Susa** [שׁוּשַׁן, *Schuschan*], Σοῦσα, auch Seleukeia am Eulaios genannt. Die Reste der antiken Stadt liegen im Südwesten des heutigen Iran nahe der irakischen Grenze in der Provinz Chuzestan am Rande der heutigen Stadt Schusch.

[341] Šamaš-aba-usur, der biblische *Scheschbazar*, bekleidete im 6. Jh. vC als babylonischer Beamter unter Kyros II. das Amt des persischen Kommissars für Zentralangelegenheiten.

[342] Ptlomäer und Seleukiden rangen um die Vorherrschaft in der Levante. In der Schlacht bei Paneas unterlag ein ägyptisches Heer unter dem Feldherrn Skopas den Seleukiden unter Antiochos III. Megas. Diese Niederlage stellt einen Wendepunkt im Fünften Syrischen Krieg dar und zog den Übergang der Levante ins Seleukidenreich nach sich.

[343] Berg in der Nähe von Nablus.

[344] ἡ οἰκουμένη, „die Bewohnte".

[345] Unter Kyros-Erlass oder **Kyros-Edikt** versteht man die Überlieferung aus dem Buch Esra, der zufolge der persische König Kyros II. den Wiederaufbau des Tempels in Jerusalem angeordnet hatte.

[346] 1632-1677, Sohn sephardischer Immigranten aus Portugal, der dem Rationalismus zugeordnet wird und als einer der Begründer der modernen Bibel- und Religionskritik gilt.

[347] **Khirbet Qumran** [קוּמראָן] liegt auf einer flachen Mergelterrasse nahe dem Nordwestufer des Toten Meeres. Bereits in der Eisenzeit bestand eine durch zahlreiche Keramikfunde nachgewiesene Siedlung. Nach ihrem Ende war das Mergelplateau von der hellenistischen Zeit bis zum Jüdischen Krieg wieder bewohnt. Man unterscheidet ein Hauptgebäude mit Turm und zwei Wirtschaftsbereiche westlich und südlich davon. Es gibt auch einen großen Friedhof mit über 1.000 Bestattungen östlich der Siedlung. Im Jahre 1947 entdeckten Ziegenherden in der ersten von insgesamt elf Felshöhlen geschlossene Vorratsbehälter, in denen sich zahlreiche Papyri befanden.

[348] Judas Makkabäus [יְהוּדָה הַמַּכַּבִּי, *Jehudah haMakkabi*], „Jehuda der Makkabäer", war ein jüdischer Priester im 2. Jh. vC und Anführer des nach ihm benannten Makkabäeraufstandes.

[349] **Jonatan** [יונתן הַנָּפְסִי] war Herrscher Judäs aus dem Geschlecht der Hasmonäer von 160-143 vC. Sein Aramäischer Beiname war Apphus (Ἀπφοῦς) mit der Bedeutung "Täuscher" oder auch „Diplomat" (1.Makk 2,5).

[350] **Ethnarch** (ἐθνάρχης, *ethnarches*) war ein Herrschertitel im östlichen Mittelmeerraum der Antike und stand vor allem für „Statthalter" und „Klientelkönig".

[351] Im Jahr 142 vC bestätigte der Seleukide Demetrios II. Simon als Hohenpriester und Fürsten, nachdem Simon dessen Oberhoheit anerkannt hatte. Er regierte bis 135 vC. Durch eine

Volksversammlung der Ältesten und Priester wurde er im Jahr 141 vC zum Ethnarchen ernannt und gleichzeitig als Hohenpriester eingesetzt.

352 **Johannes Hyrkanos I.** [יוחנן הרקנוס, *Johanan Hugarnos*] war ein Ethnarch und Jerusalemer Hohepriester, der von 135-104 vC in Judäa regierte.

353 Die **Idumäer** sind ein antikes Volk, das in den letzten Jahrhunderten vor der Zeitenwende ein Gebiet südlich von Judäa besiedelte. Von der modernen Forschung werden die Idumäer mit den Edomitern identifiziert.

354 **Sanballat** [סַנְבַלַּט הַחֹרֹנִי] war Statthalter der persischen Provinz Samaria in der Mitte des 5. vorchristlichen Jahrhunderts. Die biblische Namensform leitet sich aus dem babylonischen *Sin-uballit* („Sin hat gesund gemacht") ab.

355 Möglicherweise ist Gaschmu [גֶּשֶׁם הָעַרְבִי] identisch mit einer gleichnamigen Person, die als „König von Qedar" in einer aramäischen Inschrift auf den so genannten „Tell-el-Maschuta-Schalen" genannt wird: *„Dies ist es, was Qaynu, Sohn des Gaschmu, König von Qedar, für Han-I'lat darbrachte."* Die Inschrift wird ungefähr auf 400 vC datiert, so dass Gaschmu als der Vater des Spenders Qaynu etwa zur Zeit Nehemias gelebt haben dürfte.

356 Die **Testamente der zwölf Patriarchen** sind eine pseudepigraphische Schrift. Sie ist als Sammlung der Abschiedsreden der zwölf Söhne Jakobs konzipiert, die als Väter der Zwölf Stämme Israels gelten. In ihrer Endgestalt ist sie christlich.

357 Antiochos VII. Euergetes (Ἀντίοχος Εὐεργέτης), auch **Antiochos Sidetes** (Σιδήτης) genannt, regierte von 138-129 vC als König des Seleukidenreiches und gilt als letzter bedeutender Herrscher dieses hellenistischen Staates.

358 [דאר], liegt etwa 30 km südlich von Haifa an der Karmelküste.

359 [עיטם], die Ruinen bei Aitun sind Überreste dieses Ortes.

360 [תְּקוֹעַ], die Ruinen bei Tekua wurden als das ehemalige Tekoa identifiziert. Die Wüste Tekoa lag wahrscheinlich östlich dieser Stadt.

361 [בֵּית צוּר], „Haus der Steine", Beth-Zur ist gleichzusetzten mit dem heutigen Beit Sur. Die Stadt liegt an der Straße von Beér Scheba nach Jerusalem, wo die Makkabäer oft Kriege führten.

362 [שׂוֹכֹה], der heutige Tell Socho liegt am Rande des Tals von Elah.

363 [עֲדֻלָּם], heute ist die Stadt unter dem Namen Aid-el-m bekannt.

364 [מָרֵאשָׁה], identisch mit den Ruinen bei Merash.

365 [זִיף], Ruinen dieser Stadt findet man bei *Tel ez Zif*.

366 [אֲדוֹרַיִם], identisch mit dem heutigen Dura westlich von Hebron.

367 [עֲזֵקָה], die Stadt ist heute unter dem Namen Tell Zahariya bekannt.

368 [צוֹעַר], die Stadt wird mit Surah gleichgesetzt.

369 [אַיָּלוֹן], die Stadt stimmt mit dem heutigen Yalo überein.

Literaturliste

Albright, W.F.: *The Archaeology of Palestine: From the Stone Age to Christianity*

------------------ *From the Stone Age to Christianity: Monotheism and the Historical Process*. Johns Hopkins Press, 1946

Bar-Yosef, Ofer: *The Natufian culture in the Levant, threshold to the origins of agriculture*. Evolutionary Anthropology: Issues, News, and Reviews. 6 (5): 159–177, 1998

Blum, Erhard: *Die altaramäischen Wandinschriften vom Tell Deir 'Alla und ihr institutioneller Kontext*. https://www.academia.edu/27280750/Die_altaramäisch en_Wandinschriften_vom_Tell_Deir_Alla_und_ihr_instit utioneller_Kontext_2016_

Braudel, Fernand: *Das Mittelmeer und die mediterrane Welt in der Epoche Philipps II*. 3 Bände, Suhrkamp, Frankfurt am Main, 2001

Cline, Eric S.: *1177 B.C.: The Year Civilization Collapsed*, Princeton University Press, 2014

----------------- *After 1177 B.C.: The Survival of Civilizations*, Princeton University Press, 2024

Crüsemann, Frank: Der Widerstand gegen das Königtum. Die Antiköniglichen Texte des Alten Testamentes und der Kampf um den frühen Israelitischen Staat.

Wissenschaftliche Monographien zum Alten und Neuen Testament, Vol 49, Neukirchener Verlag, 1978

Davies, Philip: *The History of Ancient Israel*. Bloomsbury Publishing, 2015

Dever, William: *Beyond the Texts. An Archaeological Portrait of Ancient Israel and Judah*. SBL Press, 2017

Donner, Herbert: *Geschichte des Volkes Israel und seiner Nachbarn in Grundzügen*. Teil I: *Von den Anfängen bis zur Staatenbildungszeit* (GAT 4/1), Göttingen 3. Aufl. 2000 (1984), Teil II: *Von der Königszeit bis zu Alexander dem Großen* (GAT 4/2), Göttingen 3. Aufl. 2001 (1986).

Drews, Robert: *The End of the Bronze Age: changes in warfare and the catastrophe ca. 1200 B.C.*, Princeton University Press, Princeton (N.J.) 1993

Elad, Itai / Paz, Yitzhak: *En Esur (Asawir): Preliminary Report*. In: Hadashot Arkheologiyot. Excavations and Surveys in Israel. 130: 2, 2018

Finkelstein, I./Römer, Th.: *The Historical and Archaeological Background behind the Old Israelite Ark Narrative*. In: Biblica 101:161-185, 2020

Finkelstein, I. / Sass, B.: *The West Semitic Alphabet in the Early Iron Age. A New Hypothesis*. In: Near Eastern Archaeology, Vol 86, No 1, March 2023

Finkelstein, Israel: *Essays on Biblical Historiography: From Jeroboam II to John Hyrcanus.* Mohr Siebeck, Tübingen 2022

------------------------ *Notes on the Date and Function of the Samaria Ostraca,* in: Israel Exploration Journal (IEJ), 71:162–179, 2021

------------------------ *Das vergessene Königreich. Israel und die verborgenen Ursprünge der Bibel.* [The Forgotten Kingdom. The Archaeology and History of Northern Israel] Beck, München 2014

---------------------- *The Rise of Jerusalem and Judah. The Missing Link.* In: Levant. 33 (1), 2001

Finkelstein, Israel / Silberman, Neil Asher: *David und Salomo. Archäologen entschlüsseln einen Mythos.* [David and Solomon, In Search of the Bible's Sacred Kings and the Roots of the Western Tradition.] Beck, München 2006

-- *Keine Posaunen vor Jericho. Die archäologische Wahrheit über die Bibel.* [The Bible Unearthed. Archaeology's New Vision of Ancient Israel and the Origins of its Sacred Texts], New York 2001; Beck, München 2002

Fischer, Irmtraud: *Das Exodus-Paradigma. Befreiung als resonantes Beziehungsgeschehen.* In: Grazer theologische Perspektiven, 2:2, 17–34, 2019

Geva, Hillel: *Jerusalem's Population in Antiquity: A Minimalist View.* In: Tel Aviv 41, 2014:131–160

Golden, Jonathan M.: *Ancient Canaan and Israel. An Introduction*. Oxford University Press. 2009

Grabbe, Lester L.: *Ahab Agonistes. The Rise and Fall of the Omri Dynasty*. Bloomsbury Publishing USA, 2007

Kessler, Rainer: *Sozialgeschichte des alten Israel. Eine Einführung*, Darmstadt 2006.
---------------------- *Studien zur Sozialgeschichte Israels*. Katholisches Bibelwerk, 2009

Knauf, Ernst Axel: *Jerusalem in the Late Bronze and Early Iron Ages. A Proposal*. In: Journal of the Institute of Archaeology of Tel Aviv University, Volume 27, Issue 1:75-90, 2000

Lemche, Niels Peter: *The Israelites in History and Tradition*. Westminster John Knox Press, 1998

Lipschits, Oded: *The Fall and Rise of Jerusalem. Judah under Babylonian Rule*. Penn State University Press, 2005

McNutt, Paula: *Reconstructing the Society of Ancient Israel*. Westminster John Knox Press, 2019

Millek, Jesse: *Exchange, Destruction, and a Transitioning Society. Interregional Exchange in the Southern Levant from the Late Bronze Age to the Iron I*. Ressourcen Kulturen 9. Tübingen: Tübingen University Press, 2019

Moore, Megan Bishop / Kelle, Brad E.: *Biblical History and Israel's Past. The Changing Study of the Bible and History, 17. May 2011*

Niemann, Michael H.: *Herrschaft, Königtum und Staat. Skizzen zur soziokulturellen Entwicklung im monarchischen Israel.* FAT 6, Tübingen 1993

Noth, Martin: *Überlieferungsgeschichtliche Studien. Die sammelnden und bearbeitenden Geschichtswerke im Alten Testament.* Darmstadt, Wissenschaftliche Buchgesellschaft, 1967

Oswald, Wolfgang / Tilly, Michael : *Geschichte Israels.* WBG, Darmstadt 2016

Pike, Dana M.: *Israelite Inscriptions from the Time of Jeremia and Levi,* online BYU Scholars Archive (February 4th, 2020)

Richard, Suzanne: *Archaeological Sources for the History of Palestine. The Early Bronze Age. The Rise and Collapse of Urbanism.* In: The Biblical Archaeologist. 50 (1): 22–43, 1987

Römer, Thomas: *Israels Väter. Untersuchungen zur Väterthematik im Deuteronomium und in der deuteronomistischen Tradition.* (OBO 99), Academic Press / Vandenhoeck & Ruprecht, Freiburg, Göttingen 1990
-------------------- *The So-Called Deuteronomistic History. A Sociological, Historical and Literary Introduction.* T&T Clark-Continuum, London, 2005

-------------------- *Die Erfindung Gottes. Eine Reise zu den Quellen des Monotheismus* (Aus dem Französischen übersetzt von Annette Jucknat), Darmstadt 2018

Ronen, Avraham: *The oldest human groups in the Levant.* Comptes Rendus Palevol. 5 (1–2): 343–351, 2006

Schmid, Konrad / Schröter, Jens: Die Entstehung der Bibel. Von den ersten Texten zu den heiligen Schriften. C.H. Beck, 2019

Schmidt, Brian B. (ed.): *The Quest for the Historical Israel.* Society of Biblical Literature, 2007

Shiloh, Yigal: *Excavations at the City of David, 1978-1982. Interim Report of the First Five Seasons.* Qedem19. Monographs of the Institute of Archaeology, Hebrew University of Jerusalem, 1985

Steiglitz, Robert: *Migrations in the Ancient Near East.* In: Anthropological Science. 3 (101): 263, 1992

Tchernov, Eitan: *The Age of 'Ubeidiya Formation (Jordan Valley, Israel) and the Earliest Hominids in the Levant.* Paléorient. 14 (2): 63–65, 1988.

Thompson, Thomas L.: *Early History of the Israelite People.* Brill, 1992

Wellhausen, Julius: *Geschichte Israels in zwei Bänden.* Reimer, Berlin 1878

Zwingenberger, Uta: *Dorfkultur der frühen Eisenzeit in Mittelpalästina.* In: *Orbis Biblicus et Orientalis.* Band 180. Vandenhoeck & Ruprecht, Göttingen 2001

RAMAKIEN – DAS NATIONALEPOS THAILANDS
Die Schlachten der Helden, Götter und Dämonen

In der kulturellen Tradition Thailands, findet sich das *Ramakien* in verschiedenen Formen wieder: Als literarische Komposition, klassisches Tanzdrama, Schattenspiel, Tempelfreske, Skulptur und Gemälde. Seit alters her waren und sind die Thais davon überzeugt, dass sich die Geschichte um den Helden *Phra Ram* im historischen Königreich Ayutthaya ereignet hat. Das *Ramayana*, bzw. *Ramakien* sowie seine diversen Adaptionen symbolisieren für die Menschen den Kampf zwischen Gut und Böse. Ram ist der mustergültige Mensch, Sida gilt als Vorbild für die eheliche Treue. Doch auch alle anderen menschlichen Eigenschaften wie Bequemlichkeit, Leidenschaft, Liebe, Treue und Aufopferung, werden durch verschiedene Figuren dargestellt. Es ist zugleich Mythos, Geschichte und Folklore und hat seit vielen Generationen die moralischen, ethischen und religiösen Werte der Völker Indiens und Südostasiens beeinflusst.

- Verlag: TWENTYSIX, 592 Seiten, 2019
- ISBN-10: 3740745452
- ISBN-13: 978-3740745455

DIE DREI WELTEN NACH KÖNIG RUANG
Eine siamesische Kosmologie aus dem 14. Jahrhundert

Um das Jahr 1345 herum vollendete der designierte Thronfolger *Phaya Li Thai* und spätere Herrscher *Phra Maha Thammaracha I.* des Reiches von Sukhothai, die buddhistische Kosmologie *Traibhumikatha*, die "Predigt über die drei Welten", die später in Siam als *Trai Phum Phra Ruang*, "Die Drei Welten nach König Ruang", bekannt wurde. Es ist eines der ältesten überlieferten Werke der thailändischen Literatur. Die Schrift ist eine Darstellung des Thevada Buddhismus im orthodoxen Duktus. Die Intention des royalen Autors war es, das komplexe Dharma den Laien in verständlicher, komprimierter und auch unterhaltsamer Form näherzubringen. Noch heute ist der Einfluss der der mittlerweile fast 700 Jahre alten Schrift auf das spirituelle Bewusstsein der Thai, deren literarische und künstlerische Entwicklung und die Ausprägung des sozialen Verhaltenskodexes und ethisch-moralischen Koordinatensystems spürbar.

- Verlag: TWENTYSIX, 480 Seiten, 2020
- ISBN-10: 3740767529
- ISBN-13: 978-3740767525

KINDER DER GOLDENEN WIEGE
Ein narrativer Streifzug durch die Geschichte und Kultur
Siam von den Anfängen bis zur Revolution von 1688

"Kinder der Goldenen Wiege" nimmt den Leser mit auf
einen ebenso spannend wie historisch fundiert geführten
narrativen Streifzug, durch die faszinierende Kultur und
Geschichte dieses südostasiatischen Königreiches. Sie
erleben die Geburtsstunde der Formation der südostasiatischen Halbinsel, begleiten die ersten humanoiden
Lebewesen durch eine ebenso arten- wie gefahrenreiche
Umwelt, werden Zeuge des Entstehens der Dvaravati-
Kultur, des ersten siamesischen Königreiches von Sukhothai
und des nordthailändischen Reiches von Lan Na, beobachten das sukzessive Eintreffen der europäischen
Kaufleute, Glücksritter und Missionare und verfolgen die
Dramen von fünf Dynastien, 33 Königen und 70 Kriegen im
Reich von Ayutthaya. Diverse Exkurse tauchen ein in die
exotische Kultur des Landes: Sie lernen die Welt der Geister
kennen, die größten Werke der thailändischen Literatur, die
Grundlagen des Theravada-Buddhismus und der
thailändischen Sprache und vieles mehr.

- Verlag: TWENTYSIX, 544 Seiten, 2018
- ISBN-10: 3740744030
- ISBN-13: 978-3740744038

DER BUDDHA LEBTE VIELE LEBEN
Die Geschichte vom Prinzen Vessantara

Ein *Jataka*, Sanskrit für "Geburtsgeschichte", ist eine moralisch lehrreiche Geschichte und eine Erzählung aus dem Leben des Buddhas. Im ursprünglichen Sinn umfasste der Begriff nur Geschichten aus dem Leben des historischen Buddha, Siddhartha Gautama, später jedoch wurden immer mehr moralische Lehrgeschichten eingefügt, die sich auch auf frühere Existenzen und andere Daseinsformen des Buddhas beziehen. Die wohl bekannteste der zahlreichen Wiedergeburtsgeschichten des Siddhartha Gautama, ist die Vessantara *Jataka*, die in ganz Asien verbreitet ist. Gleichwohl ist die Geschichte des Prinzen *Vessantara* und seiner grenzenlosen Selbstlosigkeit sowohl im westlichen, als auch asiatischen Kulturkreis Gegenstand teilweise leidenschaftlicher Debatten. Speziell in Thailand bewegt die exzessive Spendenfreude des Protagonisten nicht nur die Gemüter der intellektuellen und gesellschaftlichen Elite.

- Verlag: TWENTYSIX, 248 Seiten, 2018
- ISBN-10: 1980571384
- ISBN-13: 9783740751388

DER FAULPELZ UND DIE SIEBEN TÖCHTER INDRAS
Sagen, Mythen und Legenden aus dem alten Siam

Mündliche Überlieferungen archaischer Mythen und Legenden sind in allen Kulturen verbreitet. Im arabischen Raum und in Südostasien ist die Tradition des Geschichtenerzählers auch heute noch lebendig und die Mischung aus Mythos, Geschichte und Folklore beeinflusst seit vielen Generationen die moralischen, ethischen und religiösen Werte der Völker Südostasiens. Eine Quelle für eine ganze Anzahl der heute noch immer populären *Folktales* in Thailand waren die indischen Kaufleute, die mit ihren Handelsschiffen und Elefantenkarawanen vor rund 1500 Jahren begannen, die südostasiatische Halbinsel merkantil zu erobern. Dabei erzählten sich die fahrenden Händler an ihren Lagerfeuern im Dschungel Geschichten von Göttern, Geistern, Riesen und Dämonen. Im alten Siam gab es fast in jedem Dorf einen Geschichtenerzähler, der die Menschen, bevor es Radio und Fernsehen gab, hin und wieder aus ihrem eintönigen Mikrokosmos in die Welt der Phantasie entführte.

- Verlag: TWENTYSIX, 298 Seiten, 2018
- ISBN-10: 3740743956
- ISBN-13: 978-3740743956

KHUN CHANG und KHUN PHAEN
Der Schöne und das Biest

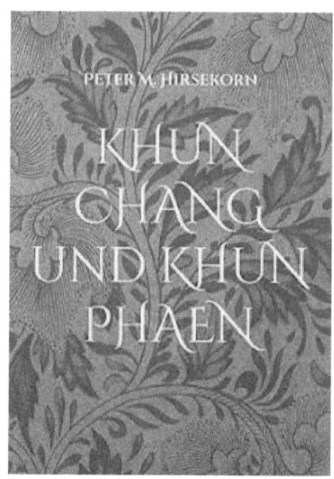

Das wohl bekannteste Drama der klassischen Literatur Thailands. Kernmotiv ist eine klassische Dreiecksgeschichte: Khun Chang und Khun Phaen, die beide dem niederen Adel angehören. Der eine ist reich, aber hässlich, der andere schneidig aber mittellos. Beide werben um die liebliche Wanthong. Im Verlauf der Handlung, die sich über einen Zeitraum von 50 Jahren erstreckt, kommt es zu zwei Kriegen, zu Entführungen, Verrat, einem idyllischen Waldaufenthalt, Gerichtsverfahren, Folter und Haft. Letztlich verurteilt der König Wanthong zum Tode, weil sie sich weigert, sich endlich für einen der beiden Männer zu entscheiden. Den Reiz des Stückes machen so vielfältige Elemente wie Heldenmut, romantische Liebe, Sexualität, Gewalt, übersinnliche Fähigkeiten, Horror, stellenweise derbe Komik, aber auch Abschnitte lyrischer Schönheit aus. Erstmalig das komplette Werk in Prosa und deutscher Sprache.

- Verlag: TWENTYSIX, 884 Seiten, 2023
- ISBN-10: 3740734892
- ISBN-13: 978-3740734893